역사에 권력을 묻는다

權 道

역사에 권력을 묻는다

權道

평신 지음 | 김문·승병철 옮김

파워북

〈일러두기〉

1. 이 책의 원본은 彭鑫,《權道: 中國古代官場謀略學》(中國民航出版社, 2007)이다. 이 책은 원서의 기본 흐름을 따르되, 분량상의 이유 및 한국 독자의 편의 등을 고려하여 편역의 방법을 취했다. 따라서 원서의 일부 내용을 축약하거나 제외했다.

2. 본문에 나오는 중국 인명과 지명은 우리말 독음대로 표기했다.

3. 본문에서 사용한 약호는 다음과 같다.
   - 서적 : 《 》
   - 글, 법령 : 〈 〉
   - 인용, 대화 : “ ”
   - 짧은 인용, 강조 : ‘ ’

머리말

고금 이래, 권력집단의 구성은 모두 피라미드형을 이뤄왔다. 이 피라미드의 꼭대기에 있는 자는 사실상 단 한 사람으로, 사람들은 그를 가리켜 천자天子, 국군國君 또는 황제皇帝라 칭해왔으니 제왕의 권력은 지고무상한 것이라 할 수 있다. 제왕들은 권력을 통해 천하 백성을 통제하고 이용하면서 자신의 욕망을 충족시켜왔다. 권력을 도모하고 장악하며 공고히 하고 집중하며 통제하고 활용하며 운용하고 빌리며 물려주거나 삼가는 모두가 제왕이 반드시 갖추어야 할 권력의 도權道이다.

관료 사회에도 권력의 관계가 얽혀 있다. 아랫사람에 대한 윗사람의 관계, 윗사람에 대한 아랫사람의 관계, 그리고 같은 서열 간의 관계 등이 포함된다. 하나의 관계가 잘못되면 이는 권력의 안정 심지어 득실에까지도 영향을 미친다. 관료 사회에 몸담고 있는 사람들에게 관계학關係學이란 실로 지극히 중요한 학문이다.

권력은 극히 미묘하다. 모든 사람이 얻을 수는 없다. 설사 그에 상응하는 지위를 얻었다 하더라도 이를 독점하고 집중시키는 과정이 필요하다. 각종 권력 자원을 통제하고 운용할 수 있는 상황 하에서만 비로소 진정으로 권력을 가졌다고 할 수 있다.

권력은 이익과 관련된다. 큰 권력은 큰 이익과 관련된다. 따라서 정권을 장악한 자가 권력의 추를 한쪽으로 밀어 어느 한 세력이 완전히 득세하는 경우도 드물다. 무측천武則天은 권모權謀의 대가였지만 균형적으로 권력을 통제했다. 주원장朱元璋은 권력을 통제한 동시에 다른 세력에 대한 경계를 늦추지 않았다. 자신만의 정보 채널을 통해 관료집단을 견제했다.

권력을 도모하고 집중시키고 공고히 하는 최종 목적은 권력의 운용에 있다. 권력 운용은 미묘한 예술이다. 권력을 활용하지 않거나 혹은 남용하는 것은 모두가 '제대로 운용할 줄 모르는 것'이다. 관료 사회에서 권력이란 양날의 검이다. 스스로를 지킬 수도 있지만, 다른 사람을 다치게 하고 자신에게 해를 끼칠 수도 있다.

권력 투쟁은 특히 잔혹하다. 승리하면 높은 관직과 후한 봉록을 얻을 수 있지만 패하면 죽어서 제대로 묻히기도 힘들다. 이 때문에 관료 사회에 몸담고 있는 사람은 살얼음판 위를 걷듯이 늘 삼가는 마음을 가지지 않을 수 없다. 중국 병가兵家의 권모 중에 '감추고 드러내지 않는다韜晦'는 계책이 있다. 이는 어두운 곳에 은신해 다른 사람의 주의를 끌지 않으면서 공격을 피하고, 자신의 예리한 칼날 또한 칼집 속에 감추어 다른 사람에게 상처를 주지 않음을 뜻한다. 이렇게 실력을 키우다가 때를 만나면 불시에 행동하여 승리를 얻게 된다. 그러므로 '감추고 드러내지 않는' 계책은 자신을 보호하고 권력을 공고히 하는 데에 필요한 첫 번째 요의要義요, 적을 이기고 승리를 얻는 양책良策이다. 사람들이 항상 권력과 지혜를 연관시키는 이유는 바로 권력이 지혜를 떠나서는 성립할 수 없기 때문이다. 권력은 변한다. 권력의 변화에 정통해야만 비로소 권력 자원을 진정한 힘으로 바꿀 수 있다.

권력의 효율적인 운용에 대해 정확히 뭐라 말할 수 없지만, 권력의 효율적 운용이 목표 도달의 전제임에는 틀림없다. 권력 운용에는 정해진 공식이나 규칙이 없다. '규칙이 없는 것이 규칙'인 임기응변일 수밖에 없는 것이다.

합리적 권력 부여는 권력을 받는 자가 신임과 중시를 받고 있다고 느낄 뿐 아니라 나아가 책임감을 갖게 되며, 저마다의 장점을 발휘할 수 있게 한다. 그러나 권력 부여는 단순히 '이 일을 너에게 맡긴다'에서 끝나지 않는다. 권력 부여는 권력을 부여하는 자와 받는 자 쌍방 간의 긴밀한 협력을 필요로 하며 쌍방의 태도가 진실하고 서로 이해해야 한다. 주는 자는 받는 자가 자신의 방식으로 일을 처리할 수 있도록 마음의 준비를 해야 할 뿐만 아니라 수시로 지지하거나 도와주어야 한다. 하지만 권력을 받은 자가 돌이킬 수 없는 잘못을 저질렀을 때는 언제든 그 자격을 취소할 수 있어야 한다.

리더는 자신의 권력을 통제함으로써 권력욕 팽창을 억제해야 하고, 나아가 아랫사람들의 권력 또한 제어할 수 있어야 한다. 권력이 없다면 아무것도 할 수 없지만, 너무 많은 권력은 통제할 수 없다. 중국 고대에 치란治亂이 순환했던 이유는 상당 정도 여기서 비롯되었다. 능력 있는 리더는 관용의 마음도 가져야 하지만, 균형을 유지하는 수단도 가져야 한다. 어느 하나도 없어서는 안 된다.

결론적으로, 권력을 선용하는 자는 나라를 다스려 천하를 편안케 하고, 백성을 다스려 세상이 편안케 하며, 현실에서는 명예가 높아진다. 권력을 남용하는 자는 행하되 위엄이 없고, 오랫동안 벼슬자리를 해도 업적이 없으니 결국 권력을 잃고 만다. 따라서 권력을 선용하여 잃지 않게 하는 것이 바로 권도權道의 핵심이다.

오늘날을 사는 사람들은 권력을 볼 수는 없고 느끼기만 할 뿐이다. 칼바람이 불고 암투가 난무하던 시대는 지나갔기 때문이다. 그러나 역사상에서 이루어졌던 권력에 대한 장악과 운용을 통해 우리는 여전히 얻는 바가 많다. 교훈이나 경험과 마찬가지로 이 또한 우리에게는 더없이 귀한 재산이다.

權道

차 례

6. 권력을 사용하는 道

7. 권력을 운용하는 道

8. 권력을 빌리는 道

9. 권력을 부여하는 道

10. 권력을 신중히 하는 道

권력을 도모하는 도

謀權之道

과거에 제왕의 권력은 지고 무상한 것이었다. 제왕들은 이를 통해 천하 백성들을 통제하거나 이용해 자신의 욕망을 채웠다. 그들의 수중에서 권력은 예리한 흉기가 되어 수많은 사람들의 생사를 결정함으로써 통치를 공고히 하는 효과를 발휘하기도 했다.

오늘날을 사는 사람들에게도 권력이 보이지는 않지만 느껴지기는 한다. 권력은 이성이 운용되는 매체로, 사회의 움직임이나 발전에 중요한 역할을 한다. 칼바람이 불거나 암투가 벌어지던 시대는 이미 지나갔다. 그러나 역사상 이루어졌던 권력의 장악이나 운용은 오늘날의 우리에게도 여전히 시사하는 바가 크다. 그렇기에 교훈이나 경험과 마찬가지로, 이는 귀중한 재산이 되는 것이다.

명 태조 주원장 _ 난세를 이용하다

주원장朱元璋은 1328년 9월 18일, 가난한 집안에서 태어났다. 그 아비인 주오사朱五四는 소작농이었으며, 주원장이 열세 살 되던 해에 지주인 유덕에게 보내 소를 키우게 했다. 열일곱 살 되던 해에 주원장은 황각사로 들어가 승려가 되었다.

1352년, 많은 백성들이 원나라 지배층의 혹독한 수탈과 압박에 견디지 못하자, 지방 토호인 곽자흥郭子興이 호주에서 의병을 일으켜 호주성을 점령하였고, 마땅히 갈 곳 없던 주원장도 곽자흥 군대에 투신하였다. 오래지 않아 곽자흥이 주원장을 원수부로 발탁해 구부장이라는 직함을 주었다. 시간이 지나 곽자흥은 주원장이 용감히 싸울 뿐만 아니라, 상당한 지략도 갖춘 재목임을 알아보고는 자신의 심복으로 삼기로 하였다.

주원장은 곽자흥의 두 번째 부인인 장씨의 마씨 성을 가진 수양딸과 혼인하여 곽자흥의 사위가 되었다. 이때부터 주원장은 승승장구하였다.

1356년 3월, 주원장이 집경을 공략하여 이를 응천부로 바꾼 뒤, 송宋 정권에 승전보를 알렸다. 송 정권의 소명왕 한림아韓林兒는 그에게 응천에 강남 등지의 행성을 세우도록 하고, 그를 행성의 최고 장관인 평장정사에 임명했다. 여기서 주원장은 제왕의 기업을 이룰 기반을 마련하였다. 자기 휘하에 대군이 있었고, 장강長江의 천험한 형세에 근거해 패자가 될 유리한

명 태조 주원장

조건을 갖게 되었다. 환남皖南지역을 공략할 때, 등유鄧愈가 휘주의 학자 주승朱昇이 지략을 갖추고 있다는 말을 듣고는 주원장에게 추천했다. 주원장은 친히 주승이 은거하고 있는 석문산으로 가 그에게 천하를 얻을 계책을 물었다. 주승은 주원장의 정성에 감동 받아 그에게 아홉 글자를 일러주었다. "성을 높이 쌓고高築墻, 널리 양식을 축적하며廣積糧, 천천히 왕이 되소서緩稱王."

주승의 계책은 생산을 발전시켜 기존 근거지를 공고히 하고, 많은 양식을 축적하고 군사들을 훈련시킨 뒤, 시기가 무르익으면 일거에 천하를 얻으라는 것이었다. 주승의 계책에 따라 1년여 만에 주원장의 군대가 진강·광덕·장홍·상주·영국·강음·상숙·휘주·지주·양주 등, 중요한 군사 요충지를 차례차례 점령하면서 강남행성은 더욱 공고해졌다.

근거지를 공고히 하고 천천히 왕이 되라는 충고 덕분에 주원장은 자신의 세력을 키울 수 있었다. 만일 그가 조급하게 왕이 되었다면 다른 세력과 천하를 다투게 되어 홍건군紅巾軍의 인정을 받지 못했을 뿐만 아니라, 원나라 군대의 표적이 되었을 것이었다. 더욱 위험천만한 것은 장사성張士誠이나 서수휘徐壽輝 등 다른 세력에게 당할 수도 있다는 것이었다. 그러나 주승의 계책을 따랐기에 괜한 잡음을 일으키지 않을 수 있었다. 그는 형식상 줄곧 소명왕과 신하관계를 맺고 있었고, 연호도 송 정권의 용봉 연호와 홍건군의 홍색 깃발을 사용해 자신이 소명왕의 신하에 지나지 않는다는 것을 보여줌으로써 사람들의 이목을 끌지 않고 공격을 피할 수 있었다.

화주병마 총병관으로 승진하면서 주원장은 수준 높은 통제전략을 내놓았다. 화주는 곽자흥의 처남인 장천우張天佑가 공략한 곳으로, 그는 주원장에 비해 재력도 많았고 나이도 더 많았다. 젊고 기반도 약한 주원장이 화주총병관으로 승진하니 장천우가 복종하지 않았을 뿐더러 다른 장수들도 수긍하지 않았다. 오로지 동향 출신인 탕화湯和와 서달徐達만이 그를 극히 존중했다.

주원장이 처음으로 화주 대장이 되었는데, 자신의 위신을 제대로 세우지 못한다면 이는 자신의 앞길이 막히는 것과 같았다. 이에 그는 한 가지 방안을 생각해냈다.

하루는 주원장이 회의장에 있는 의자를 모두 치우라 하고는 10여 개의 긴 나무걸상으로 바꾸어 놓았다. 이튿날 5경에 여러 장수들을 소집해 회의를 열고, 주원장은 일부러 늦게 도착했다. 당시 좌석은 오른쪽 앞자리가 상석으로, 마땅히 주원장을 위해 비워두어야 했다. 그러나 주원장이 회의장에 들어와 보니 모든 장수들이 모였는데, 오른쪽 앞자리는 다른 사람이 앉아 있었고, 왼쪽 끝자리만이 남아 있을 뿐이었다. 그는 조금도 주저하지 않고 그 자리에 앉았다.

회의가 시작되자, 여러 장수들은 마치 인형처럼 우두커니 앉아 아무런 계책도 내놓지 않고 있는 반면, 주원장이 당당하고 차분하게 상황을 분석하며 합리적인 계책을 내놓으니 모두가 고개를 끄덕였다. 수차례 회의를 거치면서 여러 장수들은 주원장이 배짱도 있고 아는 것도 많으며 일을 처리하는 데에도 공정하다는 것을 알고 점차 따르게 됐다. 곧이어 주원장이 여러 장수들을 소집해 성벽을 보수하는 일에 대해 상의하게 됐는데, 장수들마다 한 부분씩 맡아 사흘 안에 끝내기로 했다.

사흘이 지난 뒤, 주원장이 여러 장수들을 데리고 공사를 확인해보자, 자신이 맡은 부분만 그 부하 서달이 병사들을 이끌고 완공했을 뿐, 나머지 부분은 모두 끝마치지 못했다.

회의장으로 돌아온 뒤, 주원장은 남쪽을 향해 의자를 놓은 뒤, 곽자홍의 영패令牌를 탁자 위에 올려놓고 여러 장수들에게 절을 하라고 했다. 그러고는 심각한 얼굴로 말했다, "병사들을 통솔하라는 것은 주장의 명이지, 내 마음대로 하는 것이 아니요. 게다가 병사들을 통솔하는 일은 구속이 없을 수 없는데, 오늘날 성을 보수하는 것도 마찬가지니 어떻게 하면 좋겠소? 이제부터 명령을 어기는 자는 군법에 따라 처벌할 것이오!" 여러 장수들은 한마디 대들지도 못했고, 이때부터 주원장의 위신이 서기 시작했다.

이러한 계책, 즉 주원장이 쓴 계책은 '위엄威'과 '믿음信'이라는 두 글자로, 상황을 분석하고 일을 결정하며 성벽을 보수한 것은 '믿음'이요, 곽자흥의 영패를 꺼내 여러 장수들이 절하도록 하고 타이른 것은 '위엄'이었다. 이러한 계책으로 인해 여러 장수들이 진심으로 따르게 됐던 것이다.

《주역周易》에 험한 일을 행하면 순조롭다는 말이 있다. 《삼십육계三十六計》에도 '이 사람을 가리키면서 저 사람을 욕하는' 계책이 있는데, 이는 모두 장수된 자가 부하들을 통솔하는 것을 가리키는 것으로, 은덕과 위엄을 병존해야 한다는 것이다. 필요할 경우, 한 사람을 죽여 여러 사람을 경계토록 하는 것도 마다해서는 안 된다.

주원장의 군대는 대부분 봉기한 농민들이지만, 지주들의 병사들도 편입되어 그 구성이 복잡해 기강이 잘 잡히지 않았기에 그는 무엇보다도 병사들의 기강을 중시했다. 한번은 그가 투항한 병사들을 이끌고 전투에 나갔다가 두 명의 병사가 명령을 어기자, 즉각 그들의 목을 베었고, 다른 병사들은 다시는 명령을 어기지 않았다.

그의 군대가 진강을 공격할 때에 그와 서달이 일부러 '고육계苦肉計'로써 병사들을 가르친 적이 있었다. 전투에 나서기 전, 주원장이 장수와 병사들을 소집하고는 일부러 여러 사람들 앞에서 서달의 부하 관리가 엄하지 못한 것에 대해 군법에 따라 처벌하겠다고 하자, 이선장李善長이 만류하며 서달이 앞으로는 병사들을 엄격하게 관리할 것이며, 진강 공격에서 공을 세워 속죄토록 하자고 했다. 이를 보며 병사들은 크게 깨달았고, 서달은 진강을 공격한 뒤, 그 명령이 엄해졌지만, 누구도 이를 거역하는 자가 없었다.

1365년 10월, 주원장이 장사성을 물리치고자 대규모 전쟁을 일으켰다. 이듬해 9월, 주원장의 대군이 장사성의 근거지인 평강을 점령했다. 장사성을 물리친 뒤, 그는 명실상부한 '강남왕江南王'이 되었으며, 다음 목표는 중원을 정벌하는 것이었다. 중원을 정벌하는 문제에 대해 주원장은 유기劉基에게 의견을 물었다. 유기는 그곳을 석권하기 위해서는 신속하게 진군해야 한다고 대답했다.

주원장은 산동의 왕선王宣 부자, 하남의 쿠쿠테무르擴廓貼木兒, 관롱의 이사제李思齊·장량필張良弼 등이 모두 상당한 실력을 갖고 있어 함부로 공격하기보다는 신중해야 한다고 여겼다. 이후 그는 여러 장수들을 소집해 정벌 계획에 대해 구체적으로 상의했다.

대장 상우춘常遇春이 '곧바로 원나라 수도를 치자'고 주장하며 말했다. "이미 남방이 안정됐고, 병사들도 여력이 있으니 곧바로 원나라 수도를 치는 것은 백전백승하는 병사들로 오합지졸을 쳐부수는 것과 같습니다. 수도를 점령하고 나면 파죽지세로 승승장구할 수 있습니다!"

주원장은 이러한 계획이 여전히 적을 가볍게 보고 무모한 짓을 하는 것이라 여기고 말하기를, "원나라가 수도를 세운 지 백 년이기에 그 성이 견고할 것이다. 만일 그대의 말대로 우리 군대가 공격했는데, 성을 함락하지 못하면 그 아래에 주둔하며 식량이 끊이지 않아야 한다. 그러다가 지원병들이 몰려들면 나아가 싸우지도 못하고, 후퇴해서는 근거할 곳도 없으니 좋은 계책이 될 수 없다."

마지막으로 주원장이 먼저 양 날개를 없애고 난 뒤, 중심을 치는 작전 계획을 내놓았다. "우선 산동을 빼앗아 방패막이를 없앤 뒤, 하남으로 치고 들어가 날개를 잘라내고, 동관을 함락해 수비하며 교두보로 삼는다. 천하의 형세를 장악하고 난 뒤에 원나라 수도를 공격하게 되면 이미 고립되어 있어 싸우지 않고도 이길 수 있고, 이후에 서쪽으로 진군하면 운중, 태원 및 관롱 등지도 석권할 수 있다." 주원장의 계책은 확실한 방법으로 차근차근 적을 섬멸하는 계책이었으므로 원나라 군대의 주력을 쳐부수고 수도를 빼앗는 목표를 달성할 수 있었다.

1368년 4월, 주원장의 군대는 산동, 하남 등지를 점령하고, 다시 동관을 공격해 원나라 수도인 대도大都를 포위하는 형세를 이루었다. 그야말로 '방패막이를 없애고' '양 날개를 잘라내며' '교두보를 마련하는' 작전계획을 실현한 것이었다. 같은 해 8월, 주원장의 군대가 대도를 점령하면서 원나라 통치를 끝냈다.

權道의 지혜

패기란 지도자들에게는 매우 중요하다. 당신에게 패기가 없다면 보통 사람으로 만족해야 한다. 치열한 경쟁 속에서는 용감한 지도자가 핵심이 되고, 나머지는 그저 따라갈 뿐이다.

동중서董仲舒가 말하는 이른바 "옳은 일을 올바르게 하되 그 이익을 도모하지 말고, 그 도를 밝히되 그 공을 염두에 두지 말라"는 말은 바로 이러한 이치이다. 리더가 되려면 용기도 있어야 하고 지략도 갖추어야 한다. 만일 당신이 평범하다면 갈수록 평범한 생각만 하게 된다. 당신이 결정해야 할 선택에 대해 우유부단하다면 당신의 동료들은 상당한 스트레스를 받을 것이며, 동료가 똑똑한 사람이라면 처음부터 엄청난 스트레스를 받아 오랫동안 당신과 함께 일하기보다는 기회만 생기면 다른 곳으로 가려고 한다. '새는 쉴 수 있는 나무를 선택하고, 사람은 섬길 만한 사람을 선택한다'는 말은 바로 이러한 이치이다.

일본의 곡물상 미키모토 고키치御木本幸吉는 해저에서 진주를 찾았으나,

별로 건진 것이 없었고 건졌다 해도 이익이 되지 않았다. 이에 그는 자료를 연구하면서 전문가에게 도움을 받아가며, 심지어 거주지를 옮겨 진주 양식을 완성코자 했다. 이러한 행동은 많은 사람들의 반대에 부딪쳤으나 조금도 굴하지 않고 계속 집중되었다. 1년, 2년, 3년 동안 아무런 소득이 없었으나, 4년째에 접어들어 미키모토의 진주는 세계적인 관심을 끌었다.

미키모토는 리더의 자격, 즉 영원히 태양을 향해 앞으로 나아가는 진취적인 성격을 갖고 있었다. 이것이야말로 성공할 수 있는 자세라고 할 수 있다. 처음부터 진척이 더디고 매우 고생스러운 일이었지만 고난을 거치지 않았다면 커다란 행복을 누리기는 힘들었다.

'청년의 용기와 열정이 바로 에너지다.' 패기가 충만하다면 이제는 한 걸음씩 노력해야 한다. 무모하게 추진하면 일은 엉망이 된다. 분명 용기가 전제되어야 하지만 용기가 전부는 아니므로 일을 추진하기 전에 꼼꼼히 챙겨야만 한다. 이는 그리 간단한 일이 아니다.

● ● ●

안록산 _ 예의를 갖춤은 아첨이 아니다

안록산安祿山은 본래 영주 유성 출신의 소그드인으로, 본명은 알로산軋犖山이다. 그 어미는 돌궐 사람인데, 로산이 어려서 아비가 죽자, 돌궐 군관인 안연언安延偃에게 개가하여 알로산도 그 아비의 안씨 성을 따르고, 이름을 록산이라 했다. 안록산은 일찍이 변경에서 병사가 됐는데, 용맹하고 기지가 뛰어난데다가 변경 사정에 밝았고, 아첨을 잘하고 교활하여 점차적으로 유주절도사 장수규張守珪의 인정을 받아 조정에서 그를 유주절도부사로 삼았다. 이때에 안록산은 장수규의 비위를 잘 맞추었고, 파견된 조정 관리들에게도 뇌물을 주어 그들이 돌아가고 난 뒤에는 조정에서 그를 칭찬하여 당 현종玄宗도 점차 그 이름을 알게 하였다. 742년, 안록산이 평로절도사 겸 유성태수가 됐다. 이듬해에는 조정에 들어와 황제를 알현하며 아첨을 잘해 표기대장군이 됐다. 그리고 2년 뒤에는 당 현종이 장안에서 직접 범양절도사·하북채방사로 임명했다.

당시 재상이었던 이임보李林甫는 한족 장수가 공을 세운 뒤, 조정으로 들어와 재상으로 승진할까 두려워했기에 적극적으로 안록산을 천거해 조정 관료가 되게 했다. 조정으로 들어올 기회를 얻은 뒤, 안록산은 백방으로 아부하며 권력을 추구했다. 입조하여 황제를 배알할 때마다 안록산은 자신보다 스무 살이나 아래인 양귀비楊貴妃를 먼저 뵙고 나서 현종을 뵈었다. 현종이 이상하게 여겨 그에게 왜 자신보다 먼저 황후를 만나는지 물었다. 안록산이 대답하기를, "소그드인들은 모두 어머니를 우선시합니다." 당시 양귀비는 현종의 총애를 받고 있었기에 안록산이 양귀비를 어머니처럼 여기는 행동을 현종도 좋아할 수밖에 없었고, 이후 그를 더욱 신임하게 됐다. 안록산이 처음 황태자를 만났을 때, 절을 하지 않자, 현종이 그는 황태자이므로 마땅히 무릎을 꿇어야 한다고 했다. 그럼에도 안록산은 짐짓 시치미를 떼고 현종에게 물었다. "황태자는 어떤 관직입니까?" 현종이 말하기를, "백 세 후에는 그가 나를 이어 황제가 될 것이다." 안록산이 그때서야 깨달았다는 듯이 말하기를, "소신이 조정의 예의를 몰라 마음속에 폐하만이 있을 뿐, 태자가 계신 줄 몰랐습니다. 그 죄 죽어 마땅합니다." 그러나 바로 이런 행동 때문에 현종은 그가 충신이라 생각하고 조금도 의심치 않았다.

안록산이 중년이 되자, 너무 뚱뚱해져 배가 무릎까지 처졌고, 길을 걸을 때에는 양옆에서 시종들이 부축해야 겨우 걸음을 옮길 수 있을 정도였다. 그러나 황제를 배알할 때에는 호선무胡旋舞를 추었는데, 마치 '질풍 같았다.' 현종이 이를 보고 웃으며 묻기를, "그대의 뱃속에는 무엇이 들었는고? 북이 들었는고?" 안록산이 답하기를, "폐하에 대한 충성심이 들었습니다." 그 말에 기뻐하며 현종은 자신의 딸을 안록산의 아들인 안경종과 맺어주려 했다. 당 현종의 환심을 사려고 안록산은 매달 조정에 낙타나 말, 매나 개 등, 기이한 것들을 바쳤다. 아울러 여러 차례 거란 수령을 속여 이들을 초청해 잔치를 베풀고는 술에 취하게 만든 뒤, 죽여 머리를 자르고 시체는 커다란 구덩이에 묻어버렸다. 이렇게 죽인 자들이 수천 명에 달했다. 그리고는 장안에 와서는 자신의 공을 보고하며 전투에서 죽인 수령의 머리라고 했다. 현종은 진실을 알지도 못한 채 기쁜 나머지 그에게 공신에게 하사하는 철권鐵券을 주고는 동평군왕에 봉했다.

755년에 안록산은 양귀비의 오빠인 양국충楊國忠과의 권력 다툼 때문에 의심이 깊어져 끝내는 서로 등을 돌리고 말았다. 안록산은 양국충을 토벌하고자 황제의 명령을 위조하여 15만 병사를 이끌고 반란을 일으켜 파죽지세로 연전연승했다. 756년 정월, 안록산이 낙양을 점령한 뒤, 궁궐의 장대함을 보고는 속으로 흐뭇해하며 황제를 칭하고는 나라 이름을 대연大燕이라 했다. 그 뒤, 안록산이 또다시 군대를 이끌고 장안을 공격했는데, 그 병사들이 약탈을 일삼아 가는 곳마다 폐허가 되지 않은 곳이 없을 지경이었다. 757년 정월, 안록산이 결국 자기 자식인 안경서安慶緖에게 죽임을 당하면서 그의 파란만장한 일생도 막을 내렸다.

權道의 지혜

이야기 속에서 안록산이 권력을 잡은 과정은 아첨술이었다. '소그드인은 어머니를 아버지보다 우선시한다'는 말로 상황에 맞게 양귀비를 치켜세워 당 현종의 환심을 샀다. 또한 '제 마음속에는 폐하만 있을 뿐, 황태자가 있는 줄 몰랐습니다'라든가, '저의 진심'이라고 하며 현종의 환심을 얻었다. 짐짓 모른 체하며 아첨하면서도 결국에는 춤을 추는 등 입을 열었다 하면 현종을 기쁘게 했다. 안록산의 이야기에서 짐짓 모른 체하며 다른 사람의 환심을 사는 것이야말로 비위를 맞추는 최고 경지임을 알 수 있다.

일반인들은 윗사람을 대할 때에 예를 다해 깍듯이 대한다. 물론 번거롭고 불필요한 예절을 차릴 필요는 없지만, 최소한의 예절은 갖추어야 한다. 상대방에 대한 칭찬은 둘의 관계를, 사회를 좀더 부드럽게 할 수 있다. 물론 불순한 의도를 가지고 상대방의 비위를 맞춘다면 이는 흔히 아첨이라고 폄하하지만 그 아첨의 기준은 누가 결정하는가?

잠깐 만난 것이라 상대방이 어떤 사람인지 알기 힘들다 해도 상대방의 이미지나 최소한 패션 스타일이나 행동, 교양 등에서 특출한 점이 있다면 이를 재빨리 간파해 한 번이라도 칭찬해주어야 한다. 상대방이 당신의 칭찬을 마음에 담아두면 당신이 하는 일도 순조로워질 것이다.

상대에게 예의를 표하는 것은 결코 아첨이 아니며, 모든 사람들이 갖춰야 할 예절이다. 우리는 이러한 간단한 도리조차도 소홀히 하며 상대에게 예의를 표하는 것이 아첨이라 여기며 최대한 피하려고 한다.

좋은 기회를 놓치는 것은 자신의 이미지를 훼손하는 것과 같으니, 이보다 더 어리석은 행동이 어디 있겠는가!

● ● ●

당 태종 이세민 _ 강경하게 선수를 치다

당나라 고조高祖 이연李淵에게는 네 명의 아들이 있었다. 맏아들인 건성建成은 속이 깊고 냉정하며 인자하고 관대하여 태자에 책립됐다. 둘째아들인 이세민李世民은 용감하고 과감하며 안목이 뛰어났는데, 특히 기회를 포착하여 전력투구하는 데에 능하였으며, 진왕에 책봉됐다. 넷째아들인 원길元吉은 성격이 포악했으나 용감했으며, 제왕에 책봉됐다. 셋째아들인 현패玄霸는 일찍이 죽었다. 이 세 아들에 대해 이연은 매우 흡족해했다. 그러나 세 아들 중 이세민의 재능이 가장 출중했다. 그는 어려서부터 책을 읽는 것보다는 무예 익히기를 좋아했으며, 마음속에 큰 뜻을 품고 있었다. 태원에 있을 때부터 그는 사재를 털어 재능 있는 사람들과 사귀면서 천하를 마음에 두고 있었다.

거병하는 과정에서도 이세민은 동분서주하며 군웅들을 평정하여 뛰어난 공훈을 세웠다. 다시 말해, 당나라 천하의 반은 그가 다진 것이라 해도 과언이 아니었다. 그러나 여기에는 특별한 이유가 있음을 알아야 한다. 역대 왕조의 관례에 따르면, 태자는 황위의 계승자이기에 쉽사리 정벌에 나서지 않았으며, 그 주요 직무는 황제를 도와 국사를 처리하고 중앙의 권력을 안정시키는 것이었다. 그렇기에 이건성이 군권을 맡게 됐다면 그 결과가 어떻게 될지는 알 수 없는 것이었다. 왜냐하면 태원에서 거병한 후, 장안을 타도하는 과정에서 그 또한 탁월한 지휘능력을 보여준 바 있기 때문이다.

당 고조가 즉위한 뒤, 이건성을 태자로, 이세민을 진왕으로, 이원길을 제왕으로 봉했다. 그들 세 명 중 이세민의 공이 제일 컸다. 태원 거병도 사실상 그의 주장에 따른 것이었다. 이후 여러 차례의 전투에서도 그가 세운 공이 가장 많았다. 이건성의 전공은 이세민보다 못했으나, 그가 고조의 맏아들이었기에 태자가 될 수 있었을 뿐이었다.

이세민은 용감하기도 했고 지략도 있었을 뿐만 아니라, 그 수하에 많은 인재들이 있었다. 진왕부에는 문으로는 방현령房玄齡이나 두여회杜如晦 등이 있었고, 무로는 위지경덕尉遲敬德·진숙보秦叔寶·정교금程咬金 등 용맹한 장수들이 있었다. 태자 이건성은 자신의 위신이 이세민만 못하다는 것을 알고 내심 시기하여 동생인 원길과 연합해 이세민을 따돌렸다.

건성과 원길은 당 고조가 비빈 몇 명만을 총애하는 것을 알고는 항상 말을 길들여 선물하면서 환심을 샀다. 그러나 이세민은 그렇게 하지 않았다. 이세민이 동도를 평정한 뒤, 한 비빈이 은밀히 그에게 수나라 궁궐의 보물을 하사하며 자신의 친척에게 벼슬자리를 청했으나, 그는 이를 모두 거절했다. 그렇기에 총애 받는 비빈들은 당 고조 앞에서 태자만을 칭찬하고 진왕을 헐뜯었다. 당 고조 또한 그녀들의 말만 믿고 이세민과 점점 멀어졌다. 이세민이 여러 차례 공을 세우자, 건성과 원길은 더욱 시기하며 어떻게든 그를 제거하려고 했다.

한번은 건성이 이세민에게 동궁에서 함께 술 마실 것을 청했는데, 세민이 술을 몇 잔 마시고는 갑자기 배가 아팠다. 다른 사람이 그를 부축해 집으로 돌아갔는데, 고통이 멈추지 않더니 급기야 피를 토하고 말았다. 건성이 술에 독을 탔음을 알고는 재빨리 의원을 불러 약을 먹고서야 겨우 회복할 수 있었다.

당 태종 이세민

건성과 원길이 세민을 해하고자 했으나, 그 밑에 많은 용장들이 있어 행동을 취할 경우 그리 쉽지 않으리라는 것을 알고 우선 용장들을 매수하고자 했다. 건성은 은밀히 사람을 보내 진왕 수하의 위지경덕과 친구가 되고 싶다는 편지를 전함과 아울러 수레 가득 금은보화를 선물했다.

위지경덕이 건성의 하인에게 말했다. "나는 진왕의 부하요. 만일 은밀히 태자와 내왕한다면, 이는 진왕에 대해 다른 마음을 품는 것이요, 이익을 탐해 의를 저버리는 소인이 되는 것이오. 이런 사람이 태자에게 무슨 소용이 있겠소?" 이렇게 말하며 그는 금은보화를 그대로 돌려보냈다.

건성은 위지경덕에게 거절당하자, 화가 머리끝까지 치밀어

올랐다. 그날 밤 원길이 위지경덕의 집에 자객을 보내 해하고자 했다. 위지경덕 또한 건성이 자신을 가만두지 않으리라는 것을 일찌감치 깨닫고는 저녁이 되자, 일부러 대문을 열어 놓았다. 자객이 집안으로 들어와 창문으로 몰래 들여다보니 위지경덕이 침상 옆에 비스듬히 창을 기대어 두고 있는 것을 보았다. 자객은 전부터 그의 창 솜씨를 들어왔던 터라 그가 미리 방비하고 있음을 알고는 감히 나서지 못하고 조용히 물러갔다.

건성과 원길은 이에 그치지 않고 또 다른 계책을 세웠다. 당시 돌궐이 중원을 침략하자, 건성은 고조에게 원길이 세민을 대신해 출정할 것을 건의했다. 고조가 원길을 주수主帥로 삼자, 원길은 위지경덕·진숙보·정교금 등 대장들과 진왕부의 정예병들을 자신의 지휘 하에 둘 것을 청했다. 그들은 이들 장수와 병사들을 자신의 휘하에 둔 뒤, 이세민을 죽이고자 했다.

어떤 이가 이 비밀계획을 이세민에게 알렸다. 그는 상황이 긴박하다는 것을 느끼고는 급히 장손무기長孫無忌와 위지경덕을 찾아 이 일을 상의했다. 두 사람 모두 이세민이 먼저 거사를 일으킬 것을 권했다. 이세민이 말했다. "형제가 서로 죽이려는 것은 절대로 체면 문제가 아닐세. 그들이 움직이기를 기다렸다가 대응하세."

위지경덕과 장손무기는 상황이 긴박하니 세민이 먼저 움직여야지, 진왕부에 남아 죽기를 기다릴 수는 없다고 했다. 이세민은 부하들의 의중이 확고한 것을 보고는 결심했다. 그날 밤 이세민은 입궁하여 고조에게 태자와 원길이 어떻게 자신을 해하려 하는지 고했다. 당 고조는 이튿날 아침을 기다렸다가 형제들을 모두 입궁토록 해 친히 조사하겠다고 답했다.

이튿날 아침, 이세민은 장손무기와 위지경덕에게 정예병들을 이끌고 황궁 북쪽의 현무문에 매복시키고 건성과 원길의 입궁을 기다리도록 했다.

얼마 지나지 않아 건성과 원길이 말을 타고 현무문을 향해 오고 있었다. 그들은 현무문이 가까워오자, 주변 분위기가 심상치 않음을 느끼고는 의심이 나 말을 돌리고자 했다. 이때 이세민이 말을 타고 현무문 안에서 나오며 큰소리로 외쳤다. "전하, 가지 마십시오." 원길이 몸을 돌려 활을 들어 세민을 쏘고자 했으나, 당황한 나머지 활시위를 제대로 당길 수 없었다. 이세민의 손놀림이 더 빨라 화살을 쏘아 먼저 건성을 죽였다. 곧이어 위지경덕이 70명의 기병들을 이끌고 나오면서 화살을 쏘아 원길도 죽였다. 동궁과 제왕부의 병사들이 현무문에서 벌어진 일을 듣고는 모두 출동하여 진왕부의 병사들을 공격했다. 이세민은 병사들을 지휘해 맞서는 한편, 위지경덕을 입궁토록 했다.

고조는 궁에서 세 형제가 알현하기를 기다리고 있었는데, 위지경덕이 의기양양하게 궁으로 들어와 아뢰었다. "태자와 제왕이 반란을 일으켜 진왕이 모두 죽였습니다. 진왕은 폐하께서 놀라실까 두려워 특별히 저를 보내 보호토록 하였습니다." 고조는 그제야 밖에서 일어난 일을 알고는 두려워 어떻게 해야 좋을지 몰랐다. 재상인 소리蕭璃 등이 아뢰었다. "건성과 원길은 본래 별다른 공도 없는데다가 진왕을 시기해 간계를 부린 것입니다. 이제 진왕이 이미 그들을 제거했으니 잘된 일입니다. 폐하께서 국사를 진왕에게 넘기시면 될 것입니다."

상황이 이렇게 되자, 고조도 어쩔 도리가 없었다. 대신들의 말에 따라 건성과 원길의 죄상을 선포하고 각 부 병사들을 진왕의 지휘 아래 두도록 명령했다. 두 달 뒤, 당 고조는 황위를 진왕에게 넘기고 자신은 태상황이 됐다. 그리하여 이세민이 즉위하였으니, 그가 바로 당 태종太宗이다.

權道의 지혜

이 현무문 사건의 핵심은 이세민과 그의 모사謀士들이 과감하게 다른 이들의 상상을 뛰어넘는 방법을 택해 세심하게 계획하고 빈틈없이 준비하여 행동을 취한 데에 있다. 물론 이세민은 약세였지만 가능한 기회를 포착해 죽음을 무릅쓰고 전력투구하여 우위를 차지했다.

위급한 상황에서 뒤로 한발 물러서는 것은 사람의 인품이 광대하고 지혜로우면서도 어리석은 듯이 행동하는 모략의 구체적 체현이다. 사람, 특히 리더는 객관적인 상황이 전진할 수 없거나, 다시 전진하려 할 때에 자신에게 위험이 닥치면 알아서 스스로 뒤로 물러서야 한다. 이는 자신을 지키는 중요한 모략이다. 이렇게 할 수 있으려면 상당한 수양을 이루어 자신을 이겨내야 한다.

역사나 현실로 볼 때, 나아가고 물러나는 데에 능한 것은 모두 중요하다. 나아갈 줄만 알고 물러설 줄 모르는 리더는 결코 뛰어난 사람이 아니다. 이 두 가지를 잘 조화시켜 탄력적으로 활용할 줄 아는 리더야말로 뛰어나다고 할 수 있다.

자신의 재능을 감추거나 불리할 때 과감히 물러서는 것은 소극적으로 흉을 피하고 길을 취하는 것이 아니다. 잠시 칼날을 감추고 숨어서 힘을 키우며 기회를 엿보다가 움직이는 것이다. 이것이야말로 '재능을 감추고 드러내지 않는 것韜光養晦'이다. 물러섬은 어쩔 수 없다. 물러서서는 주도적이고 자각적으로 드러내지 않고 힘을 키우다가 시기가 무르익으면 맹렬히 나아가야 한다. 이는 결코 도망이 아니라 앞으로 나아가기 위한 도약이다. 매우 수준 높은 모략이다. 이렇게 하지 않으면 앞으로 나아가도 위험에 부딪쳐 후퇴하게 되고, 또다시 후퇴하게 되어 본래의 목표나 노선을 버리고 방향이나 방법—이러한 방향이나 방법은 본래의 방향이나 방법과는 근본적으로 다르다—을 바꾸게 된다. 이는 재능을 감추고 드러내지 않는 것이 아니라, 어려워 물러서는 것이다. 이는 모략이라 할 수 없고 일종의 도피주의이다. 그렇기에 물러서는 데에도 용감함과 비겁함이 있다.

모수 _ 자신을 믿고 책임을 떠맡다

전국시대 조趙나라에는 평원군 조승趙勝이 있었는데, 세 차례나 재상을 맡았고, 인재를 예의와 겸손으로 대하여 그를 찾아오는 빈객이 수천 명에 달했다.

기원전 258년, 진秦나라 군대가 조나라 수도 한단邯鄲을 침략해 위험에 처했다. 조나라 왕이 평원군에게 사절로 초楚나라에 가서 구원을 요청하라고 명했다. 평원군은 문과 무에 능한 스무 명을 수행원으로 데려가 간청해도 안 되면 죽기를 각오하여 초나라 왕이 군사를 내어주도록 할 작정이었다. 죽기를 각오할 것이었으므로 수행원은 문객 중에서 뽑으려 했는데, 열아홉 명을 선발하고 한 명이 모자랐다.

이때 문객 중에 모수毛遂라는 자가 있었는데, 자신이 용맹하다고 하며 사절단 수행원으로 뽑아줄 것을 청했다. 이에 평원군은 그가 자신의 문하에 3년이나 있었음을 알고는 송곳이 주머니 속에 들어 있으면 그 끝이 곧 드러나게 마련이라는 비유를 들어 모수가 자신의 문하에서 3년이나 있었는데도 들어본 적이 없으니 이번 임무를 맡기기 어려워 그냥 남아있으라 권했다. 모수는 곧바로 일찍이 자신을 주머니에 넣었다면 끝만 보이는 것이 아니라, 자루까지 보았을 것이라 했다. 평원군이 그의 말솜씨를 보고는 수행원으로 가는 것에 동의하여 같이 초나라로 떠났다.

초나라로 가는 길에 모수가 보여준 말투나 태도로 인해 나머지 열아홉 명은 그간 그에 대해 비꼬던 태도를 바꾸어 모두가 탄복했다. 평원군이 초나라 왕과 담판하면서 그는 연합하여 진나라에 대항하는 것이 도움이 된다는 점에 대해 장장 한나절 동안 열변을 토했으나, 아무런 결과도 얻지 못했다. 이에 나머지 열아홉 명은 모수를 부추겨 앞으로 나서라 했다. 모수가 검을 어루만지다가 앞으로 나가자, 초나라 왕이 화가 나 큰소리로 꾸짖었다. 그럼에도 모수가 검을 쥐고 앞으로 나가며 초나라 왕을 기선 제압했다. "왕께서 저를 꾸짖는 이유는 초나라 백성들 때문입니다. 지금 10보 안에 초나라 사람이 있습니까? 왕의 목숨은 저에게 달려 있습니다." 그러고 나서 한편으로는 초나라의 우세함을 이야기했다. "지금 초나라 땅 5천 리에 무기를 가진 자 백만이니, 이는 패왕이 될 수 있는 자질을 갖춘 것입니다. 초나라의 강대함을 천하는 감당할 수 없습니다." 그러고는 다른 한편으로 초나라의 나약함을 비판했는데, 진나라 장수 백기白起가 "세 번을 싸워 왕의 조상님을 욕보였는데, 이 백 년의 원한을 조나라는 부끄러워하는데, 왕께서는 그 잘못을 보지 못하고 계십니다." 끝으로 강조하기를, "합종하는 것은 초나라이지, 조나라가 아닙니다." 이 말은 강약을 조절한 것으로, 초나라 왕은 그 자리에서 "삼가 사직을 받들어 종횡할 것이다"라고 말했다. 모수는 초나라 왕이 결심을 바꿀까 두려워 즉각 물었다, "종횡은 확실한 것입니까?" 초나라 왕이 대답했다. "확실하다." 모수는 곧 초나라 왕 좌우에 있던 시종에게 닭, 개, 그리고 말의 피를 가져오라 하고는 자신이 쟁반을 들고 초나라 왕 앞에 무릎 꿇고 말했다. "왕께서 피를 입술에 적셔 종횡이 확정됐음을 표시하시면, 다음에는 평원군께서, 그 다음엔 제가 하겠습니다." 이렇게 하여 조나라와 초나라가 연합하여 진나라에 대항한다는 협정이 이루어졌고, 초나라 왕은 춘신군에게 명해 조나라를 지원하라고 했다. 출발하기 전의 두 번째 방안이 이루어진 것이었다.

평원군이 조나라로 돌아온 뒤, '상사相士'를 알아보는 것이 쉽지 않음을 깊이 느끼고는 "나의 상사가 많으면 수천, 적어도 백여 명에 달하여 나는 천하의 재사들을 모두 안다고 여겼거늘, 이제야 모수 선생이 빠져 있었음을 알았다"고 한탄했다. 이에 모수를 상경上卿으로 모셨다.

權道의 지혜

'모수가 스스로를 추천하다毛遂自薦'라는 말은 바로 여기서 나왔다. 이 이야기는 자신의 가치를 정확히 인식하여 자기 자신을 추천하는 방법 외에도, 사람을 쓰려는 자가 각종 인재에게 그 재능을 발휘할 수 있는 기회를 제공해줄 수 있는가 하는 문제도 보여준다. 양자가 결합되어야만 더욱 커다란 효과를 거둘 수 있다.

자신에 대한 믿음은 자신이 발전하는 데에 중요한 조건이 된다.

회사 동료가 같이 입사하고 같이 승진했다면 그에 대해 더욱 친밀감을 느낀다. 그러나 그중 한 사람만이 유난히 승진이 빠르다면 다른 사람은 시기하게 되고, 결국 서로 감정이 좋아지지 않는다. 왜 이런 감정의 상처가 승진하지 못한 사람에게 생기는 것일까? 그 이유는 바로 우월감 때문이다. 승진이 빠른 사람은 승진이 느린 사람의 결점을 굳이 찾을 필요가 없다. 그러나 승진이 느린 사람은 이러한 화가 분노가 되어 결국 자신의 인간관계를 더욱더 힘들게 만든다.

사실상 이는 자신감이 없기 때문이다. 자신이 남보다 못하다는 걱정 때문에 다른 사람을 시기하는 것이다. 그러므로 다른 사람과 서로 융화하거나 즐겁게 일하려면 자신에 대해 믿음을 갖는 것이 극히 중요하다. 열심히 일하며 재능은 결코 묻히지 않는다는 믿음이 있으면 자신의 재능을 발휘할 기회를 얻게 된다.

'나는 할 수 있다'는 자기 암시는 상당한 마력을 갖고 있다. 이것이야말로 뛰어나게 일 처리를 하는 데에 필요한 선결조건이다. 당신에게 임무가 주어졌을 때, 재능을 발휘할 수 있는 기회로 보고 혼신의 힘을 다하여 완수하라.

강희제 _ 남몰래 상대방을 제압하다

청나라 성조 강희제康熙帝의 이름은 현엽玄燁으로, 세조 순치제順治帝의 셋째 아들이다. 그는 경전과 역사서를 열심히 읽고, 총명했으며, 마음속에 큰 뜻을 품고, 어려서부터 좋은 황제가 되겠다는 뜻을 세웠다. 시간이 흐름에 따라 현엽의 재능이 점차 드러났다. 그는 여덟 살에 황제에 등극했는데, 요절한 순치제가 죽기 전에 유언 조서를 남겨 소니索尼, 숙사하蘇克薩哈, 어빌룬遏必隆 및 오보이鼇拜 등, 네 명의 대신으로 하여금 어린 황제를 보좌토록 했다. 이들 네 명의 대신 중에서 오보이는 권력을 농락한 간신이었다.

오보이는 어려서부터 청 태종 홍타이지皇太極를 따라 원정을 다녀 생사를 넘나들며 뛰어난 공을 세워 홍타이지가 직접 그를 청나라의 바투르, 즉 용사라고 칭했다. 오보이는 제멋대로 권력을 휘두르며 많은 대신들을 죽이거나 멸족시키거나 또는 가산을 압수하기도 했다. 오보이는 덕망 높은 고명대신인 소니가 죽은 뒤에는 더욱 기고만장해져 입조할 때마다 숙사하나 에빌룬보다 앞에 섰다. 많은 국가대사에 대해 그가 이렇게 해야 한다고 하면, 숙사하나 에빌룬조차도 그를 막을 수 없었다.

강희제가 친히 다스리게 된 둘째 날, 숙사하가 남몰래 상서를 올려 자신은 순치황제의 능묘를 지키고 싶고, 그렇게 해야만 여생을 편히 보낼 수 있다고 했다. 강희제가 이를 보고는 의혹이 풀리지 않아 금란전에서 문무대신들에게 그 연고를 물었다. 대신들 앞에 서 있던 오보이의 낯빛이 어두워지면서 콧김을 내뿜었다. 그 자리에 있던 대신들은 누구 하나 감히 머리를 들지 못하고, 숨소리조차 크게 내지 않았다. 강희제가 오보이와 문무대신들을 번갈아 보면서도 왜 아무도 말하지 않는지를 몰랐다.

강희제

이튿날 입조 때에 오보이가 우선 상서를 올려 숙사하가 저지른 스물네 가지 죄상을 나열했다. 강희제가 이를 보고 난 후, 화가 났다. 왜냐하면 그 내용 모두가 모함이었기 때문이다. 오보이는 강희제에게 조서를 내려 숙사하와 그 아들, 손자 및 조카 등 열한 명을 처형하라고 요구했다. 강희제는 숙사하가 간신이라는 말을 믿을 수 없어 오보이의 상서를 반박하고자 했다. 이때 황제가 머뭇거리는 것을 보고 오보이는 군신의 예도 아랑곳하지 않고 앞으로 나오며 소매를 걷더니 주먹을 황제의 얼굴 앞으로 내밀었다. 강희제가 도와달라는 표정으로 문무 대신들을 돌아봤으나, 누구 하나 감히 고개를 들지 못하고 있었다.

결국 강희제는 숙사하에게 교수형을 내렸다. 조회가 끝난 뒤, 강희제가 침궁으로 돌아와서는 자신이 황제가 아니라는 것을 느끼며 통곡했다. 이 사건을 통해 그는 오보이의 의중을 알게 됐고, 반드시 오보이를 제거해야겠다고 결심했다.

오보이는 물리마穆里瑪와 당파를 결성하고 있었는데, 모든 일을 집에서 의논하고 난 뒤, 황제를 압박해 집행토록 했다. 이렇듯 오만방자한 간신에 대해 강희제는 한이 맺혔으나, 경거망동할 수도 없어 몰래 소니의 아들인 송고투索額圖를 불러 오보이를 제압할 방법을 상의했다. 그들은 우선 오보이를 안심시켜 경계심을 누그러뜨리게 하고, 수도를 경비하는 군사들을 자신의 심복으로 갈아치우며, 오보이가 의심하지 않도록 용사들을 훈련시키기로 결정했다.

이에 강희제는 숙사하가 죽은 뒤, 며칠 만에 조서를 내려 오보이를 찬양하고 그가 청나라의 일등공신이라 하고는 그를 일등 공 겸 태사太師에 봉했다. 오보이는 조금 당황했으나, 만족해하며 숙사하가 죽은 뒤 강희제가 자신을 두려워한다고 여겼다. 강희제는 정사를 돌보지 않고, 모든 일을 오보이에게 넘겨 처리토록 하고, 자신은 수십 명의 건장한 소년들을 뽑아 매일 '부쿠布庫 놀이'를 했는데, 부쿠란 만주어로, 뜻은 씨름, 즉 건장한 소년들이 서로 맞잡고 다리를 걸어 땅에 넘어지면 지는 놀이이다. 이는 오늘날의 씨름과 비슷한 것으로, 넘어지거나 양 어깨가 땅에 닿으면 지는 놀이이다. 입조할 때에도 그들이 자신의 옆에 서 있도록 했다. 오보이는 강희제가 나이가 어려 놀이에 빠졌다고 생각하고 의심치 않았다.

한번은 도저히 그냥 넘길 수 없는 국가대사에 대해 오보이의 집으로 찾아가 그에게 어떻게 처리하면 좋은지 물었다. 또 어떤 날에는 강희제가 정사를 상의하고자 또 찾아갔는데, 오보이가 아픈 척하며 침상에 누워 있었다. 강희제가 한동안 앉아있더니 건강에 조심하라고 한 뒤, 일어서서 돌아가려고 했다. 오보이가 침상에서 일어나 배웅하려고 하는데, 갑자기 서슬퍼런 칼이 베개 옆에서 땅으로 떨어졌다. 강희제의 시위들이 재빨리 검을 빼어들자, 오보이의 안색이 갑자기 하얗게 질렸고, 분위기가 마치 얼어붙은 듯했다. 이때 강희제가 태연하게 칼을 주워서는 아무 일도 없다는 듯이 말했다. "칼을 몸에서 떼어놓지 않는 것은 우리 만주인의 습관이요. 연로하신 태사께서 와병 중인데도 이러한 습관을 잊지 않으셨다니 우리 같은 젊은이들이 배워야 합니다!" 긴장된 분위기가 강희제의 기지로 일순간에 해소되었다.

2년 뒤, '부쿠'를 훈련하던 소년들이 건장해졌고, 권법이나 봉술에 능해져 모두가 훌륭한 무사가 되었다. 강희제는 이제야 오보이를 제거할 때가 되었다고 여겼다. 1669년 5월 초3일, 오보이가 여느 때와 다름없이 남서방으로 들어섰다.

오보이가 막 문을 들어서는데, 강희제가 잔을 던지는 것을 신호로 부쿠를 연습하던 수십 명의 소년들이 벌떼처럼 몰려와 순식간에 오보이를 꽁 꽁 묶어버렸다. 이때 강희제 뒤에 숨어있던 송고투가 앞으로 나와 침착하게 조서를 펴고는 엄숙한 목소리로 읽었다. "죄인 오보이는 제멋대로 권력을 휘둘러 나라를 어지럽혔고, 서른 가지가 넘는 죄를 저질렀으며,……"

이때에야 비로소 오보이는 꿈에서 깬 듯 자신이 강희제의 계책을 빠졌다는 것을 알고는 하늘을 쳐다보며 탄식했다. "나 오보이가 태종황제를 모시고 생사를 넘나들며 수없이 싸워 쳐부수지 못한 공격이 없고, 승리하지 않은 전쟁이 없었거늘, 오늘에 이르러 십여 세에 불과한 어린아이의 수중에 떨어지고 말았구나. 오늘 이렇게 될 줄 알았다면 애당초 그렇게 했겠는가!"

오보이가 잡힌 뒤, 그를 관련 부서로 넘겨 심문했고, 때로는 강희제가 직접 심문하기도 했다. 여러 왕들과 대신들이 상서를 올려 즉각 법을 바로잡을 것을 청했다. 그러나 강희제는 그가 자신의 선조를 따라 많은 전투에서 공을 세운 것을 감안해 사형시키지 않았다. 이에 오보이를 파직시키고, 그 재산을 몰수하며, 오보이와 그 아들을 평생토록 감옥에 가두었는데, 그는 옥중에서 병사했다.

오보이의 당파도 심문했는데, 죽여야 할 자는 가차 없이 죽였고, 공이 있는 자는 죽이지 않았다. 열여섯 살밖에 안 된 강희제가 자신의 기지로 오보이와 그 일당들을 한꺼번에 제거하고 나라를 안정시켰던 것이다.

權道의 지혜

대권을 쥔 오보이에 대해 강희제는 자신이 불리한 위치에 있음을 명확히 알고 있었다. 총명한 강희제가 취한 방법은 한신韓信이 취한 '겉으로는 잔도를 만드는 체하면서 몰래 진창으로 군사를 보내 기습하는明修棧道、暗渡陳倉' 책략이었다.

정치는 사람의 정치요, 사람이 없으면 정치를 논할 수 없다. 사람은 정치적 인간으로, 정치를 떼어놓으면 사람도 그 사람됨을 이룰 수 없다.

사람은 이러한 정치의 그물에서 벗어날 수도 없고, 벗어날 필요도 없다. 능동적이든 수동적이든 간에 정치를 받아들여야 하고, 적극적이든 소극적이든 간에 정치에 적응해야 한다. 어쩔 수 없든 아니든 간에 정치를 개조해야 한다. 그렇기에 정치를 받아들이고 적응하고 개조하는 과정에서 정치 사상, 정치 지혜 그리고 정치 모략이 싹튼다.

정치는 일종의 사회현상으로, 인류와 더불어 원시적이고 소박하며 조잡하고 모호하게 시작됐지만 그 마침표를 찍기는 어려울 것이다.

역사는 이미 지나갔지만, 또한 아직 지나가지 않았다. 미래는 오지 않았지만, 반드시 온다. 미래에 역사가 될 현재에 살고 있는 사람들은 한 가지 문제에 대답해야 한다. 어떻게 어제를 직시하고, 오늘을 파악하며, 아름다운 내일을 창조할 것인가? 옛 사람들은 "지나간 일에 비추어보면, 다스리는 길을 알 수 있다"고 했다. 오늘날의 사람들은 "옛것 중에서 쓸모없는 것을 버리고 좋은 것을 찾아내 새로운 방향으로 발전시킨다"고 말한다.

《사기史記·골계열전滑稽列傳》에 이르기를, "3년간 울지 않다가도 한번 울면 사람들을 놀라게 한다"고 했다. 이길 만큼 확실한 일이 아니라면 사방에 알릴 필요가 없고, 단지 믿을 만한 사람들을 끌어들여 내용을 알고 준비토록 하는 것이 낫다. 그렇게 하면 첫째, 승리의 장애, 특히 인위적 장애를 감소시킬 수 있다. 둘째, 사람들을 놀라게 하는 효과를 얻어 승리 후의 영향력을 증가시킬 수 있다. 예로부터 '시대의 흐름을 아는 자를 준걸이라 한다'고 했다. 객관적인 상황이나 시대의 흐름을 명확히 알아야 총명하고 능력 있는 사람이 된다. 사람들의 모든 활동은 객관적인 조건의 제약을 받는다. 당신이 공을 세우고 뛰어난 성과를 얻고자 한다면 객관적인 상황의 변화를 명확히 인식하는 데서 대응이 이루어져야 한다.

● ● ●

사마의 _ 칼날을 칼집에 감추고 어둠 속에서 힘을 기르다

조조가 죽고 난 뒤, 그의 아들 조비曹丕가 한나라 헌제를 폐위시키고 스스로 황제가 되어 위魏나라를 세웠다. 일찍이 조조를 위해 계책을 세우던 사마의司馬懿가 이때에도 조비를 도와 군정을 처리했으며, 병사들을 이끌고 각지를 정벌하여 혁혁한 공을 세웠다. 조비가 제위를 태자 조예曹叡에게 넘겨줄 때, 사마의가 보좌대신에 임명됐다. 사마의는 박학다식하고 웅대한 뜻을 품고 있었기에 마음속으로 출신이 미천한 조씨 부자를 경멸했다. 이에 그는 측근을 심어놓고 기회를 엿보다가 정권을 빼앗았다.

위나라 명제 조예가 죽자, 태자가 너무 어렸기에 대장군 사마의와 조상曹爽이 공동으로 태자를 보좌했다. 조상은 황족으로, 대권을 쥐고 난 뒤, 야심이 커져 대권을 휘둘렀다. 그러나 사마의는 3대에 걸친 원로인데다가 공로도 크고 명망도 있었을 뿐만 아니라, 모략도 뛰어나 조정에 상당한 세력을 가지고 있었다. 이 때문에 조상은 공개적으로 그와 맞설 수 없었다. 게다가 사마의도 대권을 빼앗고자 했기에 일찌감치 조상의 행동을 눈여겨보았지만, 겉으로는 어리석은 듯하다가 나중에는 아예 병을 핑계로 입조하지도 않았다.

조상이 조정 대권을 휘두르기는 했으나, 사마의에 대해서는 여전히 마음을 놓을 수 없었다. 사마의가 비록 연로하여 병이 잦은 것을 이유로 조정에 들어오지도 않고 있지만, 워낙 교활하고 매사에 조심하는데다가 또 진짜 병이 난 것인지 아닌지도 모르지 않는가? 무제 조조가 창업할 때에도 사마의의 모략이 뛰어나다는 말을 듣고 여러 차례 사람을 보내 자신 밑에서 관리가 되어줄 것을 청하였는데, 사족 출신인 사마의는 출신이 미천한 조조를 경멸했기에 그 밑에서 관리가 될 마음이 없어 병을 핑계로 집에서 나오지 않았다. 이후 조조의 세력이 커지자, 비로소 그의 밑으로 와 관리가 되었던 것이다. 이번에 난 병도 예전처럼 그가 꾸민 일인지 모르지 않는가? 이 때문에 조상은 사마의에 대해 방심하지 않고 항상 사람을 보내 그 상황을 엿보게 했으나, 진상을 파악하지 못했다.

하남 사람 이승李勝이 조상의 비위를 맞춰 그의 신임을 얻자, 그가 이승을 수도로 불러들여 형주자사에 임명했다. 이승이 부임하러 갈 때에 조상이 그에게 인사드린다는 구실로 사마의 집으로 가 진상을 확인토록 했다.

이승이 객실에 앉아 한참 기다리고 있다가 사마의를 만났는데, 흐트러진 의복에 연달아 기침하며, 두 명의 시녀가 좌우에서 부축하여 내실에서 천천히 나왔다. 이승이 급히 일어나 예의를 다해 문안을 여쭙자, 사마의의 아들 사마소司馬昭가 말했다. "됐습니다, 이 대인! 아버님께서는 몸이 안 좋으시고, 옷도 갈아입으셔야 하오." 옆에 있던 시녀가 옷을 가져와 갈아입기를 청했다. 사마의가 떨면서 손을 뻗쳐 옷을 들다가 갑자기 힘이 빠지면서 손을 늘어뜨려 옷이 땅에 떨어졌다. 시녀가 급히 옷을 들어 입는 것을 도왔다. 두 시녀가 그를 부축해 조심스럽게 의자에 앉혔다.

사마의가 기침하고는 천천히 오른손을 들어 자신의 입을 가리키면서 숨을 헐떡거리며 "죽을 마시겠다"고 했다. 시녀가 급히 나가 죽을 한 그릇 가져왔다. 사마의가 너무 심하게 손을 떨어 죽 그릇을 제대로 잡지 못하자, 시녀가 죽 그릇을 그의 입가로 가져가 한 수저씩 떠먹였다. 사마의의 입이 천천히 움직이며 죽이 목구멍으로 넘어갔고, 수염에도 죽이 묻었다.

죽을 마시다가 사마의가 갑자기 기침하자, 죽이 바깥으로 튀어나오면서 자신의 몸은 물론이요, 시녀의 몸에도 튀었다. 시녀가 죽 그릇을 놓아두고는 수건을 가져와 그의 몸에 묻은 죽을 닦아냈다. 사마의가 또 한번 기침을 하고는 눈을 감았다.

이승이 그 모습을 보고는 나아가 말했다. "태보 어른, 모두가 어르신의 병이 단순히 재발했다고 생각했지, 이처럼 심하다고는 생각하지 않았습니다. 우리는 걱정을 많이 하고 있습니다." 사마의가 천천히 눈을 뜨고는 숨을 헐떡이며 말했다. "나는 늙은데다가 병도 깊어 오래 살지 못할 것 같네. 내가 불안한 것은 두 아들이네. 오늘 자네가 와주니 매우 기쁘다네. 앞으로 두 아들을 자네에게 부탁하네." 이렇게 얘기하면서 눈물을 흘렸다.

이승이 급히 말했다. "태보께서는 너무 걱정하지 마십시오. 우리 모두는 빠른 시일 안에 쾌차하시기를 빕니다. 저는 곧 형주로 부임하게 되어 오늘 하직인사를 드리려고 왔습니다." 사마의가 말했다. "뭐라고? 병주로 부임한다고? 병주는 오랑캐와 가까운 곳이니 잘 방비해서 오랑캐의 침략을 막게." 이승은 사마의가 연로하여 잘 못 듣는다고 생각해서 다시 말했다. "태보 어른, 저는 병주가 아니라, 형주로 부임합니다." 사마의는 듣고서도 일부러 말했다. "자네가 지금 병주로 간다고 하지 않았나?" 사마소가 앞으로 나가 큰소리로 말했다. "아버님, 이 대인은 병주가 아니라 형주로 간답니다." "아! 형주, 그거 잘됐군. 아, 나이를 먹으니 귀도 어둡고 눈도 잘 보이지 않는군. 이젠 쓸모가 없어!"라고 말했다.

이승은 사마의가 병이 들어 쓸모없게 되었다고 생각하고는 일어나 하직인사를 했다. "태보 어른, 몸을 보중하소서. 쾌차하실 겁니다. 나중에 수도에 오게 되면 다시 찾아뵙고 인사드리겠습니다"라고 말하고는 태보 저택을 떠났다. 이승이 떠나자, 사마의가 의자에서 일어나서는 수염을 쓰다듬으며 아들을 보면서 웃었다.

이승은 태보 저택을 나와서는 곧장 조상의 집으로 달려가 신나게 얘기했다. "사마의가 살아있기는 하나 겨우 숨이 붙어있을 뿐, 병으로 쇠약해졌고 죽을 날도 머지않았으니 걱정하지 않으셔도 될 것입니다." 조상이 듣고는 기뻐 이승을 자신의 집에 머무르게 하고는 밤새 잔치를 벌였다. 이후 조상은 근본적으로 사마의에 대해 마음을 놓고 더욱 제멋대로 전횡했다.

봄이 오자, 관례에 따라 황제 일족이 고평릉에 가서 제사를 올리게 됐다. 조방이 가마를 타고, 조상과 조희 등 형제들이 모두 수행했는데, 일행은 위풍당당하게 낙양을 나섰다. 조상 일행이 낙양을 나선 지 얼마 지나지 않아 사마의가 원기왕성하게 사마소와 사마사를 데리고 말에 올라 병사들을 이끌고 낙양성의 각 문과 황궁을 점령하고는 성문을 잠그고 누구도 출입하지 못하게 했다. 그리고는 조상을 평민으로 폐위시키는 황태후의 조령을 조작해 이를 황제 조방에게 가져가도록 했다.

사마의가 군대를 장악하고 있었기에 조상은 어쩔 수 없이 죽음을 기다릴 수밖에 없었다. 사마의가 명령을 내려 조상 형제와 그 측근인 환범, 하안 등을 잡아 머리를 베고 삼족을 멸했다.

權道의 지혜

정치에서의 임기응변인 '재능을 감추고 드러내지 않는韜光養晦' 전략은 개인이 처한 불리한 환경에 대응해 자신의 생명을 보전하고 다시 재기하는 발판을 마련하는 것이다. 자신의 진면목과 의도를 감추어 자신의 정적을 미혹시켜 자신에 대한 경계를 풀게 하고, 적당한 기회가 오면 자신의 계획을 펼치는 것이다. 삼국시대에 유비劉備가 패성에서 여포呂布에게 패하자 조조에게 의탁한 바 있다. 이후 조조가 허창으로 옮길 때에 유비도 데려갔는데, 유비를 통제하기 위함이었다. 유비는 큰 뜻을 품고 있음을 숨기고 후원에서 채소를 키우며 지냈다. 하루는 조조가 유비에게 술을 청해 영웅을 논하였다. 술이 거나해지자, 조조가 말했다. "바야흐로 오늘날 천하의 영웅은 그대와 나뿐이오." 유비는 조조가 자신의 마음을 떠보는 것이라 여기고 깜짝 놀라 손에 들고 있던 수저를 땅에 떨어뜨렸다. 공교롭게도 바로 그때 뇌성벽력이 치며 큰 비가 몰려왔다. 유비가 말했다. "성인께서 말씀하시길, '갑작스런 번개와 세찬 바람은 반드시 바꾼다고 했습니다.' 이러

유비

한 번개의 위력이 여기에 이르렀습니다." 조조가 말하기를, "번개는 천지음양이 부딪치는 소리에 불과한데, 무엇이 그리 두려우시오?" 유비가 뒤이어 말했다. "전 어려서부터 번개소리를 무서워해 번개가 치면 숨을 데가 없는 게 한스러웠습니다." 조조가 듣고는 비웃으며 유비가 배짱도 없고 식견도 없는 쓸모없는 자라고 여겼다. 이때부터 그에 대해 경계를 풀었다. 유비는 재능을 감추고 드러내지 않는 계책으로써 조조의 경계에서 벗어났다.

재능을 감추고 드러내지 않는 계책은 처세하는 데에도 쓸모가 있는 임기응변의 전술이다. 그 목적은 자신의 재능을 드러내거나 시비에 휘말리지 않는 데에 있다. 홍응명洪應明이 《채근담菜根譚》에서 말하기를, "군자의 재능은 옥과 구슬을 감추듯이 다른 사람이 쉽사리 알지 못하게 해야 한다"고 했다. 창끝을 보이지 않는 것은 이를 녹슬게 하는 것도 아니요, 행동을 바꾸는 것도 아니고, 그 창끝을 숨기는 데에 불과하다. 사실 이는 자신의 학식과 재능, 그리고 수양을 강화하는 과정이다.

● ● ●

여태후 _ 부드러움과 강함을 병행하다

여치呂雉가 유방劉邦과 혼인하면서 생활은 넉넉지 않았으나 부부 금실이 좋고 근검절약하며 지냈다. 유방은 생계를 위해 사방을 돌아다녔고 여치 또한 빈곤한 생활에서 남편을 도와 부담을 나누었다.

기원전 209년, 대택향에서 진승陳勝과 오광吳廣이 이끄는 난이 일어났다. 유방도 이를 틈타 패현沛縣에서 3천여 명을 모아 현 관리를 죽이고 봉기했고 현령으로 추대되어 패공沛公이 됐다. 여치의 아비인 여공呂公은 유방이 천하를 손에 넣을 수 있을지 모른다고 생각하고는 여치의 두 오빠인 여택呂澤과 여석지呂釋之에게 유방을 수행토록 했다.

유방이 전쟁을 벌이고 있었으므로 여치와 두 아이는 그저 집에서 기다릴 수밖에 없었다. 기원전 206년, 유방이 관중으로 돌아와 설구薛歐와 왕흡王吸을 무관으로 파견해 왕릉王陵과 더불어 남양으로 출격토록 하고, 나아가 패현으로 가 아버지와 여치 등 가족을 맞이하도록 했다. 초왕 항우項羽가 이 소식을 듣고는 병사를 양하로 보내 이를 저지하자, 유방은 가족과의 만남을 이룰 수 없었다. 기원전 205년, 유방이 여러 제후들에게 항우 토벌을 호소하면서 항우의 본진인 팽성彭城을 공격했으나 참패하고 말았다.

기원전 203년 9월, 한나라와 초나라가 전쟁을 멈추고 평화조약을 맺었다. 홍구鴻溝를 경계로 그 서쪽은 한나라에, 그 동쪽은 초나라에 속했다. 항우는 여치와 유방의 아비를 유방에게 돌려보냈다.

유방은 천성적으로 풍류를 좋아해 여치와 결혼하기 전에 조씨 성을 가진 여인과 동거하며 여치의 자식보다 한 살 많은 아들을 낳았다. 그 이름이 유비劉肥였다. 이후에 또 척씨 성을 가진 여자와의 사이에서 아들을 하나 낳았는데, 그 이름이 유여의劉如意였다. 얼마 지나지 않아 박씨 성을 가진 여자와도 아이를 낳았으니 이름이 유항劉恒이었다. 유방이 서한西漢을 세우고 황제가 된 이후에 낳은 자식들은 그 자신도 모르는 경우가 많았다.

기원전 197년, 유방이 갑자기 태자 유영劉盈을 폐위시키고 조왕 여의를 황태자로 세울 것을 제안하였다. "태자 영은 심성이 유약하니 어찌 대업을 이을 수 있겠는가? 조왕 여의는 상당히 총명하고 영리하니 대통을 이을 수 있을 것이다." 그리고는 태자를 폐위시키는 조서를 작성토록 했다. 대신들은 유방의 태도가 확고부동하자, 아무 말도 하지 않았다.

기원전 195년, 유방이 영포를 정벌하러 나갔다가 가슴에 화살을 맞아 상처가 나날이 깊어졌다. 이에 자신이 얼마 살지 못할 것이라 여기고 다시금 태자 유영을 폐위시키고 조왕 여의를 태자로 세우려 했다. 여후呂后가 급히 오빠를 불러 상의했다. 여석지는 지혜와 술책이 뛰어난 장량張良에게 도움을 청하였다. 황제도 그를 무시하지 못했기 때문이다. 처음에 장량은 고집을 부리며 어떠한 계책도 내놓지 않았다. 계속되는 여석지의 위협 아래 한 가지 계책을 내놓았다. "태자를 바꾸는 일은 말로는 이루기 힘든 일입니다. 진나라 말에 네 명의 노인이 있었는데, 산 속으로 숨어들어 한나라의 신하가 되지 않겠다고 맹세한 바 있습니다. 그렇기에 황제도 그 네 사람에 대해서는 상당히 존경하고 있습니다. 만일 태자께서 친서를 들고 그들에게 청하여 함께 입조하게 된다면 황제도 그들 네 사람이 태자를 보좌하리라는 것을 알고 태자를 바꾸지 않을 것입니다." 이에 여후는 장량의 계책에 따라 그들 네 사람을 태자부로 청했다.

유방이 미앙궁에서 잔치를 열었다. 귀밑털이 희끗하고 옷차림이 단정한 네 명의 노인이 태자 좌우에서 시중드는 것을 보고 유방은 그들이 누구인지를 물었다. 그들 네 사람이 각자 자신의 이름을 밝혔는데, 유방이 깜짝 놀라 눈을 부릅뜨더니 "상산사호商山四皓 아니십니까?"라고 말했다. 이로써 유영은 태자의 자리를 지킬 수 있었다.

한 고조 유방

한신韓信이 천하를 빼앗는 전쟁에서 공을 세워 초왕에 책봉됐다. 당시 유방은 그에 대해 의심을 품고 있었다. 유방이 즉위한 이듬해, 어떤 이가 한신이 반란을 일으키려 한다고 밀고했다. 유방이 급히 진평陳平을 궁으로 불러들여 대책을 상의했고, 진평이 한 가지 계책을 내놓았다.

이튿날 아침, 유방이 여덟 명의 사신을 각각 초, 한,

양, 조 등, 8개 제후국으로 보내 황제의 조서를 전해 황제가 곧 남방으로 갈 터이니 제후 왕들이 모두 진지로 모여 영접토록 했다. 한신은 명령을 받고 진지로 갔다가 유방에게 잡혀 초왕에서 회음후淮陰侯로 강등되어 장안에 연금됐다.

대국승상 진희陳稀가 유방의 통치에 불만을 품고 반란을 일으켜 왕이라 자칭했다. 유방이 친히 군사를 이끌면서 한신에게 수행토록 했다. 그러나 한신은 병을 핑계로 명령을 따르지 않았다.

수개월 뒤, 액운이 팽월彭越에게도 닥쳤다. 팽월도 유방 수하의 장군으로 양왕에 책봉됐었다. 어떤 이가 팽월이 부하 장수들과 더불어 반란을 일으키려 한다고 모함했는데, 증거가 없어 죽을죄만 면해주고는 평민으로 강등시켜 촉중으로 유배시켰다. 여후가 이 소식을 듣고는 곧바로 유방을 만나러 장안에서 낙양으로 출발했는데, 공교롭게도 정현에 이르렀을 때 유배 가던 팽월과 마주치게 됐다. 여후가 상당히 놀란 기색으로 물었다. "팽 장군께서는 무슨 죄를 범했기에 이 지경에 이르렀소?" 팽월은 여후가 진정으로 자신을 동정하는 줄 여기고 그녀에게 자신의 억울한 사정을 이야기하였다.

여후가 낙양으로 돌아와 곧바로 유방을 만나 말했다. "저는 장안에서 양왕 팽월이 반란을 일으켰다는 소식을 들었는데, 폐하께서 중벌을 가하지 않았다고 하니 호랑이를 산에 풀어주는 우환을 남길까 두렵사옵니다." 유방이 말했다. "양왕의 반란은 확실한 증거가 없었소. 당신도 알다시피, 그가 세운 공이 탁월하니 살려주려는 것이요." 여후가 고개를 저으며 말했다. "팽월도 대장부인데, 어찌 그 죄를 시인하겠습니까? 만일 그를 촉중으로 유배 보낸다면, 또다시 반란을 일으켜 폐하께서 막아내지 못할까 두렵사옵니다." 유방이 듣고 보니 일리가 있었다.

팽월은 여후가 자신을 위해 변호해줄 것이라 여겼는데, 오히려 명령을 내려 "죽을죄를 지었으니 당장 목을 베어 저잣거리에 효수하고, 삼족을 멸하라" 했다. 팽월이 죽은 뒤, 그의 시체는 장을 담아버렸다.

여후는 한나라가 세워진 후 7년 동안 유방을 보좌하며 한신, 팽월, 영포英布, 노관盧綰 등 여러 제후들을 제거하고 통일을 공고히 했다.

기원전 195년 4월, 한 고조 유방이 장락궁에서 죽었는데, 향년 63세였다. 유방이 죽자, 열일곱 살에 불과한 황태자 유영이 제위를 계승하고 여치는 황태후가 됐다. 황제가 죽으면 예에 따라 천하에 황제의 죽음을 알리고 태자의 제위 계승을 선포한다. 아울러 여러 신하들의 관직을 승진시켜 새로운 황제에게 충성을 다하도록 한다.

여태후는 유비의 아들 유장劉章을 주허후에 봉하고, 조카인 여록呂祿의 딸을 그에게 시집보냈다.

조왕 유우劉友의 왕후도 여씨 집안사람이었다. 유우는 그녀를 피했고, 다른 비빈들은 좋아했다. 이에 여후가 크게 화가 나 조왕을 수도로 불러들여 감금시켰다. 여후는 병사들에게 그를 감시하면서 먹을 것을 주지 못하게 했다. 어떤 이가 그를 불쌍히 여겨 몰래 먹을 것을 가져다주었다가 발각되어 죽임을 당했다. 그 후로는 누구도 조왕에게 가까이 가는 자가 없었다. 결국 그는 굶어 죽었고, 일반 백성들과 똑같이 장례를 치렀다.

같은 해 2월, 여후는 유방의 다섯째 아들인 양왕 유회劉恢를 조왕으로 세웠다. 여후는 조카 여산呂產의 딸을 그에게 시집보내 왕후로 삼게 했다. 왕후의 시종들은 모두 여씨 집안사람들이었으므로 조왕은 행동의 자유마저 박탈당하고 말았다. 조왕에게는 사랑하는 여자가 있었지만 왕후가 사람을 보내 독을 먹여 죽였다. 조왕은 화가 났으나 아무 말도 못했고, 그해 6월 그마저도 자살하고 말았다.

여태후는 천하를 다스리는 데에 견식도 있었고 배짱도 컸다. 그녀가 반포한 첫 번째 법은 삼족을 멸하고 유언비어 죄를 다스리는 법령을 없앤 것이었다. 한 혜제惠帝 유영이 시도했다가 당시 조정에서 의론이 일치하지 않아 결정되지 않았으나, 여태후가 결국 없애버렸다.

權道의 지혜

여치의 득세는 행운이 절반이요, 개인의 노력이 절반이었다. 앞의 절반은 그녀가 유방의 처이자 황후로서의 힘이요, 뒤의 절반은 그녀 스스로의 오랜 노력과 잔인한 수완이었다. 같은 황제의 처로서, 척희戚姬는 여치보다 더 우세했지만 결국 실패하고 말았다. 반면에 여후는 안팎으로 공격하며, 부드러움과 강함을 병행함으로써 여러 신하들을 압도할 수 있었다.

관료의 명성은 그가 자리를 떠날 때에 비로소 드러난다고 한다. 그러나 사실상 부임할 때 이미 그 평판의 기초가 쌓이기 시작한다. 관료를 통해 이익을 보려 하는 자들은 부임 초기에 비위를 맞추기 위한 기회를 찾는다. 이때의 기회란 바로 관료의 약점을 말한다. 결국 모든 일에 비위를 맞춤으로써 관료의 약점을 틀어쥔다. 그러므로 처음 부임했을 때부터 관료는 정신을 가다듬고 최선을 다해 자신을 점검하여 다른 사람들이 구실을 찾지 못하게 함으로써 자신의 행동에 대해 사람들이 이러저러한 평가를 내리지 못하게 해야 한다.

사람이 일을 처리하는 데에는 일정한 원칙이 있다. 다른 사람에게 의지하면 다른 사람의 의견이 자신의 의견이 된다. 반대로 모든 일에 자신이 옳다고만 생각하면, 다른 사람이 하는 모든 일에 무조건적으로 반대하기만 한다. 이러한 두 가지 태도는 모두 잘못된 것이다. 객관적인 상황을 진지하게 고려해야만 개인의 편견이나 타인이 편견에 치우쳐 일을 부당하게 처리하는 상황이 일어나지 않는다. 강함과 부드러움은 남에게서 평가받는 것이 아니라 자신에게서 시작되는 것이다.

● ● ●

호해 _ 교묘한 수단을 부려 지위를 바꾸다

호해胡亥는 진시황의 열여덟 명의 아들 중 가장 어린 아들로, 본래 황위가 그에게 돌아갈 수 없었다. 그러나 호해는 진시황을 따라다니던 기회를 틈타 조고趙高, 이사李斯 등과 결탁해 진시황이 임종 전에 큰아들 부소扶蘇에게 내리는 유언 조서를 없애고, "부소는 불효하는 아들이므로 검을 내려 자살할 것을 명한다"고 위조해 자신의 친형을 죽이고 황위를 찬탈했다.

역사적으로는 진시황의 죽음에 대해 여러 가지 설, 즉 병으로 죽었다는 설과 죽임을 당했다는 설이 있는데, 일반적으로 죽임을 당했다는 설이 널리 알려져 있다. 보다 믿을 만한 것은 진시황이 병을 앓고 있을 때에 그 아들 호해와 태감 조고에 의해 암살당했다는 것이다.

진시황이 죽기 전, 조고가 호해에게 말했다. "신이 듣건대, 은나라의 탕왕湯王이나 주나라의 무왕武王이 그 주인을 죽인 것에 대해 천하는 의롭다 하지, 불충했다고 하지 않습니다. 위나라 군주가 그 아비를 죽여 그 나라가 예전의 모습을 되찾은 것에 대해 공자孔子는 불효했다고 하지 않았습니다." 이 말을 듣고 호해는 자신의 아비를 죽이고 제위를 찬탈하는 근거로 삼았다.

기원전 210년 겨울, 진시황이 외로움을 견디지 못해 다시금 순행을 시작했다. 좌승상 이사, 중거부령 조고가 따랐고, 아들 호해도 수행했다.

위풍당당한 순행 행렬이 평원에 들어서는 입구에 도착했을 때, 진시황이 갑자기 발병했다. 진시황의 병이 하루하루 깊어지더니 자신이 잘못했다는 것을 느끼고는 조고에게 대신 유언 조서를 써서 공자 부소—당시 부소는 대장 몽염蒙恬과 함께 군사를 이끌고 새북에서 흉노를 막고 있었다—에게 보내도록 했는데, 그 대략적인 내용은 그를 수도인 함양으로 불러들여 자신의 장례를 주재토록 하는 것이었다. 유언 조서를 잘 봉인한 뒤, 잠시 조고가 관장하는 행부새사소行符璽事所에 두고 아직 전령에게 넘기지 않았다.

일대의 효웅이었던 진시황이 허무하게 죽어버렸다. 역사학자인 곽말약郭沫若의 고증에 따르면, 그가 죽은 뒤, 사람들이 그의 뇌에 3촌 길이의 못이 박혀 있는 것을 발견했다고 하는데, 사실이라면 그는 살해된 것이라 할 수 있다.

과연 누가 진시황을 죽일 수 있겠는가? 이는 예로부터 내려온 미스터리이지만, 가장 의심되는 대상은 호해와 조고 두 사람이다. 왜냐하면 기본적으로 그들 둘만이 황제와 직접 접촉할 수 있는 사람이고, 상황으로 볼 때에도 그들 둘만이 진시황을 죽일 만한 동기가 있었기 때문이다.

승상 이사는 황제가 외부에서 죽어 아들들 간의 권력투쟁으로 인해 천하에 변란이 일어날까 두려워 황제의 죽음을 비밀에 부치고 발표하지 않았다. 그는 진시황의 관을 온량거轀涼車—제왕이나 권신의 와거臥車로, 창문이 있는데, 닫으면 따뜻하고 열면 시원하다고 해서 온량거라 불렀다—에 실어두고, 살아생전에 은덕을 입은 환관을 탑승시키고 다른 사람은 그 앞에 있지 못하게 하고는 평상시처럼 먹을 것과 마실 것을 갖다 바쳤다. 대신들이 보고하는 일에 대해서도 환관이 온량거에서 이를 비준했다. 이 때문에 호해와 조고 그리고 은총을 입은 환관 대여섯 명만이 황제의 죽음을 알 뿐이었다.

진시황이 죽자, 호해는 조고와 더불어 부소를 죽이고 자신을 태자에 앉힌다는 가짜 명령을 준비했다. 이후 조고가 이사를 찾아가 말했다. "황상께서 큰아들 부소에게 내리는 서신과 부새가 모두 호해에게 있는데, 황상께서는 돌아가셨습니다. 누가 태자가 되느냐 하는 것은 승상과 저, 두 사람의 입에서 얼마든지 바뀔 수 있습니다. 어떻게 하는 게 좋겠습니까?" 그러나 이사는 아랑곳하지 않고 말했다. "그대는 어찌 나라를 망하게 할 소리를 하는가? 이는 신하된 자가 함부로 얘기할 것이 아닐세!"

조고는 이사의 태도가 진지한 것을 보고는 이해득실을 따지며 말했다. "제가 보기에 승상께서는 어떤 면으로도 몽염 장군에 비해 뛰어나십니다. 승상께서는 늘 노력하시지요. 하지만 부소 왕자가 승상을 신임합니까, 아니면 몽염 장군을 신임합니까?" 이사도 인정하며 말했다. "나는 몽염 장군과 비교도 되지 않네." 조고가 한걸음 나아가 말했다. "부소가 황제의 보위에 오르게 되면 필시 몽염을 승상으로 삼을 것입니다. 그렇게 되면 승상께서는 결국 허명뿐인 통후의 인장만을 가지고 고향으로 돌아가시게 될 것입니다. 호해는 사람됨이 인자하고 관대하며, 재물을 경시하고 관료를 중시하지만, 입으로는 얘기하지 않습니다. 제가 보기에 여러 왕자들 중에 그와 비교될 자는 없으니 황제의 후계자가 되는 데 아무런 손색이 없을 것입니다. 잘 생각해보십시오. 이 문제는 조속히 결정해야 합니다."

이사가 만든 소전小篆 서체

이사가 결국 조고의 말에 넘어갔다. 이에 두 사람은 진시황이 승상에게 보내는 유언 조서를 위조하여 호해를 태자에 앉혔다. 아울러 시황제가 부소에게 내리는 편지를 고쳐 부소가 국가를 위해 공을 세우지 못했으며, 여러 차례 상서를 올려 황제를 비방했음을 질책했다. 이때 몽염은 이미 직위를 잃었으므로 부소를 도와 일을 바로잡을 수 없었다.

부소가 조서를 읽고는 상당히 비통했으나, 울음소리조차 낼 수 없었고 그저 죽고 싶은 마음뿐이었다. 몽염은 비교적 머리가 좋아 뭔가 수상쩍다고 느끼고는 부소를 제지하며 말했다. "폐하가 순행 중에 태자를 세웠다는 말을 듣지 못했고, 저 몽염에게 30만 대군을 이끌고 변방을 지키게 하고, 공자를 감독으로 삼으셨으니, 이는 천하의 막중한 임무입니다. 이제 한 명의 사자를 보내 공자에게 자살을 명하니 무언가 잘못된 점이 없다는 걸 어찌 알겠습니까? 우리가 다시 한번 황상께 지시를 청해 진짜라면 그때에 죽어도 늦지 않습니다." 이때 사자가 기다리다 참지 못하고 얼른 조서에 따를 것을 재촉했다. 부소는 사람됨이 고분고분하여 이것저것 생각하지 않고, 몽염에게 말했다. "군주가 신하 보고 죽으라 하면 죽지 않을 수 없고, 아버지가 아들 보고 죽으라 하면 죽지 않을 수 없는데, 무슨 지시를 청하겠는가!"하고는 조금도 주저 없이 검을 뽑아 자살해버렸다. 몽염은 억울하게 죽을 수 없다고 하였기에 조고가 그를 양주의 감옥에 하옥시켰다.

이러한 궁정 쿠데타를 통해 호해는 최고 권력을 장악했으며, 조고도 궁중 거마를 관리하는 중거부령에서 낭중령으로 승진해 궁궐 경비의 전권을 장악하며 최고 정책결정자 중의 하나가 되었다. 승상 이사는 이렇듯 복잡한 과정에서 별로 한 것 없이 승상 직위를 유지했다.

조고와 호해, 두 사람이 권력을 빼앗은 뒤에도 호해는 자신이 어려 다른 왕자들이 자기 자리를 빼앗을까 두려워했고, 조고는 자신의 출신이 미천하여 권세 있는 중신들이 자기의 명령에 따르지 않을까 두려워했다. 각자의 권력을 유지하기 위해, 그리고 개인의 이익을 도모하기 위해 그들 두 사람은 다시 한번 결탁해 궁궐을 피로 물들였다. 조고는 진 이세二世에게 중앙 조정에서 지방 군현에 이르기까지 관리 중에 죄지은 자를 모두 죽일 것을 건의했다. 그는 그렇게 하는 데에 두 가지 이점이 있다고 보았다. 하나는 황제의 위엄을 천하에 떨칠 수 있고, 다른 하나는 황제에게 불만을 품은 자를 제거하는 것이었다.

조고가 진 이세에게 말했다. "지금은 문치文治를 펴기보다는 무력에 의존할 수밖에 없으니 폐하께서는 이러한 상황에 순응하시어 조금도 주저함이 없으셔야 대신들이 반란을 획책하지 않을 것입니다." 조고는 진 이세에게 다른 뜻을 품고 있는 자들을 죽이고, 법과 형벌을 엄격히 해 친족이라도 죽여야 한다고 주장했다. 그가 말했다. "법과 형벌을 엄격히 하여 범죄자 및 그 연루자들을 모두 죽이고 멸족시켜야 합니다. 대신들을 없애고 형제들을 멀리하시면 가난한 자는 부자가 되고, 미천한 자는 고귀해질 것입니다. 시황제께서 남기신 늙은 대신들을 모두 없애고, 폐하께서 신임하는 자들을 새로 임명하여 신변에서 지키도록 하소서. 그렇게 되면 그들은 마음속으로 폐하의 은덕에 감사하여 화를 없애고 반란을 제거할 것이니 군신관계가 모두 후덕해질 것입니다. 폐하께서 주무실 때에도 아무런 근심이 없으실 것이며, 하고 싶은 바를 모두 하실 수 있을 것입니다. 제 생각에 이보다 더 좋은 계책은 없습니다."

종실과 대신들을 죽이라는 것은 손과 발을 자르라는 것이었다. 조고의 말은 그야말로 나라를 망하게 하고 천하를 어지럽히는 계책이었다. 그러나 호해는 조고의 말만 들었으므로 이렇듯 살기등등한 계책에 대해 옳다고 느끼고는 당장 실행에 옮겼다.

우선, 진 이세는 법률을 고치도록 명하고, 조고를 그 일에 참여시켰다. 수정된 법률에 따르면, 대신이나 왕자들이 법을 어기기만 하면 연달아 잡아들여 하옥시키고, 그들을 조고에게 넘겨 심문하거나 집행토록 했다. 당연히 이는 쉬운 일이었다. 왜냐하면 그들의 '죄행'은 조사하지 않아도 이미 아는 것이요, 그들에 대한 판결 또한 이미 정해진 것이었기 때문이다.

이로써 피비린내 나는 살육이 시작되었는데, 열두 명의 공자가 함양의 저잣거리에서 공개적으로 참수되었다. 또한 여섯 명의 공자는 두에서 피살됐다. 호해와 조고는 공주들도 그냥 놔두지 않았는데, 열 명의 공주가 두에서 걸桀이라는 형벌로 죽임을 당했다. 걸이란 일종의 가혹한 형벌로, 사지를 찢어 죽이는 것이다. 이들 왕자나 공주들의 재산은 모두 몰수하여 진 이세의 소유가 됐다. 그리고 왕자나 공주들과 연루된 자들도 모두 형벌을 받았다.

공자 장려將閭 형제 3인은 줄곧 예의범절을 잘 지켰는데, 당시 내궁에 구금되어 있다가 단독으로 그 죄를 심판받았다. 진 이세는 사자를 보내 장려 형제 3인에게 명령을 전달토록 했다. "너희들 3인은 신하의 예를 다하지 못했으니 죽어 마땅하다. 관리들은 법에 따라 그들을 처리하라."

공자 장려가 너무도 억울해 자신을 변호하며 말했다. "궁정의 예절로 볼 때, 의관으로부터 칭송을 듣지 않은 바가 없었고, 조정의 위계로 볼 때, 나는 소홀히 하여 잃은 바가 없었으며, 명을 받아 대답함에 잘못 이야기한 바가 없었습니다. 어찌 신하의 예를 다하지 못했다고 하십니까! 죄명이나 알고 죽고자 합니다." 이러한 그의 언행으로 볼 때, 그가 충성스럽고 올곧을 뿐만 아니라, 사자에게 상당히 진지하게 상황을 변호했다는 것을 알 수 있다. 그러나 이렇듯 궁중에서 생활하는 사람은 궁중투쟁이 상당히 잔혹하다는 것을 알아야 하고, 또한 '죄를 뒤집어씌우고자 하면 어떤 말로도 모면할 수 없다'는 사실을 알아야만 했다. 사자가 그의 말에도 아랑곳하지 않고 말했다. "저는 이 일에 간여할 수 없고, 다만 명을 받들 뿐입니다."

공자 장려는 하늘을 우러러보며 계속해서 외쳐댔다. "하늘이시여, 저는 죄가 없습니다! 하늘이시여, 저는 죄가 없습니다!" 사자는 더 이상 아무 말도 하지 않고, 그저 기다리고 있었다. 결국 공자 장려와 그 동생들은 눈물을 흘리며 원한을 품고 칼을 뽑아 자살하고 말았다.

공자나 공주가 한 명 한 명씩 죽임을 당하자, 황족 전체가 놀라 얼이 빠졌다. 이때 공자 고상高尙은 아직 죽임을 당하지 않았으나, 자신도 결국 죽음을 피할 수 없음을 알았다. 처음에는 도망치려 했으나, 곰곰이 생각해보니 그것은 옳지 않았다. 그렇게 되면 분명히 가까운 이들을 모두 연루시켜 죽일 터이니, 자기 하나가 죽어 집안사람들 모두를 살리는 것이 옳은 길이었다. 이에 그는 진 이세에게 상서를 올려 말했다. "황제께서 살아계실 때, 저는 많은 은덕을 입었습니다. 입궁해서는 먹을 양식을 내려주셨고, 출궁해서는 타고 다닐 가마를 내려주셨습니다. 황제 궁의 의복을 저에게 하사하셨고, 궁중 마구간의 명마를 저에게 하사하셨습니다. 이렇듯 은덕을 입었으니 마땅히 황제와 더불어 죽었어야 하나, 당시에는 미처 그리하지 못했으니 자식으로서는 불효한 것이요, 신하로서는 불충한 것입니다. 불충하고 불효한 자는 이 세상에 살아있을 수 없으니, 바라건대 폐하께서는 저를 황제와 더불어 순장시켜주소서. 저는 여산 자락에 묻히고자 합니다. 저를 불쌍히 여기신다면 저의 청을 들어주소서."

공자 고상의 이러한 행동을 보고 진 이세는 깜짝 놀랐다. 자기 스스로 순장당하겠다고 하는 상서를 읽고, 진 이세는 한편으로는 기쁘면서도, 또 한편으로는 의심이 일었다. 이에 즉각 사람을 보내 조고를 불러오라 하고는 그에게 고상의 상서를 보여주었다. "이는 궁해서 어쩔 수 없이 하는 말이요, 개도 급하면 담장을 뛰어넘는다 했던가?" 조고는 고개를 가로저으며 교활한 웃음을 띠며 말했다. "지금 대신들은 종일 자신의 죽음에 손쓸 틈이 없어 걱정하고 있으니 어떻게든 모반을 꾀할 것입니다!"

일이 크든 작든 간에 진 이세는 아무런 생각이 없었으므로 모든 것을 조고에게 의지했다. 이때 조고의 말을 듣자, 의심을 떨치고 공자 고상의 뜻대로 할 것을 허락하는 명령을 내리고, 아울러 그에게 금전 10만 냥을 내려 장례비로 쓰도록 했다.

權道의 지혜

최고 권력을 가졌다는 것은 모든 것을 가졌다는 것을 의미한다. 마찬가지로, 최고 권력을 잃는다는 것은 모든 것을 잃는다는 것이다. 중국 황제의 눈에 최고 권력이란 나라를 관리하고 경제를 발전시키며 백성들에게 행복을 가져다주는 도구가 아니라, 천하를 얻어 신하들이 복종하고 자신이 하고픈 바를 하는 것이었다. 이 때문에 최고 권력은 최고 욕망을 만족시키는 데에 불과했고, 권력의 획득이란 자신의 욕망을 만족시키기 위한 투쟁에 불과했다. 바로 이러한 탐욕 때문에 중국 역사상 수많은 황제들은 최고 권력을 추구하기 위해 부모자식 간의 정, 형제간의 우애, 인륜마저도 저버리고 살육을 저질렀다. 호해처럼 한꺼번에 서른세 명이나 되는 형제자매들을 죽이거나 자살토록 한 것은 역사상 그리 흔치 않은 경우였으니 여기서 궁중투쟁의 잔혹함을 엿볼 수 있다.

생활이 즐겁지 않은 것은 어딘가 불만이 있기 때문이다. 즐기지 못해서가 아니라, 다른 사람과 비교해 시기심이 생기기 때문이다. 그래서 마음의 평정을 유지하기가 어렵다. 심리학자들은 시기심이 일종의 부도덕한 심리현상일 뿐만 아니라 사람의 정신건강을 해치는 일종의 질병으로 여기고 있다.

시기심은 백해무익하기에 반드시 이겨낼 방법을 강구해야 한다. 그렇지 않으면 그 위해가 끝이 없다. 시기심을 극복하는 효과적인 방법은 우선 자신보다 능력 있는 사람을 직시하는 것이다. 다음에는 시기심이 초래하는 위험의 결과를 충분히 인식해야 한다. 자신의 '시기심'을 자각하고 스스로를 아끼고 강하게 하는 태도와 행동으로 라이벌에게 용감히 도전·경쟁해야 한다.

자신이 시기심에 빠져 있다고 생각한다면 다음과 같은 질문을 던져보라. 왜 그를 시기하는 걸까? 시기의 결과는 나에게 보탬이 되는 걸까? 반대로 그가 나를 시기하게 만들 수는 없을까? 등등.

이러한 질문을 던져보면, 시기심을 경쟁의 동력으로 바꾸어 성공을 쟁취할 수도 있다. 설령 어떤 면에서는 도저히 상대방과 비교가 되지 않는다 해도 시기하지 말고 자신만의 독창성을 찾아 발휘해보라. 이렇게 해야만 자신의 위치를 찾고 자신의 마음을 다잡을 수 있으며, 이로써 마음의 평정을 얻고 생활의 즐거움을 느낄 수 있다.

시기심은 누구나 가지고 있다고 할 수 있다. 시기심이 없다는 것은 불가능하다. 그러나 지혜로운 사람은 이를 합리적 범위 내로 제한하고 힘과 지혜를 축적해 상대방을 이기려는 적극적인 심리로 전환시킨다. 이것이야말로 진정한 강자의 태도이다.

권력을 장악하는 도

掌權之道

고금 이래, 권력집단의 구성은 항상 피라미드형을 보였는데, 이 피라미드의 꼭대기에 있는 사람은 사실상 한 사람으로, 그를 가리켜 천자, 국군 또는 황제라 칭하니 그야말로 최고권력을 쥔 자이다. 그의 아래에는 이른바 '신하'라 불리는 방대한 관료집단이 있는데, 이 관료집단 또한 여러 서열로 나뉜다.

이른바 권력을 장악한다는 것은 군주와 신하가 함께 백성을 다스리는 것이지만, 군왕은 구체적인 업무를 처리하지 않고, 다만 신하들과 접촉할 뿐이다. 이 때문에 권력을 장악한다는 것은 바로 군왕이 신하들을 제어하는 것이다.

곽광 _ 지나친 욕심을 버려라

곽광霍光은 한漢나라 때의 유명한 표기장군 곽거병霍去病의 동생으로, 곽거병이 도성으로 데리고 와 낭관부터 시작해 계속 승진해 봉거도위 광록대부가 됐고, 궁중에서 20여 년간 봉직했다. 그는 항상 신중했기에 어떠한 실수도 범한 적이 없어 군왕의 깊은 신임을 받았다.

한 소제昭帝가 즉위했을 때에는 나이가 여덟 살에 불과했기에 조정의 크고 작은 일을 모두 고명대신 중의 우두머리인 곽광이 주재했다. 곽광 또한 신중하고 충성스러웠는데, 예기치 못한 일이 벌어질 것에 대비해 아예 궁중에서 살았다. 어디를 가든, 어디에 앉든 간에 규칙적이어서 조금도 바뀌는 경우가 없었다. 이 때문에 소제가 어리기는 해도 나라는 태평했다.

이듬해에 곽광이 안륙후에 책봉되고, 상관걸上官桀은 안양후에 책봉되었는데, 이로써 곽광의 권세가 갈수록 강해졌다. 이때에 이르러 마침 어떤 이가 곽광에게 진언했다. "설마 대장군께서 고조 때에 있었던 여치呂雉의 얘기를 들어보지 못하셨겠습니까? 고조가 돌아가시자, 여치와 여씨 집안 사람들이 전권을 휘두르며 유씨 종족을 임용하지 않아 천하 백성들에게서 명망과 인심을 잃어 결국 모두 주살 당했습니다. 이제 장군께서 고명대신 중의 우두머리가 되어 어린 황제를 보좌하시니 지위와 명망이 높으시고 권세가 막강하신데도 유씨 종실과 함께하지 않으시니 장차 어떻게 화를

곽광

면할 수 있겠습니까?" 곽광이 이 말을 듣고 깜짝 놀라 말했다. "선생의 가르침에 감사드립니다. 저는 반드시 가르침을 따르겠습니다." 그리고는 원왕의 손자 유벽강劉闢强을 조정으로 불러들여 종왕宗王에 책봉했다.

태의감 충국充國이 아무런 이유 없이 입궁했는데, 법에 따르면, 마땅히 사형에 처해야 했다. 충국은 상관안上官安의 외조부로, 가장 총애 받는 자였기에 상관걸이 곽광에게 도와줄 것을 청했으나 들어주지 않았다. 상관걸은 하는 수 없이 개장공주에게 도움을 청했는데, 공주가 말 스무 마리를 내어 죄를 감하여 죽음을 면했다. 그 이후로 상관걸 부자는 곽광에게 원한을 품게 되었으며, 개장공주에게는 감사했다.

상관걸 부자는 전에는 곽광과 마찬가지로 같은 고명대신이었는데, 지금은 사사건건 곽광의 제지를 받아 너무도 불공평하다고 느꼈다. 이에 그들은 궁중 안팎의 환관이나 대신들과 결탁하고는 기회를 틈타 곽광을 제거하려 했다. 특히 연왕 유단劉旦은 아직 아무런 지위를 얻지 못하고 있었기에 불만이 가득했고, 어사대부 상홍양桑弘羊의 자제들도 모두 자리를 잃어 곽광에 대한 원한이 깊어 개장공주에게 지원을 받았으니 상관걸로서는 이 모두가 틀림없이 자기편이 될 사람들이었다.

바로 이때에 곽광이 광명으로 가 우림군을 사열하게 됐는데, 상관걸이 정변을 일으키려 했으나 이리저리 생각해봐도 준비가 부족해 성공을 보장할 수 없었다. 이에 상관걸과 상홍양이 몰래 상의하기를, 연왕의 명의를 빌려 곽광을 탄핵하는 상서를 올리기로 했다. 상서에 이르기를, "제가 듣건대, 대신 곽광이 우림군을 사열할 때에 관리를 미리 보내 먹을거리를 준비하게 했는데, 마치 천자의 출행의식과 같았습니다. 아무런 공도 없는 대장군 양창楊敞을 수속도위에 임명하고는 또 제멋대로 막부교위로 이동시키니 전권을 휘두르기가 방자합니다. 저는 그가 비정상적인 조치를 취하는 게 아닌가 의심스럽습니다. 바라건대, 저의 부새를 조정으로 환수하여 궁 안에서 황상을 보위하고 간신들의 창궐을 막아 황상께서 화를 당하지 않게 하고자 합니다. 일이 긴박하므로 특별히 빠른 말을 골라 보내 황상께 바칩니다."

소제가 이를 보고도 아무런 조치를 취하지 않았는데, 곽광은 자신이 탄핵을 받았다는 이야기를 듣고는 깜짝 놀라 이튿날 입조조차 하지 않았다. 곽광이 보이지 않자, 소제가 사람을 보내 입궁토록 했는데, 곽광이 입궁하자마자, 무릎을 꿇고 관모를 벗고서는 사죄했다. 소제가 말했다. "나는 그대의 죄가 없음을 아니 관모를 쓰시오. 그대가 광명에서 우림군을 사열하고 돌아온 지 이제 열흘 남짓 됐는데, 연왕이 어찌 이를 알 것이며, 어찌 이런 서신을 쓸 수 있겠소! 게다가 그대가 충성심이 없다면 구태여 교위를 쓸 필요가 어디 있겠소! 이는 누군가가 장군을 모함하기 위해 조작한 것이요. 내 비록 어리지만 그 정도로 어리석지는 않소." 신하들이 이 말을 듣고 탄복하지 않을 수 없었다.

소제가 열여덟 살이 되어 관례冠禮를 치르게 됐는데, 곽광이 그 의식을 주재했다. 그러나 소제는 스물한 살에 이르러 병사하고 말았다.

그 뒤를 이어 유하劉賀가 즉위했는데, 방탕하여 도무지 군주의 위엄이라고는 찾아볼 수가 없어 조야 안팎으로 우려하는 사람들이 많았다. 곽광이 여러 대신들의 위탁을 받고, 또한 양창 등과 연계하여 조회 때에 갑자기 쿠데타를 일으켰는데, 상관 황후의 명의를 빌려 유하의 죄상을 열거하고는 왕으로 강등시키고 식읍 2천 호를 주어 창읍에 살게 했다. 그리고 유하의 졸개들 2백여 명을 모두 저잣거리에서 참수했다. 어떤 이가 크게 외쳤다. "결단을 내리지 못하고 있다가 화를 입고 말았구나!" 애당초 곽광을 죽이지 않은 것이 후회스럽다는 뜻이었다.

군주를 세운다는 것은 커다란 일이었다. 어떤 이가 제안하기를, "무제의 증손자인 유병이劉病已가 민간에서 살고 있는데, 예의 바르고 학문에 통달했으며 재능도 뛰어나다고 들었습니다. 올해 나이가 열여덟 살밖에 되지 않았으니 능히 군주로 세울 만합니다"라고 했다. 일설에는 그해에 태산의 큰 바위가 스스로 일어서고, 상림원의 큰 버드나무 잎을 벌레들이 먹어 글이 나타났는데, 식별해보니 '공손병이립公孫病已立' 모양이었다고도 한다. 이 모두가 민간에서 황제가 나올 징조였다. 곽광이 직접 유병이를 영접하였으니, 그가 바로 선제宣帝였다. 당시 곽광이 선제의 곁에 앉아 대신 마차를 몰고 조상의 사당으로 가 제사를 올렸는데, 나중에 선제가 당시를 회고하며 말하기를, "마치 바늘 끝이 등을 찌르는 것 같았다"고 했다. 이후 장안세의 마차로 바꾼 뒤에야 비로소 안심했다. 사실 이는 한편으로는 곽광의 권위가 컸음을 반영하는 것이요, 또 한편으로는 곽씨 집안 몰락의 복선이 되기도 했다.

선제가 아직 황후를 세우지 않자, 당시 많은 사람들은 곽광의 딸을 황후로 세우려 했으나, 선제는 옛날 검을 찾는 명령을 내렸다. 그 뜻은 분명했다. 선제가 어려울 때 사귀었던 여인을 잊지 못해 하는 수없이 민간에 살 때에 맞았던 여인인 허씨를 황후로 세웠다. 관례에 따르면, 허씨의 아비를 후侯로 책봉해야 했으나, 곽광은 그가 이미 궁형을 받았으므로 미천한 자라 여기고 후로 봉하지 않으려 했다. 선제가 끝까지 고집을 피우자, 그렇게 할 수밖에 없었다.

선제가 즉위한 지 2년이 되었을 때, 곽광은 황제가 삼가고 겸손한 것을 보고는 마음을 놓아 은퇴하기를 청했다. 그러자, 선제는 이를 윤허하지 않았을 뿐만 아니라, 모든 일을 우선 곽광에게 결재 받은 뒤, 자신에게 통보하도록 했다. 이때 곽광의 아들 곽우霍禹 및 곽광 형의 손자인 곽운霍雲, 곽산霍山 및 외손자 등이 연이어 관직을 얻어 조정에서 점차 큰 세력을 형성하였다. 선제는 이를 상당히 시기했으나, 참을 수밖에 없었다.

선제는 곽씨 집안의 세력이 너무 커져 장래에 변이 일어날까 두려워 차츰 곽우 등의 군권을 거두어들였다. 곽씨 집안은 자신들의 상황이 좋지 않음, 특히 자신들을 탄핵하는 사람들이 점점 더 늘어나고, 허 황후를 독살시켰다는 말이 점점 더 무성해지는 것을 느꼈다. 이에 곽운과 곽산 등은 곽현霍顯을 찾아 방안을 강구하기에 이르렀다. 곽현이 독살에 관한 일을 알려주자, 그들은 깜짝 놀랐고, 유일한 길은 곽씨 및 여러 사위들과 더불어 난을 일으키고 상관 태후의 명의로 선제를 폐위시켜야 후환을 없앨 수 있다고 여겼다. 벽에도 귀가 있음을 누가 알았겠는가! 마부가 그들의 이야기를 듣고 한밤중에 몰래 다른 사람과 이 일을 의논했는데, 그 친구가 이 말을 듣고는 부귀영화를 누리기 위해 선제에게 밀고했다. 곽씨 집안의 역적모의가 이로써 누설되고 말았다.

선제는 시기가 무르익었다고 여기고는 병사들을 파견해 곽씨 일족을 몰살시켰다. 곽산과 곽운은 독을 마시고 자살했고, 곽현과 곽우는 허리가 잘려 죽었으며, 곽씨 집안의 사위나 외손자들도 모두 죽임을 당했다.

權道의 지혜

곽광은 권력을 도모할 줄 알았지만 집안을 도모할 줄은 몰랐다. 권력에 연연해 집안을 끌어들이고 황권에 개입했다. 허 황후를 독살시켜 후환을 남겼을 뿐만 아니라, 20여 년간의 공직생활에서 원한을 너무 많이 샀으며, 직분을 넘어선 일이 너무 많았다. 큰 권력일수록 시기받기 쉽고 그럴수록 신중해야 한다는 것을 몰랐다. 이 때문에 그 가족이 몰락하기 십상이었는데 곽광은 이에 대비하지 않았다.

사실상 곽광은 충신이 되고자 했으나 결국 간신이 되고 말았다. 이는 결코 그의 잘못이 아니라, 당시의 정통 관념이 진퇴양난의 상황을 만들었다. 일정한 조건 하에서 집안과 나라는 통일적이기 때문에 황제에 대한 충성은 곧 백성들에 대한 충성이다. 그러나 많은 경우, 이는 서로 배치되어 위와 같은 모순이 발생했다. 관료 사회에서 곽광이 커다란 공을 쌓아 성공한 것은 아니었지만, 그의 생전과 사후가 너무 다른 것은 매우 특징적이다. 여기서 그 의미를 충분히 되새길 수 있다.

관리가 된 자는 신용을 지켜야 사람들이 그를 존경한다. 관리로서 말한 것은 반드시 행해야 한다. 누군가가 당신의 의견을 받아주길 원한다면, 당신의 행동을 믿고 의심치 않도록 해야 한다. 자신의 언행에 조금만 소홀해도 나쁜 평판이 늘 따라다닌다. 그렇기에 자신의 뜻을 실현하려는 사람은 자신의 품행을 올곧게 하지 않을 수 없는 것이다.

한왕 유방 _ 인재를 활용하다

회음후 한신

《사기史記·회음후열전淮陰侯列傳》과 《한서漢書·한신전韓信傳》 기록에 따르면, 한신은 회음淮陰 사람으로, 평민 출신이고, 그 품행이 그다지 좋지 않아 관리가 되기도 힘들었고 농사나 장사를 하기에도 적당하지 않았기에 늘 다른 사람에게 빌붙어 얻어먹었다. 그의 어미가 병사하자, 장례를 치를 돈도 한 푼 없었다. 이에 그는 사방이 탁 트인 높은 곳을 묘지로 삼았는데, 여기는 그 주위에 많은 집들이 들어설 수 있는 곳이었다. 이러한 한신의 행동은 여러모로 곤궁한 젊은 시절에 큰 뜻을 품고 있었음을 보여주는데, 장차 신분이 높아져 왕후가 될 것이라고 믿었기에 돌아가신 어머니를 위해 사방이 탁 트인 곳을 묏자리로 선택했던 것이다.

한신이 남에게 밥을 얻어먹던 시절이 그리 좋지 않았기에 많은 사람들이 그를 싫어했다. 그가 꽤 오래 빌붙어 먹던 집은 회음향에 살던 정장의 집이었다. 정장도 한신이 별다른 직업이 없다는 것을 알고 있었으나, 그의 행동거지가 보통 청년들과는 어딘가 다르고, 종일 별 말도 없이 무언가 생각이 있는 것 같아 얻어먹는 것을 허락했던 것이다. 수개월이 지나자, 정장의 아내는 한신이 미워지기 시작했다. 아침 일찍 미리 밥을 먹고는 한신이 보통 때처럼 식사하러 오자, 이미 다 먹어버려 남은 게 없었던 것이다. 한신은 여주인의 뜻을 알고는 화가 나 다시는 정장의 집에 가지 않았다.

항량項梁이 진나라에 항거하는 의병을 일으켜 회하를 건너오자, 한신은 자신의 포부를 펼칠 때가 됐다고 여기고는 보검을 들고 항량의 부하로 투신했다. 그러나 별다른 명성도 날리지 못한 채 항량이 전사했고, 이에 항우項羽 밑으로 들어가 경비업무를 맡게 됐다. 직무상 한신은 여러 차례 항우에게 군사업무에 관한 대책을 제시하게 됐는데, 자신감에 넘쳐 있던 항우에게 보잘것없는 말단이 눈에 들어오지도 않았으니 한신의 대책을 듣기나 했겠는가?

한신이 항우의 대군을 따라 관중으로 가던 중에 항우가 제후를 분봉하고 그 땅을 나누어줬는데, 한신은 그다지 중용되지 못했기에 한왕漢王이 한중으로 올 때에 남몰래 초나라 군대에서 빠져나와 한왕 유방의 부하인 하후연夏侯淵의 부하가 됐다. 하후연은 등현 현령을 지낸 적이 있었기에 사람들이 그를 등공이라 불렀다. 등공 밑에서도 그는 별다른 명성을 얻지 못하고 그저 '연오'라는 직책을 맡았는데, 이는 관리들을 접대하는 보잘것없는 직책이었다. 한번은 군법을 어겨 열세 명을 참수하게 된 사건이 일어났다. 한신의 차례가 되자, 그는 머리를 들어 등공을 똑바로 쳐다보며 큰소리로 외쳤다. "한왕께서는 천하를 다투는 대업을 마치고 싶지 않으신 모양이오? 왜 장병들을 참수하려 하시오!"

등공은 한신이 하는 말이 범상치 않은데다가 그 기상 또한 늠름하다고 보고는 그를 풀어주고는 한신과 이야기를 나누었는데, 상당히 기분이 좋아 이를 한왕에게 보고했다. 한왕은 한신을 치속도위로 임명해 군 전체의 양식 관리를 책임지도록 했으나, 중용하지는 않았다.

한신이 치속도위를 맡은 뒤, 여러 차례 소하蕭何와 함께 등공을 만나 이야기를 나눌 기회가 있었는데, 소하는 그가 뛰어난 장군의 재능을 갖고 있음을 알고는 한왕에게 여러 차례 추천했으나 한왕의 중용이나 인정을 받지 못했다. 치속도위라는 자리는 군사적 재능을 펼칠 수 있는 자리가 아니었기에 곰곰이 생각해본 뒤, 한신은 한밤중에 하직인사도 없이 자신의 포부를 펼칠 만한 곳을 찾기 위해 떠났다.

소하는 한신이 떠난 것을 알고는 상황이 급박하다고 생각해 한왕에게 보고하지도 않고 곧바로 말에 올라 한신을 찾으러 갔는데, 이것이 바로 '소하가 달밤에 한신을 찾으러 갔다蕭何月下追韓信'는 이야기의 유래다.

소하가 한신을 찾아온 뒤, 이튿날 새벽에 한왕을 찾아갔다. 한왕이 소하를 보더니 한편으로는 기쁘면서도 화를 내며 말했다. "그대가 한밤중에 도망했다 하는데, 무슨 이유인가?" "신이 감히 도망을 치다니요. 신은 도망한 자를 찾으러 갔습니다." "누구를 찾으러 갔는가?" "한신입니다."

한왕은 승상이 찾으러 간 자가 한신이라는 말을 듣고 이해하기보다는 그가 자신을 속이는 것이라 여기고 말했다. "장령들 중에 도망한 자가 십여 명에 이르지만, 그대는 한 번도 찾으러 간 적이 없는데, 한신을 찾으러 갔다고 하니 그건 거짓말이다." "전하, 예전에 도망한 자들은 모두 얻기 쉬운 자들이었지만, 한신이라는 걸출한 인재는 또다시 찾기 어려울 것입니다. 전하께서 오래도록 왕이 되려 하신다면 확실히 한신은 그다지 쓸모가 없을 것입니다. 그러나 천하를 얻고자 하신다면 한신이 아니면 안 될 것입니다. 이는 전하께서 어떻게 결정하시는가에 달렸습니다."

한왕은 승상이 한신의 재능을 여러 차례 이야기했던 것, 이번에 승상이 보고 없이 한밤중에 한신을 찾으러 간 일 등을 돌이켜보며 정말로 한신이 대단한 인물이 아닐까! 승상이 이토록 그를 중시하는 것을 보니. 여기까지 생각이 미치자, 한왕은 화를 누그러뜨리며 대답했다. "당연히 동쪽으로 세력을 확대해야지, 여기서 빈둥거릴 수는 없는 일 아니겠소!" "전하께서 동쪽을 정벌하겠다고 결정하신다면 한신을 중용할 수 있고, 한신도 남을 것입니다. 만일 한신을 중용할 수 없다면, 그는 결국 떠나고 말 것입니다." "그를 장수로 임명하겠다." 한왕이 말했다. "장수에 임명한다고 해서 그를 붙잡아둘 수는 없습니다." 소하가 대답했다. "그렇다면 그를 대장에 임명하겠다." "참으로 잘된 일입니다!"

이에 한왕이 사람을 보내 한신을 불러 그를 대장에 임명하려 했다. 이때 소하가 급히 가로막으며 말했다. "전하께서는 지금까지 부하들에게 오만하셨고, 오늘도 대장을 임명하기를 어린아이 부르듯 하시니, 이 때문에 한신이 떠날 수도 있습니다. 전하께서 그를 대장에 임명하시기로 하셨으면, 길일을 잡아 목욕재계하고 대장을 임명하는 제단과 터를 마련해 정중하게 예식을 갖추어야 할 것입니다."

한왕은 소하의 요청에 따라 군 전체에 대장 임명식 날짜를 선포했다.

명령이 선포되자, 병사들은 매우 기뻐했다. 누가 대장이 될지 알고 싶었던 데다가 대장 임명식까지도 보게 됐으니 말이다. 이에 한왕을 따라 사방을 돌아다니며 전공을 쌓은 장수들은 내심 기쁨을 억누르지 못했고, 어떤 이들은 자신의 공이 크다고 여겨 대장에 임명될 것으로 기대했다.

임명식이 거행되기 전날 밤까지 누가 대장에 임명될 것인가 하는 문제는 장수들이나 병졸들 모두에게 수수께끼로 남아 있었다.

6월 어느 날 오전 남정성의 연병장, 사방에는 수많은 붉은 군기가 바람에 나부끼고 있었고, 손에 창을 든 병사들이 서 있었다. 연병장의 북쪽에는 새로 지은 제단이 있었고, 제단 아래에는 병사들이 지키고 있었다. 임명식에 참가하는 병사들이 줄맞춰 입장했고, 얼마 지나지 않아 여러 장수들이 속속 입장해 서열대로 아래에 도열한 뒤, 제단을 바라보고 섰다.

개회 시간이 되자, 일제히 북이 울렸다. 이때 한왕은 이미 제단 가운데 자리에서 기다리고 있다가 남쪽을 향해 앉았다. 승상 소하가 서쪽에서 동쪽을 바라보며 앉아 있었고, 북소리가 그치자, 전령관이 단상에서 큰소리로 한왕의 명령을 선포했다.

"한신을 전군을 통솔하는 대장에 임명하노라."

"한신은 제단으로 올라와 대장의 직을 받으라."

연병장에 있던 여러 장수들은 한신이 대장이 된다는 소리에 깜짝 놀라지 않을 수 없었다. 그들은 혹시나 잘못 들은 것이 아닌가 하고 의심할 지경이었다. 일부 장수들은 심지어 군공도 하나 없고 군사를 이끌고 싸워본 적도 없는 도위가 누구인지도 모르거나 본 적도 없었다.

그러나 이렇듯 군대를 이끌어본 적도 없는 도위가 후에 사방을 정벌하고 성을 공격해 한왕을 위해 혁혁한 전공을 세우며 그 군사적 재능을 남김없이 모두 발휘했던 것이다. "겉으로는 잔도를 만드는 체하면서 몰래 진창으로 군사를 보내 기습했던" 작전은 전형적이면서도 길이 남는 계책으로, 이후 많은 이들이 이를 본받았다.

權道의 지혜

중국에 '완우극玩偶劇'이라는 극이 있다. 몇 개의 인형에 많은 줄을 묶어 움직이게 하는 놀이로, 여러 사람이 무대 뒤나 아래에서 조종하여 여러 가지 동작을 보여준다. 유방은 막후 조종을 통해 장량張良, 한신, 소하 등 뛰어난 장수나 문사들을 장악했다.

사람들이 모두 저마다의 재능을 충분히 발휘할 줄 안다 해도 리더들이 진정으로 그러한 자를 발탁할 수 있는가는 여전히 의문으로 남는다. 어떤 리더는 부하들을 억눌러 재능 있는 부하들이 그럭저럭 지내게 만든다. 그렇게 되면 다른 생각을 품고 새로운 젖줄을 찾거나 심하면 지나치게 억압된 감정으로 인해 내분이 일어나기도 한다.

부하가 좋은 구상을 제시하면 즉각 시행해야 한다. 부하의 구상이라 해서 자신의 체면이 손상될 것이라 여기거나 행하지 않는다면, 절호의 기회를 놓치는 수가 있다. "내가 하지 않으면, 누가 하겠는가? 지금 하지 않으면 언제 다시 하겠는가?" 리더는 이 말을 좌우명으로 삼아야 한다. 이 말은 무슨 거창한 이론이 아니다. 너무도 구체적이고 진실한 말이다.

● ● ●

명 태조 주원장 _ 허세가 필요할 때가 있다

진시황은 신비감을 자아내기 위해 수도인 함양 2백 리 안에 270여 개의 행궁을 지었는데, 상·하 2층이며, 굳게 닫힌 복도로 연결되도록 했다고 한다. 궁전마다 궁녀가 지키고 있었고, 자신은 가마를 타고 복도를 통해 사방으로 다녔다. 오늘은 여기서 묵고 내일은 저기서 묵는데, 누구든 외부에 누설할 수 없었다.

명 태조 주원장도 이렇듯 신비로웠다.

속설에 신룡神龍은 머리는 보이나 꼬리는 보이지 않는다고 하는데, 영원히 신비라는 겉옷을 입고 신출귀몰하니 이는 일부 황제들이 응용했던 권모술權謀術이다.

주원장은 사람됨이 의심이 많아 황제가 된 뒤에도 그 수하들에 대해 마음을 놓지 못했는데, 이에 그는 전에 없는 특무기구인 '동창東廠' '서창西廠' '금의위錦衣衛' 등을 만들기 시작했다. 처음에 그는 자신의 심복을 검교로 삼아 대소 관리들의 활동을 몰래 정탐했다. 이후 그는 신변을 지키는 기구인 친군도위부를 금의위로 바꾸어 전용 법정과 감옥을 설치하고, 도적과 간당을 정탐·체포하는 권한을 부여해 진정한 특무기구로 삼았다.

이부상서 오림吳琳이 연로해 사직을 청하고 고향으로 돌아간 뒤, 그가 다른 속셈이 있지 않을까 의심한 주원장은 특무를 오림의 고향으로 파견해 그의 행동, 즉 그가 계속 정치활동을 하는지, 최근에 이상한 점은 없는지 등을 정탐토록 했다. 특무들이 오림의 고향으로 갔는데, 농부 차림의 한 사람이 작은 의자에서 일어나 논에 모를 심는 것을 보며 물었다. "이곳에 오 상서가 있는가?"

그 사람이 두 손을 맞잡고 인사하며 말했다. "바로 나요." 주원장이 보고를 받고는 기분이 좋아져 그제야 안심했다.

이러한 예는 너무도 많았다. 박사인 전재錢宰가 남경으로 배치되어 《맹자절문孟子節文》을 편찬하는 일을 맡게 됐는데, 일을 끝내고 집으로 돌아가는 길에 시 한 수를 읊었다.

사방의 둥둥둥 북소리에 옷을 입고,	四鼓鼕鼕起着衣
오문에서 알현하니 늦었다고 싫어하네.	午門朝見尚嫌遲
언제나 전원의 즐거움 누릴 수 있을까,	何時遂得田園樂
밥이 익을 때까지 잠이나 자 둬야지.	睡到人間飯熟時

이는 지극히 평범한 모습을 노래한 것이지, 어떤 의도가 있던 것이 아니었다. 이튿날 조회 때에 주원장이 전재에게 말했다. "어제 그대는 좋은

시를 한 수 지었더군! 하지만 나는 그대를 싫어하지 않으니, 싫어한다는 말 대신 근심한다는 말로 고치면 어떻겠나?" 전재가 이 말을 듣고는 식은 땀을 흘리며 머리를 조아리고 사죄했다. 주원장이 그를 집으로 돌아가라고 명령하며 말했다. "이제 자네를 놔줄 테니 편안히 자게." 본래 전재가 일을 마치고 집으로 돌아가는 길을 특무가 따라갔었다. 그가 시를 읊을 때, 특무가 이를 외워두었다가 곧바로 주원장에게 보고했던 것이다.

어느 날, 대학사 송렴宋濂이 집에서 손님을 맞았는데, 특무가 이를 주원장에게 보고했다. 이튿날, 주원장이 송렴에게 물었다. "어제 술을 마셨는가? 어느 손님을 만났는가? 무슨 안주를 먹었는가?" 대학사는 영문도 모른 채 황제가 선지선각의 신통력을 갖고 있다고 여겼다. 어느 날, 국자감 제주 송눌宋訥이 집에서 울분을 품어 안색이 안 좋았는데, 특무가 당시 그의 모습을 그려 주원장에게 보고했다. 이튿날, 주원장이 송눌에게 물었다. "어제는 무슨 일 때문에 그리 화를 냈는고?" 송눌이 순순히 대답한 뒤, 주원장에게 그 일을 어떻게 아시는지 물었다. 주원장이 그림을 보여주자, 그제야 그는 깨달았다.

특무조직인 금의위는 주원장이 통치하는 데 많은 공을 세웠는데, 황제 자신의 신비감을 더해주었을 뿐 아니라, 신하들의 불법행위를 밝혀냈다.

權道의 지혜

과거 제왕들은 부하들을 통제하기 위해 색다른 위엄을 갖추었다. '겉으로 드러내지 않음' '신출귀몰' 등이 위엄을 세우는 가장 효과적인 방법이다. 그러므로 권모를 부릴 줄 아는 군왕은 신하들과의 관계에서 상당한 신비감을 드러낸다.

말과 행동을 각별히 조심하여 말할 때에는 모호하게 하고 행동은 예측할 수 없게 한다. 뿐만 아니라 신하들이 황제의 의도를 알려고 할수록 황제는 더욱 숨겨 위엄을 유지하며 신하들에게 모종의 압력을 가했다. 이로써 신하들은 황제가 시도 때도 없이 두 눈으로 자신을 살피고 자신의 목을 쥐고 있다고 여긴다. 따라서 신하들은 황제에게 머리를 조아리고 명령을 들을 뿐 감히 경거망동할 수 없다.

중국에는 '관의 허세官架子'라는 말이 있다. 《현대중국어사전現代漢語詞典》에서 '가자架子'라는 말은, "스스로를 높여 허세를 부리다"라고 풀이돼 있다. 이는 확실히 '허세'라는 말에 대해 사람들이 반감을 갖는 이미지이다. 그렇지만 '허세'는 결코 소극적이거나 부정적이라기보다는 적극적이고 미묘한 것으로, 부하를 지도하고 관리하는 효율적인 기법이다.

사실상 '허세'는 일종의 거리감이다. 많은 리더들은 일부러 아랫사람들과 일정한 거리를 유지함으로써 아랫사람들이 권력의 차이를 인식하고 리더의 지배력과 권위를 느끼도록 한다. 이러한 권위는 리더가 자신의 지위를 공고히 하고, 자신의 정책이나 주장을 추진하는 데 반드시 필요하다. 물론 오늘날에는 리더가 아랫사람에게 허물없이 대하고 권위를 세우는 데 힘쓰지 않는다. 하지만 전문적 역할과 직무 범위에서 응당한 책임을 지는 시스템이 갖춰져 있지 않은 조직이라면, 아랫사람은 리더의 권위를 얕잡아보거나 나태해지거나 심지어 일을 그르치는 수도 있다. 그러므로 옛날 리더가 '허세'를 통해 자신의 권력을 드러내고 나아가 효율적으로 권력을 행사하는 것은 당연했으며, 리더가 자신의 직책을 수행하는 데 필요했다.

많은 리더들은 '허세 부리기'를 통해 자신이 신비롭게 보이기를 좋아한다. 아랫사람들은 이를 통해 '허세'부리는 리더의 의중을 운무가 가득한 큰 산과 같이 가늠하기 힘들다. 사실 이러한 효과는 많은 리더들이 추구하고자 노력했다.

리더가 왜 그렇게 하는가? 리더는 각종 이익이나 모순의 초점에 있기에 자신의 목적을 달성하려면 반드시 자신의 마음을 숨겨 드러나지 않게 해야 한다. 아랫사람이 쉽사리 리더의 마음속을 헤아릴 수 있다면, 이를 이용해 자신의 목적을 달성하려 하고, 리더의 의도를 실현하는 데에 장애가 될 수도 있다. 그러므로 자신을 드러내지 않는 가장 좋은 방법은 아랫사람과 적당한 거리를 유지함으로써 일종의 신비감을 유지하는 것이다.

'허세'란 거리감은 리더에게 심리적 안정을 줄 뿐만 아니라, 인간관계나 업무를 처리하는 데에도 여유를 준다. 시간이나 상황에 따라, 사람마다 다른 허세는 사람마다 다른 거리를 두는 것이다. 리더는 자신의 필요에 따라 수시로 이를 조절함으로써 저마다의 적극성과 진취정신을 일으켜 자신의 의도대로 기여토록 할 수 있다. 그러나 서열을 막론하고 허물없이 대하게 되면, '인자함은 넘치나 위엄이 부족해져' 효과를 거두지 못하고, 까다로운 문제를 처리하는 데에도 이롭지 않다.

허물없는 언행으로 인해 아랫사람들은 착각을 일으키게 된다. 리더가 좋게 말하는 것을 보니 그가 내 문제를 해결해주지 않을까?……이렇게 되면 아랫사람들은 요행심리로 리더의 직접적인 도움을 요청하게 될 뿐만 아니라, 만족스럽지 못하면 한을 품게 된다. '허세'는 리더의 기세나 위엄을 높여주고 지나치지만 않다면 그의 매력을 더욱 배가시킨다.

●●●

손림 _ 자신의 뜻을 드러내지 않다

삼국시대 오나라 손림孫琳이 낭야왕을 황제로 옹립한 뒤, 더욱 방자해졌는데, 집안사람 중에 다섯 명이 후작이 되어 금군을 통솔했으니 그 권력이 군주를 위협할 만했다.

한번은 손림이 쇠고기와 술을 황제에게 바쳤는데, 황제가 이를 받지 않자, 그가 좌국 장포張布를 찾아가 술을 마시면서 거나하게 취하여 말했다. "당초 소주를 폐위시킬 때, 여러 사람들이 나에게 자신을 왕으로 등극시켜 달라고 했는데, 나는 지금 폐하가 현명하다고 생각해 그를 왕으로 옹립했던 거요. 지금 황제는 내가 아니면 왕위에 오르지 못했을 거요. 그런데 이제 내가 바친 선물을 거절하시는 것을 보니 나도 보통 신하들과 똑같이 취급당하는 것 같구려. 아무래도 방안을 강구해야 될 듯하오."

장포가 이 말을 황제에게 알리자, 황제는 마음속에 담아두었으나, 정변이 일어날까 걱정되어 평상시처럼 손림에게 큰 상을 내렸다. 그리고는 몰래 장포에게 말했다. "여우가 닭을 잡을 때에는 반드시 귀만 쫑긋 세우고 엎드리고 있다가 닭이 오기를 기다린다오. 닭이 안심할 때가 되어야 비로소 잡을 수 있는 거요. 여우가 상대를 노려보면 잡아먹으려는 모습이 들통나 닭이 도망가 목숨을 건질 수 있게 되지. 지금 손림은 닭보다 교활하고, 나는 여우의 총명함이 없으니 어떻게 해야 할지 모르겠소?"

장포가 고개를 끄덕이며 말했다. "상황이 정말 폐하께서 말씀하신 바와 같습니다. 무언가 하시고자 한다면 정봉丁奉이 아니면 안 될 것입니다." 이에 황제가 정봉을 만나 말했다. "손림이 권세를 등에 업고 반란을 도모하려 하오. 나는 정 장군과 같이 그를 제거하고자 하는데, 그대 생각은 어떠하오?" 정봉이 말했다. "손 승상의 형제와 붕당이 많아 저마다 생각이 달라져 일을 그르칠까 두렵습니다. 하오나 함께 사냥하는 때를 노린다면 폐하의 무사로 그를 죽일 수 있을 것입니다."

황제가 정봉의 계책을 받아들여 사냥 모임을 열고 손림을 초청했다. 손림은 병을 핑계로 가지 않으려 했으나, 황제가 십여 차례나 사자를 보내 재촉하니 가지 않을 수 없었다.

손림이 도착하자, 장포가 부하들에게 신호를 보내 그를 죽였다. 장포가 손림의 머리통을 들고 와서는 여러 사람들에게 말했다. "손림과 반역을 도모했던 자들을 더 이상 추궁하지 않겠다." 손림의 권세가 막강했으나, 황제가 침착하게 행동해 그를 죽이자, 신하들은 그가 한나라 영제靈帝보다 결단력이 있다고 칭송했다.

權道의 지혜

옛 말에 모든 사람은 몸에 두 개의 주머니를 달고 있는데, 한 주머니는 장점으로 몸 앞에 드러나고, 다른 한 주머니는 약점으로 몸 뒤에 감춰져 있다고 한다. 약점이든 아니든 간에 자신의 빛나는 면을 여러 사람에게 보여주고 어두운 면을 감추는 것이야말로 자연스런 것이다. 리더는 자신의 대외 이미지를 형성할 때에 약점을 잘 감추어야 한다. 대외 이미지를 세움은 귀함을 보여주는 것이다.

옛날에 어떤 리더는 말할 때에 고향 사투리를 썼고 말도 더듬었다. 한번은 그가 부하들에게 연설하며 교육을 시켰다. 리더는 충분히 준비했기에 내내 침착하고 논리정연하게 연설했으며 회의장 분위기도 엄숙해졌다. 그러나 강연이 끝나고 여러 사람에게 각자의 임무와 주의사항을 지시하면서 사투리에 말까지 더듬자, 여기저기서 수군대는 소리가 나면서 회의장 분위기가 흐트러져 다른 사람이 나설 수밖에 없었다. 끝까지 체면을 지키지 못했던 것이다. 자신이 가면을 쓴 뒤 스스로 가면을 벗어던진 것에 다름 아니었다. 이는 사람들이 절대적으로 피해야 하는 일이다.

리더는 공사를 분명히 해야 한다. 공은 공이요, 사는 사다. 두 가지가 뒤섞여서는 안 된다. 일과 무관한 사람과 사귈 때에는 사무실에서 만나는 것이 좋지 않다. 사적인 관계는 가능한 한 사무실과 얽혀서는 안 된다.

집안 허물은 밖으로 드러내서는 안 되고, 사적인 관계는 아랫사람이나 동료들에게 들켜서도 안 된다. 리더는 자신의 개인 물품도 잘 관리해야 한다. 리더의 개인 활동도 직장에서 떨어진 곳에서 하는 것이 좋다. 그렇다고 해서 아랫사람과 어울리지 말라는 뜻이 아니다. 단지 세상은 복잡하기에 리더는 사적인 면을 보호해 대외 이미지를 지켜야 한다는 것이다.

● ● ●

당 태종과 이대량 _ 일할 분위기를 만들어주다

이대량李大亮은 당 태종 때에 양주도독凉州都督을 맡은 바 있는데, 비록 수도에서 멀리 떨어져 있었으나 늘 조정의 일에 관심을 갖고 황제에게 상서를 올려 나랏일을 건의하거나 황제에게 권유하기도 했다.

한번은 조정에서 양주로 사신을 파견한 적이 있는데, 양주에서 귀한 사냥매가 나오는 것을 보고는 황제에게 바칠 것을 권유했다. 이에 이대량이 황제에게 상서를 올려 말했다. "폐하께서는 온힘을 쏟아 국사를 처리하시며 일찍이 다시는 사냥하지 않겠다고 선포하셨는데, 조정에서 온 사신은 오히려 사냥매를 바치라고 합니다. 이것이 폐하의 뜻이라면 전에 하신 말씀을 스스로 저버리신 것이요, 사신이 저 혼자 주장한 것이라면 조정에서 파견한 사신이 직무를 다하지 못한 것입니다."

이러한 간언을 읽은 당 태종은 이대량의 충직함에 감동해 그를 표창하는 외에 변방에서 생산되는 호병胡瓶과 관리들이 읽을 만한 책인 《한기漢紀》 1권을 하사했다. 그리고 그에게 보내는 편지에 적기를, "호병은 진귀한 보물이 아니라, 내가 쓰던 물건이고, 《한기》라는 책은 논리가 분명하고 논의가 깊고 넓은 책으로, 어떻게 나라를 다스리고 신하의 도리를 다할 것인가에 대해 서술한 책이니 일을 마치고 난 뒤에 열심히 읽으시오."

그가 하사한 물건은 그야말로 보잘것없는 것들이었지만, 친밀감을 담고 있었으니 이대량이 어찌 감동하지 않을 수 있었겠는가? 당연히 황제에게 더욱 충성할 수밖에 없었으리라! 그는 재직하는 동안 변방 이민족과의 관계를 처리하는 데 많은 업적을 남겼다. 이후 당 태종이 그를 장안으로 불러들여 황궁과 동궁을 지키는 임무를 맡겼는데, 그는 자신의 직무를 철저히 했다. 밤에 번을 서야 할 때에는 한잠도 자지 않았다. 이에 당 태종이 칭찬하며 말했다. "자네가 번을 서는 밤에는 내가 마음 놓고 편히 잘 수 있다네."

權道의 지혜

사실상 이는 작은 은혜를 베푸는 수법이지만, 그 효과는 결코 작지 않다. 신하의 마음속에 '황제가 쓰는 물건御用之物'의 가치는 천금보다 더 귀하다. 그것은 군주가 신하에게 내리는 각별한 믿음이요 은혜이기 때문이다. 천금은 얻기 쉬우나, 이러한 각별한 믿음은 누구도 얻을 수 없다.

관중管仲은 춘추시대의 저명한 정치가, 군사가 및 경제사상가였다. 그가 제나라 재상을 맡았을 때, 정치적인 성과를 거두지 못하자 환공桓公이 이유를 물었다. 관중이 대답했다. "저의 지위가 비록 높기는 하지만 여전히 가난합니다. 가난한 자는 돈 많은 사람을 지휘할 수 없습니다." 환공이 말했다. "그대에게 세 여자를 아내로 맞을 만한 집을 주겠네!"

어느 정도 시간이 흘렀는데도 국정이 나아진 게 없자, 제 환공이 관중에게 다시 그 이유를 물었다. 관중이 대답했다. "제가 비록 돈이 있기는 하지만 신분이 미천하여 고귀한 사람들을 통제할 수 없습니다." 이에 환공은 즉각 그를 상경上卿에 임명해 귀족의 반열에 올려주었다. 그 이후 환공은 그를 다시 '중부仲父'로 승진시켰다.

환공이 관중의 요구를 듣고 비교할 수 없을 만큼의 물질적 대우와 고귀한 지위를 주자, 관중은 돈과 권력을 모두 쥐게 됐고, 이로써 제나라의 정치가 정상궤도에 올라섰다. 이후 제나라 환공은 춘추오패春秋五霸의 하나가 되었으니 이 모두가 관중의 보좌에 힘입은 것이었다.

●●●

곽가와 조조 _ 주인을 잘 선택하다

곽가郭嘉의 자는 봉효奉孝요, 영천 양적 사람이다. 그는 기재를 품고 있어 세상을 위해 일하고자 했다. 《삼국지三國志》 기록에 따르면, "무릇 총명한 선비는 의탁하려는 주인을 잘 살펴 그 생각과 행동을 통해 하고자 하는 바가 성공할 수 있는가를 미루어 짐작해야 한다"고 한다. 곽가는 자신의 관찰에 근거해 원소袁紹에 대한 관점을 피력한 바 있다. "원공은 주공周公이 선비들을 예로써 대했던 것을 모방하려 하지만, 기본적으로는 용인술의 핵심이 어디에 있는지를 모른다. 또한 얻고 싶은 것은 많으나, 머뭇거리고 우유부단하다. 이러한 사람과 함께 천하를 평정하고 패왕의 위업을 세우기는 어렵다!" 이에 곽가는 과감히 원소의 곁을 떠나 영천으로 돌아갔다.

당초 영천 지방에는 모략에 뛰어난 인재가 있었는데, 그의 이름은 희지재戲志才로, 조조가 그를 중용했으나, 그만 요절하고 말았다. 조조가 순욱荀彧에게 보낸 편지에서 말하기를, "지재가 죽은 뒤로는 곁에서 대사를 함께 의논할 사람이 없네. 임여와 영천 일대에는 지모가 뛰어난 사람들이 많으니 그대는 남아 지재를 이을 만한 사람이 있는지 살펴보게."

이에 순욱이 조조에게 천하대사를 의논할 만한 인물로 곽가를 추천했다. 당시 조조는 원소와 겨루고 있었는데, 원소의 세력이 워낙 커서 맞서기를 주저했다. 곽가는 '열 번 이기고, 열 번 패하는 책략'을 올려 쌍방의 우열에 대해 명료하게 분석했고, 이로써 결국 조조에게 필승의 믿음을 주었다. 조조가 흥분해서 말했다. "내가 대사를 성공하게 된다면 모두 이 사람 덕분이다." 곽가는 조조가 아랫사람을 믿고 쓰며, 아랫사람의 의견을 잘 받아들이는 것을 보고는 기뻐서 말했다. "이 사람이야말로 진정한 나의 주인이다!" 이후 그는 줄곧 조조의 곁에서 그를 위해 계책을 마련했다.

후에 곽가는 조조를 따라 원소를 공격했는데, 관도의 전투에서 원소를 대패시키고, 여양에서도 연전연승했다. 장수들이 승리에 힘입어 추격하려 하자, 곽가는 공격을 늦추고 변화에 대응하는 계책을 내놓았다. 그는 원소가 사랑하는 두 명의 아들에게 각각 곽도郭圖와 봉기逢紀라는 모사가 있는데, 그 두 사람의 세력이 만만치 않지만 각자 붕당을 이루어 경쟁하고 있다고 보았다. 만일 계속 공격한다면 그들 두 세력이 단결해 우리를 대적할 것이다. 공격을 늦추면 조만간 서로 분열되어 싸울 것이니 그때가 되어 다시 일을 도모하면 될 것이다. 이후 곽가가 예측한 바와 같이, 원담袁譚과 원상袁尙이 기주를 빼앗기 위해 서로 싸웠는데, 원담이 원상에게 패해 조조에게 구원을 요청했다. 이에 조조가 군사를 이끌고 공격해 일거에 원씨 집안의 오랜 근거지인 업성을 점령했다. 그리고 곽가가 다시 계책을 내어 기주를 평정했다. 이로써 조조는 북방에서 확고히 자리 잡았다. 나아가 오나라나 촉나라와 전쟁을 벌일 때에도 중요할 때마다 나온 계책은 모두 곽가가 내놓은 것이었다. 이 때문에 조조는 곽가를 유양정후에 봉했다.

조조가 북부를 정벌할 때에 곽가는 병에 걸려 후방에 남아 있었다. 병이 위중해지자, 조조에게 글을 올려 정벌의 계책을 논했다. "승상께서 이 글에서 말한 바를 따르신다면, 요동의 일을 완수할 것입니다." 조조는 편지를 읽고 머리를 끄덕이며 개탄했다. 이 글의 대의는 다음과 같았다. "이제 들어보니 원희와 원상이 요동으로 갔으나, 공께서 반드시 병사를 동원할 필요는 없습니다. 요동의 공손강公孫康은 오래전부터 원씨와 합병하는 것을 두려워했기에 그들이 요동으로 가도 의심만 살 것입니다. 만일 병사들을 이끌고 공격해야 한다면 반드시 전력을 다해 싸워야 할 것입니다. 그러나 만일 공격을 늦춘다면 공손강과 원씨 형제들 간에 내분이 일어나 서로 죽이려 할 것입니다." 과연 그가 예측한 대로 오래지 않아 공손강이 사자를 보내 원씨 형제의 머리를 가져왔다. 이때에는 곽가가 죽은 지 며칠이 지난 뒤였다. 조조는 여러 신하들로 하여금 곽가의 영전에 제를 올리도록 했고, 그 자신도 통곡했으니 그가 얼마나 곽가를 신임했는지 알 수 있다.

權道의 지혜

곽가는 그 사람됨이 신중하고 멀리 앞을 내다볼 줄 알았다. 사람됨을 판단해 조조에게 투신하여 자신의 포부를 펼쳤다. 그의 총명함은 뛰어난 주인을 택해 잘 받든 데에 있다.

옛말에 "바람이 불면 끌어당겨라!"라는 말이 있다. 뜻은 형세가 좋지 않으면 물러나라는 뜻이다. 이 말은 오늘날에도 유용하다. 윗사람이 당신에 대해 '흠을 마구 들추어내어' 어떻게 해도 마음에 들어하지 않고, 지금 맡은 업무가 당신이 원하는 일이 아니라면 과감하게 조치를 취해야 한다. 다시 말하면, 업무를 바꾸거나 다른 윗사람에게 가는 것이다.

그것이 그렇게 어려운 일은 아니다. 이른바 '군주가 현명하지 않으면, 신하는 다른 나라에 투신하게 된다.' 암흑을 버리고 광명으로 돌아서는 것은 당신의 권리다.

당 현종 _ 앞선 폐단을 바로잡다

당 희종僖宗 때에 한씨 성을 가진 궁녀가 있었는데, 구중궁궐의 적막함을 이기지 못해 붉은 단풍잎 위에 다음과 같은 시 한 수를 적었다.

흐르는 물은 어찌 저리도 급한가. 流水何太急
깊은 궁궐 하루는 지루하기만 하네. 深宮盡日閑
은근히 단풍잎에 부탁하여 殷勤謝紅葉
내 마음을 세상에 전해볼까. 好去到人間

이는 민간에서 일어나는 남녀 간의 애정에 대한 바람을 표현한 것이었다. 그녀는 이 붉은 잎을 궁궐 수로에 띄워 흐르는 물을 따라 궁 밖으로 나가도록 했다. 오래지 않아 그녀는 궁궐 수로를 따라 흘러들어온 단풍잎 하나를 주웠는데, 그 위에 다음과 같은 시가 적혀 있었다.

일찍이 낙엽 위에 애끓는 정념을 지었다고 들었는데 曾聞葉上題紅怨
낙엽 위에 시를 지어 누구에게 부쳤단 말인가. 葉上題詩寄阿誰

수년 뒤, 그녀가 출궁해 종씨인 부호 한영韓泳의 집에 기탁하게 됐다. 이후 한영의 주선으로 한씨 집안에서 공부를 가르치고 있던 서생 우우于祐에게 시집갔다. 하루는 한씨가 우우의 책 상자에서 갑자기 자신이 지었던 시가 적힌 단풍잎을 발견하고는 그에게 어디서 났는지 물었다. 그러자 그는 궁궐 밖 수로에서 손을 씻다가 우연히 발견했다고 대답했는데, 한씨는 그것이 자기가 지은 시이며, 자기도 궁궐 수로에서 주운, 시 한 수가 적힌 단풍잎을 보여줬다. 과연 이는 우우가 단풍잎을 주운 뒤에 자신이 지어 보내준 시였다. 이들 두 사람은 오랫동안 함께 자신들의 인연에 대해 감탄했다. 이 일은 그야말로 공교롭다고 할 수 있는데, 그 진위 여부는 둘째 치고라도 이를 통해 구중궁궐에 갇혀 있는 여인네들이 남녀 간의 애정을 얼마나 바라는가를 보여준다고 하겠다.

역대로 황궁에서는 수많은 궁녀들을 거둬들였는데, 그녀들은 어릴 때

들어와 백발이 되어서도 나가지 못하고 자신의 청춘과 생명을 궁궐 안에 묻어야만 했다. 이는 과거에 일어났던 죄악 중의 하나이며, 사람들이 가장 침통하게 여겼던 일이었다. 일부 황제들은 이를 전임 황제를 부정하는 돌파구로 삼기도 했다.

당 현종 이륭기李隆基는 712년에 황제에 등극했으나, 조정대권은 여전히 그의 고모인 태평공주에게 장악되어 있었다. 이듬해 7월, 그는 쿠데타를 일으켜 태평공주를 주살했고, 또 1년이 지나서는 숭명문 앞에 마차를 준비해 후궁에 있던 많은 궁녀들을 집으로 돌려보냈는데, 이들은 모두 태평공주가 선발한 사람들로, 그와는 무관했다. 이는 태평공주를 부정하고, 민심을 얻은 일석이조의 조치였다.

그러나 누가 알았으랴, 당 현종이 역사상 호색을 일삼았던 황제 중의 하나가 될 줄을. 이후 그의 궁궐에는 모두 4만 명에 달하는 궁녀가 있었는데, 이는 역대 왕조 중 가장 많은 것이었다.

50여 년이 지나 그가 황제에서 물러난 뒤, 그의 아들 숙종肅宗은 '사람의 도는 그 사람의 몸부터 다스리는 데에 있다'고 하며 3천 명의 궁녀를 밖으로 내보냈다. 당 현종 또한 그 후계자로부터 부정당했던 것이다.

무측천

덕을 본 것은 출궁한 궁녀들로, '오랫동안 새장에 갇혀 있다가 자연으로 돌아갔다.' 이로써 그녀들은 앞서 본 궁녀 한씨처럼 보통사람들의 행복한 생활을 누리게 됐다.

당 현종은 황제에 등극한 뒤, 또 한 가지 일을 했는데, 그것은 바로 1천2백여 명의 승려들을 환속시킨 것이었다.

현종의 조모인 무측천은 불교를 신봉했다. 서역에서 온 한 승려가 《대운경大云經》을 편찬했는데, 그 내용 중에 무측천은 미륵불이 환생한 것이니 당나라를 대신해 천하를 다스리게 될 것이라 했다. 이후 무측천은 정말로 당나라를 찬탈해 자신의 나라를 세웠고, 황제가 된 이후, 그녀는 장안과 낙양 및 천하 각지에 대운사를 세워 《대운경》을 보관함과 아울러 승려가 이를 강해토록 하였다.

그리고 정부인 설회의薛懷義에 대한 은총을 보여주기 위해 그녀는 낙양에 그를 위한 백마사를 세우고, 천여 명의 승려들이 살도록 했다. 또한 그녀는 설회의에게 수년에 걸쳐 불상과 불당을 짓도록 명했는데, 매일 수만 명에 달하는 사람들이 그를 위해 일했고, 소요되는 비용만도 수십만 냥에 달했다. 이렇게 세워진 불상은 어마어마한 규모여서 손가락 하나에만도 수십 명이 앉을 수 있을 정도였다. 그러나 이후 설회의가 질투로 다투는 바람에 불상과 불당에 불을 질러 완전히 타버렸고, 무측천은 죄를 물을 수 없어 설회의에게 다시 세울 것을 명했다.

무측천은 불교 의식을 치를 때마다 수만 냥의 돈을 들였다. 그중 한 번은 땅에 깊이 5장에 달하는 구덩이를 팠고, 각종 비단 그림으로 궁전을 장식하기도 했다. 또 소를 잡아 그 피로 불상을 그렸고, 어떤 불상은 그 머리만도 2백 척에 달했다.

무측천이 죽은 뒤, 그 아들인 중종中宗도 불교를 믿었다. 윗사람이 좋아하는 것이 있으면, 아랫사람은 그 정도가 더 심하다고 했던가! 그 영향이 귀족들에게까지 미쳐 앞 다퉈 불당을 짓고 승려들을 초빙했다. 젊은이들이 절에 들어가 비구나 비구니가 되면 생산에 종사하지 않고, 오히려 조정에서 그들을 먹여 살려야 했다. 이렇듯 나라의 많은 재산이 끝없이 소모되고, 생산까지도 그 영향을 받게 됐다. 확실히 이는 무측천이 정권을 장악한 이래의 폐단 중의 하나였다.

당 현종은 많은 승려들을 환속시키는 한편, 사찰을 짓지 못하게 했다. 본래의 사찰이 훼손되어 수리해야 하는 경우에는 현지 관청의 비준을 얻어야 했고, 귀족이나 외척, 관리들이 승려들과 왕래하지 못하게 했다. 이러한 조치는 당연히 조야 안팎의 환영을 받았는데, 이제 막 황제에 등극한 현종도 이로써 위신을 세울 수 있었다.

714년 7월 어느 날, 황궁의 널따란 정원에서 맹렬한 불길이 하늘로 치솟고, 연기가 하늘을 뒤덮었으며, 불꽃 튀는 소리가 진동했다. 한 무리의 환관들이 색채가 현란한 비단, 솜씨가 정교한 각종 장식물을 끝없이 불길 속으로 던져 넣고 있었고, 한 무리의 시위들이 황궁 창고에서 진귀한 보물들을 계속해서 가지고 나와 불태우고 있었다. 이를 감시하는 사람은 재상 요숭姚崇 외에 당 현종 본인도 있었다.

이는 당 현종이 세상 사람들에게 자신이 검소하게 나라를 다스릴 것이라는 점을 보여주는 행동이었다. 당나라가 개국되었을 초창기에는 근검절약을 숭상했으나, 무측천이 다스리기 시작하면서부터 사치 풍조가 갈수록 심해졌다. 그녀의 딸인 태평공주의 저택에는 장식물이나 거마 등이 마치 궁전과 같았고, 시녀와 하인이 수백 명에 이르렀는데, 모두가 비단옷을 입었다. 각지에서 바친 진귀한 물품이 헤아릴 수 없을 지경이었다. 그녀의 손녀인 안락공주가 가지고 있던 치마 한 벌은 천하의 각종 새 깃털로 만든 것이었는데, 앞에서 보면 한 가지 색이요, 옆에서 보면 또 한 가지 색이었으며, 햇빛 아래에서 보면 한 가지 색이요, 어두울 때 보아도 또 한 가지 색을 보여주니 마치 수많은 새가 치마 한 폭에 모여든 것 같았다. 당시 관리들이나 일반인들도 이를 모방해 세상의 모든 새들이 수난을 당했던 것은 이루 말할 수도 없었다. 당 중종 때에 재상 종초객宗楚客의 저택이 상당히 화려했는데, 태평공주가 이를 보고난 뒤, 말하기를, "그와 비교할 만하구나"라고 했다고 한다.

당 현종이 정권을 장악한 뒤, 비단과 보물을 모든 불태워버린 행동은 전임자들에 대해 부정하고 있다는 점을 보여준 것이었다.

權道의 지혜

궁녀를 풀어주고 승려들을 환속시키며 비단과 보물을 불태운 행동은 당 현종이 과거의 폐단을 제거함으로써 윗세대를 부정했던 주요 조치였다.

전통사회에서 어느 황제의 통치에 폐단이 없었겠는가? 뛰어난 후계자는 이러한 점을 부각시켜 폐해가 가장 심한 한 가지 또는 몇 가지를 대대적으로 제거해버린다. 이로써 자신들의 위신이 서게 되는 것이다.

그러나 그들이 진심으로 폐단을 없애려 했다고 믿는다면 그것은 오산이다. 많은 경우, 그것은 단지 하나의 계책이자 수단에 불과하다. 후계자와 전임자는 본질적으로 다르지 않다. 그들의 지위가 일단 확고해지고 나면 그들 또한 전임자의 전철을 밟거나 때로는 그보다 더 심해지는 경우도 있다. 이제 막 등극한 통치자가 일시적으로 폐단을 바로잡은 조치에 미혹되어서는 안 된다. 결국 시간이 이를 증명해준다.

어떤 일은 시작하자마자 효과가 나타나지만, 어떤 일은 기초를 다진 뒤 시간이 지나야 비로소 효과가 나타난다. 모든 일이 처음에는 어렵다. 어떤 경우 빠른 시일 내에 국면을 타개한 경험이 있다. 하지만 역사적으로 이런 경우는 운이 좋은 경우이며 그야말로 보기 드문 경우이다. 이는 단기적인 업무인 경우에는 가능하다. 이 때문에 서둘러 성공을 구하는 데에 만족해서는 안 된다.

문제는 돌파구를 정확히 선택하는 것이며, 이것이 성패를 좌우하는 관건이다. 이를 잘 선택하면 일을 시작하자마자 성공을 거두지만, 정확히 선택하지 못하면 점점 더 수동적이 되어간다.

정확히 돌파구를 선택하게 되면 대중들이 가장 큰 관심을 두고 시급하게 해야 할 일을 해결할 수 있다. 이는 얼핏 상당히 어렵게 보이지만 열심히 노력하면 된다. 일단 해결하고 나면 민심에 순응하는 것이요, 민심을 얻을 수 있다.

권력을 공고히 하는 도

固權之道

창업은 쉬우나, 이를 지키는 것은 어렵다. 유사 이래, 이 말은 모두가 인정하는, 지극히 타당한 도리이다. 한 나라를 다스리는 제왕으로 볼 때, 이는 더욱더 들어맞는 말이다. 관료 사회에서는 모두가 여러 관계에 얽혀 있는데, 여기에는 아랫사람에 대한 윗사람의 관계, 윗사람에 대한 아랫사람의 관계 및 같은 서열 간의 관계 등이 포함된다. 하나의 관계가 잘못되면 이는 권력의 안정 심지어 득실에까지도 영향을 미친다. 관료 사회에 몸담고 있는 사람들에게 관계학이란 실로 지극히 중요한 학문이다.

북제의 고양과 송 진종 _ 점진적으로 권력을 굳히다

북제北齊의 개국 황제인 고양高洋은 동위의 대승상이자 제왕 고환高歡의 둘째아들이다. 고환이 죽자, 큰아들 고징高澄이 대승상의 직위를 계승해 군사들을 감독하며 진양을 지켰다. 고양은 경기대도독으로 임명되어 업도에서 정사를 보좌했다.

고징은 흉악하고 오만방자하며, 매사에 살기등등하게 정사를 좌지우지했으며, 안하무인격이었다. 형과는 달리, 고양은 온화하고 우아했으며, 우직하고 과묵했으며, 나랏일에 대해서도 보고도 못 본 체하며 그날그날 되는 대로 살았다. 그렇기에 문무 대신들은 평소 그를 깔보았다. 고양은 형 앞에서는 늘 고분고분했다. 그가 부인을 위해 산 좋은 옷을 보고 고징이 자신이 갖고 있는 것이 더 좋다고 하면 부인에게 화내지 말라고 권유했다. 자신의 애첩이 여러 차례 고징에게 희롱당해도 그는 짐짓 모른 체했다. 고징은 이런 동생이 못마땅해 "내 동생이 부귀해진다면 길흉화복을 점치는 책을 해석할 길이 없다"고 했다. 고양은 조정에서 물러나 집으로 돌아가면 방문을 잠그고 앉아 있었고, 처나 첩에게도 몇 마디 하지 않았다. 때로는 신발을 벗어 던지고 웃통을 벗고는 집안 여기저기를 뛰며 돌아다녔다. 이러한 고양이 상황이 돌변하자, 완전히 다른 사람이 되어 괄목할 만한 상대가 될 줄 누가 알았겠는가!

고징은 황제 원선견元善見이 늘 불만스러워 업도로 가서는 자신의 심복들과 더불어 황제를 폐위시킬 모의를 하다가 하인인 난경에게 죽임을 당했다. 고양이 이 소식을 들은 뒤, 침착하게 병사들을 이끌고 가 난경 등 흉수들을 잡아 죽였다. 대외적으로는 대승상이 하인의 반란 때에 부상당했다고 발표했고, 황제에게는 고징을 호송해 진양에서 요양할 것을 청했다. 원선견은 즉각 윤허하며 마음속으로는 기뻐했는데, 고징이 이미 죽었다고 보았고 고양은 큰 인물이 못 되므로 황실의 권위가 다시 살아날 것이라 여겼기 때문이다. 고양은 진양으로 돌아온 뒤, 곧바로 여러 신하들을 소집해 업무를 분담시키고 새로운 법을 시행해 과거의 폐단을 바로잡았다. 일 년도 안 되어 진양의 질서가 회복되고 발전하자, 백관들은 감탄을 금치 못했다. 고양이 안팎으로 안정됐다고 여기자, 고징의 죽음을 선포하고 형을 위해 장례를 치렀다. 원선견은 고양이 조금도 야심이 없다고 여겨 그를 대승상에 봉하여 군사들을 감독하고 제왕을 세습토록 했다.

수개월 뒤, 고양이 군사들을 이끌고 업도로 가서는 원선견에게 양위할 것을 강요했다. 원선견이 이 소식을 듣고는 놀라 입을 다물지 못했고, 여러 상황으로 보아 옥새를 넘기지 않을 수 없었다. 이에 고양이 등극하여 나라 이름을 제齊로 바꾸었다.

고징·고양 형제는 유빈劉繽·유수劉秀 형제의 운명과 비슷한 데가 있다. 다른 점이 있다면 고징이 유빈보다 더 포악했고, 고양이 유수보다 더 연기를 잘했다는 점으로, 훨씬 더 잘 위장했기에 거사할 때에 사람들이 더 놀랐다는 것이다.

송宋 진종眞宗은 대신에게 뇌물을 주는 촌극을 연출하기도 했다.

1007년, 마음씨가 올바르지 못한 왕흠약王欽若이 진종에게 봉선대전封禪大典을 거행할 것을 건의했다. 진종은 자신이 그럴 만한 자격이 안 된다는 것을 알고 있었는데, 즉위한 뒤 10년간 변경 침략이 빈번히 일어났고, 재해가 끊이지 않았으며, 오랑캐에게 빼앗긴 땅을 아직 되찾지도 못했고, 나라를 부강하게 하고 백성들을 편안하게 해주지도 못했으니 문치든 무공이든 내세울 만한 것이 없었다. 그래서 상당히 주저하며 말했다. "내가 알기로는 봉선이란 무언가 상서로운 징조가 나타난 뒤에야 가능한 것인데, 어디에서 이러한 징조가 나타나겠는가?"

송 진종

왕흠약이 진종에게 말했다. "어디에 무슨 징조가 나타났다는 것은 모두 사람들이 스스로 꾸며낸 것이요, 이로써 천하 사람들을 속인 것입니다."

이는 황제가 그러한 징조를 만들어내면 된다는 것을 은근히 부추기는 말이었다. 진종이 무언가 깨달은 듯했지만, 재상인 왕단王旦이 마음에 걸려 말했다. "왕단은 분명히 찬성하지 않을 거야!" 왕흠약이 말했다. "폐하께서 이미 마음을 굳히셨다면, 제가 왕단을 설득하는 일을 맡겠습니다."

군신 간의 모의를 마친 뒤, 왕흠약이 왕단을 찾아가 이야기하자, 그는 아무런 이의가 없다고 했다. 진종은 기분이 좋아 특별히 왕단을 불러 주연을 베풀었다. 연회가 끝난 뒤, 진종이 따로 술 한 단지를 하사하며 말했다. "이 술은 맛이 상당히 좋으니 그대가 집으로 가져가 처자와 함께 마시라."

왕단이 감사를 표하고 술 단지를 집으로 가져갔는데, 단지 뚜껑이 너무 꽉 막혀있어 어렵사리 열어봤더니 빛깔 고운 진주가 가득했다. 당당해야 할 군주가 결국 대신에게 뇌물을 준 셈이었다. 왕단은 황제의 뜻을 알아차리고는 조용히 진주를 거둬들였다.

머지않아 황궁을 관리하던 관원이 갑자기 보고하기를, 승천문 궁루 꼭대기에서 황금색 비단을 발견했는데, 길이가 약 2장 가량이라는 것이었다. 진종은 즉각 환관을 보내 살펴보도록 명령함과 아울러 대신들에게 말했다. “작년 겨울 11월 어느 날 밤에 내가 막 잠을 청하려는데, 갑자기 실내에 빛이 나타나기 시작해 깜짝 놀랐네. 그리고는 신인께서 하늘에서 내려와 황궁의 정전에 제단을 세우고 경을 읽으라 하셨네. 그러자 하늘에서 천서天書가 내려왔지. 내가 대답하려고 하자, 신인이 사라져버렸네. 오늘 발견된 황금 비단이 천서가 아니고 무엇이겠는가?”

왕흠약이 곧바로 회답했다. “폐하의 성심이 하늘을 감동시켜 복을 내리려는 것입니다.” 곧이어 환관이 보고하기를, 비단 위에 글씨의 흔적이 있다고 했다. 진종이 기뻐하며 “과연 천서로군!”하고 말했다. 그리고는 대신들을 이끌고 친히 승천문으로 가 무릎을 꿇고 받은 뒤, 특별히 만든 금궤 안에 넣었다.

송 진종은 이 일을 크게 떠벌리며 목욕재계하고 조상에 제사를 올렸으며, 사면령을 내리고 연호를 바꾸었다. 상서로운 징조가 나타났으니 봉선을 올릴 만하다는 것이다. 이때 왕단이 앞장서 문무백관과 승려·도사 2만 3천여 명을 이끌고 다섯 차례에 걸쳐 조정에 표를 올려 봉선을 올릴 것을 청했다. 거창한 연극이 여론에 따른다는 명목 하에 시작된 것이다.

權道의 지혜

왕단은 명성이 나쁘지 않다. 그는 학식과 도량을 갖추었으나 어쩔 수 없이 군주의 악행에 영합하는 연극에 끼어들었다. 연극을 조종한 자는 왕흠약이지만, 주재한 것은 승상 왕단이었다. 얼마 뒤, 송 진종은 항산에서 봉선의식을 올렸고 이를 주재한 것 또한 왕단이었다. 봉선에 필요한 많은 문서들도 모두 그가 기초하거나 심의했으며 많은 천서들도 모두 그가 보관했으니 결국 그는 봉선의 전문가가 되었다.

왕단은 왜 이렇듯 사람을 속이는 연극에 끼어들었을까? 그 본심을 들여다보면 결국 권력을 탐하고 자리를 지키려는 것이었다. 그는 재상의 신분으로 민의를 왜곡시켰다.

사실 왕단의 속마음은 상당히 불안했다. 그는 왕흠약처럼 간사하기보다는 연약했다. 그 같은 사람은 역사상 흔한 유형이다. 그들은 인품이 나쁘지 않고, 능력도 갖추었으며, 나라와 백성을 위해 유익한 일을 하고자 했다. 그러나 군주의 실책이나 잘못, 잔학함에 대해 맞설 용기가 없어 속마음과는 달리 부화뇌동하거나 심지어 조장했다. 그들은 흔히 '대국을 고려했다'고 자신을 변호하지만 그 본심은 자신의 자리보전뿐이다.

리더는 목표를 실현할 책임을 지고 있으며 이를 완수하기 위해 다른 사람을 강제할 힘이 부여된다. 이것이 바로 권력이다. 권력은 지시하거나 지도하는 데에 쓰일 수 있고 잘못을 바로잡는 데 쓰일 수도 있다. 그러나 지나치게 권력에 의지하게 되면 아랫사람들은 진심으로 따르지는 않는다.

리더는 권력을 분명히 알아야 한다. 질책할 때에는 사실에 근거해야 하고, 사실에 입각해 득실을 논해야 하며, 질책할 만한 충분한 이유가 있어야 한다. 권력을 부여받았다고 해서 또는 다른 사람을 복종시킬 권세를 부여받았다고 해서 질책을 남용해서는 안 된다. 다른 사람을 강제하거나 복종시킬 수 있는 힘은 깊이 감춰두어야 현명하다고 할 수 있다.

권력의 자리에서 내려와 의견을 교환하는 태도로 화기애애하게 문제를 해결하는 것이 상책이다. 본래 아랫사람은 강제를 받으려 하기보다는 복종하는 심리를 갖고 있다. 강압적인 태도에는 누구나 반감을 갖게 된다. 그렇기에 권력을 빌려 내리누르기보다는 자신의 위신으로써 복종시켜야 현명한 방법이랄 수 있다.

권력은 만능이 아니다. 그렇기에 드러내지 않아도 사람들은 권력 있는 자를 안다. 위신이 권력보다 더 중요하다. 현명한 리더는 현실 업무 속에서 자신의 능력을 통해, 자신의 인품을 통해 자신의 위신을 세워나간다.

위신이 서면 모두가 당신에게 복종한다. 이때 당신은 보이지 않는 호소력을 갖게 되어 당신의 결정을 모두가 지지하고, 당신의 결정에 따라 열심히 일하게 되며, 당신을 신임하게 된다. 당신의 결정으로 얻은 성과에 대해 모두가 칭찬하는 동시에 당신의 위신은 더욱 커지게 된다.

멋대로 권력을 사용하게 되면 위신을 잃게 되고, 자신감도 떨어진다. 어떻게 권력을 사용할 것인가를 배우게 되면 당신의 위신도 세우고, 믿음도 커지게 된다. 모두가 당신에 대해 신임하고 지지하며, 이것이야말로 당신이 하는 일의 든든한 배경이 될 것이다.

● ● ●

왕세충 _ 직권을 통해 은혜를 베풀다

수隋나라 말년에 천하가 불안해지면서 각지에서 호걸들이 들고 일어나 천하를 얻고자 했다.

왕세충王世充은 수나라 때의 지방관리였다. 그는 이렇듯 혼란한 시기에 곧바로 봉기하기보다는 암암리에 기초를 다진 뒤에 큰일을 도모했다.

강회江淮 사람들은 쉽사리 성내는 편이라서 항상 문제를 일으키는데, 치고 박고 싸우거나 심지어 사람을 죽이는 일도 흔했다. 게다가 사회 질서가 불안해 도적이나 좀도둑이 극성을 부려 한순간 관부로 잡혀온 자들이 많아 감옥이 넘쳐났고, 이런 상황이 사흘이 멀다 하고 벌어졌다. 왕세충이 생각하기에, 이들은 모두 돈을 바랄 뿐 목숨을 빼앗으려한 사람들이 아닌데다가 지금은 태평한 시절도 아닌 혼란스러운 때이므로 쓸모가 있으니 장래 거사를 일으킬 때에는 모두가 훌륭한 병사가 되지 않겠는가? 이렇게 생각을 정하고는, 자신의 직권을 이용해 한 사람씩 '심문'한 뒤, 큰 사건은 작은 사건으로, 작은 사건은 별다른 처벌 없이 하나하나 석방했다. 그들은 본래 자신들이 저지른 일이 제대로 심판받지 못했으므로 죽이지만 않아도 다행이라고 느꼈는데, 이렇듯 '백성을 자식처럼 사랑하는' 좋은 관리를 만나 쉽사리 풀어줄 것이라 생각지 못했다. 이에 모두가 감격하여 이후 왕대인이 부르신다면 기꺼이 즐거운 마음으로 그와 함께하겠다고 맹세했다. 왕세충은 자신의 계책이 맞아떨어진 것을 보고는 내심 흐뭇했다.

이후 봉기군들의 기세가 갈수록 거세지자, 수나라 관리들도 더 이상 가만히 앉아있을 수 없었다. 가라앉는 배에 묶여 죽음을 기다릴 수는 없는 노릇이었기에 너도나도 반란을 일으켰다. 대장 양현감楊玄感도 그중 하나였다. 양현감의 명망이 높고 영향력도 커서 오 사람 주섭朱燮과 진양 사람 관숭管崇도 강남에서 병사를 일으켜 이에 호응했다. 이 두 사람도 장군을 자칭했는데, 보유하고 있던 병사가 10여만 명으로, 그 기세가 대단했다. 수 양제는 그들의 세력이 두려워 대장 토만서吐萬緖·어구라魚俱羅 등에게 대군을 이끌고 반란군을 토벌토록 했는데, 두세 차례 공격했으나 승리를 얻지 못하고 있었다.

왕세충은 자신의 기회가 왔다고 보았다. 그의 계산으로는 우선 왕의 군대의 깃발을 올려 세력을 확대하여 합법적으로 병사들을 모으고 조정의 재력과 물력을 지원받으면 앞서 봉기의 깃발을 세운 자들보다 우세를 점할 수 있다고 생각했다. 그는 현재 소집한 군대로 주섭과 관숭을 공격하면 재간과 실력을 바탕으로 충분히 승리를 얻을 수 있을 것이며, 이렇게 수나라 군대에서 두각을 나타낼 수 있고 정예부대가 될 수 있을 것이라 여겼다. 마지막에 가서 자신이 대권을 장악하고 진퇴를 결정하는 것이 자신의 말 한마디에 달려있게 되지 않을까?

이에 왕세충은 당장 군사를 모집했는데, 이전에 그에게 은혜를 입은 강회 출신 사람들이 이 소식을 듣고 속속 모여들었고, 빠른 시일 안에 1만 명의 병사로 불어났다. 그는 이들을 이끌고 주섭과 관숭의 군대와 싸워 연전연승했다. 싸워 이길 때마다 왕세충은 부하들을 크게 칭찬했고, 많은 사람들이 공을 세워 상을 받았다. 전리품을 얻을 때마다 그는 사람 수대로 나눠주고, 자신은 하나도 갖지 않았다. 이에 그의 부하가 이렇듯 공평무사함에 대해 탄복해 엎드려 말했다. "이러한 사람을 위해 목숨을 바치지 않는다면, 누구를 위해 목숨을 바치겠는가?"

왕세충의 군대는 눈덩이처럼 불어났고, 수나라 군대 중에서도 전과가 가장 두드러졌으며, 얼마 지나지 않아 가장 강력한 정예부대가 됐다.

權道의 지혜

부하들이 윗사람을 믿지 못해 지시에 복종하지 않으면 이는 그 윗사람이 무능하다는 것이다. 아랫사람의 마음을 진정으로 이해하는 리더만이 비로소 그 역할을 다할 수 있다.

이런 주장의 타당성 여부는 차치하고라도, 리더에 대한 마음가짐이 조직 운영에 상당히 중요하다는 점을 간과해서는 안 된다. 그러므로 리더가 조직의 역량을 결집시키려면 아랫사람의 마음을 소홀히 해서는 안 된다.

과장되거나 성의 없는 리더의 말은 설득력을 갖기 어려운 반면, 성심성의로 격려하는 말은 사람의 마음을 움직인다. 윗사람의 위로 한마디가 고생하며 일하는 아랫사람에게는 커다란 의미를 가지며, 윗사람에 대한 아랫사람들의 시각을 바꿀 수도 있다.

'아랫사람이 일하는 것은 당연한 것', 또는 '지시에 따라 목표를 달성하면 된다'고 생각해서도 안 된다. 왜냐하면 이러한 과정에서는 인위적인 요소가 최후의 성패를 좌우하기 때문이다. 지식과 경험이 풍부하고 실천력도 있는데, 집단의 힘을 발휘하지 못하는 지도자는 대부분 그들이 아랫사람들의 마음을 헤아리지 못하기 때문이다. 한 사람 한 사람의 희로애락을 이해하는 것이 곧 사람의 마음을 움직이는 법칙이다.

조직에는 각양각색의 개성을 가진 사람들이 있다. 예를 들면, 적극적으로 일하지만 경솔한 사람이 있고, 일은 빨리 못하지만 정확하게 하는 사람이 있는가 하면, 일을 하는 데 집중력이 떨어지는 사람이 있고, 기존 방식에 따른 일은 잘 하지만 임기응변이 부족한 사람도 있으며, 평소에는 실력을 십분 발휘하지만 어려움을 만나면 의기소침해지는 사람도 있다.

사람은 저마다 개성이 다르다. 이렇듯 서로 다른 사람들에게 똑같은 것을 요구한다면 집단의 힘을 끌어올릴 수 없다. 이렇듯 저마다 다른 사람들이 발휘하는 힘을 전체적으로 결집시킬 수 있느냐 하는 것은 전적으로 '리더의 수완'에 달려있다.

● ● ●

무측천 _ 스스로를 희생하다

속담에 이르기를, 호랑이가 무섭다 하나 새끼를 잡아먹지는 않는다고 했다. 그러나 과거 왕조시대의 권력투쟁에서는 아비가 자식을 죽이고, 자식이 아비를 죽이는 참극이 여러 차례 일어났으니 권력 쟁탈은 인간성을 상실하게 만들거나 심지어 금수만도 못하게 만들기도 하는데, 무측천武則天이 바로 그러했다.

무측천이 당 고종의 곁으로 돌아와 소의昭儀에 책봉됐는데, 궁중에서의 서열은 세 번째지만, 권력욕이 강한 그녀는 결코 남의 밑에 있기를 달가워하지 않았기에 어떻게든 황후의 자리에 오를 생각뿐이었다. 그러나 지금의 황후인 왕씨를 거꾸러뜨린다는 것이 말처럼 쉬운 일은 아니었다. 왕씨는 고종 이치李治의 조강지처였던 데다가 이치가 이제 막 즉위하여 그녀를 황후에 책립하고 천하에 선포한 뒤였다. 그녀는 명문 집안 출신으로, 외삼

촌인 유상柳爽이 당시 재상이었기에 대신들 중에 그를 따르는 자가 많았다. 반면에 무측천과 이치의 관계는 명분이 옳지 않아 이치에 맞지도 않았고, 또 출신도 미천해 조정 대신들 중에 그녀를 대변해줄 사람도 없었다.

그러나 그녀는 목적을 달성하기 전에는 포기하지 않는 사람이었으므로 황후를 거꾸러뜨리기 위해 수단과 방법을 가리지 않았다. 공교롭게도 이때 그녀는 딸을 낳았었는데, 자식이 없던 왕 황후가 이 아기를 상당히 예뻐했다. 어느 날, 왕 황후가 무측천의 거처에 왔는데, 무측천이 자리에 없자, 황후 혼자 아기를 안아보고는 돌아갔다. 무측천이 돌아와 이 상황을 알게 되자, 끔찍한 계책을 생각해냈는데, 직접 딸의 입을 막아 죽이고는 태연하게 이불을 덮어두었다. 잠시 후, 황제가 찾아오자, 그녀는 웃는 얼굴로 맞이했다. 황제와 함께 아기를 보기 위해 이불을 들추고는 아이가 죽은 것을 발견했다. 무측천은 가슴을 치고 발을 동동 구르며 대성통곡했고, 좌우에 있던 시녀들을 불러 물었다. 시녀들은 무서워 벌벌 떨며 아뢰었다. "조금 전에 황후께서 다녀가셨습니다." 고종은 더 이상 묻지도 않고 화를 내며 말했다. "황후가 감히 내 딸을 죽이다니!" 황후가 자신을 변호할 새도 없이 억울한 일이 벌어지고 말았던 것이다. 고종은 황후를 폐위시키기로 마음먹었다. 결국 무측천은 딸의 목숨을 대가로 적수를 거꾸러뜨리고 황후의 자리에 올랐던 것이다.

한 사람이 득도하면 개나 닭이 승천한다고 했던가! 무측천이 황후가 되자, 그녀의 이복오빠인 무원경武元慶, 무원상武元爽 형제와 사촌형제인 무유량武惟良, 무회운武懷運 등이 잇달아 수도로 발령받아 요직에 앉게 되고, 언니와 조카딸은 각각 한국부인과 위국부인에 책봉됐다.

그러나 어렸을 적에 무원경, 원상 형제가 무측천과 그 어미를 박대했기에 그녀가 그들에게 좋은 감정을 가질 리 없었으므로 그들을 외지로 내보냈다. 이들 두 형제가 볼 때, 무측천이 자신들을 쉽사리 놓아줄 것 같지 않아 두려움에 떨다가 결국 죽고 말았다.

조카딸인 위국부인은 젊고 예뻐 고종의 눈에 들었고, 고종은 그녀를 후궁에 들여와 비로 삼고자 했다. 천성적으로 시기심이 강한 무측천이 이를 용납할 리 없어 한 가지 계책을 짜내 무유량과 무회운 등이 헌상한 음식에 독약을 넣어 위국부인에게 하사했다. 위국부인이 이를 먹고 죽자, 무측천은 그 죄를 무씨 형제에게 뒤집어씌우고는 그들 둘을 죽였다. 그야말로 일석이조였던 것이다. 쉽사리 세 사람을 모두 제거했다.

당 고종이 말년에 중병을 앓게 되자, 후계자 문제에 직면하게 됐다. 이때 무측천의 아들인 이홍李弘이 태자에 책립됐었고, 이에 고종이 좀더 앞당겨 제위를 물려주려 했다. 그러나 이때의 무측천은 이미 황후의 자리에 만족하지 않고 있었다. 고종 말년에 병이 잦아지자, 무측천이 조정에 개입하게 됐고, 사람들로부터 '이황제二皇帝'라 불렸는데, 그녀는 권력에 대한 미련이 많았기에 그 이상을 욕심내게 됐다. 이미 성년이 된 아들 이홍이 제위를 잇게 되면, 자신은 권력 무대에서 배제될 수밖에 없는데, 이는 도저히 용납할 수 없는 일이었다. 양위문제가 본격화됐을 때에 이홍이 갑자기 의문사하고 말았다. 당시에 이는 의혹사건이었는데, 당 숙종 때에 대신 이필이 지적한 바와 같이, 이홍은 그 어미인 무측천에게 독살 당했던 것이다.

곧이어 둘째아들인 이현李賢이 태자에 책립됐는데, 5년 뒤에 그가 살인사건의 주모자로 의심을 사 결국 폐위되었다가 이후 결국 무측천에게 죽임을 당했다. 이어 셋째아들인 이현李顯이 태자에 책립됐다. 683년 말, 당 고종이 죽고, 이현이 제위에 올랐으니 그가 바로 당 중종中宗이다. 그러나 한 달 남짓 지나 무측천은 몇 가지 구실을 빌려 중종을 제위에서 끌어내리고 방주로 유배시켰다.

중종을 폐위시킨 이튿날, 무측천은 마지막 남은 아들인 이단李旦을 제위에 올렸으니, 그가 바로 예종睿宗이다. 그러나 무측천은 다음과 같이 규정했다. "모든 정사는 태후가 결정하며, 예종은 별전에 살며 정사에 간여해서는 안 된다." 예종은 꼭두각시에 불과했으며, 무측천이 모든 권력을 거머쥐었다. 그러나 이단은 결국 꼭두각시조차도 될 수 없었으니 '황사皇嗣'로 강등됐을 뿐만 아니라, 자신의 성씨조차도 지키지 못하고 무씨로 성이 바뀌고 말았다. 이렇게 하여 예순일곱 살의 무측천이 결국 황제의 자리에 올라 15년 동안 대권을 독점했다.

權道의 지혜

무측천은 여자의 신분, 즉 아무것도 없는 상황에서 오로지 자신의 힘으로 권력의 정상에 올라섰다. 이런 점에서 그녀는 그야말로 대단한 인물이다. 임어당林語堂이 《무측천정전武則天正傳》에서 그녀에게 죽임을 당한 사람들을 세어보니 그중 친인척이 23명으로, 여기에는 아들, 딸, 며느리, 손자, 손녀, 형제, 자매, 조카딸, 조카, 조카며느리 등이 포함됐다.

무측천의 잔인함은 결코 개별적인 일이 아니다. 골육상잔이라는 피비린내 나는 사건은 동서고금 모든 권력마다 일어났음을 알 수 있다.

좋은 평판은 항상 '자신에게 엄격하고, 남에게 관대함'으로 평가받는다. 이는 상당히 중요한 자질이다. 솔선수범하는 것은 소리 없는 명령이다. 말뿐이지 행동하지 않는다면 결국 '행동하는 데에는 난쟁이'가 된다. 노신魯迅의 글을 떠올려보자. "만일 작가들이 비평가의 별 볼 일 없는 비평을 듣고 화를 참지 못하고 비평가에게 스스로 창작해보라고 요구한다면, 이는 요리사가 아니라 미각이 뛰어난 시식자에게 '당신이 요리해보시오. 내가 먹어볼 테니'라고 말하는 것과 같다." 이 이야기는 여러 가지를 생각하게 한다. 만일 리더를 요리사에 비유한다면 똑같은 뜻이 된다. 그러므로 비평하기 전에는 신중히 고려해야 하는 것이다.

그러나 우리는 일부 리더들이 '권력자들이 방화하는 것은 묵인하면서 백성들이 등불 켜는 것은 허용치 않는' 경우를 보게 된다. 이러한 리더는 대중의 지지를 받을 수 없을 뿐만 아니라 영원히 그 손실을 메울 수 없다.

'다른 사람을 올바르게 하는 것'이 리더의 필수적인 덕목이라고 한다면, '자신을 올바로 하는 것'이 전제되어야 한다. 왜냐하면 이는 리더의 위엄을 어느 정도로 인정할 수 있는가를 직접적으로 결정하기 때문이다. '내가 하기 싫은 것은 남에게도 하지 말라.' 당신이 불필요한 것을 가장 필요로 하는 것으로 강요한다면 그건 그야말로 뱀에게 다리를 달아주는 꼴이요, 없는 일을 만들어 하는 셈이다. 총명한 지도자라면 그래서는 안 된다.

●●●

옹정제 _ 씻을 수 없는 모욕을 주다

청나라 옹정 연간에 잔인하기로 유명한 문자옥文字獄, 즉 지식인들에 대한 숙청이 있었다.

전명세錢名世는 강희 연간의 진사로, 전시에서 1갑 제3위—속칭 '탐화探花'라 하였다—의 우수한 성적을 거둬 순탄하게 벼슬살이를 시작했다. 그는 당시 혁혁한 공을 세운 연갱요年羹堯와 교분이 두터웠다. 옹정제가 즉위한 이듬해, 연갱요가 명을 받들어 북경으로 오게 됐는데, 이때 전명세가 시를 지어 환송했다. 당시 이는 관료들 간에 주고받는 일종의 예의였는데, 공교롭게도 그 시의 문구 중에서 옹정제의 심기를 건드린 것이 있었다. 연갱요는 변경을 안정시킨 공을 세웠으므로 기념비를 세워 그의 대공을 기려야 한다는 뜻이었다. 절대로 그래서는 안 되는 것이었다. 그는 '두 번째 비'라는 말을 써서는 안 되는 것이었다. 원래 강희 말년에 옹정에게는 같은 어미가 낳은 친동생이 권력투쟁에서 가장 강한 맞수였는데, 이 열넷째 황자

옹정제

윤제允禵가 일찍이 명을 받들어 청해와 티베트 등지를 정벌했고, 강희가 친히 그를 위해 승전비를 세워 공을 기린 바 있었다. 이것이 바로 이른바 '첫 번째 비'였다. 전명세의 시는 이미 감금당한 윤제의 공을 기린 것과 다를 바 없었으니, 옹정제가 용납할 리 없었다.

이후 연갱요가 죄를 지어 집을 수색하자, 전명세의 시가 나왔는데, 옹정제가 분노해 '아부가 극에 달해 간악한 자를 찬송하고, 그 용어가 불경하다'고 했다. 하지만 옹정제는 그를 죽이지도 않고 유배시키지도 않았으며, 단지 파직시켜 고향으로 돌려보내되, 친히 '명교 죄인名教罪人'이라는 네 글자를 내리고, 현지 관리가 이를 편액으로 만들어 전명세의 집 앞에 걸어두도록 했다.

이른바 '명교'란 봉건 예교를 가리키는 것으로, 과거에는 나라를 세우는 근본적인 지도사상이요, 모든 사람들이 따르고 지켜야 하는 원리였는데, 이러한 편액을 걸어둔다면 과연 그는 어떤 사람이겠는가? 이는 그를 부끄러운 줄 모르는 뻔뻔한 인간으로 만드는 것일 뿐만 아니라, 자자손손 고개를 들지 못하게 만드는 것이었으니 '영원히 죄의 굴레에서 벗어나지 못하게' 만들 목적을 달성한 셈이었다. 게다가 그 집안에서 함부로 떼어내지 못하게 옹정제는 지방관을 매월 초1일, 15일에 파견·조사토록 했다.

옹정제의 복수는 여기서 끝나지 않았다. 그는 전명세가 북경을 떠나 고향으로 돌아갈 때에 조정대신들에게 시를 지어 전명세에게 주도록 했는데, 당연히 이 시들은 모두 그를 힐난한 것이었으며, 이는 그 이후에도 계속됐다. 이러한 시를 지은 자는 385명에 달했는데, 저명한 산문작가인 방포方苞도 그중 하나였다. 그는 전명세가 명교의 순수성을 훼손하여 사회의 비난을 초래했으며, 위대한 시대를 저버렸다고 했다. 또한 옹정은 이러한 시들을 모두 전명세에게 주어 《명교죄인시名教罪人詩》라는 책으로 간행토록 하고, 이를 전국 학교에 배포해 모든 독서인들이 반면교사로 삼도록 했으니 더 이상의 치욕은 있을 수 없었다.

權道의 지혜

왕조시대에는 관료가 황제의 어필御筆 편액을 하사받을 수 있었다. 이는 대단히 영광스러울 뿐 아니라 자손대대로 미치는 영예였다. 이는 황제가 신하들을 끌어들이는 수단으로 강희제도 이러한 방법을 썼고, 옹정제 또한 마찬가지였다. 그러나 옹정제는 여기서 한 걸음 더 나아가 이를 창조적으로 발전시켜 또 다른 위력을 발휘했다.

옹정제는 정신적인 형벌을 가하는 데에 특히 뛰어났다. 지나치게 가혹해 공공연히 모욕을 주는 방법을 취했다. 그는 권력투쟁에서 자신과 반대편에 섰던 동생 윤기允祺, 윤제允禵 등을 각각 '아키나' '사스헤'라고 불렀다. 이는 각각 만주어로 '돼지'와 '개'를 뜻했다. 윤수允穗에게 의탁했던 대신인 규서揆叙와 아링가阿靈阿 등은 옹정제가 즉위했을 때에 이미 저세상 사람이었는데, 옹정은 그들을 내버려두지 않고 그들의 묘비명을 지워버린 후, 각각 '불충하고 불효하며 음험하고 망령된 규서의 묘' '신하와 형제의 의를 다하지 못하고 탐욕스러웠던 아령아의 묘'라고 새기게 하였다.

당시에 옹정제는 이를 통해 만족감을 얻었을지 모르겠으나 역사에 오명을 남기게 되었다. 보다 거시적인 안목으로 볼 때, 진정으로 정신적 형벌을 당한 것은 오히려 그 자신이었다.

로버트 린저의 베스트셀러 《위협으로 승리하는 법》에는 경계해야 할 대상 인물로 세 부류로 구분했다. 첫째, 줄곧 너를 공격하려 할 뿐 아니라 그렇게 말하고 다니는 사람; 둘째, 성격은 좋으나 무능해서 어쩔 수 없이 너를 속이는 사람; 셋째, 행동거지가 좋고 겉으로는 선량하나 속마음은 잔인하고 교활한 사람.

위의 부류 중 하나인 사람이 있다고 가정하자. 당신과 사귀는 중에 그들은 까닭 없이 억측하거나 현실에 맞지 않는 이익을 얻게 될 것이라 기대한다. 그들의 바람을 만족시키지 못할 경우, 당신의 동기가 순수했다고 해도 당신은 교활하고 음흉스러운 놈이라는 평가를 피할 수 없으며 피해자가 될 수밖에 없다.

어떤 경우에도, 눈에 거슬리는 사람으로 찍혀버리면 마음이 편치 않다. 왜냐하면 자기 생각에 그런 사람이 아니라고 생각하기 때문이다. 만일 반듯한 거울을 갖고 있다면 그 앞에 선 사람의 모습을 조금도 일그러짐 없이 비추어줄 것이다. 그러나 일그러진 거울이라면, 거기에 비친 모습 또한 일그러진다. 대부분의 사람들은 일그러진 거울을 가지고 현실을 비추어보고 있다. 이 때문에 자신에게 불리한 평판이나 비방을 벗어날 수 있는 사람은 극소수에 불과하다.

우리는 내가 아는 모든 사람이 나를 아껴주고, 내가 하는 일을 찬양하고 지지하며, 나와 같은 시각을 갖기를 바란다. 그러나 현실적으로는 이는 불가능하다. 모든 사람이 당신과 뜻을 같이하게 할 필요는 없지만, 당신을 좋아하거나 싫어하는 힘이 무엇인지 정확히 알 필요는 있다. 아울러 그 힘을 당신을 위해 이용하는 방법을 배워야 한다. 사실 모든 사람의 마음을 얻기는 어렵다. 당신이 아는 사람들의 절반만이라도 당신의 일을 지지한다면 다른 절반이 깔보더라도 이미 승리의 길로 들어선 것이 아닐까?

● ● ●

조조 _ 희생양을 세우다

187년, 조조曹操가 17만 대군을 이끌고 남정을 단행해 황제를 자칭하던 원술袁術을 토벌하려 했다. 원술은 자신이 조조의 적수가 되지 못한다는 사실을 알았기에 성문을 걸어 잠그고 성벽을 견고히 하고 곡식을 감추었다. 그리고는 조조 군대의 군량미가 떨어져 스스로 후퇴하기를 바랐다.

조조의 대군이 성 아래에 진을 치고 있었는데, 싸우고 싶어도 싸울 수 없었고, 후퇴하고 싶어도 쉽지 않았다. 후방에서 멀리 떨어져 있었기에 식량 공급이 원활치 않았던 데다가 전장인 수춘현 일대는 해마다 가뭄이 들어 특히 양식이 부족했기에 많은 군사들의 식량은 심각한 문제가 될 수밖에 없었다.

군량미를 관리하던 창관인 왕후王厚가 조조에게 지시를 청하였다. "병력은 많은데, 양식이 적으니 어떻게 하면 좋겠습니까?"

조조가 잠시 생각하더니 말했다. "작은 말로 양식을 나눠주라." 왕후가 "병사들이 만족하지 않으면 어찌합니까"고 물으니 조조가 "자네는 상관치 말라. 내게 생각이 있다"고 했다.

왕후는 조조의 명에 따라 작은 말로 양식을 나눠주었는데, 한 말이라고 해도 사실상 여덟 되도 안 됐다. 조조는 몰래 사람을 보내 군사들의 동정을 살피도록 했는데, 속였다는 사실에 불만을 갖지 않은 자들이 없었다. 병사들의 원망이 커지게 되면 전쟁에도 불리할 수밖에 없음을 조조는 너무도 잘 알고 있었다. 이에 그는 조용히 왕후를 불러 말했다. "내 자네에게 병사들의 분노를 가라앉힐 물건을 하나 빌리려 하는데, 거절하지 말게나."

왕후가 "조 승상께서는 무엇이 필요하십니까?"하고 물으니 "자네 머리를 빌려 사람들에게 보이려 하네"하고 답했다.

왕후가 깜짝 놀라 항의하며 말했다. "사실 저는 죄가 없지 않습니까!" 조조가 말했다. "나도 죄가 없다는 걸 알고 있지. 그러나 자네를 죽이지 않으면 필히 반란이 일어날 것이네. 자네가 죽고 나면, 자네의 처나 딸을 후하게 대할 터이니 너무 염려치 말게나."

그리고는 왕후가 뭐라 말하기도 전에 명령을 내려 왕후를 원문으로 끌고 가 목을 베었다. 그리고는 그의 머리를 높이 매달고, 그 옆에 방문을 붙였다. "왕후가 쌀을 가로챘으니 군법에 따라 처리하노라!"

병사들은 그제야 내막을 알았다는 듯이, 모든 원망을 왕후에게 돌렸고, 이로써 조조는 곤경을 벗어날 수 있었다.

權道의 지혜

조조는 희생양을 찾았고 이로써 자신의 권력을 굳혔다.

현재 중국에서 회자되고 있는 후흑학厚黑學—낯 두껍고 뱃속이 시커먼 사람들에 대한 연구—에서의 한 가지 묘미는 사람을 죽음으로 이끄는 것이다. 그 목적은 자신의 권세를 지키거나 원수에게 보복하기 위한 것이다.

문제를 일으키고 이를 남에게 전가하는 것, 이것이 바로 후흑학의 특별한 기교이다. 이를 응용하면 상대방은 꼼짝 못하고 막아낼 힘조차 없어 결국 죽임을 당한다. 죽는 순간까지도 도대체 무엇이 잘못됐는지 모른다.

화를 남에게 전가시킨다는 것은 바로 우환을 다른 사람에게 넘겨 그를 사지로 몰아넣는 권술이다. 이는 음험하고 악랄하지만 효과는 뛰어나다. 화를 일으켜 다른 사람이 떠맡게 하면 그뿐인데, 당한 사람은 아무리 수완이 좋아도 적수가 누구인지를 찾지 못해 결국 불운을 만나게 되는 것이다.

《한비자·내저內儲》에 다음과 같은 기록이 있다. 제나라 중대부 이사夷射가 궁궐에서 주연에 참여했다가 거나하게 취해 회랑에 기대어 서 있었다. 이때 노복인 월궤刖跪가 남은 술이 있으면 달라고 하자, 이사가 꾸짖으며 말했다. "물러서라, 천한 아랫것이 감히 윗사람에게 술을 달라 하다니!" 월궤가 깜짝 놀라 황급히 도망쳤다.

이사가 가기를 기다렸다가 월궤가 그 자리에 물을 뿌려놓았다. 그 모양새가 마치 누군가 소변을 본 것 같았다. 이튿날 제나라 왕이 낭문을 나서며 이를 보고 물었다. "누가 여기에서 소변을 보았느냐?" 월궤가 답하기를, "저는 아무것도 보지 못했습니다. 다만 어제 중대부 이사가 이곳에 한동안 서 있었습니다." 당시에 이는 매우 위험천만한 행동이었다. 누가 감히 궁문에 소변을 볼 것인가? 결국 이사는 누구 손에 죽는지조차 모른 채 죽임을 당하고 말았다.

● ● ●

손무와 오자서 _ 버리는 것이 얻는 것이다

손무孫武는 고대 중국의 걸출한 군사가로, 그의 《손자병법》은 2천여 년이 흐른 오늘날까지도 여전히 그 빛을 발하고 있으며, 중국 최초의, 가장 두드러진 군사 저작이라 할 수 있다.

그러나 사람들은 손무의 출신이나 경력에 대해 그 병법만큼 잘 알지 못한다. '하룻밤 고심하느라 머리가 하얗게 새었다'는 오자서伍子胥의 추천으로 손무가 벼슬살이를 시작했다는 사실을 잘 알려져 있지 않다. 두 사람 모두 오왕 합려闔閭의 장군이었으나 그 결말은 확연히 달랐다. 손무는 지사요, 오자서는 충신이었다 할 수 있다. 손무의 공명 성취는 오나라에서 은퇴하면서부터였고, 오자서의 변함없는 충성은 결국 합려의 아들인 부차에게 죽임을 당해 머리는 국문에 걸리고, 몸뚱이는 강물에 버려지고 말았다.

손무는 춘추시대 제齊나라 사람으로, 구체적인 출신지나 생년을 알 수는 없으나, 그가 벼슬을 시작해 오나라에서 재직하던 시기는 대체로 기원전 6세기 말에서 5세기 초에 이다.

오자서는 손무를 합려에게 추천하며 그의 재능을 칭찬했다. 합려는 손무의 병법 13편을 읽어본 뒤, 접견했다. 합려가 그에게 물었다. "선생의 병법을 과인이 다 읽어보았소. 실행할 수 있겠소?" 손무가 그렇다고 대답하자, 다시 물었다. "그렇다면 여인네들도 가능하겠소?" 손무가 그렇다고 대답했다. 이에 합려는 후궁에서 미녀 180명을 선발해 손무로 하여금 두 무리로 나누어 가르치도록 했는데, 손무는 합려가 총애하는 두 여인을 대장으로 삼아 그녀들에게 창을 주었다. 전후좌우로 나아가고 물러나는 법을 가르쳤으나, 정식 훈련 때에 그녀들은 도대체 명령을 듣지도 않고 웃기만 할 뿐이었다. 손무가 여러 차례 주의를 주었음에도 궁녀들은 그저 웃기만 하고 명령을 따르지 않았다. 손무가 집행자에게 명해 두 명의 대장을 그 자리에서 죽이라 명하자, 합려가 사람을 보내 사정했으나, 손무는 조금도 동요하지 않고 법대로 집행했다. 이것이 그 유명한 '손무가 군사훈련에서 미녀를 죽이다'라는 고사로, 《사기·손자열전》에 이 사건이 기록되어 있다.

손무는 상장군으로 기용되어 군사軍師라 불렸는데, 우선 그는 군사를 이끌고 서와 종오, 두 나라를 멸하였다. 손무의 총지휘 하에 초나라를 대거 침공하고, 기원전 506년 말에 초나라 수도 영을 공략했다. 이에 초나라 소왕昭王이 황급히 도망치고 말았다. 승리를 얻은 뒤, 합려는 초나라를 무너뜨린 손무의 공이 가장 컸다고 하였으나, 손무는 관직을 얻기보다는 은퇴하기를 바랐다.

합려는 손무의 재능을 높이 샀으나 그를 붙잡기 어렵다 보고, 그를 추천한 오자서에게 손무를 만류토록 했다. 손무가 사석에서 오자서에게 말했다. "그대는 자연법칙을 아는가? 봄이 가면 가을이 오고, 더위가 가면 추위가 오는 것을. 세상사가 이와 같은데, 지금 오나라 왕은 국력이 강성해지고 사방이 태평해졌으니 필시 교만방자해질 것이네. 공이 이루어졌는데, 은퇴하지 않는다면 장차 후환이 생길 것이네. 내가 산으로 들어가 은거하려는 것은 화를 피하려는 계책일세." 이어서 또 말했다. "그대 부모형제의 복수가 이미 끝났으니 과감히 은퇴하세나. 게다가 그대는 인품이 너무 강직해 동료들의 시기를 받거나 군왕의 미움을 사기 십상이네. 위태로운 나라에 산다면 군왕이 그대의 재능을 높이 사 그대의 직언을 듣겠으나, 지금 오나라는 강성하고 태평하니 이른바 태평시절에 오랫동안 높은 관직에 앉아있으면 필시 화가 일어날 것일세."

오자서

오자서가 손무의 말을 믿지 않자, 손무는 홀연히 떠나버렸다. 그가 떠날 때에 오왕이 금과 비단을 수레에 실어 보냈는데, 가는 길에 그는 이를 백성들에게 모두 나눠주었다. 이후 그가 어떻게 됐는지는 아무도 몰랐다. 다만 그의 저서 《손자병법》만이 천고에 길이 남았으며, 그 자신도 이로써 이름을 남기게 됐다.

오자서의 이름은 원員이요, 자가 자서이며, 초나라 사람이다. 그의 부친 오사伍奢는 초나라 평왕의 태자 건建의 태부였다. 초나라 평왕이 태자 건을 위해 진나라 종실의 여식을 아내로 맞아줄 때에 소부 비무극費無極의 계책을 받아들여 그녀를 자신이 차지하고, 다른 여인을 태자와 맺어주었다. 비무극은 장차 태자 건이 왕위를 이어받은 후, 자신을 해할까 두려워 평왕에게 태자가 이 일에 불만을 품고 반란을 준비하고 있다는 거짓을 아뢰었다. 태부 오사는 비무극의 의도를 간파했으나, 오히려 감금당하고, 또한 두 아들의 목숨까지도 위험해졌다. 결국 오자서의 형은 그 아비와 더불어 죽임을 당했고, 오자서는 초나라에서 도망쳐 고생하다가 천신만고 끝에 오나라에 투신하게 됐다. 공자 광을 도와 오왕 요를 죽이고, 광이 왕에 즉위했으니, 그가 바로 오왕 합려이다. 이때부터 오자서는 줄곧 그 수하에서 20여 년의 세월을 보냈고, 그간 초나라 수도를 공격해 이미 죽은 평왕의 관을 꺼내 그 시체에 채찍질을 가하여 아비와 형의 원한을 갚았다. 합려는 그를 극히 우대해 상국相國—당시 재보宰輔대신의 존칭으로, 최고 국무장관이며 이후의 재상에 해당한다—으로 삼고, 그를 부를 때에도 이름 대신 자를 불러 존경을 표했다.

합려가 월나라와의 전쟁에서 부상을 입고 죽자, 그 아들 부차夫差가 왕위를 이었고, 3년 상을 치른 뒤에 복수하고자 군사를 일으켜 월나라를 공격했다. 월나라 군대를 패퇴시키고, 월왕 구천勾踐을 회계산에서 포위했다. 구천은 종묘와 잔여세력을 지켜 재기하기 위해 문종文種의 계책을 받아들여 오나라 태재 백비伯嚭에게 금전과 미녀를 뇌물로 주고, 그를 통해 부차에게 화의를 청했다. 오왕 부차는 결국 백비의 아첨에 속아 넘어가 월나라와 화의를 맺었다. 이때 오자서가 그 소식을 듣고는 강하게 반대했으나 부차가 이를 듣지 않자, 오자서는 이번에 월나라를 멸하지 않으면 20년 뒤에는 월나라에게 멸망당할 것이라 단언했다.

구천과 범려范蠡, 두 사람이 항복 조건에 따라 오나라로 오기로 했다. 구천이 오자, 오자서는 부차에게 그를 죽일 것을 청하며 말했다. "구천은 사람됨이 음험하나, 지금은 독 안에 든 쥐라 이렇듯 공손하게 구는 것입니다. 일단 호랑이가 산으로 돌아가고 나면 통제할 수 없습니다!" 그래도 부차는 이를 듣지 않았고, 백비 또한 옆에서 부차를 거들며 오히려 오자서가 오래도록 평안히 다스리는 도를 모른다고 몰아세웠다.

오나라에서 구천은 비굴하게 굽실거리고 고생해도 원망하지 않으며 부차의 호감과 동정을 샀다. 부차가 구천을 월나라로 돌려보내려 준비하자, 오자서가 이 소식을 듣고는 황급히 오왕을 찾아와 말했다. "옛날에 하나라 걸왕이 상나라 탕을 붙잡고도 죽이지 않다가 이후 탕에게 멸망당했습니다. 상나라 주왕은 주나라 문왕을 죽이지 않다가 결국 주나라에게 멸망당했습니다. 하늘의 도는 순환하며, 화복 또한 한순간입니다. 지금 대왕께서 월왕을 포로로 잡고 있는데, 그를 풀어주어 돌아가게 한다면 필시 해를 입게 될 것입니다!" 이때에는 부차도 구천을 풀어주려던 생각을 접었다. 그러나 구천이 범려의 계책에 따라 친히 와병 중인 부차의 대변을 맛보고 난 뒤, 부차는 구천을 월나라로 되돌려 보낼 결심을 굳혔고, 오자서가 무어라 얘기해도 부차는 더 이상 듣지 않았다.

구천을 송별하는 연회에서 부차가 구천을 앞에 앉히고, 여러 신하들에게 월왕을 손님의 예로 대하라 명한 뒤, 구천이 인자한 사람이라 했다. 오자서가 화가 나 자리를 뜨자, 백비가 괴상야릇하게 말했다. "오늘 인자한 사람들끼리 만났으니 인자한 자는 참여하고, 인자하지 못한 자는 떠나는 것이 당연한 것입니다. 상국相國은 강하고 용감한 사람이어서 인자한 사람들 사이에 있는 것이 부끄러운 모양입니다!" 부차도 백비의 말이 일리가 있다는 듯한 표정을 지었다.

구천이 오나라를 떠나기 전, 오자서가 마지막으로 이를 가로막으며 말했다. "구천의 공손함은 위장된 것이요, 겉으로는 공경의 모습을 보이고 있으나, 속에는 승냥이의 마음을 품고 있습니다. 겉으로는 대왕의 대변을 맛보았으나, 속으로는 대왕의 심장을 먹고자 합니다. 만일 대왕께서 충직한 자를 물리치고 아첨하는 자의 말을 들으시고, 작은 인자함에 빠져 커다란 원한을 만드신다면 장차 후회막급하게 될 것입니다!" 오자서의 충언도 부차에게는 마이동풍과 같았다. 그리고는 오히려 그를 질책하며 말했다. "과인이 석 달 동안 병을 앓았는데, 상국은 좋은 말로 위로한 적이 없으니 이것이 곧 불충이요, 좋은 물건 하나 바친 적 없으니 인자하지 못한 것이요, 이렇듯 불충하고 불인한 자를 내가 어디에 쓰겠소? 구천은 나라를 버리고 그 재물을 바쳤으며 친히 머슴살이를 했으니 이것이 곧 충이요, 과인이 병이 나자, 친히 나의 대변 맛을 보았으니 이것

오왕 부차

이 바로 인仁이요. 내가 만일 그대의 말을 듣고 저렇듯 선량한 자를 죽인다면 하늘도 날 용서치 않을 것이오!"

구천이 돌아간 뒤, 오왕 부차가 좋아하는 것을 보냈고, 좋은 재목을 보내 대규모 토목공사를 일으키도록 했다. 오자서가 이를 막으려 했으나, 부차는 그 말을 듣지 않았다. 오왕은 5년 동안 나라의 물력과 민력을 쏟아 고소대를 지었다. 또한 구천은 서시西施 같은 미녀들을 바쳐 부차를 미혹시켰는데, 오자서가 받아들이지 말 것을 청했으나, 이 또한 듣지 않았다. 그리고 구천은 문종의 계책을 받아들여 오나라 양식을 취했는데, 오자서가 다시금 월나라를 도와서는 안 된다고 간언했으나, 오왕은 그의 말을 듣지 않고 만 석의 곡식을 월나라에 빌려주었다. 그 결과, 이듬해 월나라가 상환한 것은 한번 찐 양식으로, 오나라 백성들이 그 종자를 심었으나, 이삭이 맺히지 않아 기근에 시달리게 됐는데도 오왕은 깨닫지 못했다.

기원전 484년 5월, 오왕이 노나라와 연합해 제나라를 정벌코자 했다. 출정하기 전에 오자서가 또다시 간언했다. "월나라는 가까이에 있는 우환이며, 제나라에 대한 원한은 대수롭지 않은 문제일 뿐입니다. 이제 월나라를 그대로 두고 제나라를 정벌한다면, 제나라에 이기기도 전에 월나라의 화가 닥칠 것입니다!" 이 말에 화가 치민 오왕이 오자서를 욕하며 말했다. "영감탱이! 내가 곧 출정하려 하는데, 영감탱이가 재수 없는 말을 퍼부어 계획을 그르치려 하다니 무슨 죄로 다스려야 하는가?" 오자서를 죽이려고 생각했던 것이다. 백비가 이를 위해 한 가지 계책을 내놓았는데, 오자서를 제나라에 사신으로 보내 선전포고를 하도록 하고, 제나라의 손을 빌려 죽이자는 것이었다. 다행히도 제나라 간공簡公이 이러한 음모를 간파했기에 오자서가 살아서 돌아올 수 있었다.

오나라와 노나라 연합군이 제나라와의 전쟁에서 승리하자, 부차는 득의양양했다. 개선하던 날, 백관들이 영접하고 하례를 올렸는데, 오자서도 그 자리에 참석했다. 부차가 그를 비난하며 말했다. "당초 그대는 제나라 정벌을 반대했는데, 승리를 축하하는 자리에 무슨 공이 있는 게요, 부끄러운 줄도 모르시오?" 곧이어 월왕 구천이 몸소 오나라로 와 승전을 축하했다. 그 자리에서 부차가 백비를 상경으로 발탁하고 월나라 땅을 넓혀주기로 하자, 오자서가 땅에 엎드려 눈물을 흘리며 간언했다. "이제는 아첨이 정도가 되어 충신들이 입을 막으니 오나라가 멸망할 날도 머지않았습니다." 그 말에 화가 머리끝까지 난 부차는 "이 재수 없는 영감탱이는 전권을 휘둘러 나라를 뒤엎으려 하다니! 선왕의 신하라 죽이지 않고 참고 있거늘, 다시는 내 앞에 나타나지도 말라!"

오자서가 떠난 뒤, 백비가 이를 틈타 아부했다. 오자서가 제나라에 사신으로 갔을 때, 그 아들을 제나라에 남겨두었으니 나라를 배반하려는 마음을 품고 있다고. 이때 부차가 오자서를 죽일 결심을 하고, 사람을 시켜 그에게 '속루검屬鏤劍'을 보내 자살토록 했다.

오자서가 검을 받고는 비분에 차 하늘을 우러러 외쳤다. "하늘이시여, 간신 백비가 나라를 망치려 하는데, 오왕 당신이 오히려 나를 죽이다니! 내가 네 애비를 도와 왕이 되어 패자가 되게 했고, 네가 왕위를 다툴 때에 목숨 걸고 도와 왕위에 오르게 했으며, 네가 오나라 땅을 줄 때에도 받지 않았다. 오늘 간신의 말에 속아 나를 죽이려 하다니!" 집안사람에게 "내가 죽거든 무덤 위에 한 그루 나무를 심어라. 그 나무가 관으로 쓸 수 있게 될 즈음이면 오나라는 반드시 망할 것이다. 너희들은 내 눈을 파 성문 위에 걸어두어라. 월나라 병사들이 어떻게 오나라를 멸망시키는지 보리라"하고 분부했다. 그렇게 지시한 뒤, 오자서가 자살했다.

부차가 오자서의 유언을 듣고는 직접 그 시체를 보고 말했다. "네가 이미 죽었거늘, 무얼 더 알 수 있단 말이냐?"하고는 직접 오자서의 머리를 베어 성문 위에 걸어두고, 사람을 시켜 그 시체를 자루에 담아 강에 버리도록 했다. 오자서는 비참하게 죽었지만, 충신이라는 명예를 안게 됐다.

權道의 지혜

손무는 오나라의 성공을 도왔으나 태평성세가 되면 영웅이 필요 없음을 알고 기꺼이 은퇴했다. 반면에 오자서는 충성스러웠으나 너무도 성품이 강직해 스스로 삼갈 줄 몰라 간신의 배척을 받고 결국 죽임을 당했다.

옛말에 이르기를, "가지 많은 나무에 바람 잘 날 없고, 흙무더기가 강가보다 튀어나오면 물에 쓸려가며, 남보다 두드러지면 사람들이 배척한다"고 했다. 또 속담에 이르기를, "사람은 유명해지는 것을 두려워하고, 돼지는 살찌는 것을 두려워한다"고 했다. 돼지가 살찌면 결국 단칼에 죽을 뿐이요, 사람이 유명해지면 다른 사람의 질시를 받을 뿐이다. 이는 결국 화를 초래하는 원인이 된다.

당나라 순종順宗이 태자였을 때, 천하가 자신의 소임이라 호언장담했다. 자신의 막료에게 다음과 같이 말했다. "나는 전심전력으로 부황에게 폐단을 없앨 계획을 진언할 생각이오!" 막료 왕숙문王叔文이 나무라며 말했다. "태자가 되어 우선 효도를 다하고, 항상 부황에게 편안하신지, 음식이나 잠자리에 불편한 점은 없으신지 여쭙되, 국사에 대해서는 말을 많이 하지 마소서. 게다가 개혁이란 가장 민감한 사안을 건드릴 수 있습니다. 만일 폐하께서 이 때문에 태자를 시기하면 장차 어떻게 해명하시겠습니까?" 태자에게는 이 말이 마치 청천벽력과 같았다. 그 이후로는 입을 다물고 아무 말도 하지 않았다. 덕종德宗이 말년에 음탕하고 독재를 펼쳤으나 태자는 아무 말도 하지 않았다. 곧 제위를 계승하고 당 후기에 유명한 순종 개혁을 추진할 수 있었다. 태자가 능력을 갖추고 인심을 얻는 것은 순탄하게 제위를 잇는 선결조건이다. 그러나 태자가 부황보다 뛰어나 때로 부황의 퇴위를 부추기는 행동을 하게 되면 결국 부황의 시기를 받아 쫓겨나고 만다. 총명한 태자라면 뛰어난 재능을 보여 명성을 얻어서는 안 된다. 그러나 수 양제의 태자 양량楊晾은 그렇지 못했다. 한번은 부자가 함께 사냥했는데, 양제는 한 마리도 잡지 못한 반면 태자는 많이 잡았다. 양제는 본래 태자가 자신을 그다지 존중하지 않는다고 생각해온 데다가 자신이 비교당하는 듯하자, '죄를 묻는다'하여 태자 호칭을 없애버렸다.

범려는 월왕 구천을 도와 오나라를 멸망시킨 뒤, "이름을 크게 날리면 그 명예를 지키기 어렵고, 또한 구천의 사람됨이 우환을 함께할 수는 있으나 평안을 함께할 수 없다"고 여기고 과감히 은퇴하여 '땅을 나눠주고'는 제나라로 은거해 성을 바꾸고 해안가에서 손발이 닳도록 열심히 일해 '그 재산이 10만에 달했으며,' 제나라 사람들의 존경을 받아 재상이 되었다.

범려가 재상이 되어 편안하게 살았으나, '오랫동안 존경을 받는 것은 좋은 것이 아니라' 여겨 관직을 내놓고 재산을 나누어준 뒤, '한가로이 떠돌다가 도에 머물렀다.' 그곳에서 가축을 기르고 장사하면서 또 재산이 수만에 달했으며, 도에서 죽었다. 이것이 바로 유명한 '범려의 세 차례 이주移住'라고 한다. 범려가 관직을 내놓고 은퇴한 것은 명예와 이익이 생명을 앗아갈 수도 있다는 데에 생각이 미쳤기 때문이다. 사실상 그의 생각은 옳았다. 그와 함께 구천을 도왔던 문종文種은 범려의 충고에도 불구하고 높은 관직을 받아들였다가 결국 구천에게 죽임을 당했다. 요약컨대, 버리는 것이 얻는 것이다.

● ● ●

황종 _ 큰 것을 잡기 위해 일부러 놓아주다

관리가 청렴하면, 백성들이 편안하다. 역대로 청렴한 관리들은 과감히 사회의 죄악을 없애고 관료사회의 독소를 뽑아냈다. 그들은 권력도 두려워하지 않고, 배짱과 지모가 있었기에 백성들에게 '청천青天'으로 존경받았다. 과거 중국에서는 황권이 지고 무상했기에 대대로 '인치人治'를 얘기할 뿐, '법치法治'에 대해서는 이야기한 바 없었다.

사람들은 정의와 공도를 찾기 위해 이상화된 관리의 청렴에 기대를 걸었다. 송나라 때의 포증包拯, 명나라 때의 해서海瑞와 황종況鍾 등이 바로 이러한 청렴 정치의 대표자였다. 다음은 '황청천況青天'이라 불렸던 황종이 백성들을 위해 그 폐해를 없앴던 이야기이다.

명나라 선종宣宗 때에 지방 통치가 혼란스럽고, 탐관오리들이 횡행했는데, 특히 소주 등 몇몇 지역에서는 정무가 많고 힘들어 통치하기가 쉽지 않았다. 선종, 즉 선덕제宣德帝가 대신들의 보고를 받은 뒤, 특별히 황종 등, 아홉 명을 지부로 파견함과 아울러 그들에게 황제가 직접 쓴 유지를 주어 상황에 따라 권력을 행사하되, 일일이 조정에 보고하지 말라고 했다. 이에 그들은 밤낮없이 말을 달리거나 수레를 갈아타고 부임했다.

1430년 가을, 황종이 소주부에 정식으로 부임했다. 그가 소주부에 도착하고 보니 이곳의 상황이 예상보다 더 열악하다는 것을 알게 됐다. 혹리酷吏들이 소송을 장악해 교묘하게 재물을 빼앗고 제멋대로 나쁜 짓을 저질렀으며, 무거운 부역을 백성들에게 전가하고 있었다. 이 지역을 제대로 잘 다스린다는 것이 그리 쉬운 일이 아니었다!

그는 심사숙고한 뒤, 제멋대로 횡행하는 관리들을 뿌리 뽑아 백성들을 위해 폐해를 없애기로 결심했다. 첫날 출근해서도 그는 공무를 챙기는 데 급급하기보다는 말 주변이 없는 것처럼 마음대로 잡담을 주고받았다. 양쪽으로 둘러선 관리들은 공경하는 듯한 자세를 갖추고 물으면 틀림없이 대답했다. 그들이 보기에 황종은 어딘가 어벙해 보이고 관청 일에 대해 잘 모르는 것 같아 마음을 놓았다. 마음속으로 그들은 은근히 좋아했다. "책상물림이 그다지 대단치 않으니 결국 우리들이 좌지우지하게 될 것이다!" 어떤 이는 법정에 가기 전에 그를 대신해 공문을 처리하고 사건을 심리하기도 했다. 황종은 모르는 체했을 뿐 아니라, 그저 고개만 끄덕였다. 조침趙忱이라는 통판은 한술 더 떠서 무례하기 이를 데 없이 공공연히 황종을 웃음거리로 만들었다. 그럼에도 황종은 개의치 않고 그저 웃기만 했다.

이렇게 며칠이 지나자, 여러 관리들은 신임 지부를 완전히 머릿속에서 지워버리고, 조심스레 행동하기보다는 오히려 갈수록 못된 짓을 더 저질렀다. 사실 황종의 마음은 거울과 같이, 그들의 일거수일투족을 담아두었다. "만일 내가 그들을 벌할 움직임을 보인다면 그들은 진면목을 숨기려 할 것이니 그들이 속을 다 내보이게 하는 것만 못하다. 일단 확실한 증거를 잡을 때까지 그들이 어찌하는지 두고 보자."

면밀하고 은밀히 조사하여 황종은 소주부의 세세한 사항까지도 기본적으로 이해하게 됐고, 시기가 무르익자, 조금도 거리낌 없이 이러한 '독소'에 칼을 댔다.

일단 그는 모든 관리들을 소집시키고, 자리에 앉자마자, 엄숙한 표정을 지었고, 두 눈에서는 사람들을 압도하는 기운이 쏟아져 나왔다. 평소 그를 대단치 않게 여겨오던 관리들은 이러한 모습을 보고 깜짝 놀라 속으로 중얼거렸다. "저 책상물림이 오늘 왜 이러지?" 바로 이때 황종이 말을 꺼냈다. "내가 막 소주부에 부임했을 때, 그대들은 내가 어떻게 해야 하는가를 가르쳐주었다. 해야 할 것은 그대들이 어떻게 해서든 막았고, 하지 말아야 할 것은 어떻게 해서든 나를 부추겼다. 오늘 내가 그대들에게 말하노니, 내가 해야 할 것이 무엇인가?"

그가 잠시 하던 말을 멈추고, 아랫사람들이 작은 소리로 수군거리는 것을 보며 다시 말했다. "그대들 중의 일부는 사사로이 나쁜 짓을 저질러 주머니를 채우고, 조정과 백성들을 돌보지 않으니 그 죄 엄히 처벌해야 마땅하다. 그대들이 말해보라, 무슨 죄에 속하는가?" 관리들이 모두 소곤거리며 자신들이 얼마나 깨끗한지 주장했다. 황종이 큰 소리로 외쳤다. "제멋대로 구는 것들! 너희들이 아직도 발뺌하는가?" 그리고는 종이 한 장을 꺼내 하나하나, 언제 어디서 누가 얼마만큼의 뇌물을 받았는지 따졌는데, 마치 장부처럼 자세했기에 발뺌할 수가 없었다. 이렇듯 그들의 부패상이 드러나자, 모두 고개를 떨어뜨리고 아무 말도 하지 못했다. 일벌백계하기 위해 그 자리에서 황종은 죄질이 나쁜 여섯 명의 탐관오리들을 죽여 저잣거리에 내다가 사람들이 보도록 했고, 포악한 수십 명의 탐관들을 파직시킴으로써 쓸모없고 나약한 무리들을 제거해버렸다. 깊이 감복하지 않은 관리들이 없었으며, 다시는 탐욕을 부리지 않았다. 소주 전체의 백성들은 뛸 듯이 기뻐했고, 황 대인을 가리켜 '황청천'이라 불렀다. 이때부터 황종의 이름이 민간에 널리 알려졌다.

權道의 지혜

나서면 물러서고, 얻으려 하면 주는 듯하라. 손자孫子가 〈행군편行軍篇〉에서 제시한 중요한 계책이다. "적의 사신이 비굴하게 말할 때는 사실상 전투준비를 갖추고 우리를 공격하려는 것이다."

병가兵家에서는 속이는 것을 꺼리지 않는다. 나서면 물러서는 듯이 하고, 얻으려면 주는 듯이 하라. 물러서고 주는 것은 적을 속이고 미혹하기 위함이다. 이로써 공격의 목적을 이룰 수 있다.

기원전 284년, 연나라 소왕昭王이 진·조·한·위 등과 연합해 제나라를 공격했다. 반년이 흐른 뒤, 제나라의 거莒와 즉묵卽墨, 두 성을 제외한 나머지 70여 개의 성이 모두 연나라 장수 악의樂毅가 이끄는 연합군에게 함락되었다. 즉묵을 지키던 장군 전단田單은 병법을 잘 아는 사람이었다. 그가 군민을 잘 지휘했기에 악의가 3년간이나 공격해도 함락하지 못했다. 연나라 소왕이 죽고 혜왕惠王이 즉위하자, 전단이 '이간계離間計'를 펼쳐 혜왕이 무사 기겁騎劫에게 노장 악의를 대신토록 할 것이라 했다. 또한 진퇴를 혼동시키는 전술을 펼쳤는데, 성 안의 노인을 기겁의 군영으로 투항케 하여 황금을 바치면서 성 안에 양식이 바닥나 병사들이 많이 줄었으며, 성을 지키는 사람들은 대부분 노약자나 아녀자로, 즉묵은 투항을 준비하고 있다고 했다.

사신이 말하는 바가 겸손하고 비굴하자, 연나라 군대는 경계를 늦추었다. 그러나 전단은 은밀히 군민과 함께 수비를 더욱 견고히 했다. 자신의 처자도 군대에 편입시키고 재산을 모두 병사들에게 나눠주니 군사들의 사기가 드높았다. 또한 천 마리의 소를 준비하여 그 몸에 기이한 문양을 그려 넣고, 뿔에는 예리한 칼을 묶고, 꼬리에는 기름에 담근 갈대를 매달았다. 그리고는 5천 명의 장정을 선발해 위장시키고 명령을 기다리게 했다. 밤이 깊어지자, 연나라 군대는 제나라 사람들이 내일 투항할 것이라는 얘기를 믿고 일찌감치 잠자리에 들었다. 이때 전단이 성문을 열고 소꼬리에 매단 갈대에 불을 붙여 연나라 군대를 향해 소떼를 몰았다. 잠에서 놀라 깬 연나라 군대는 눈앞에 펼쳐진 광경에 경악을 금치 못하고 마치 쥐새끼처럼 숨어들어 전열을 갖추지 못했다. 전단은 빼앗긴 70여 개의 성을 수복하고 제나라를 되살려냈다. 이것이 바로 '말은 비굴하지만 더욱 갖추어 진공'하는 모략으로, 약함으로 강함을 이긴 사례이다.

사람이 살면서 다른 사람들과의 마찰을 피할 수는 없다. 그래서 그다지 중요하지 않은 일이라면 사소하게 취급하고, 사소한 일이라면 없던 일로 하면서 조화를 중시한다고 주장한다. 그러나 상당히 격렬하게 충돌하게 되면, 우리 앞에는 '침묵하지 않으면 폭발하고, 침묵하면 멸망하게 되는' 상황이 닥치게 된다. 그렇게 되면 조심스럽게 대응해야만 한다. 그 대응 방법의 하나가 '큰 것을 잡기 위해 일부러 놓아주었다가 일거에 다 잡아들이는' 방법이다.

갈등이 분명해지기 전에는 경거망동해서는 안 되고, 행동을 취하면 반드시 일거에 성공해야 한다. 그렇지 않으면, 후환을 남기게 되어 그 피해가 끝이 없다. 그러므로 일단 행동하면 반드시 상대방이 순종하게 만들어 후환이 남기지 말아야 한다. 이러한 목적을 달성하기 위해서는 처음부터 세밀하게 준비하는 것이 중요하다.

오늘날의 사회에서도 마찬가지이다. 일을 할 때에는 이미 모든 계획을 세우고 경거망동하지 말아야 한다. 상대방이 너무 강하다면 우선 '큰 것을 놓아주어' 상대방의 경계를 늦추어야 한다. 그가 방심하기를 기다리고 철저히 준비한 뒤에 불시에 나서야 일거에 성공할 수 있다. 이렇게 해야 자신을 보전할 수 있고 자신의 목적 또한 효율적으로 달성할 수 있다.

권력을 집중하는 도

集權之道

권력은 극히 미묘한 것으로, 결코 개인이 얻을 수 없는 것이며, 설령 그에 걸맞은 직위를 갖추었다 할지라도 권력을 집중시키는 과정을 필요로 한다. 각종 권력 자원을 통제하고 운용할 수 있는 상황 하에서만 비로소 진정으로 권력을 보유할 수 있다고 말할 수 있다.

중국은 2천 년에 이르는 전제專制의 역사를 가진 나라이며, 그간 수백 명에 달하는 황제들을 배출했는데, 그중 역사에 족적을 남기고 공을 세웠던 황제는 대부분 강한 권력을 휘둘렀던 인물들이었다.

진시황 _ 기회를 놓치지 않다

진시황은 줄곧 조정 대권을 자신의 수중에 장악하고자 했다. 결국 그는 천재일우의 기회를 기다렸다가 그 기회가 오자, 죽을힘을 다해 붙잡아 역사상 첫 번째 황제가 되었던 것이다.

기원전 238년, 일찍이 국정에 참여해왔던 진시황이 결국 태후의 윤허를 받아 조묘에서 관례를 거행했다. 태후와 진시황은 옹성궁에서 여러 신하들에게 연회를 베풀었는데, 상당히 많은 사람들이 참여했다. 관례는 커다란 행사이기에 진시황은 모든 장애를 제거하고 대권을 장악할 수 있었다.

노애嫪毐가 조희趙姬 태후의 총애를 받으면서 그녀와의 사이에 아들 둘을 낳았고, 옹성 안에 궁전을 지었다. 태후가 진시황에게 자신을 받든 노애의 공을 치하하라고 명하자, 그를 장신후에 봉하고, 산양 땅을 봉지로 하사했다. 소인이 공을 세우면 제멋대로 날뛴다 했던가! 노애를 받드는 자가 많았고, 집안 시종들이 부지기수였으며, 수레와 말이 넘쳐났다. 노애는 전원에서 사냥했으며, 매관매직하고 파당을 지었으며, 나쁜 짓만 골라했으니 자신이 누구인지 완전히 잊어버릴 정도였다.

태후가 밀어준 덕분에 노애의 기세는 오히려 문신후 여불위呂不韋를 능가했고, 태후와 더불어 왕위를 찬탈코자 모의했다.

여불위

진왕이 큰 연회를 베풀었는데, 장신후 노애도 빠질 수 없었다. 온종일 그는 관료 귀족들과 더불어 술 마시고 노름했는데, 지치지도 않았다. 나흘째 되던 날까지도 그는 중대부 안설顔泄과 술 마시며 노름했다. 안설이 계속 졌는데도 너무 취해 시시비비를 가리지 못하고, 끝까지 인정하지 않았다. 그러자 노애가 그의 옷깃을 잡고 뺨을 두어 대 때렸다.

안설이 어찌 그냥 맞고만 있겠는가, 노애의 모자를 잡아챘다. 노애가 크게 화를 내며 말했다. "내가 지금 국왕의 계부이거늘, 감히 네가 나에게 대들어!" 안설이 깜짝 놀라 술이 깨서는 얼른 가버렸다. 사람이 그 뒤를 쫓았다. 마침 그때에 진시황이 오고 있었고, 안설이 놀라 머리를 땅에 박고 죄를 청했다. 진시황은 똑똑한 사람이었기에 아무 말도 하지 않고, 좌우에 명해 안설을 기년궁으로 데려가도록 하고는 어찌된 영문인지 자세히 따져 물었다. 이때 안설은 완전히 술이 깼는데, 곧 죽을 돼지는 끓는 물도 두려워하지 않는다 했던가! 체면도 없이 노애가 술자리에서 했던 말을 더욱 과장해서 낱낱이 고해바치며 말했다. "노애는 사실상 환관이 아닙니다. 거세한 듯이 위장하고는 태후를 모셔 아들을 둘이나 낳아 궁궐 깊은 곳에 숨겨두었으니 머지않아 왕위를 찬탈할 것입니다."

진시황이 이 말을 듣고는 화가 머리끝까지 치밀었다. 그는 기회가 아무 때나 오는 것이 아니라 보고는 이때에 대권을 장악하지 못하면 다시 오랜 세월을 기다려야 한다고 여겼다. 은밀히 병부兵符를 꺼내서는 심복에게 병사들을 이끌고 옹성으로 속히 오라고 했다. 평소 노애와 선 태후에게서 많은 상금을 받아왔던 두 명의 환관이 진시황의 군사 동원소식을 듣자, 황급히 노애에게 알렸다. 이때 노애는 이미 술이 깬 뒤였고, 이 말을 듣고는 크게 놀라 곧바로 태후를 찾아가 자초지종을 알리며 말했다. "상황이 이렇게 됐으니 군사들이 아직 도착하지 않았을 때에 궁을 지키는 병사들을 기년궁으로 보내 왕을 죽여야 우리 부부의 목숨을 지킬 수 있을 것이오."

태후가 물었다. "궁을 지키는 병사들이 내 명령을 듣겠는가?" 이에 "태후의 옥새로 국왕의 어보를 대신하고, '기년궁에 도적이 들었다'고 하여 진왕이 구원을 명했다고 하면 되지 않겠소."

태후는 아무런 생각 없이 오로지 노애가 시키는 대로 했다. 이튿날 한낮이 되어서야 궁을 지키는 병사들이 와 기년궁을 포위했다. 진시황은 위풍당당하게 군졸들에게 어찌된 일인가고 소리쳐 물었다. 군졸들은 "장신후가 이곳에 도적이 있다 하여 왕을 구하고자 왔습니다"고 하니 진시황이 "장신후가 바로 도적이다!"라고 했다. 군졸들이 이 말을 듣고 반 이상 흩어졌으며, 배짱 있는 군사들만이 노애의 부하들과 싸웠다.

진시황이 명령했다. "노애를 산 채로 잡으면 백만 전을, 머리를 바치면 오십만 전을 내리겠다." 상앙商鞅변법에 따라 진나라 사람들이 법령을 잘 믿었기에 이를 듣자마자, 궁궐 안팎의 모든 이들이 앞 다퉈 노애 일당을 죽이기 시작했다. 노애가 어렵사리 길을 터 옹성 서문으로 도망치려 할 때에 공교롭게도 진시황의 군사들과 맞닥뜨려 산 놈은 잡히고 죽을 놈은 죽는 등, 누구도 벗어나지 못했다. 진시황은 직접 병사들을 이끌고 태후 궁을 뒤져 밀실에서 태후가 낳은 두 아들을 찾아내 곧바로 죽였으니 이것이 바로 역사에서 말하는 '낭박囊撲', 즉 자루에 넣어 내던져 죽인 사건이다. 노애는 자신이 궁에 들어온 것이 모두 여불위의 의도였음을 인정했다. 이에 진시황이 명해 노애를 거열車裂로 찢어죽이고, 가족을 몰살시켰다. 반란에 참여한 자는 모두 죽였으며, 참여하지 않은 자는 사천으로 유배시켰다. 태후를 이궁에 감금하고, 병사들을 파견해 지키도록 했다. 진시황이 함양으로 돌아온 뒤, 여불위를 죽이고자 했다.

여러 신하들이 여불위를 대신해 말했다. "여불위는 선왕을 보좌해 나라에 큰 공을 세웠습니다. 노애의 말은 한쪽 면만을 이야기한 것이니 가장 좋은 것은 죄를 묻지 않는 것입니다." 이에 진시황은 여불위를 파직시키고, 재상의 권한을 회수했다. 또한 이 기회를 빌려 모든 권력을 자신의 수중에 장악했다.

기원전 237년 봄, 민간에서 다음과 같은 말이 나돌았다. "진시황이 선태후를 핍박하니 아들이 어미에게 불효하여 하늘에서 큰 눈이 내려 살아 있는 것들에 피해를 입힌다." 대부 진충陳忠이 간언했다. "천하에 어미 없는 아들이 어디 있겠습니까! 태후를 함양으로 돌아오게 하시고, 효성을 다하면 날씨가 좋아질 것입니다."

이에 진시황이 크게 화를 내며 그를 죽이라 하고는 그 시체를 궁전 앞에 갖다놓고, 그 옆에 포고문을 붙였다. "태후의 일을 간언하려는 자는 이를 보라." 그러나 신하들의 간언은 끊이지 않았다. 진시황은 그들 모두를 죽였는데, 그 수가 27명에 달했다. 그는 이 기회를 빌려 정적들을 제거하고 자신의 권위를 세웠다.

모초茅焦는 창주 사람으로, 처음 함양에 와서는 우연히 이 일을 듣고 떨치며 말했다. "아들이 어미를 가두었으니 하늘과 땅이 뒤집어질 일일세!" 어느 날, 모초가 궁전으로 와 엎드려 시체를 어루만지며 크게 곡했다. "신은 제나라 문객인 모초라 하는데, 대왕께 간언을 올리고자 합니다."

진시황이 관리를 보내 물었다. "제나라 문객이 무슨 일로 간언하겠다는 것인가? 혹시 태후와 관련된 일인가?" "제가 바로 그 일로 왔습니다." 관리가 돌아가 보고했다. "이 사람이 바로 그 일로 왔다고 합니다." 진시황이 관리에게 말했다. "그를 데리고 가 쌓여 있는 시체더미를 보게 하라!"

모초가 대답했다. "하늘에는 28숙이 있는데, 땅으로 내려오니 곧 정인군자입니다. 지금까지 스물일곱 명이 죽었으니 한 명 차이가 납니다. 제가 간언을 올리는 이유는 이 스물여덟이라는 숫자를 채우기 위함입니다. 옛 성현 중 그 누가 죽지 않았습니까? 제가 어찌 죽음을 두려워하는 사람이겠습니까?" 관리가 보고하니 진시황이 크게 노하여 말했다. "큰 솥을 준비하라, 내가 산 채로 삶으리라. 시체들을 보여줬더니 숫자를 채우겠다고?"

진시황이 검을 차고앉았는데, 눈썹이 곤두섰고, 침을 튀기며 소리 높여 외쳤다. "간 큰 미치광이를 끌어다 삶아버려라!" 모초가 계단 아래까지 천천히 걸어와서는 엎드려 말했다. "대왕께서는 하늘을 거스르는데도 알지 못하고, 소인이 귀에 거슬리는 충언을 올리는데도 듣지 않으시려 합니다. 아, 진나라의 대업이여!" 진시황은 모초가 태후의 일을 언급하지 않았기에 잠시 기다렸다가 물었다. "너는 도대체 무슨 말을 하려는 게냐? 우선 얘기해보아라, 내가 들으리라." "대왕께서는 천하를 통일하려 하십니까?" "그렇다."

"지금 천하가 진나라를 존중하는 까닭은 무력으로 그렇게 만든 것일 뿐만 아니라, 대왕께서 천하의 영웅이시기 때문입니다. 이 때문에 충신열사들이 사방에서 진나라로 몰려든 것입니다. 그런데 지금 대왕께서는 계부를 거열로 찢어 죽였으니 실로 지극히 인자하지 못한 것입니다. 어린 동생들을 주머니에 넣어 죽였으니 이는 우애가 없는 것입니다. 게다가 모후를 별궁에 가두었으니 이는 지극히 불효하는 것입니다. 간언하는 신하들을 죽여 궁전 앞에 시신을 내던져두었으니 이는 걸桀왕이나 주紂왕보다 더하면 더했지 덜하지 않습니다. 천하를 통일하겠다면서 이러한 일을 벌이셨으니 대왕께서

진시황

무엇으로 천하의 민심을 정복할 수 있겠습니까? 할 말을 다했으니 저를 삶으시지요."

모초가 말을 마치고는 곧바로 옷을 벗어 처형당할 준비를 했다. 진시황이 급히 내려와서는 왼손으로 모초를 붙잡고, 오른손을 휘휘 저으며 말했다. "솥을 치워라!" 모초가 말했다. "대왕께서 방을 붙여 간언을 듣지 않겠다 하셨으니 저를 삶지 않으면 백성들에게 믿음을 줄 수 없습니다."

진시황이 다시 좌우에 명해 방을 뜯어내게 하고, 내시를 시켜 모초에게 옷을 입힌 뒤, 데려오라 했다. "이전에 간언한 자들은 과인의 죄만 탓할 뿐, 나라의 존망에 관한 계책을 이야기한 자가 없었네. 하늘이 선생을 시켜 과인의 어리석음을 깨우쳐주셨는데, 내 어찌 감히 그 말을 따르지 않겠는가!"

모초가 다시 절을 올리며 말했다. "대왕께서 제 말을 듣겠다고 하시니 속히 가마를 준비하시어 태후의 환궁을 영접하십시오. 궁전 아래 쌓인 시신들을 모두 충신현사들이니 예를 다해 장례를 치르십시오." 진시황이 즉각 명을 내려 27인의 시신을 수습토록 하고, 용산에 합장한 뒤, '회충묘會忠墓'라는 비를 세웠다. 같은 날 진시황이 직접 태후의 환궁을 영접했다.

진시황은 모초를 태부로 모시고, 상경 작위를 하사했다. 진시황은 여불위가 다시 궁궐을 드나들까 두려워 도성을 나가 하남 봉지에서 살도록 했다. 여불위가 봉지로 돌아갔다는 소식을 듣고, 여러 나라에서 사신을 보내 문안을 올리고는 앞 다퉈 재상으로 모시려 했는데, 그 발길이 끊이지 않았다.

진시황은 여불위가 다른 나라의 재상이 되어 진나라에 우환을 남길 것을 우려해 편지를 써서 전하도록 했다. "그대가 무슨 공로가 있어 10만 호의 봉지를 받았는가? 그대가 진나라와 무슨 관계가 있어 '상부尙父'라 불렸는가? 진나라가 그대에게 내린 상은 실로 너무 많다. 반란도 알고 보면 그대가 일으킨 것인데, 그럼에도 과인은 죽이지 않고 관대하게 대해 편안히 살도록 했다. 그럼에도 그대가 잘못을 뉘우치지 않고, 사사로이 여러 제후들과 접촉하는 것은 실로 과인이 바라는 바가 아니다. 그대와 가족은 모두 파촉으로 이주하라. 한 성을 그대에게 하사해 노후를 편히 보내게 하리라."

여불위가 편지를 보더니 울분이 끓어 외쳤다. "내가 가산을 모두 털어 선왕을 도왔는데, 누가 나보다 공이 많겠는가? 태후는 나를 모시다가 아이를 가졌으니 네가 바로 내 아들인데, 누가 나보다 더 친한가? 진왕이 어찌 이렇듯 은혜를 잊고 의리를 저버린단 말인가!" 그리고는 탄식하며 "나는 본래 일개 상인으로, 음모를 꾸며 다른 사람의 나라를 빼앗고, 그 처와 사통하고, 군주를 죽이고, 제사를 망쳤는데, 하늘이 어찌 나를 용서하겠는가? 지금껏 살아왔는데, 이제는 죽어야겠다. 너무 늦었다!"하고는 독을 마시고 죽었다.

權道의 지혜

진晉나라에 왕술王述이 상서령으로 승진해 조령을 받고 임무를 맡으려 했다. 아들인 왕문도王文度가 말했다. "우선은 관례에 따라 겸손을 표하고 거절하십시오." 왕술이 말했다. "너는 내가 이 자리를 맡을 수 없을 것이라 보느냐?" 왕문도가 대답했다. "어찌 맡지 못하시겠습니까? 다만 겸양이 예이기에 그리 해야 한다고 말씀드렸을 뿐입니다." 왕술이 이를 부정하며 말했다. "내가 충분히 이 일을 맡을 만한데 어찌 겸양하라 하느냐? 사람들이 말하기를, 네가 나보다 낫다고 하더니 내가 보기에 넌 나보다 못하다."

새로운 관리가 부임하는 일은 그리 간단치 않다. 번잡한 예절이 많았다. 왕술이 상서령이 되자, 왕문도는 예로써 아버지가 직위를 겸양하여 더욱 높은 명예를 얻기를 바랐다. 이는 옳은 일이었으나 좋은 기회를 놓칠 수도 있는 일이었다. 만일 상부에서 칭찬했다면 왕술에게 득이 되었겠지만, 만일 사실로 받아들여 다른 사람을 임명한다면 후회막급일 것이다. 충분히 준비한 뒤에 그가 단도직입적인 방법을 택했다면 인정해야 한다. 조직을 관리하는 여러 부문에서는 예절 또한 각기 다르다. 만일 무조건 겸양하기만 한다면 체계의 정합성이나 행정처리의 효율성이 떨어진다. 좋은 직위는 치열한 경쟁을 통해 얻어지는 것이므로 마음대로 양보할 수도 없을뿐더러 새로운 관리가 부임한 뒤에는 마땅히 의욕적으로 일해야지, 번거롭고 불필요한 예절에 얽매여서는 안 된다.

특수한 경우가 아니라면 필요한 예절은 반드시 따라야 한다. 그러나 필요한 예절이라 하더라도 직위를 겸양하는 것은 포함되지 않는다. 뿐만 아니라 지나친 겸양은 오히려 교만함을 보여줄 수도 있으니 당사자에게도 득이 되지 않는다.

● ● ●

진 문공 _ 법과 권위에 복종케 하다

춘추시대에 진晋나라의 군주인 헌공獻公에게는 다섯 명의 아들이 있었는데, 그들은 신생申生, 중이重耳, 이오夷吾, 해제奚齊, 탁자卓子 등이었다. 이들 다섯 명은 이복형제들이었다. 태자 신생의 어미는 일찍 죽었고, 네 명의 첩비를 두었는데, 그중 헌공의 총애를 받은 것은 해제의 어미인 여희驪姬로, 머지않아 헌공이 그녀를 부인으로 세웠다.

여희는 술수가 많고 간사한 여인으로, 자신의 아들을 태자에 세우기 위해 비겁한 수단으로 태자 신생을 핍박해 죽음으로 몰아넣었다. 신생이 죽자, 중이와 이오는 액운이 자신들에게도 닥칠까봐, 각자 국외로 도망쳤다.

기원전 651년에 진 헌공이 죽자, 열한 살 된 해제를 국군國君에 세웠는데, 두 명의 대신이 이에 불만을 품고 헌공에게 문상하는 기회를 틈타 해제를 죽여 버렸다. 이후 한동안 진나라에는 국군이 없었다. 이때 이오가 듣기 좋은 말로 진나라의 신임을 얻어 그 도움으로 진나라의 국군이 되었으니, 그가 바로 진 혜공惠公이다. 이오는 부덕한 자로, 재위하는 동안 모든 사람들에게 원한을 샀고, 덕망 높은 중이가 자신의 자리를 빼앗을까 두려워 자객을 보내 그를 죽이려 했다.

불운한 중이는 나라 밖 이곳저곳을 떠돌아다니며 온갖 고생을 했다. 다행히 그를 수행한 대신들이 충심을 다해 받들어 살아남을 수 있었다. 그중 가장 충성스러웠던 자는 위구魏仇와 전힐顚頡, 두 사람으로, 그들은 중이와 함께 19년간 유랑했다.

어느 해인가, 중이가 조曹나라로 도망해 조나라 군주인 공공共公의 냉대를 받아 밥 한 그릇 제대로 얻어먹지 못했다. 조나라에는 희부기僖負羈라는 대부가 있었는데, 그는 중이의 처지를 상당히 동정해 자신의 집에서 풍성한 주연을 베풀고, 귀중한 백옥을 선물로 주었다. 중이는 그의 은혜가 너무도 고마워 훗날 반드시 보답하겠노라고 맹세했다.

중이는 결국 19년간 유랑하다가 진秦나라의 도움으로 진나라 국군이 되었으니 그가 바로 진 문공文公이다.

진 문공이 성의를 다해 다스린 덕에 국세가 나날이 강성해진데다가 위구와 전힐, 두 장수가 여기저기서 정벌에 성공해 적지 않은 나라들이 조공을 바쳤다.

조나라를 친 후, 중이는 피난시절의 원한을 갚고, 희부기의 은혜에 대한 보답을 잊지 않고 보상하려 했는데, 조나라 대신들의 명단에서 희부기의 이름을 찾을 수 없었다. 중이가 조나라에 피신했을 때, 희부기가 중이에게 은덕을 베풀었다는 이야기를 들은 공공이 그를 평민으로 강등시켜 버렸던 것이다.

진 문공

중이는 희부기가 북성문에 산다는 것을 알고는 군사를 보내 집을 호위함과 아울러 '누구든 희부기를 해치려는 자는 죽을죄로 다스리겠다'고 명하고는 중임을 맡기기로 했다.

위구와 전힐이 이 명령을 듣자, 화가 났다. 자신들은 19년 동안이나 중이를 모시고 온갖 고생을 다 하고, 전쟁에서 수차례 공을 세웠던 반면, 희부기는 단지 한 끼 식사를 대접했는데도 자신들보다 더 높이 대우해주니 생각할수록 화가 났다. 전힐이 제안했다. "우리 그 집에 불을 질러 모두 죽여 버립시다. 국군이 우리까지도 죽을죄로 다스리겠다는 사실을 믿지 못하겠소." 위구가 말했다. "그래, 그렇게 합시다!"

이에 오만방자해진 그들 두 사람은 야밤에 주연을 틈타 희부기 집에 불을 질렀다. 마침 바람이 불어 불길이 더욱 거세졌고, 결국 희부기가 죽었다. 진 문공이 이 소식을 듣고 곧바로 달려왔으나, 희부기는 이미 죽고 말았다. 몹시 화가 난 문공이 위구와 전힐이 한 짓임을 알고는 그들 두 사람을 형장으로 보내 참수하려 했다.

이때 대신들이 그들을 위해 정황을 이야기했다. "그들 두 사람은 19년간 주공을 모셨고, 전쟁에서도 여러 차례 공을 세웠는데, 어찌 이리 간단히 처치하시려는 겁니까!" 진 문공이 말했다. "공이 있다고 해서 법을 어겨도 살려주게 되면, 차후에는 법령이 무슨 소용이 있단 말인가? 공은 공이요, 잘못은 잘못이니 상벌을 분명히 해야 한다!" 이에 전힐을 죽이고, 위구는 공범임을 감안해 죽을죄만 면해주고, 평민으로 강등시켜버렸다.

이후 병사들이 깜짝 놀라 말했다. "전힐과 위구는 19년간 주공을 모신

공이 있고, 적지 않은 전공을 세웠는데도 군령을 어겼다고 하루아침에 무거운 자는 사형, 가벼운 자는 파직 당했으니, 다른 자가 법령을 어기는 것은 두말할 나위 없네." 이때부터 모든 군사들이 법을 어길 엄두를 내지 못했다.

權道의 지혜

어떤 육상 코치가 있었다. 그는 선수들을 스카우트할 때마다 늘 머리카락을 짧게 깎으라고 권했다. 그 이유는 머리카락의 길고 짧음에 있는 것이 아니라 그들이 코치의 말을 복종하는가 여부에 있었다. 코치의 의도를 모를지라도 별다른 핑계 없이 복종한다면 이는 그가 바라던 좋은 선수이다.

이는 '세뇌 교육'과 방법은 다르나 효과는 같다. 이른바 '세뇌'란 한 가지 규칙만을 몇 시간 이상 반복으로 가르치는 것이다. 당사자가 반감을 갖더라도 이러한 훈련방식으로 인해 그들은 사고능력을 잃고 결국 하는 수 없이 따르게 된다.

이러한 방법과 군사훈련은 비슷한 점이 있다. 신병이 입대하면 '스파르타 식' 훈련을 한다. 이런 방법의 장점은 부하들이 극에 달한 피로를 느끼더라도 반항의 여지가 없다는 점으로, 상사에게 무조건 복종하는 기초가 된다. 이러한 행위가 누적되다 보면 절대 복종하는 단체 규칙을 유지할 수 있다. 이후 그들이 더 좋은 이유를 갖더라도 이의를 제기할 방법이 없다.

마찬가지로 기업에서도 일종의 명령체계를 유지하고 있다. 예를 들어, 어떤 부서에서 부하가 상사의 명령을 무조건 복종할 수 없다면 공동의 목표를 달성하는 데 걸림돌이 된다. 반대로, 명령체계의 기능을 십분 발휘한다면 회사 내의 이 부서는 이루지 못할 일이 없다.

그렇다고 해서 조직의 구성원을 군대처럼 훈련시키라는 뜻은 아니다. 중요한 것은 규칙을 따라야 하는 합리적인 이유를 제시해야 하며, 부하들이 조직을 위해 그 이유를 수긍할 수 있어야 한다.

● ● ●

장거래 _ 위기에 냉철하게 대처하다

명나라 때 장거래張居崍가 활현 현령을 맡고 있었다. 당시 소문난 도적인 임경任敬과 고장高章이 현성으로 와 황제 친위대인 금의위 사자를 가장해 장거래를 만나서는 가까이 다가와 말했다. "조정에서 명령을 내리기를, 경수조와 관련된 일을 공개적으로 처리하라고 합니다."

당시에 활현 출신으로, 경수조耿隨朝라는 자가 있었는데, 호부의 관리로서 목초장 업무를 담당하고 있었으며, 화재가 발생하는 바람에 형부 감옥에 체포 구금되어 있었다. 장거래도 이 일을 들은 바 있기 때문에 이 두 사람의 신분을 믿지 않을 수 없었다. 임경이 장거래의 왼손을 잡아끌고 고장이 그의 등을 밀면서 실내로 들어와 의자에 앉혔다.

임경이 구레나룻을 쓰다듬으며 말했다. "그대는 나를 모를 것이오! 나는 윗분의 친구라오, 내 그대에게 돈을 좀 빌리려 하는데." 이에 고장과 더불어 작은 칼을 꺼내어 장거래의 볼에 갖다대며 말했다. "순순히 돈을 내놓으면 살 것이요, 그렇지 않으면 이 자리에서 당장 죽일 것이다."

장거래는 놀라기는커녕 오히려 침착하게 말했다. "그대들이 지금 필요로 하는 것은 복수가 아니지 않은가. 내가 비록 우둔하나, 재물 때문에 쉽사리 생명을 희생시켜서야 되겠는가! 하물며 그대들이 이미 금의위의 사자라고 밝혔는데, 굳이 이런 식으로 진짜 신분을 밝히려 하는가. 만일 다른 사람이 겉모습만 본다면 그대들에게 상당히 불리할 것이야."

그들이 들어보니 상당히 일리가 있었다.

장거래가 또 말했다. "창고의 돈은 모두 관리하는 자가 따로 있어 이를 갖고 다른 물건으로 바꾸면 발각되기 쉬우니 이 또한 그대들에게 불리할 것이야. 내게 묘안이 있는데, 우리 마을에 부자가 여럿 있으니 내가 모든 돈을 그들에게 빌려주고, 그들이 그대들에게 주도록 하겠네. 이렇게 하면 그대들도 아무 일 없이 무사할 걸세. 마찬가지로 공금 또한 손실이 없어 나 또한 연루되지 않을 테니 일거양득이 아니겠는가!"

도둑들은 장거래의 생각에 전적으로 동의했다.

이에 장거래가 고장에게 부하인 유상劉相에게 명령을 전하라고 했다. 유상은 지모에 능한 사람이었다.

유상이 도착하자, 장거래가 멋대로 말을 꾸며댔다. "내 불행히도 뜻밖의 일이 터져 곧 죽게 될 판이네. 지금 금의위의 두 사신께서 나와의 관계가 두터워 굳이 나를 잡으려 하지 않으시네. 내 이 분들께 너무도 고마워 황금 5천 냥으로 보답해 감사의 뜻을 전하려 하네."

유상이 이 말을 듣고는 깜짝 놀라 혀를 내두르며 말했다. "어디서 그 많은 돈을 가져온단 말입니까?" 장거래가 말했다. "내 평소 우리 마을 사람들 중에 재산도 있고, 공금 갹출에 호의적인 사람이 있음을 아니 자네가 내 대신 가서 돈을 빌려보게." 그리고는 붓을 들어 가장 돈 많은 자에게 얼마를 빌릴 것이고, 그 다음 부자에게는 얼마를 빌릴 것이라 썼는데, 모두 9명에, 수량이 딱 맞아떨어졌다. 이들 9명은 사실상 그 마을에서 가장 힘센 자들이었다.

유상이 이 편지를 보자, 갑자기 떠오르는 바가 있었다. 집을 나서는데, 마침 차가운 바람이 몰아쳤다. 장거래가 이를 핑계로 도적들과 더불어 집 안으로 들어가서는 술과 안주를 차려 서로 주거니 받거니 하며 그들을 안심시켰다.

술을 다 마시자, 편지에 썼던 9명이 부잣집 자제처럼 화려한 의복을 입고, 손에는 종이로 싼 무기를 들고 문 앞에서 말했다. "공께서 말씀하신 돈을 가지고 왔습니다. 하지만 워낙 가난하여 말씀하신 수량을 채우지는 못했습니다"라고 하며 짐짓 간청하는 체했다.

그들이 돈을 가져왔다는 얘기를 듣고, 또 돈 꾸러미 같은 것을 가져온 것을 보더니 두 도적이 기뻐서 말했다. "공께서 정말로 우리를 속이지 않았구려."

장거래가 그들에게 돈을 줄 품새를 취하며, 사람을 시켜 저울과 작은 탁자를 가져오라 했다. 이때 임경은 손님 자리에 앉고, 장거래는 주인 자리에 앉았는데, 그 사이에 긴 탁자가 있어 거리가 약간 떨어져 있었던 반면, 고장은 줄곧 그의 뒤에 있어 거리가 가까웠다.

장거래가 일어나 저울추를 가져와 고장에게 말했다. "그대의 윗분은 나와 주객의 예를 다해 술을 마셨으니 저울추가 잘 보이지 않을 걸세. 그러니 자네가 저울추를 달아주게나." 이에 고장이 탁자로 다가가 저울추를 보려 했다.

이때 9명이 종이로 싼 무기를 들고 일제히 앞으로 나와 포장을 풀자, 장거래가 얼른 몸을 빼 고장과 몇 걸음 정도 간격이 생겼다. 곧이어 9명이 큰 고함소리를 내며 도적들을 잡으려 했다. 장거래가 앞으로 달려 나가자, 임경이 몸을 일으켜 그를 때리고 도망가려 했으나, 여의치 않자 자살하고 말았다. 고장 또한 자살하려 했으나, 붙잡혀 결국 처형되고 말았다.

權道의 지혜

위기에 직면했을 때 가장 필요한 것은 냉철함이다.

응급이란 사람들이 뜻밖의 상황에 처했을 때에 생기는 심리상태로 두 가지로 표현된다. 하나는 어찌할 바를 모르거나 갈팡질팡하여 적절히 대응하지 못하는 것이요, 다른 하나는 모든 힘을 집중해 상황에 적극적으로 대처하는 것으로 이때에는 머리회전이 빨라야 한다.

사람이 긴급한 상황에 어떻게 대처하는가는 본인에게 상당히 중요한 영향을 미친다. 훌륭하게 대응한다는 것은 위기 상황에서 모든 잠재력을 끌어올려 상황에 대처함으로써 기지를 발휘해 위험을 잠재우는 것이다.

만일 대처능력이 뛰어나지 못하면 의외의 상황에서 착오가 발생했을 때에 재빨리 대처하지 못하고 우왕좌왕하거나 갈팡질팡하게 된다. 임기응변 능력이 뛰어나지 못한 사람은 커다란 성취를 이루기가 쉽지 않다.

감정이나 정서, 특히 정서의 여러 다양한 측면이 리더나 그 소속 집단 및 업무에 미치는 영향은 막대하다. 그러므로 리더는 자신의 감정을 통제할 줄 알아야 하고 이를 통해 적극적이고 안정적인 상태를 유지하는 것이 극히 중요하다.

● ● ●

누르하치 _ 큰 것을 위해 작은 것을 희생하다

누르하치努爾哈赤가 13개 부대로 군사를 일으켜 명나라에 반기를 들었다. 그러나 내부적으로 그는 형제들의 강력한 도전과 아들의 괴롭힘에 직면했는데, 자신의 권력을 공고히 하기 위해 가장 친한 사람부터 처리했다.

누르하치는 1559년에 명나라 건주좌위 허투알라에서 태어났다. 건주좌위는 누르간도사 치하의 위소로, 명 성조 때부터 누르하치의 조상들이 지휘를 맡고 있었고, 이후 여러 차례의 전공을 세워 그 직위를 세습해왔다.

누르하치의 아비가 성년이 된 뒤, 계모의 학대로 재산 한 푼 못 받게 되자, 누르하치는 아비를 따라 요동 한인들과 장사를 하게 됐다. 이때에 그는 명나라의 형세와 제도를 알게 됐고, 한자를 배워 식견도 넓힐 수 있었다. 그는 명나라 장군 이성량李成梁에게 투신했고 중용되었다.

당시 동북지역에 웅거하고 있던 왕고王杲가 여러 차례 변방을 침략하다가 이성량에게 패하여 죽었는데, 왕고의 아들 아태가 군대를 일으켜 복수하려 하다가 이성량 군대에게 포위됐다. 누르하치의 조부가 아태의 진지로 들어가 딸을 구하려 했는데, 누르하치의 아비도 동행했다가 명나라 군대가 공격할 때에 두 사람 모두 죽임을 당했다.

누르하치

누르하치가 이 소식을 듣고는 너무도 비통하여 명나라 조정에 왜 자신의 가족들을 죽였는가 물었다. 명 조정에서는 사신을 파견해 사죄의 뜻을 표하고, 30개의 칙서와 30마리의 말을 보냄과 아울러 그에게 건주좌위 도독, 도독 첨사 및 용호장군의 직함(정2품)을 제수했다.

그러나 동북지역에 대한 명 조정의 정책은 바뀌지 않은 채, 여진족을 분화시키고 탄압하는 노선으로 일관했다. 1583년 5월, 스물다섯 살이 된 누르하치가 결국 부친이 남긴 13개 부대를 이끌고 여진을 통일하고 명나라에 저항하는 전쟁을 일으켰다. 명나라에 저항하는 전투에서 계속 승리하자, 누르하치는 자신의 동생인 수르하치舒爾哈齊의 강력한 도전을 받았고, 형제간에 권력 다툼이 일어났다.

누르하치가 군대를 일으켰던 초창기만 해도 수르하치는 강력한 조력자로, 형제가 공동으로 모든 일을 처리하며 협력했다. 이는 명 조정에서 주고받은 공문서에서도 확인되는데, 누르하치 형제를 병칭하거나 수르하치가 건주위 도독의 신분으로 수차례 북경의 조정으로 와 조공을 바친 바, 그 형인 누르하치 외에는 그와 필적할 만한 사람이 없었다.

그러나 누르하치와 수르하치의 관계가 1595년부터 변하기 시작했다. 신충일이라는 조선 관리의 기록에 따르면, 그가 수르하치의 진지에 갔을 때, 각종 기구들이 누르하치의 것보다 여러모로 수준이 떨어지는 것을 보고 거리낌 없이 직언하자, 그가 신충일에게 요구하기를, "향후 그대의 나라에서 선물을 보낼 때에는 우리 형보다 수준이 떨어지면 안 된다"고 했는데, 이로써 볼 때, 그가 누르하치에게 불만을 품고 있었음을 알 수 있다.

1599년, 누르하치가 군대를 이끌고 합달성을 공략할 때, 수르하치의 부대 전력이 못 미치자, 누르하치가 크게 노해 많은 사람 앞에서 그를 책망한 적이 있었다. 그 자리에서 수르하치는 아무 말도 하지 않았으나, 내심 원한이 쌓여 형제간의 관계가 정식으로 금가기 시작했다.

1607년, 오갈암전투에서 수르하치의 군대가 온 힘을 다해 싸우지 않자, 누르하치가 수르하치의 부하 장수 둘을 처형하라 명했다. 수르하치가 이에 불복했는데, 그는 누르하치가 자신의 세력을 약화시키려 한다고 여겼지만 그들을 처형하게 되면 전력 약화를 막을 수 없다고 주장했다. 이에 누르하치가 처형을 취소하고, 한 사람에게는 벌금 백 냥을, 또 한 사람에게서는 소속 부대를 빼앗았다.

누르하치가 수르하치의 요구를 들어주었으나, 결국 그와는 점점 멀어지게 되었고, 결국 사고를 빌미로 수르하치의 병권을 박탈하고 그를 유명무실한 자리에 앉혔다. 병권을 박탈당한 수르하치는 결국 원한을 누르지 못하고 걸핏하면 누르하치가 잘못했다고, 이렇게 사는 것은 죽느니만 못하다는 등, 떠벌리고 다녔다.

누르하치는 수르하치가 공공연히 자신과 맞서려 하는 것을 보고 칸의 권위를 강화하고 잠재적 위협을 막기 위해 명령을 내려 수르하치의 재산과 노비들을 회수했다. 후환을 없애기 위해 누르하치는 수르하치의 자식 중에서 항상 자신에게 맞섰던 자를 죽이고, 그의 부하 장수를 나무에 묶고 태워 죽였다. 여기서 끝나지 않았다. 결국 누르하치는 1611년 8월 19일에 수르하치를 죽였다.

수르하치를 제거하고 난 뒤, 누르하치는 제2차 권력투쟁에 직면하게 됐는데, 이 투쟁의 초점은 자신의 아들 추엥褚英이었다.

추엥은 1580년에 태어났는데, 열여덟 살 되던 때에 아비의 명을 받들어 군대를 이끌고 전투를 벌였으며, 그 용맹함과 공을 높이 사 '홍바투르'라는 칭호를 부여받았다. 그 후 갈암전투에서 공을 세워 '아르하투투멘'이라는 칭호를 부여받았다. 자식들 중에 큰아들인데다가 항상 누르하치를 따라 출정해 공을 세웠기에 누르하치는 그를 자신의 후계자로 삼으려 했다. 추엥을 훈련시키기 위해 그는 추엥에게 국정을 담당하게 했다.

추엥이 총애를 받자, 곧바로 다른 형제들의 시기와 질투를 샀는데, 특히 4대 버일러와 5대 대신의 시기와 반대가 심했다. 4대 버일러란 누르하치의 둘째 아들 다이샨代善, 조카 아민阿敏, 셋째 아들 망굴타이莽古爾泰, 넷째 아들 홍타이지皇太極 등으로, 그들 각자는 기주旗主 버일러로, 군대와 권력을 장악한 기내의 최고 통치자였다. 그들은 추엥의 득세에 불만을 품었던 데다가 만주족에게는 적장자가 대를 잇는 전통이 없었기에 끊임없이 누르하치에게 추엥의 단점을 들춰내 멀어지게 한 뒤에 결국 제거하려 했다.

5대 대신이란 누르하치와 동고동락한 측근들로, 피옹돈費英東, 어이두額亦都, 후르한扈爾漢, 호호리何和禮 및 안피양구安費揚古 등이었다. 그들은 수십 년간 누르하치를 수행하는 과정에서 탁월한 전공을 세웠기에 명망이 높고 권세도 컸다. 누르하치조차도 그들에게 예를 갖추는데, 서른 살도 안 된 추엥이 대권을 장악하고 예의를 갖추지 않으니 그들 또한 추엥에 대해 불만이 쌓였다.

이에 4대 버일러와 5대 대신들이 연합하여 누르하치에게 추엥을 고발했다. 당초 누르하치는 그 말을 믿지 않았으나, 그들이 거듭 추엥의 잘못을 고하자, 마음이 흔들리는 것을 막을 수 없었고, 이에 그들 각자에게 글을 바치라 했다. 보고를 받고 누르하치는 분노를 참을 수 없었다. 이에 따르면, 추엥은 여러 버일러와 대신들 간을 이간질했고, 그들의 재물을 강탈했으며, 자신이 칸의 자리를 잇게 되면 모두 죽일 것이라고 공언했다는 것이었다.

누르하치는 추엥과 4대 버일러 및 5대 대신을 대질시켰고, 결국 추엥을 멀리하지 않을 수 없었으며, 1615년에 추엥을 처형했으니 그 나이 서른여섯 살이었다.

權道의 지혜

이 정권쟁탈전에서 누르하치는 내심 이것이 음모라는 것을 알고 있었다. 그러나 추엥을 희생시켜 더욱 큰 혼란을 방지하지 않을 수 없었다. 이는 누르하치가 권력을 집중하기 위해 취한 고통스러운 선택이었다.

중국 속담에 '100리 길의 절반은 90리'라는 말이 있다. 그 뜻은 100리를 가려면 90리를 가야 절반이라는 말이다. 남은 10리는 90리를 달려온 힘을 다해야 비로소 완성될 수 있다.

일을 추진하는 것 또한 이와 마찬가지다.

그러나 실제 업무에서는 종종 용두사미, 즉 처음은 거창하나 끝이 흐지부지한 경우가 많다. 이렇게 되면 근본적으로 무슨 효과를 논할 수 있겠는가?

상앙 _ 약속을 지켜 믿음을 주다

상앙商鞅은 중국 고대의 정치가요, 변법가였다. 그는 본래 위나라의 몰락 귀족이었으나, 진秦나라 효공孝公이 널리 인재를 구한다는 말을 듣고 진나라로 갔다.

기원전 356년에 진 효공이 상앙을 임용해 변법變法을 실행했다. 법령에는 다음과 같은 내용이 포함됐다. 토지의 경계를 타파하고, 토지의 사유와 매매를 허용하며, 경작을 장려하고, 군현제를 건립한다. 그러나 상앙은 백성들이 새로운 법에 따르지 않을 것을 염려했다. 백성들의 믿음을 얻기 위해 수도 함양의 남문 밖에 3장 높이의 나무기둥을 세우고 관리에게 지키게 했다. 그리고는 누구든 이 나무를 북문으로 옮겨놓으면 황금 10일鎰—고대에는 20냥이 1일이었는데, 일설에는 24냥이 1일이라고 했다—을 상으로 주겠노라고 했다. 당시 이를 지켜보던 사람들이 많았으나, 어느 누구도 그 의도를 알아차리지 못했고, 또 그 말을 믿지 못했기에 나서는 자가 없었다.

상앙이 이를 보고받고 내심 생각했다. '그 나무기둥을 옮기겠다고 나서는 자들이 없으니 아마도 상금이 너무 적은 것 같다!' 그리고는 상금을 50일로 올릴 것을 명했다. 상금이 올랐다는 소식을 들었음에도 백성들은 의심을 거두지 않았다. 그러나 큰 상금에 구미가 당기는 자가 나오기 마련이어서 결국 한 장사가 나서서 그 나무기둥을 북문으로 옮겼다.

상앙은 그를 데려오라 하고는 말했다. "너는 나의 명령을 따랐으니 좋은 백성이다." 그리고는 50일의 황금을 하사했다.

이 소식이 전해지자, 전국의 민심이 들썩였다. 사람들은 상앙이 명하는 것은 반드시 지킬 것이며, 상금을 준다는 것도 믿을 만하다고 했다.

이튿날 상앙이 변법의 시행을 공표하자, 귀족계층에 반대에 부딪쳤음에도 결국 순조롭게 추진되었다.

權道의 지혜

사람들은 자신의 말을 실천하는 사람을 존경하고, 백성들은 말에 믿음이 있는 관리를 따른다. 관리이든 백성이든 모두가 믿음이 있어야 한다.

다른 사람에게 도와주겠다고 약속할 때에는 우선 자신이 할 수 있는가를 따져보아야 한다. 이는 모두가 알고 있는 바이다. 그러나 자신의 처지를 돌아보지 않고 남을 도와주겠다고 나섰다가 제대로 하지 못하고, 일이 잘 안 됐다거나 못하겠다고 한다면 결국 신용을 잃고 원망만 듣게 된다.

어떤 이가 기차역에 아는 사람도 없이 다른 사람들에게 자신이 언제든지 기차표를 살 수 있노라고 떠벌렸다. 많은 친구들과 동료들이 기차표 구매를 부탁하자, 그는 그렇게 해주겠다고 약속했다. 그러나 그는 정말로 아는 직원 하나 없었기에 한밤중까지 줄서서 표를 사야 했다. 그 결과, 그에게 기차표 구매를 부탁하는 사람들이 점점 더 늘어나 결국 막다른 골목까지 몰리게 됐다. 심지어 자신의 돈을 보태 비싼 표를 사야 하는 경우도 생겼으니 이만저만 낭패가 아니었다. 이는 자신의 능력을 생각지 않고 다른 사람을 도와주겠다고 경솔하게 약속한 것이다. 표를 사면 당신을 대단한 사람으로 여길 테지만, 못 사면 당신이 다른 사람의 표는 사주고 자신의 표를 사주지 않는다고 여길 것이다! 결국 그와의 관계가 점점 멀어진다.

당신이 권력이 있다면 주위 많은 사람들이 당신에게 부탁하는 일이 많을 것이다. 이때 당신은 어느 정도 대책을 세워야지, 쉽사리 도와주겠노라고 약속해서는 안 된다. 이때 가장 좋은 방법은 허락하기보다는 그 자리에서 분명히 설명해줌으로써 다른 생각을 갖지 않게 해야 한다. 그렇지 않으면 그 사람은 도와줄 마음이 없다고 여긴다. 만일 정책에 어긋나지는 않되 거절하기 어려운 일이라면, 이 일은 너무도 어려워 해보기는 하되 된다는 보장이 없으며 큰 기대를 말라고 설명해줘야 한다. 이렇게 해야 도와주지 못한다 하더라도 훗날을 기약해볼 여지가 있다.

여기서 경솔하게 대답하지 말라고 강조하는 것은 약속 자체를 하지 말라는 것이 아니다. 다만 신중하게 생각한 뒤에 행동하라는 뜻이다. '이 일은 문제없어, 다 내게 맡겨'라는 식의, 입에서 나오는 대로의 약속은 자신에게 씌우는 올가미가 된다.

한나라 영제靈帝 말년에 화흠華歆과 왕랑王郞이 함께 배를 타고 도망치게 되었다. 그런데 어떤 이가 자신도 태워줄 것을 청했다. 화흠이 어렵다고 하니 왕랑이 말했다. "좀더 아량을 베푸시오. 배에 태워주는 게 뭐 그리 어렵다고 안 된다고 합니까?" 곧이어 누군가 이 사람을 잡으러 쫓아왔다. 왕랑은 태워준 사람을 배에서 내쫓으려 했다. 이때 화흠이 말했다. "내가 좀 전에 주저했던 이유가 바로 이 때문일세. 그렇지만 기왕에 태워준 바에야 그는 이미 자기 목숨을 우리에게 맡긴 셈인데, 위험에 빠졌다고 그를 버려서야 되겠는가?" 경솔하게 약속했다 하더라도 믿음을 지키지 않는다면 왕랑과 같은 사람이라 할 수 있다.

당 태종 이세민 _ 부드러움과 강함을 조절하다

위지경덕尉遲敬德은 본래 송금강의 수하였으나, 이세민에게 투신해 많은 전공을 세워 당나라의 개국공신이 됐다. 사람됨이 경솔하고 제멋대로이기는 했으나, 강직하고 충성스러웠다.

한번은 당 태종이 이부상서 당검唐儉과 바둑을 두다가 당검이 먼저 유리한 위치를 차지하자, 태종 이세민과 다툼이 일어났다. 태종이 버럭 화를 내며 명하여 당검을 조정에서 내쫓고 담주자사로 강등시켰음에도 분이 풀리지 않아 위지경덕에게 말했다. "당검이 나를 우습게 여기니 아무래도 죽여야겠어. 그대가 나의 증인이 돼주게." 이튿날 당 태종이 위지경덕과 당검을 대질하자, 경덕이 머리를 조아리며 말했다. "저는 들은 바 없습니다.” 당 태종이 어찌 그리 대답하느냐고 재차 물었다. 너무도 화가 난 나머지 손에 들고 있던 옥판을 땅바닥에 던져 깨뜨리고는 들어가 버렸다. 잠시 후, 태종이 갑자기 명을 내려 3품 이상의 모든 관리들에게 연회를 베풀겠노라 했다. 그 자리에서 이세민이 여러 신하들에게 말했다. “위지경덕은 강직하여 아첨할 줄 모르니 오늘 일은 세 가지 면에서 도움이 됐다. 당검은 억울하게 죽을죄를 면하게 됐으니 무고한 신하를 죽였다는 악명을 달지 않았다. 경덕도 짐의 뜻을 거스르고 복종하지 않았다는 죄를 면하여 짐이 개과천선하는 미덕을 보였다. 당검은 목숨을 다시 얻은 행운을 만났고, 경덕은 강직하고 충성스럽다는 명예를 얻었다. 그러하니 세 가지 면에서 도움이 됐다.” 당 태종은 위지경덕에게 1천 필의 비단을 하사했고, 대신들이 모두 황제에게 감축했다.

위지경덕은 자신의 전공을 믿고 교만 방자하여 늘 사람들을 능멸했기에 동료들의 불만을 자초했다. 어떤 이가 경덕이 반란을 꾸미고 있다고 고하자, 당 태종이 쉽사리 믿을 수 없어 그를 불러 사실 여부를 물었다. 경덕이 말했다. “신은 폐하를 모시고 토벌에 나서 백전백승한 바 있습니다. 다행히 오늘날까지도 살아남은 자가 있다면 용케도 칼과 화살을 피해 도망친 자일 것입니다. 천하가 이미 평정됐는데, 신이 어찌 반란을 꾀하겠습니까?” 입고 있던 옷을 벗어던지자, 온몸의 상처가 모두 드러났다. 당 태종이 감동의 눈물을 흘리며 따뜻한 말로 그를 위로했다.

그러나 위지경덕의 오만방자함은 고치기가 힘들었다. 한번은 당 태종이 여러 신하들에게 연회를 베풀었는데, 위지경덕이 참석했던 자와 누가 더 뛰어난가에 대해 말다툼하다가 결국 백성왕 이도종李道宗을 때리고 그의 한쪽 눈을 빼버렸다. 황제가 이를 보고는 너무도 언짢아 연회를 끝냈다. 당 태종이 “짐은 그대들과 부귀를 같이하려 하는데, 그대는 공을 믿고 자만하며 여러 차례 법을 어겼다. 그대는 옛날에 한신과 팽월이 어찌 죽임을 당했는지 알고 있는가? 그것은 한 고조의 잘못이 아니다." 위지경덕이 비로소 두려움을 갖게 됐고, 이후 행동을 삼갔다.

위지경덕과 같이 교만하나 정직한 사람에게 은혜를 베풀어 감동하게 할 수도 있으나, 반드시 약점을 쥐고 적절히 위협함으로써 두려워하게 해야 한다.

權道의 지혜

지혜로운 군주가 신하들을 통제하는 방법은 두 가지에 불과하다.

이 두 가지 방법이란 형刑과 덕德이다. 무엇을 형이라 하고, 덕이라 하는가? 죽이는 것은 형이요, 상을 베푸는 것이 덕이다. 신하된 자는 죽음을 두려워하고 상 베풀기를 바란다. 그러므로 군주 스스로 상벌의 권력을 쥐어야 여러 신하들이 군주의 위엄을 두려워하고 은혜를 베풀기를 바란다.

그러나 간신은 군주의 권한을 훔쳐내 자신이 미워하는 사람에게 죄를 뒤집어 씌워 죽이고, 자신이 좋아하는 사람에게는 상을 내린다. 군주는 상벌을 행사할 권한을 신하에게 맡겨 결국 한 나라의 상하 모두가 자신의 부하를 두려워하고 군주를 경시하며 배반한다. 이는 군주가 형과 덕의 권한을 잃었기에 초래된 화이다!

과거에 전상田常이 군주에게서 얻은 관작과 봉록을 여러 신하들에게 나누어주고, 대두를 사용해 백성들에게 양식을 빌려주었다. 이는 제齊나라 간공簡公의 상벌 권한을 전상에게 빼앗긴 것이다. 결국 간공은 전상에게 죽임을 당하고 말았다. 자한子罕이 송 환후桓侯에게 말했다. "상을 하사하는 일은 사람들이 좋아하니 반드시 수중에 장악하고 계시고, 벌을 내리는 일은 사람들이 싫어하니 제가 대신 집행하겠습니다." 이렇듯 송 환후가 형벌의 권한을 포기하고 자한이 이를 행사하게 되면서 결국 자한에게 조종당했다. 때로 어떤 간신은 군주에게서 상벌의 권한 모두를 훔쳐낸 경우도 있었다. 이 경우에 군주에게 닥치는 위험은 제나라 간공이나 송 환후보다 더욱 크다. 군주가 상벌의 권한을 신하들에게 넘겼음에도 멸망의 위험을 벗어났다는 얘기는 들어보지 못했다.

● ● ●

한 무제 _ 의심을 없애라

한漢나라 무제武帝에게는 자식이 많았다. 그는 훗날 왕자들 간에 왕위 다툼이 일어나지 않게 하기 위해 일찍이 큰아들 유거劉據를 태자로 세웠다. 태자 유거는 사람됨이 충성스럽고 효성스러웠는데, 안으로는 윗사람을 섬김에 정성을 다했고, 밖으로는 일을 공정하게 처리해 민심을 얻었다. 무제의 웅대한 재략에는 미치지 못했으나, 수성하기에는 모자라지 않았다. 무제는 태자의 사람됨이나 일하는 바가 대단히 만족스럽지는 않았으나, 별다른 문제없이 수년을 지냈다.

한 무제는 신선을 믿었기에 불로장생을 기원했다. 그가 와병 중일 때, 누군가가 무고巫蠱—무술로써 남을 저주하는 행위—로 자신을 해하려 했다고 믿었다. '고蠱'란 '벌레 충蟲자'를 '그릇 명皿자' 위에 올려놓은 것으로, 민간 전설에 따르면, 무당이 독충이나 독사를 그릇 안에 넣어두고 자기들끼리 싸우게 한 뒤, 끝까지 살아남은 것을 고라고 했다. 무당이 이 정령을 조종하기에 저주의 부적으로 나무인형을 만들어 고 아래에 묻어두는 식으로 해를 끼쳤다.

당시 도성인 장안에는 술사나 무당이 모여들었는데, 여자 무당이 황제의 총애를 받으려고 애쓰는 비빈들을 꼬드겨 나무인형을 경쟁상대의 숙소 지하에 묻도록 했다. 그녀들은 이러한 방식으로 상대에게 해를 입힐 수 있다고 믿었기에 이를 통해 황제의 총애를 자신에게 돌리려고 했다. 이것이 바로 역사에서 말하는 '무고가 부인들을 현혹시켰다는 것'이다. 당시 사람들은 이에 대해 믿어 의심치 않았고, 그 폐해가 심해 한나라는 법으로써 이를 금했다. 이를 통해 총애를 얻으려 하다가 발각되면 죽음을 면치 못한다는 사실을 알았음에도 진 황후는 냉대 받고 있는 자신의 처지 때문에 심복 무당에게 무고하도록 시켰다.

한 무제

낮말은 새가 듣고, 밤말은 쥐가 듣는다고 했던가! 1년 뒤인 기원전 130년 7월, 진 황후의 음모가 발각되자, 한 무제는 어사 장탕張湯에게 이 사건을 철저히 조사하라고 명했다. 이로써 여자 무당인 초복 등 3백여 명이 죽임을 당했고, 진 황후는 장문궁에 갇혀 다시는 한 무제를 볼 수 없게 됐다.

진 황후가 폐위되고, 한 무제는 위자부衛子夫를 황후로 세웠다. 위자부는 서한시대의 명장인 위청衛青의 누이동생이요, 곽거병霍去病의 이모였다. 위자부는 젊었을 때부터 매우 아름다웠던 데다가 위청과 곽거병이 모두 강토를 넓히는 데에 큰 공을 세웠기에 위자부의 지위는 확고할 수밖에 없었다. 그에 힘입어 그녀의 아들 유거가 일곱 살에 태자에 책립됐으니 역사에서는 그를 일컬어 여태자戾太子라 했다. 기원전 117년과 106년에 각각 곽거병과 위청, 두 사람이 세상을 떠난 뒤, 위 황후와 여태자는 든든한 버팀목을 잃었다. 그러나 위 황후는 매사에 조심하고 원망을 사지 않으려 노력했기에 수십 년간 위 황후 모자는 편안히 지낼 수 있었다.

한나라 전성기 때의 황제로서 무제는 광활한 영토를 새로이 개척했을 뿐만 아니라, 성욕 또한 보통사람을 뛰어넘었다. 위자부가 나이가 들자, 무제는 구익부인 조첩여趙婕妤를 총애하기 시작했다. 조첩여는 권 부인으로 불렸는데, 구익궁에 살았기에 구익부인이라 했다. 일설에 따르면, 조첩여가 황자 유불릉劉弗陵을 임신하고 14개월이 지나서야 낳자, 무제는 불릉이 상서로운 기운을 타고 났다고 여기고 구익문을 요모문堯母門으로 바꾸었다고 한다. 무제의 총신인 형도위 강충江充이 이렇듯 어린 자식을 사랑하는 황제의 마음을 감지하고는 이를 기회로 자신의 오랜 숙적인 태자를 제거하고 입신출세의 발판을 마련코자 했다.

강충과 태자가 원한을 맺게 된 사건은 기원전 94년에 일어났다. 강충은 본래 조나라 한단 사람으로, 본명은 강제江齊였다. 그는 자신의 누이동생을 조나라 태자 유단劉丹에게 바치고 출세할 수 있었다. 이후 유단이 다른 사람을 좋아하게 되자, 강충 남매가 그를 미워하게 됐고, 강충은 장안으로 도망 와 무제에게 유단의 위법행위를 고발했다. 이로써 무제에게 인정받아 직지사를 제수 받고 경성과 부근 지역의 도적을 잡고, 황친귀척의 위법행위를 수사하는 권한을 갖게 됐다.

기원전 94년, 태자 유거의 시종이 급한 용무로 마차를 타고 황제 전용도로를 달리다가 강충과 맞닥뜨렸다. 강충은 본래 권세를 믿고 남을 속이는 자로, 무제의 인정을 받기 위해서는 태자도 안중에 없었다. 뿐만 아니라 태자 세력에게 타격을 입힐 기회를 갖는다는 것은 자신이 상을 받을 기회와 같다고 여겼다. 이에 그는 두말할 것도 없이 부하들에게 명을 내려 태자의 시종을 붙잡고, 마차를 압수했다. 태자가 이 소식을 듣고 여러 차례 사람을 보내 사정했으나 강충은 들은 체 만 체했을 뿐 아니라, 이를 암암리에 무제에게 보고했고, 이로써 태자가 황제에게 혼나고는 원한을 맺게 됐던 것이다.

2년 뒤, 강충이 드디어 손 쓸 기회를 잡았다. 기원전 92년, 어떤 자가 검을 들고 건장궁으로 들어와 난동을 부리다가 잡히자, 무제가 깜짝 놀라 발병하기에 이르렀다. 사건이 발생하자, 무제는 명을 내려 상림원과 장안성에서 자객의 무리를 찾도록 함과 아울러 은밀히 사람을 보내 누군가가 무고하는 것이 아닌지 조사토록 했다.

같은 해 11월, 승상 공손하公孫賀의 아들 경성이 사사로이 군량미를 횡령하다가 옥에 갇혔고, 공손하가 자식을 구하기 위해 양릉대협 주안세朱安世를 잡고는 무제에게 경성의 방면을 청하려 했다. 그러나 주안세 또한 장안성에서는 나름의 세력을 가진 터라 곧바로 상서를 올려 경성과 무제의 딸인 양석공주가 사통했으며, 그들이 무당에게 황제를 무고하도록 지시했다고 고발했다. 본래 자객사건이 무고와 관련됐다고 의심해왔던 무제가 주안세의 상서를 접하자, 이를 진짜라 믿고는 강충에게 이 사건을 조사토록 했다. 그 결과, 양석공주와 공손하 부자가 모두 죽임을 당했다.

사건이 여기서 마무리됐다면, 여태자가 폐위되는 사건은 일어나지도 않았으리라! 그러나 강충은 여기서 그만둘 인물이 아니었다. 그는 이를 기회로 일거에 태자까지도 제거하고자 했다. 양석공주는 위자부의 딸로, 태자의 누이동생이었고, 대장군 위청의 아들도 이 사건으로 죽임을 당했으며, 공손하의 부인은 위 황후의 언니였기에 그가 보기에 이들 모두는 태자 세력이었던 것이다. 강충은 이를 끝까지 붙들고 늘어져 무제에게 궁중에 이상한 낌새가 있으므로 즉각 수사해야 한다고 보고했다. 기원전 91년, 무제는 강충과 안도후 한설韓說에게 이 사건을 조사해 막후 조종자가 누구인지 색출해낼 것을 명했다.

강충은 이미 준비를 끝마쳤다. 우선 그는 장안성의 한 무당에게 지시해 나무인형을 궁중에 묻어두게 했는데, 총애를 잃은 비빈들이나 태자의 처소도 포함됐다. 강충은 황제의 교지를 받은 뒤, 사람을 시켜 궁중에 무고가 있음을 고발케 하고는 고발당한 자를 체포하여 심문했고, 수감된 자들을 고문하여 미리 준비해 놓은 대로 죄를 인정케 했다. 이렇게 하여 많은 사람들이 연루됐는데, 그중에는 태자 유거도 있었다. 강충이 부하들을 데리고 태자궁으로 가 수색하니 무당이 가르쳐준 곳에서 원래 묻어둔 나무 인형을 찾아내는 것은 당연한 일이었다. 강충은 부하들을 입단속 시킨 뒤, 황제에게 보고하고는 태자를 사지로 내몰려고 했다.

당시 무제는 온천에서 요양하고 있었는데, 말년의 무제는 몸도 허약해져 늘 병에 시달렸고, 누군가가 은밀히 자신을 무고하지 않을까 의심했다. 강충이 사람을 보내 태자와 비빈들의 거처에서 나무인형을 찾아냈다고 보고하자, 무제는 화가 치밀어 올랐다. 게다가 구익부인이 유불릉을 낳은 뒤로는 자신과 견해가 다른 태자가 늘 불만스러웠던 터였다. 유거는 성격이 온화하여 나라를 다스리는 데에도 관대함을 주장했기에 법과 형을 강조하고 혹리를 부렸던 무제의 방식과는 상반됐다. 또한 많은 조정 대신들이 태자를 지지하자, 무제가 이를 잠재적 위협으로 느끼는 것은 당연했다. 강충은 태자가 무고로써 황제를 해하려 했다고 모함했다. 무제는 태자가 조속히 황제가 되어 자신을 대신하고자 하는 것으로 보았고, 이는 도저히 용납할 수 없는 일이었다.

무제가 이 사건에 대해 엄한 조치를 취하려고 할 때에 태자 유거는 상황이 어떻게 돌아가는지 알 길이 없어 결국 치명적인 결단을 내리게 됐다. 그가 여러 차례 사람을 보내 황제에게 문안을 올렸으나 대답이 없자, 그는 태자소부 석덕石德에게 계책을 물었다. 석덕은 우선 교지를 위조하여 강충 등을 체포하고, 사건의 진상을 조사하여 황제에게 보고할 것을 건의했다. 강충과 한설 등이 판치는 상황에서 태자는 급박하지 않을 수 없었다. 그해 7월에 한설을 죽이고, 강충을 잡아들여 문무백관들에게 강충이 반란을 도모했다고 알린 뒤에 참수했고, 이에 동조한 무당을 화형에 처했다.

요양하고 있던 무제는 곧바로 태자의 행동을 알게 됐다. 그는 승상 유굴모劉屈氂에게 병사를 이끌고 태자를 잡으라 했다. 태자가 사면해준 죄수들과 승상의 군대가 싸우면서 장안성은 일시에 혼란에 휩싸여 피바다를 이루었다. 결국 태자의 세력이 약해 닷새 후에 그 병사들이 패퇴하고 말았다. 무제는 태자를 체포하고, 위 황후의 옥새를 거두어들이라 명했다. 이에 위 황후는 자살했고, 위씨 가족과 태자의 비빈들도 모두 죽였으니 그 수가 수십 명에 달했다. 태자를 성 밖으로 나가게 해준 사직 전인田仁, 태자를 동정했던 어사대부 폭승지暴勝之는 죽임을 당하거나 자살했고, 변란에 가담했던 자들도 모두 죽임을 당했다. 이렇게 태자를 중심으로 한 세력들을 모두 죽이자, 무제 자신이 '내우內憂'라 생각했던 일이 해결됐다.

사후에 무제는 태자가 소문蘇文 등의 암수 때문에 부득이 이러한 계책을 추진한 것이지, 결코 모반이 아니라는 사실을 알게 됐다. 무제는 자식을 잘못 죽인 것을 후회해 호현에 '사자궁思子宮'을 세우고 '귀래망사지대歸來望思之臺'를 지어 애도를 표했고, 소문 등을 참수하고 시체를 태웠다.

權道의 지혜

신임이란 정신적인 수요로 인재에 대한 포상이자 위안이다. 어떤 이에게 신뢰와 힘을 부여하면 그는 자신의 재능을 유감없이 발휘한다.

사람들은 용인술用人術을 운용하면서 한 가지 준칙을 찾아냈다: 진정으로 쓰려고 하는 사람은 신임해야 한다. 사람을 쓸 때에는 망설여서는 안 되며 전심전력으로 신임해야 한다. 사람을 쓰는 데에 의심이 많으면 '윗사람이 아랫사람을 믿지 않고, 아랫사람 또한 윗사람을 믿지 않으며, 위아래가 서로 마음이 떠나 결국 실패하고 만다.' 《자치통감資治通鑑·당기唐紀》에 어떤 이가 당 태종에게 위징魏徵이 당파를 지어 사사로운 이익을 도모했다고 고발했다. 태종이 곧 어사대부 온언박溫彦博을 보내 조사토록 했다. 며칠 후, 위징이 태종을 알현했다. "폐하께서는 국가의 운명이 폐하와 제가 얼마만큼 단결하느냐에 달려 있다는 것을 아셔야 합니다. 폐하께서 재상의 자리를 제게 주신 이상, 마땅히 제가 성심성의껏 나라를 다스릴 것이라

믿으셔야 합니다. 만일 우리 사이에 의심을 생긴다면 어떻게 나라를 잘 다스릴 수 있겠습니까!" 태종이 잘못을 인정했다. 위징이 상소에서 강조했다. "윗사람과 아랫사람이 서로 믿어야만 나라가 잘 다스려집니다. 관중이 제 환공을 위해 나라를 다스림에 열심히 하였기에 패업을 이룰 수 있었으니 기용하면 믿어야 한다는 것은 바로 여기에 있는 것입니다."

초나라와 한나라 간의 전쟁 중에 진평陳平은 항우 수하에서 제대로 중용되지 못했을 뿐만 아니라 상당한 위험에 처했다. 진평은 한나라에 투신하여 유방의 신임과 중용을 받았다. 주발周勃, 관영灌嬰 등이 유방 앞에서 진평을 반역자의 신하였다고 헐뜯었다. 유방이 그 말을 들은 뒤 진평에게 왜 위왕과 패왕을 떠나 자신에게 투신했는가 물었다. 진평이 말했다. "항우는 사람을 기용하되 신임하지 않고, 그가 선발하는 사람은 대부분 항씨 가족이거나 처가 식구들이었습니다. 그러나 왕께서 인재를 알아보는 안목이 있다고 들었기에 투신하게 된 것입니다." 유방이 이 말을 듣고 진평에게 사과하고 그를 호군중위에 임명해 여러 장수들을 감독케 했다. 서한을 건국하는 데에 진평은 많은 공을 쌓았다. 유방은 인재를 믿어 의심치 않았기에 인심을 얻고 천하를 얻을 수 있었다. 항우는 시기심이 강하고 의심이 많아 인심을 잃고 천하도 잃었다.

천조제 야율연희와 완안아골타 _ 확고한 신념을 가져라

천조제天祚帝 야율연희耶律延禧는 요나라의 마지막 황제이다. 천조제 때에 요나라가 금나라에 멸망당했다. 천조제와 금나라 개국황제인 완안아골타完顔阿骨打가 일찍이 힘겨루기를 한 바 있었다.

1112년 2월, 천조제가 혼동강混同江—흑룡강이 송화강과 합류한 뒤, 오소리강에 이르는 부분으로, 혼동강이라 한다. 흑룡강과 송화강의 물빛이 달라 합류한 뒤에 북쪽은 검고 남쪽은 황색으로, 어느 정도 흐른 뒤에 섞이기 때문에 혼동강이라는 이름이 생겨났다—에서 낚시를 했다. 요나라에서 낚시란 수렵과 마찬가지로 황실의 중요한 의식으로, 요나라 태종 때부터 시작됐는데, 《요사遼史》에도 황제가 백관을 이끌고 낚시했다는 기록이 있다. 당초 낚시는 토하土河에서 이루어졌는데, 거란족은 대대로 토하와 황하潢河가 교차하는 곳을 발원지라 여겨왔으며, 조상 대대로 내려온 습속이었다. 이는 거란족의 조상이 원래 어렵 위주의 유목민족이었음을 뜻하는 것이었다. 요나라 지배가 확대되면서 이후의 황제들은 토하에서 낚시하는 것 외에 다른 강에서도 낚시를 했다. 요나라 황제들이 낚시할 때에는 대체로 잡은 물고기로 다른 나라의 사신들이나 귀순한 추장 등을 위한 연회를 베풀었는데, 이후 이러한 연회를 '두어연頭魚宴'이라 불렀다. 일설에 따르면, 이른바 낚시란 진짜 낚싯대를 드리워 물고기를 잡는 것이 아니라, 얼음을 깨고 구멍을 만든 뒤, 불을 비추어 고기들이 몰려나오게 한다. 이때 황제가 가장 먼저 고기를 잡아 올리는데, 이를 두어라 했다고 한다.

요나라 고사에 따르면, 황제가 혼동강에서 낚시할 때에는 요나라 국경 밖 천리 안에 사는 여진족 추장이 모두 알현토록 했기에 두어연에 그들을 초대했다. 마찬가지로, 천조제의 연회에도 천리 안에 사는 여진족 추장들이 모두 참여했다. 술이 거나하게 취하자, 천조제가 여진족 추장들에게 돌아가면서 춤을 추라 명했다. 각 추장들이 명을 받들어 춤을 추었는데, 오로지 완안아골타라는 추장만이 춤을 출 줄 모른다며 사양했다. 천조제가 두세 차례 사람을 보내 권했으나, 아골타는 끝까지 고집을 부렸다. 연회가 끝난 뒤, 천조제가 몰래 추밀사 소봉선蕭奉先을 불러와 말했다. "어제 연회에서 보니 아골타가 호기를 부리며 짐의 명령을 따르지 않았는데, 그자를 죽이지 않으면 후환을 남길 것이다. 그대는 그를 죽일 구실을 찾으라." 소봉선이 말했다. "야만인들은 예의를 모르니 커다란 잘못 없이 그를 죽인다면 다른 여진족 추장들이 복종하지 않을 것이며, 요나라에 등을 돌릴 것입니다. 그는 보잘것없는 작은 부족의 추장에 불과하니 설사 다른 뜻을 품더라도 뭐 그리 대단하겠습니까?" 천조제는 소봉선의 말이 일리가 있다고 생각하고는 그를 죽일 생각을 단념했다.

그러나 누가 알았으랴, 완안아골타가 웅대한 뜻을 품은 사람일 줄! 그 일이 있은 후 아골타는 경계심을 늦추지 않았고, 그해 9월에 군사를 일으켜 부근의 다른 여진 부족들을 모두 합병하고는 곧이어 요나라를 공격했으며, 결국 1115년에 금나라를 세웠다. 천조제는 1125년에 금나라 군대에 붙잡혀 투항했으니 이때에 이르러 요나라가 금나라에 멸망당했던 것이다.

權道의 지혜

현대 사회에서는 소수가 다수를 따르는 것을 당연하게 여긴다. 그러나 다수라고 해서 그들의 의견이 반드시 정확하다고 할 수 없다. 중요한 것은 진리에 대한 판단으로 무엇이 진리이고 무엇이 잘못되었는가를 판단하는 것이다. 꿍꿍이속을 알 수 없는 사람들이 군중을 기만하여 '다수'를 배경삼아 무리한 요구를 하더라도 반드시 따를 필요가 없다. 이러한 상황에서는 리더가 고립될 수도 있지만, 그다지 두려워할 필요 없으며 이때의 고립은 일시적일 뿐이다.

어느 공장에서 일하는 일꾼이 목재를 훔쳤다. 그 양이 많지 않았지만 어쨌든 도둑이라 할 수 있었다. 그는 목수였기에 평소에도 그를 아는 사람들이 많았고, 대부분 교분이 있었기에 앞장서 사정을 봐줄 것을 청했다. 공장장만은 끝까지 법대로 처리할 것을 주장했다. 어떤 이가 "소수는 다수를 따라야 하는 거 아냐"라고 했다. 그러자 공장장이 단호하게 말했다. "공장 규칙은 최대다수가 동의한 것이다. 이를 따르는 것이 다수를 따르는 것이다." 한동안 공장장이 고립되는 듯했으나 시간이 흐르자 그를 이해하고 찬동하는 사람들이 갈수록 늘어났다. 공장 안에서 원자재나 비품이 없어지는 일도 줄어들었다.

다수의 의견에 따라 처리하는 것이 문제를 확대시키지 않고, 무난하게 수습하는 방법이라 여길 수 있다. 그러나 사실은 그렇지 않다. 원칙을 따지지 않고 다수의 의견만을 좇게 된다면 후환이 끊이지 않을 것이다.

새로운 의견이나 구상이 제기되면 으레 반대자가 나오게 마련이다. 그중에는 새로운 의견을 이해하지 않으려는 사람이 있을 수 있고, 반대를 위해 반대하는 사람도 있다. 이러한 상황에서 지도자는 고립무원의 처지에 빠진다. 그렇다 하더라도 고립을 두려워해서는 안 된다. 이해하지 않으려는 사람에게는 열의와 인내심을 갖고 상황을 설명하여 반대를 찬성으로 바꾸도록 해야 한다. 진리를 확신하면 반대가 많을수록 자신감이 더 강해지고, 목표를 달성하기 위해 더욱 노력하게 된다.

권력을 통제하는 도

控權之道

리더는 자신의 권력을 통제하거나 권력욕의 팽창을 억제해야 할 뿐만 아니라, 나아가 부하들의 권력도 통제해야 한다. 권력을 부여하지 않으면 일을 처리할 수 없고, 권력을 너무 많이 부여하면 통제할 수 없다. 현명한 리더는 관대한 마음을 가져야 하고, 또한 부하들의 권력을 통제할 수단도 가져야 하며, 이 두 가지 중 어느 하나라도 빠져서는 안 된다.

권력이란 이익과 관련되며, 큰 권력은 큰 이익과 관련된다. 그러므로 유능한 권력자는 권력의 저울추를 어느 한쪽으로만 기울여 일파가 득세하도록 하지 않는다. 권모술수의 대가인 무측천은 균형술에 뛰어났기에 균형을 잡는 과정을 통해 권력을 통제했다. 주원장은 권력을 통제한 동시에 다른 사람에게도 마음을 놓지 않고 자신만의 정보 채널을 만들어 신하들에게 속지 않을 수 있었다.

무측천 _ 견제수단을 만들다

무측천武則天이 권력을 찬탈한 이후, 서경업徐敬業의 반란이 일어났다. 이때부터 그녀는 천하 사람들이 모두 자신을 반대한다고 의심을 품었다. 게다가 대신들이 모두 자신에게 원한을 품고 저항한다고 여기고 구실을 만들어 대신들을 죽이고자 했다. 이러한 그녀의 마음을 어보가魚保家가 엿보고 있었다. 어보가는 본래 서경업의 모반에 참여해 반란군을 위해 무기와 수레를 만들어 주었다.

서경업의 반란이 실패한 뒤에도 그는 죄상이 드러나지 않아 법망을 피할 수 있었다. 그는 무측천의 비위를 맞추기 위해 구리상자銅匭를 만들 것을 건의했고 그가 직접 설계했다. 네모반듯한 구리상자 안은 네 부분으로 나뉘어 있었다. 각 칸마다 위에 갈라진 틈이 있어 무언가를 넣을 수는 있지만 꺼낼 수는 없었다. 무측천은 이를 크게 칭찬하고 즉각 구리상자를 만들어 조당 밖에 걸어두도록 했다. 누구든 여기에 투서토록 했고 전담할 관리를 배치했다. 이는 688년의 일로, 투서함은 여기서 유래됐으며, 어보가가 투서함의 고안자였다.

아이러니한 것은, 어보가의 원수가 그 구리상자를 이용해 그가 모반에 참여했던 죄상을 투서함으로써 어보가가 죽임을 당했다는 사실이다. 이는 자신도 전혀 예상치 못한 일이었다.

무측천은 투서함을 설치하면서, 천하 사람들이 수도인 장안으로 와 관리들의 죄상을 고할 수 있도록 하였다. 비밀을 고하는 자는 대신이나 지방관들이 간섭할 수 없었으며 연도의 각 역참에서도 말과 숙식을 제공했다. 경성에 온 뒤에는 조정에서 마련한 객사에 머물도록 했고, 나무꾼이든 농사꾼이든 간에 모두 알현할 수 있었다. 보고한 일이 무측천의 마음에 들면 파격적으로 벼슬자리를 주었고, 사실과 부합되지 않더라도 탓하지 않았다. 무측천이 당권파의 죄상을 밝혀내는 전쟁을 일으킨 셈이었다.

權道의 지혜

권력을 관리하는 것은 상당히 복잡한 과정이다. 거시적인 통제 메커니즘과 미시적인 관리 수단을 필요로 하며, 기교 또한 필요하다.

리더의 권력 관리란 사실상 권한을 장악한 사람이나 행사하는 사람을 관리하는 것이다. 권력이란 독립적으로 존재하는 것이 아니라, 도구에 불과하며 사람이 장악하고 사용하는 것이다. 그러므로 권력 관리는 사람에 대한 관리를 강화하는 것이라 할 수 있다.

그렇게 하려면 호소하는 것만으로는 부족하다. 진정으로 올바르게 권력을 행사하게 하려면 시스템을 완비함과 아울러 목적에 맞게 사용하며 관리감독을 철저히 해야 한다. 시스템이 갖춰지지 않으면 좋은 사람이라도 제대로 일할 수 없다. 나쁜 사람이 못된 짓을 저질러도 제약하거나 처벌할 수 없어 폐단이 극심해진다. 그러나 시스템을 갖추고 성실히 집행하면 형식에 흐르지 않게 된다. '입으로 말하고, 종이에 쓰고, 벽에 붙이는 것'만으로는 문제를 해결할 수 없다. 건전한 시스템을 갖추어야 효과적으로 행사할 수 있고, 권력관리체계를 끊임없이 완비할 수 있다.

● ● ●

당 무종과 이덕유 _ 견제세력을 형성하다

당나라 무종武宗 이염李炎의 원명은 이풍李瀍으로, 당 목종의 다섯째아들이자 당 문종의 동생이다. 당 무종의 재위기간은 6년으로, 스물일곱 살에 등극하여 서른세 살에 병사했다. 그는 재상 이덕유李德裕를 중용하여 양군중위 환관 구사량仇士良의 관작을 폐하고 그 재산을 몰수했으며, 정사를 잘 보살펴 당 중기에 훌륭한 업적을 남긴 젊은 군주였다. 이야기는 그의 둘째 형인 당 문종 이앙李昻의 병이 깊었던 때부터 시작된다.

840년 정월, 당 문종이 갑자기 중병을 앓기 시작해 좀처럼 일어나지 못했다. 재상 이각李珏과 지추밀 유홍일劉弘逸 등이 밀지를 받들어 황태자 이성미李成美가 감국, 즉 정사를 대리하도록 했다. 양군중위인 환관 구사량과 어홍지魚弘志 등은 태자 이성미가 제위를 잇게 되면 자신들의 공이 없을 것이 두려워 무력으로 쿠데타를 일으켜 황제의 동생인 이풍이 감국토록 하고, 재상 이각과 지추밀 유홍일을 체포·구금했으며, 태자 이성미와 일부 황친국척을 죽였다. 구사량은 문종이 후계자를 세울 때에 자신과 상의하지 않은 데에 원한을 품고 과거 문종의 총애를 받았던 악공이나 내시들을 죽이거나 강등시켜 일시에 공포 분위기를 조성했다. 며칠 뒤, 이풍이 구사량, 어홍지 등의 무력 하에 황제에 등극했으니 그가 바로 당 무종으로, 이듬해에 연호를 회창會昌으로 바꾸었다.

당 무종이 즉위한 뒤, 구사량은 당연히 관례에 따라 조정대권을 독점했다. 그러나 당 무종은 한 가지 조치를 취해 상황을 역전시켰다. 그는 회남절도사 이덕유를 수도로 불러들여 문하시랑과 재상 직의 하나인 동평장사를 맡겼다.

이덕유가 재상에 임명된 뒤, 입조하여 황제를 알현할 때에 자신의 정견

당 무종

을 이야기하게 됐다. "다스림의 요체는 여러 신하들 중에 누가 좋고 누가 나쁜지 판별하는 데에 있습니다. 정과 사는 서로 용납하지 못하며, 좋은 사람은 나쁜 사람을 나쁘다고 하고, 나쁜 사람도 좋은 사람을 나쁘다고 하므로 이를 구별하기가 쉽지 않습니다. 신은 좋은 사람이 소나무나 잣나무와 같아 누구에게 의지하지 않고도 우뚝 설 줄 알고, 나쁜 자는 등나무처럼 다른 것에 기대지 않으면 자립할 수 없다고 봅니다. 그러므로 좋은 사람은 한마음으로 군주를 섬기고, 나쁜 자는 붕당을 만듭니다. 선제들께서도 붕당의 폐해를 잘 알고 계셨으나, 기용한 자들은 모두 붕당 패거리들이었습니다. 이는 그 마음이 확고하지 않고 뜻이 한결같지 않아 간신들이 그 틈을 타고 들어왔기 때문입니다." 또한 이덕유는 군주가 확고하게 재상들에게 의지해야 정치가 제대로 이루어지고, 재상들을 진실하게 대해야 하며, 재상들 중의 간신을 물리치고, 잘못이 있으면 그 자리에서 지적해야지, 소인들의 꼬임에 넘어가서는 안 된다고도 했다.

841년 3월, 구사량이 여러 차례 무종에게 당 문종의 태자 감국을 지지했던 지추밀 유홍일, 설계릉薛季棱, (이미 외지로 좌천된) 재상 양사복楊嗣復과 이각 등을 죽일 것을 권했다. 이에 무종은 조서를 내려 유홍일·설계릉 등을 처형하고, 사자를 보내 양사복과 이각 등도 죽이도록 했다. 두 사람의 사자가 출발할 때에 호부상서 두경杜驚이 이를 알고는 말을 타고 이덕유의 집으로 가 말했다. "천자께서 아직 연소하시고, 새로이 즉위하셨으나, 이렇듯 마음대로 사람을 죽여서는 안 됩니다." 이덕유는 급히 재상 최공崔珙 등과 더불어 상서를 올려 이를 막으려 했고, 추밀사를 중서성으로 불러 함께 입궁하여 무종에게 이 일을 논의토록 할 것을 청했다.

대신들의 간절한 청에 따라 당 무종은 결국 재상들을 소집시켰다. 이덕유가 눈물을 흘리며 말했다. "폐하께서는 이 일을 신중하게 처리하셔야 후회하지 않으실 것입니다." 그는 앞서 올린 상서에서도 선제들이 재상을 죽이고 후회했던 일을 열거한 바 있는데, 당 덕종이 유안劉晏을, 당 문종이 송신석宋申錫을 죽이고 모두 후회했다고 했다. 또한 이덕유 등은 이들 두 재상들을 심문도 제대로 하지 않고 죽이는 것은 잘못된 일이라고 했다. 그러나 무종은 조금도 동요하지 않고 말했다, '짐은 후회하지 않는다.' 무종은 세 차례나 그들에게 앉으라고 명했으나, 이덕유 등은 앉지 않고 말했다. "신들은 폐하께서 이들 두 사람의 죽음을 면해 사후에 여러 사람들이 원망하지 않게 하실 것을 청하옵니다. 지금 성지를 받들어 사면하지 않으신다면 신들을 앉지 않겠습니다." 한동안 꼼짝 않고 서 있자, 무종이 비로소 말문을 열었다. "좋소, 그대들을 위해 그 두 사람을 사면하겠소!" 이덕유 등은 그제야 기뻐하며 계단을 내려와 환호하며 춤추기 시작했다. 무종은 그들에게 올라와 앉으라고 명했고, 탄식하며 말했다. "짐이 즉위할 때에 재상들은 아무도 나를 지지하지 않았소. 이각, 설계릉, 양사복, 유홍일 등, 모두가 나를 지지하지 않은 것은 마음 아픈 일이오." 그리고는 그들을 죽이려 보낸 사자들을 쫓아가 데리고 돌아오도록 명했다.

그해 6월에 무종은 하나의 명령을 내렸다. "향후 신하들이 다른 사람의 죄를 논할 때에는 우선 어사대에 넘겨 심문토록 해야지, 궁중에 직접 처벌할 것을 요구할 수 없다. 이로써 참언을 단절시키고자 한다."

이는 구사량 등이 황제에게 직접 요구해 자신들과 다른 뜻을 가진 자들을 처벌할 길을 봉쇄한 것과 다름없었다. 이후 국가대사는 당 무종이 이덕유, 진이행陳夷行 등 재상들, 특히 이덕유와 상의해 처리한 것이 가장 많았다. 구사량이 관군용사라는 직함을 갖고 있기는 했으나, 국가대사를 논의하고 결정하는 것은 자신의 수중에 없었다. 구사량은 점차 냉대 받게 되자, 당 무종의 신임을 받는 이덕유에 대해 극도의 원한을 품기 시작했고 기회만 있으면 그와 맞서고자 했다.

842년 4월, 무종이 여러 신하들에게서 존호를 받는 의식을 거행하게 됐는데, 이때에 이르러 단봉루에 도착해 천하 사면령을 선포했다. 직전에 어떤 이가 구사량에게 말했다. "재상과 탁지대신이 상의해 이 사면서를 기초했고, 아울러 금군의 의복·식량과 마초馬草를 삭감했습니다. 이야기를 듣자마자, 구사량이 버럭 화를 내며 큰소리로 말했다. "일이 이렇게 됐다면, 군사들이 가만있지 않을 거야." 이 소식이 이덕유에게 들어가자, 그는 급히 입궁하여 무종에게 해명해줄 것을 청했다. 무종은 그 말을 듣고 화를 내며 즉각 양군으로 사자를 보내 선고했다. "사면서에는 양식 삭감 같은 일은 있지도 않으며, 사면서는 짐의 뜻에서 나왔지, 재상들에게서 나온 것이 아니다. 너희들이 어찌 그런 말을 할 수 있단 말이냐!" 구사량이 이 말을 듣고는 부끄러워하며 황급히 무종에게 나아가 잘못을 시인했다.

843년, 구사량이 대세가 기울었음을 알고는 노환을 구실로 자신에게 실제 권한이 없는 산관散官을 맡겨달라고 청했다. 이에 무종은 조서를 내려 그에게 좌위상장군 겸 내시감, 지내시성사를 맡겼다. 그해 6월에 구사량이 관직을 그만두고 집으로 돌아가려 할 때에 그 패거리들이 어떻게 천자의 은총을 확고히 할 수 있었는가 물었다. 그가 말했다. "천자가 한가하게 해서는 안 된다. 항상 사치와 낭비로 그의 이목을 즐겁게 해주고, 끊임없이 변화를 주어 날이 가고 달이 가도 자신의 일을 돌아볼 틈을 주지 않아야 비로소 우리가 뜻을 얻을 수 있다. 또한 황제가 책을 읽거나 유생들과 가까이 하게 해서도 안 된다. 그가 전대의 흥망을 알게 되어 두려워하는 바가 생기면 우리들은 배척당할 것이다!" 그 당파들이 감사의 절을 올리고 돌아갔다. 같은 달에 구사량이 죽었다. 이듬해 여름에 환관 중에 구사량의 죄악을 폭로한 자가 있어 조사해보니 그의 집에 수천 건의 무기가 숨겨져 있었다. 이에 무종이 명을 내려 그 관작을 삭탈하고, 재산을 몰수했다.

權道의 지혜

하급기관에 따라 관리나 감독방식이 달라야 한다는 것은 중요한 원칙이다. 많은 리더들이 이를 소홀히 해 실수를 초래한다. 일단 임무를 부여하면 담당자의 특수한 상황에 따라 감독이나 관리방식을 확정해야 한다.

관리 분야의 한 전문가가 완전히 다른 유형의 두 사람에게 임무를 부여하고 그 반응을 살펴보았다. 한 사람의 이름은 앤드류로, 그 전문가의 다섯 살 된 아들이고, 다른 한 사람의 이름은 차오로, 성숙하고 노련한 성년이었다. 앤드류는 다음과 같았다. 그는 앤드류를 주방 도우미—네 명의 아이들이 돌아가면서 맡았다—로 훈련시켰다. 식사 전에 식탁을 정리하고 식사 후에는 식탁을 치우고 쓰레기를 버리는 등 가사를 돕는 것이었다. 앤드류는 애초부터 이 일에 별다른 흥미를 느끼지 못했던 데다가 동기도 없고 기교도 없어 옆에서 채근해야 겨우 일을 완수할 수 있을 정도였다. 전문가는 줄곧 그를 지켜보며 옆에서 이것저것 지시해야 했다. 그렇지 않으면 손 하나 까닥하지 않았다. 앤드류에게는 특별한 지도와 감독이 필요했다.

또 다른 한 사람인 차오는 자신의 조직에서 이미 1년간 일한 바 있었으므로 전문가는 그에게 도전적인 일을 맡겼다. 전문가는 그들의 본부 소재지인 시카고에 살고 있었고, 차오는 캘리포니아에 살고 있었기에 매일매일 직접 차오의 업무 진척상황을 점검할 수 없었다. 그러나 전문가는 안심했다. 차오는 자신을 독려하며 자발적으로 일을 처리할 수 있었기 때문이었다. 차오는 주어진 기한이 만료되기도 전에 일을 훌륭히 마쳤다. 앤드류와 차오 간에는 어떠한 차이가 있을까? 나이 차이뿐만 아니라, 더욱 중요한 것은 동기, 흥미 및 기교 등이다.

등급별로 나름의 성격 및 방식에 따라 운용하는 감독방식이나 방법을 전문가들은 '상황 리더십'이라고 한다. 상황 리더십의 네 가지 방식은 파견식, 참여식, 권유식 및 명령식으로 나뉜다. 리더가 가장 범하기 쉬운 잘못은 천편일률이다.

파견식이란 가장 이상적인 업무 지도방식이다. 임무를 부여받은 자는 나름의 독자성을 갖고 있으며 경험도 풍부하다.

참여식이란 리더가 여러 사람과 함께 일하는 것으로, 사람들에게 이렇게 해야 한다고 알리는 것이다. 아버지가 큰아들에게 잔디 깎는 법을 가르칠 때, 처음에는 함께 일하지만 이제는 아버지가 출장을 갔다 하더라도 아들 혼자 충분히 완수할 수 있다. 처음에는 함께 참여하지만, 이제는 혼자서 성공적으로 끝맺게 된다.

권유식이란 업무의 기교는 있지만 열정이나 동기가 부족하기에 그들을 잘 설득하기만 한다면 훌륭히 처리할 수 있다.

명령식은 앤드류나 다른 아이들에게 적용한 방식이다. 그들은 흥미가 없는데다가 열정이나 동기도 없고, 또 기교도 없다. 이러한 사람들에게는 어떠한 일을 해야 한다고 강하게 밀어야 한다. 이는 가장 저급한 방식이며 적게 쓸수록 좋다.

● ● ●

한 고조 유방 _토사구팽

황실과 성이 다른 제후 왕은 서한西漢 건국 전후에 분봉한 유씨 성이 아닌 제후 왕이었다. 성이 다른 왕들을 제거한 것은 한 고조가 통일적인 전제주의 중앙집권 국가를 공고히 하기 위해 채택한 방략이었다. 당시 이성異姓 제후 왕은 모두 7명으로, 초왕 한신韓信, 양왕 팽월彭越, 회남왕 영포英布, 조왕 장이張耳, 연왕 노관盧綰, 장사왕 오예吳芮, 그리고 한왕 한신韓信이었다. 그중 오예와 한신을 제외한 나머지 5명은 초한전쟁 때에 유방을 도와 권력을 빼앗는 데에 공로가 컸다. 이성 제후 왕의 분봉은 당시의 정치·군사적 필요 외에도 상당한 역사적 연원을 두고 있었다.

진시황이 6국을 통일한 뒤, 주나라 때 이후로 내려오던 분봉제를 없애고 전국적으로 군현제를 확립했다. 여러 아들이나 공신에게 작록을 주되, 땅을 주지 않았다. 그러나 분봉제의 사회적 기초가 없어지기는커녕 여전히 사람들의 뇌리에 남아 있었다. 진나라 말에 농민봉기가 일어난 뒤, 6국의 잔존 귀족세력은 반진反秦의 기회를 틈타 각지에서 왕을 칭했다. 당시 제나라의 전담田儋은 스스로 제왕이 되었고, 위구魏咎는 위왕이 됐으며, 한광韓廣은 연왕이 됐고, 무신武臣은 조왕이 됐다. 진나라가 멸망한 뒤, 반진세력 중에서 가장 강했던 항우項羽는 자신의 맹주 지위를 공고히 하기 위해 6국 귀족들이 병립하는 상황을 받아들이지 않고, 스스로 서초패왕西楚霸王으로 봉했고, 이어 자신의 심복을 왕으로 분봉했다. 이에 이른바 18로 제후가 형성됐다. 초한전쟁 중에 한왕 유방劉邦은 항우 세력을 와해시키기 위해 항우가 분봉한 제왕들, 예를 들어 장이, 영포, 오예, 노관 등을 포섭하는 한편, 휘하 장수들의 분봉 요구를 만족시켜줄 수밖에 없어 계속 제후 왕으로 봉하였다. 예를 들어, 기원전 203년 봄에 한신이 제 땅을 평정한 뒤, 제왕으로 세워줄 것을 청했다. 당시 유방은 낭패를 보던 때라 이 말을 듣고 상당히 화가 났지만, 계속 한신을 이용하기 위해 장량張良의 의견에 따라 체면 불구하고 그를 제왕에 봉했다. 이후 병력을 동원해 항우를 포위 공격하기 위해 같은 해 7월 영포를 회남왕에 봉했고, 이듬해 10월에는 휴양 이북에서 곡성에 이르는 땅을 팽월에게 분봉했다. 그들은 유씨 종실이 아니었기에 역사에서 이들을 가리켜 이성異姓 제후 왕이라 불렀다. 기원전 202년 5월에 유방이 황제를 칭할 때까지 이성 제후 왕들은 전국시대 동방 6국의 대부분을 차지했다.

서한 초년, 사회경제가 쇠퇴하고 통치 질서 또한 확립되지 못했던 시기에 한 고조는 잠시 현상 유지에 힘쓸 수밖에 없었다. 그러나 제후 왕 세력의 팽창에 대해서는 예의주시하고 있었다. 예를 들어, 해하의 전쟁이 끝나고 항우가 죽은 뒤, 유방은 곧 한신의 병권을 빼앗음과 아울러 그를 제왕에서 초왕으로 바꾸었다. 기원전 202년 7월, 장이가 병사했다. 얼마 뒤에 연왕 노관이 반역을 꾀하자, 유방이 친히 군대를 이끌고 정벌했다. 남은 5인 중에서 초왕 한신, 양왕 팽월, 회남왕 영포 등은 한나라를 세우는 데 공이 컸을 뿐 아니라 군사력도 막강했기에 한 고조의 골칫거리로 남았다. 이에 유방은 여후의 협조 하에 강경책을 취해 제후 왕 세력을 하나하나 제거했으며, 심지어 육체를 없애버리는 잔혹한 수단도 서슴없이 취했다.

기원전 201년, 유방이 한왕 한신에게 분봉했는데, 북으로는 공·락에 가깝고, 남으로는 완·엽에 면하였으며, 동으로 회양에 닿는 군사 요충지였다. 이에 따로 태원을 한국韓國으로 삼아 그를 이곳에 분봉하여 흉노의 침략을 방어토록 했고, 원래 도읍이었던 진양을 마읍으로 옮겼다. 그해 가을, 흉노의 묵특선우冒頓單于가 대군을 이끌고 마읍을 포위하자, 한신이 여러 차례 사신을 보내 강화를 청하였다. 이에 유방은 그가 딴 마음을 품은 것으로 생각하고, 글을 내려 책망했다. 한신은 두려운 나머지 아예 흉노에 투항함과 아울러 그들과 함께 한나라를 공격했다. 이듬해 유방이 친히 군사를 이끌고 정벌하자, 흉노에게로 도망쳤고, 후에 흉노 군대와 연합해 변경을 침략했다가 한나라 군대에게 죽임을 당했다.

초왕 한신이 봉국에 도착하자마자, 관할지역을 순찰하고 군대를 사열하는 바람에 반란을 꾀한다고 고발당했다. 한 고조는 진평의 계책에 따라 운몽을 순행한다는 구실로 제후들을 만나는 자리에서 한신을 붙잡아 낙양까지 데려가서는 회음후淮陰侯로 강등시켜 버렸다. 그러나 유방은 시시때때로 그와 군사작전을 논했다. 기원전 196년에 진희陳稀가 모반을 일으키자, 한신이 그와 내통했는데, 이듬해 유방이 반란을 평정하면 관리들을 노예로 삼을 것이라는 거짓 조서를 꾸미고 여후와 태자를 습격한 탓에 고발당했다. 여후가 소하蕭何의 계책에 따라 한신을 장락궁으로 들게 한 뒤, 그를 죽이고 삼족을 멸했다. 한 고조가 이 소식을 듣고 기뻐하기도 했으나, 용맹한 수하를 잃었기에 슬퍼하기도 했다.

진희의 반란은 한 고조가 군사를 이끌고 친히 정벌했다. 그는 양왕 팽월에게 정벌할 것을 명했는데, 팽월이 병을 구실로 전진하지 않아 불만을 사게 됐다. 이후 어떤 이가 팽월이 그 장수 호첩扈輒과 더불어 모반을 꾀했다고 고발하자, 비로소 팽월을 잡아들여 촉 땅으로 유배시켰다. 도중에 팽월이 여후를 만나 읍소하며 자신의 무죄를 호소하고, 창읍으로 옮겨줄 것을 청했다. 여후가 거짓으로 허락한 뒤, 팽월을 낙양으로 데리고 가 고조에게 말했다. "팽월은 장사로, 이제 촉 땅으로 유배하면 후환을 남기게 될 것이니 죽이는 것만 같지 않습니다." 이에 팽월의 부하로 하여금 그가 모반을 꾀했다고 고발토록 하고는 정위가 심리한 뒤, 종족을 모두 몰살시켰다. 또한 명을 내려 팽월의 시체로 젓갈을 만들어 제후들에게 보내 이성제후 왕들의 공포심을 자아냈다.

회남왕 영포는 본래 항우의 부하로, 유방과는 아무런 연관이 없었다. 그는 한신이 죽임을 당하는 것을 보고는 마음이 불안했는데, 팽월의 젓갈을 받은 뒤에는 더욱 놀라 곧바로 부대를 집합시켜 경계를 강화했다. 그 결과, 모반을 꾀하고 있다고 고발당했다. 기원전 196년 7월, 영포가 군사를 일으켜 반란을 꾀했다. 유방이 군대를 보내 토벌토록 했고, 이듬해 10월에 회남 땅이 평정됐다.

장도臧荼를 대신해 연왕이 됐던 노관은 유방과 가장 가까운 사이였다. 진희의 모반이 의심을 샀기에 유방이 사신을 보내 노관을 불러들였다. 그러나 노관이 병을 구실 삼았고, 사신에게 한 말이 상황을 설명해주었다. "유씨가 아닌 왕은 이제 나와 장사이밖에 없네. 왕년에 회음후를 죽이고,

소하

팽월을 멸한 것은 모두 여후의 계책이네. 황제가 병이 든 것은 모두 여후 때문이지. 여후 부인은 이성 왕들과 공신들을 모두 죽이고자 하네." 한 고조가 보고받은 뒤, 화가 치밀어 노관이 모반하려 한다고 단정했다. 고조가 죽은 뒤, 노관은 식솔들을 이끌고 흉노에게 도망쳤다. 사실 노관의 말이 전부는 아니다. 이성 왕들을 죽인 것은 유방의 뜻이었으며, 단지 여후의 마음이 더욱 악랄했을 뿐이었다.

權道의 지혜

공이 많으면 화를 당하게 마련이다. 과감히 물러나는 것 또한 배울 필요가 있다. 전통사회에서는 모든 권력이 한 사람에게 있었고 또 그를 지향했다. 임무는 부여했지만 권력은 주지 않았다.

《하버드 비즈니스 리뷰》에 임무 부여와 원숭이를 연결해 "원숭이를 내 등 위에서 데리고 가라"는 글이 실렸다.

어떤 일을 다른 사람에게 넘기는 것은 마치 원숭이를 그의 등 위에 올려놓는 것과 같다. 그의 책임은 이 원숭이를 잘 돌보고 기르는 것이다. 이 원숭이를 풀어주는 때가 바로 임무가 완수되는 날이다. 듣기에는 쉽지만 행하기는 어려운 일이다. 한 부하 직원이 자신의 책임에 속하는 문제를 들고 당신을 찾아왔다고 가정해보자. 그는 난관에 부딪쳐 도움이 필요하다. 그러나 그의 목적은 원숭이를 자신의 등 위에서 내려 당신의 등 위에 올려놓는 것이다. 만일 당신이 '좋아, 한 번 생각해보자'라든가 '꼭 적당한 사람을 찾아 얘기해볼게'라든가 또는 '좋아, 나에게 넘겨'라고 한다면, 그 원숭이가 당신 등 위로 뛰어오게 되고, 이제 원숭이를 돌보고 기르는 책임은 모두 당신이 떠안게 된다.

만일 이러한 상황이 하루에도 여러 차례 발생한다면, 당신 주위는 온통 원숭이로 가득 찬다. 다른 사람이 기르지 않고 떠넘긴 원숭이들이다. 그러나 문미에 다음과 같은 글을 써 붙여 스스로를 일깨워라. '그들은 자신들의 원숭이를 데리고 갔는가?' 그들을 대신해 그들의 일을 해줄 필요는 없다.

임무 부여는 다른 의미의 존중이다. 책임을 넘기는 동시에 권력도 넘겨야만 성공률이 80%에 달한다. 그리고 한 가지 업무를 부여하면 끝까지 책임지도록 해야 한다. 당신이 그 업무의 진척을 점검할 수 있지만 계속 관찰하면서 추진방식에 대해 일일이 지적해서는 안 된다.

● ● ●

주박 _ 약점을 잡다

한漢나라 때의 주박朱博은 본래 무장 출신이었지만, 이후 좌풍익 지방문관으로 자리를 옮겼는데, 교묘한 수단으로 악한 세력을 무너뜨려 사람들에게 칭송받았다.

장릉 일대에 상방금尙方禁이라는 대부호가 젊었을 때에 다른 사람의 아내를 강간하다가 칼로 뺨을 베였다. 이렇듯 악한 자는 엄히 처벌받아야 마땅했으나, 관리들에게 뇌물을 주어 파직되기는커녕 오히려 수위로 승진했다.

어떤 이가 이를 주박에게 고발하자, 그는 너무도 오만방자하다고 느꼈다. 이에 구실을 찾아 상방금을 불러들였다. 상방금은 신임 장관이 갑자기 자신을 부르자, 안절부절못하다가 억지로 찾아갔다. 주박이 상방금의 얼굴을 자세히 보니 과연 칼에 벤 상처가 있었다. 주박이 좌우를 물리치고는 상당히 관심 있는 듯한 태도로 상방금에게 물었다. '그대 얼굴에 난 상처

는 어떻게 된 것인가?'

도둑이 제 발 저리듯, 상방금은 주박이 이미 모든 상황을 알고 있다고 여기고 모든 걸 인정했다. 병아리가 모이를 쪼듯이 연신 절을 올리며 '소인의 죄입니다, 소인의 죄입니다'를 연발했다. "스스로 죄가 있음을 알고 있으니 자초지종을 나에게 얘기해보라." '예, 예.' 상방금이 저간의 사정을 꾸밈없이 이야기했다. 들은 얘기와 비교해보니 그다지 차이가 없었다. 그가 두 눈을 부릅뜨고 쳐다보자, 상방금은 감히 머리를 들지도 못하고 간곡하게 청했다. "대인께서 저의 죄를 용서해주신다면, 소인이 다시는 천인공노할 죄를 짓지 않겠습니다." '하하하…,' 주박이 갑자기 크게 웃더니 "사내대장부란 본래 이런 일을 피하기 어려운 법이야. 내가 자네에게 설욕할 기회를 줄 터이니 잘할 수 있겠는가?"

상방금은 주박의 웃음소리에 온몸에 소름이 끼쳤고, 내심 정말로 재수없는 날이라고 생각했다. 그러나 이야기를 들으면서 조금씩 안정을 찾았다. 주박이 이야기를 마치자, 그가 땅에 무릎을 꿇고 '소인은 결코 이를 거절할 수 없습니다. 대인을 위해 최선을 다하겠습니다'라고 말했다.

이에 주박이 위로의 말을 건네고는 다른 사람에게는 오늘 일을 누설치 말라고 명했다. 그에게 주어진 기회란 다른 관리들이 하는 말을 기록하여 곧바로 주박에게 보고하는 것이었다. 이제 상방금은 그야말로 주박의 심복이자, 눈과 귀가 된 것이었다. 주박에게서 관대하게 중용된 뒤, 상방금은 그 은혜에 명심에 명심을 거듭하였기에 목숨 바쳐 일했고, 얼마 뒤에는 수많은 강도나 강간범들을 잡아들여 그 효과가 드러나기 시작했다. 이에 지방 치안상황도 눈에 띄게 호전됐다. 주박이 비로소 그를 연수현 현령으로 승진시켰다.

어느 정도 시간이 흐른 뒤, 주박이 갑자기 명을 내려 상방금에게서 뇌물을 받았던 아전을 불러들였다. 주박이 그를 엄하게 질책한 뒤, 지필묵을 가져오게 하고는 자신이 1전 이상 뇌물을 받은 일을 모두 쓰라고 하자, 그는 도저히 숨길 수 없었다.

그 아전이 놀라 부들부들 떨며 붓을 들고는 자신이 지은 죄를 적으려 했다. "잊지 말라, 조금이라도 속인다면 네 머리를 쳐버릴 것이다"라고 주박이 큰소리로 외쳤다. 그 말이 채 끝나기도 전에 아전이 들고 있던 붓을 아래로 떨어뜨렸다. 그는 주박이 말하는 것이나 일하는 것으로 볼 때에 만만치 않은 사람이라는 것을 알고 있었기에 황급히 붓을 들고 "소인은 대인의 지시에 따라 조금도 숨김없이 낱낱이 고할 것입니다."

주박은 일찍이 상방금 사건 때부터 이 아전이 탐욕스럽게 뇌물을 받고 못된 짓을 저질렀던 것을 알고 있었기에 그가 적은 내용을 보고는 사실과 크게 다른 바 없음을 알았다. 그리고 아전에게 말했다. "너는 우선 돌아가 반성하며 처결을 기다리라. 이후 개과천선해야지, 다시 또 못된 짓을 저지르면 안 될 것이다!"하고는 검을 뽑았다. 아전은 주박이 검을 뽑는 것을 보더니 다리에 힘이 풀려 엎드려 '대인, 살려주십시오'라는 말만 거듭했다.

주박이 죄상을 적은 종이에 검을 두세 번 번쩍이자, 종잇조각이 흩날렸다. '엄마야!' 아전은 검을 자신의 빰에 대는 줄 알고 혼비백산했다. 그 광경을 보며 자신의 눈을 믿지 못해 자신의 빰을 당겨보았다. 머리가 아직도 온전하게 붙어 있었다. '나가라! 그리고 아전 일을 계속하라.' 아전은 커다란 은혜를 입고 물러나며 연신 머리를 조아렸다. 이후 아전은 살얼음판 위를 걷듯이 전전긍긍하며 온힘을 다해 열심히 일했다. 주박은 그 아전도 계속 중용했던 것이다.

權道의 지혜

이는 약점을 쥐고 아랫사람을 통제하는 전형적인 예이다.

대부분의 사람들은 자신감이 별로 없다. 자신감이 없는 것이 사람들의 최대 약점이다.

자신감이 없는 사람은 다른 사람이 자신을 어떻게 볼까 하는 점에 대해 우려한다. 이때 당신이 그에게 '자네, 너무 잘했어, 점점 더 나아지고 있어'라고 이야기해보라. 자신감이 없는 사람은 일을 그르칠까 두려워한다. 이때 당신은 그에게 '자네가 우리와 함께 일하고 있어서 천만다행이야. 자네 도움이 없었다면 나는 어떻게 하는지도 몰랐을 거야'라고 말해주어라. 자신감이 없는 사람은 일에 대한 믿음이 부족하다. 당신은 그가 업무 수행 능력을 높여 새로운 업무분야에서도 성공하여 믿음을 가질 수 있도록 도울 수 있다.

자신감이 없는 사람을 자신감을 가질 수 있도록 돕게 되면 그는 당신에게 의존하게 된다. 그러나 지나친 의존은 오히려 역효과를 낳는다. 사사건건 당신에게 의존한다면 당신도 이를 견디지 못한다. 당신에게 영원히 의존한다면 그 또한 영원히 자립할 수 없다.

권력을 가진 자는 자신감이 부족한 사람을 쉽게 부릴 수 있다. 자신감 부족은 그 사람의 약점이기 때문이다. 권력자가 그들의 약점을 해소시킬 수 있다면 생각 이상의 효과를 볼 수 있다. 권력자의 입장에서 약점을 이용한다는 말은 약점을 해소시킨다는 뜻이어야 한다.

유비와 서서 _ 마음을 다하다

201년에 원소袁紹가 윤정전투에서 조조 군대에게 패퇴당한 뒤, 울분에 싸여 죽었다. 조조 군대가 이를 틈타 여남지역으로 진격해 예주 일대에서 유비 세력을 말끔히 소탕하고자 했다. 유비는 맞설 힘이 없었기에 형주로 퇴각해 형주자사 유표劉表의 보호를 받았다. 유표는 유비가 명망을 얻고 있어 후하게 대접함과 아울러 그에게 신야에 주둔하며 군대를 훈련토록 함으로써 조조의 남침을 방어하는 일선으로 삼았다. 당시 유비는 수하가 많지 않아 유표에게 의탁했을 뿐만 아니라, 늘 형주 권신들이나 장령들의 시기를 받고 있었는데, 한나라 황실을 부흥하겠다는 원대한 포부도 실현하기 어려웠고, 자신의 뜻마저도 제대로 펴지 못하고 있었다.

당시 영주에 서서徐庶라는 현사賢士가 있었는데, 그는 고향 사람 대신에 원수를 갚기 위해 악당을 죽이고 외지로 도망가 이름을 단복單福으로 바꾸고 형양지역에 숨어 있었다. 서서는 유표의 우유부단과 무능을 싫어했기에 가난하면서도 결코 그의 관아에서 일하지 않았다. 유비가 신야에 온 뒤, 통치에 힘써 민간에서 다음과 같은 노래가 유행했다. '신야의 통치, 유황숙이 오고난 뒤, 백성들이 풍족해졌네.' 서서는 유비의 사람됨이 일찍이 조조를 죽이려 할 만큼 영웅의 기개가 있음을 알고, 그에게 투신코자 했다. 우연히 유비를 만난 자리에서 서서는 그를 떠보려 했다. 그는 유비가 탄 말이 하루에 천 리를 갈 수 있으나, '주인에게 해를 끼치니' 타서는 안 된다고 했다. 아울러 이 말을 원수에게 주어 주인에게 해를 끼치기를 기다렸다가 다시 데리고 오라고 부추겼다. 그러나 유비는 그 자리에서 단호하게 거절했다. 서서는 유비의 인자함과 의로움을 믿을 만하다고 여기고, 비로소 초청을 받아 유비의 군사軍師가 됐다.

유비는 서서에게 겸허하고 공경했으며, 자신의 안타까운 처지를 숨김없이 이야기했는데, 그 정성에 서서가 감동했고, 이에 진심으로 유비를 대했다. 조조가 형주를 취하려 조인曹仁 등, 3만의 군사를 보내 신야로 진군하였다. 열 배나 많은 적을 보고 유비는 서슴없이 서서의 계책을 받아들여 두 차례나 조조의 군대를 크게 패퇴시켰다. 많은 손실을 입은 뒤, 조조는 뛰어난 사람이 유비를 도와준다고 단정하고 정탐토록 했는데, 그가 바로 서서였다.

다른 사람의 인재도 자신의 부하로 삼으려 할 만큼 인재를 아꼈던 조조는 서서의 사람됨이 충직하고 효성스러우며, 어려서 아비를 잃고 어미만 남아있음을 알았다. 이에 사람을 시켜 서서의 어미를 허창許昌으로 데리고 오게 한 뒤, 서서에게 투항하라는 편지를 쓰게 했다. 그 어미가 거절하자, 그 필적을 위조해 신야로 보내고는 서서에게 밤중이라도 빨리 와서 효도를 다하라 했다. 효성스러운 서서가 편지를 받은 뒤, 눈물을 흘리며 유비에게 하직인사를 올렸다. 병법에 정통한 군사이자 친구를 얻어 자신감을 갖게 됐던 유비는 이번에 서서가 어미를 만나러 떠나면 다시는 볼 수 없을 것임을 잘 알고 있었다. 그가 떠나면, 자신에게 커다란 손실이 될 것인 반면, 조조에게는 호랑이에게 날개를 달아주는 격이 될 것임도 잘 알았다. 그러나 조조 또한 인재를 아끼고 존중할 줄 알고, 자신은 인자함으로 사람을 감동시키는 군자이기에 강제로 막을 수 없었다. 이에 유비는 만류하기는커녕 오히려 눈물을 흘리며 서서를 위로했다. "어미와 자식은 천륜이니 나 때문에 주저하지 마시오." 당시 손건孫乾이 남몰래 유비에게 말했다. "서서는 천하의 기재로, 오랫동안 신야에 있었으니 우리 군대의 허실을 잘 알고 있습니다. 만일 그를 조조 진영으로 보낸다면 반드시 그를 기용할 테니, 마땅히 만류하셔야 합니다. 만일 조조가 그 어미를 죽인다면 그는 반드시 어미를 위해 복수하고자 조조를 적대시할 것입니다." 그러나 유비는 단호하게 대답했다. "안 된다! 사람을 시켜 그 어미를 죽이고 자식을 내가 쓴다는 것은 인자하지 못한 것이다. 그를 가지 못하게 만류하는 것 또한 모자간의 정을 끊는 것이므로 의롭지 못한 것이다. 차라리 죽을지언정 인자하지 않고 의롭지 않은 짓을 하지 않겠다."

유비는 서서의 출발을 위해 술을 준비하고 서로 만나 눈물을 흘렸다. 장정에 이르자, 유비가 다시 말에서 내려 배웅하니 그 깊은 정에 서서가 더욱 감동받았다. 그 자리에서 유비에게 설사 조조 진영으로 가더라도 결코 그를 위해 계책을 올리지 않을 것이라고 했다. 유비는 서서가 조조에게 가면 정성껏 어머니를 모시고, 자신을 걱정하지 말라고 했다. 서서가 눈물을 훔치며 말에 오르더니 잠시 말을 돌려 유비에게 와서 말했다. "제게 좋은 친구가 하나 있는데, 그는 양양성 밖 20리 떨어진 곳 융중에 살고 있습니다. 그는 하늘과 땅의 이치를 꿰뚫고 있는 인재이니 장군께 소용이 있을 것입니다." 유비가 서서에게 추천해줄 것을 청하였으나, 서서는 오히려 "이 친구는 욕심이 없는 사람이니 장군께서 직접 가시지 않으면 나오지 않을 것입니다. 장군께서 신분을 무릅쓰고라도 그를 맞아들일 수 있겠습니까?" 하고는 떠나갔다.

서서가 조조 진영으로 가자, 그 어미는 비로소 조조가 계책으로 아들을 불러들였음을 알고 통탄했으며, 아울러 아들에게 편지를 자세히 보지도 않고 믿어 오명을 쓰게 됐다고 나무랐다. 그 후, 스스로 강에 몸을 던졌다. 어미를 잃고 난 뒤, 서서는 조조가 하사하는 것을 일체 받지 않고, 묻는 것도 줄곧 대답하지 않았다. 몸은 조조 진영에 있었으나, 자신이 한 말을 끝까지 지키고자 단 한 가지 계책이나 술수도 올리지 않았다. 만일 유비가 자식의 마음으로 서서의 어미를 대하지 않고, 인재와 인의 중에서 인의에 더 치중했다면 서서가 감동했다 하더라도 이렇게 끝까지 의리를 지키지는 않았을 것이다.

權道의 지혜

용인술用人術 중에서도 '마음을 다하는 것'이 가장 중요하고 가장 결정적인 용인술이다. 어떤 용인술이든 간에 순조롭게 실행하려면 반드시 두 가지 선결조건을 갖춰야 한다. 첫째, 리더가 아랫사람을 쓰려는 마음이 있어야 하며, 둘째, 아랫사람이 윗사람의 뜻을 받아들여야 한다. 후자가 전자보다 더 중요하며 그만큼 어려움도 크다. 아랫사람은 그 마음이 복잡하기에 리더는 아랫사람의 마음을 정확히 이해해야 할 뿐 아니라, 이를 기초로 아랫사람의 마음을 사로잡아 그가 당신을 믿고 존경하며 복종하고 아끼게 만들어야만 그 정성이 효력을 발휘한다. 그러나 아랫사람을 그렇게 만드는 것은 결코 쉬운 일이 아니다.

조조는 서서가 효성스럽다는 점을 이용해 그를 자기편으로 끌어들이려 했으나, 결코 서서의 마음을 진정으로 얻지 못했다. 자신에게 완전히 등 돌리는 쓸모없는 인재를 얻었을 뿐이다.

유비가 세 번이나 초가집을 찾았으나, 번번이 제갈량諸葛亮에게 푸대접을 받은 것은 유비가 인재를 받아들이려는 성의와 겸허한 미덕이 있는가 여부를 살펴보려 했기 때문이다. 심지가 굳고 아랫사람을 겸손히 대하는 유비의 인품에 마음이 흔들린 뒤, 산야에 파묻혀 지내던 '와룡臥龍' 선생은 유비의 초청을 흔쾌히 받아들이고 그를 도와 한나라 황실의 재건에 힘썼다.

앞서 본 두 가지 용인술은 마음을 다함이 얼마나 중요한가를 긍정적·부정적 사례를 살펴본 것이다.

● ● ●

제갈량 _ 인재를 알아보다

제갈량諸葛亮은 삼국시대 촉한蜀漢 조정의 정치가이자 군사 전략가였다. 그의 업적은 《삼국지三國志》《삼국연의三國演義》 등의 기록과 작품을 통해서도 널리 알려져 있다. 확실히 제갈량은 그리 만만치 않은 사람이었다. 여몽呂蒙이 관우를 죽이고 형주를 빼앗고, 유비가 패배해 죽음에 이르러 후사를 맡길 때, 제갈량은 '패전할 때에 임무를 맡고, 위험에 처했을 때에 명을 받들어' 성난 파도를 잠재우듯 조그만 촉 땅으로 강대한 조조 세력에 맞서 촉한을 지켜냈다. 그래서 《삼국지》의 저자인 진수陳壽는 그를 일컬어 '다스릴 줄 아는 인재요, 관중이나 소하에 버금간다'고 칭찬했다.

제갈량이 정치나 군사 면에서 탁월한 업적을 남길 수 있었던 데에는 여러 이유가 있다. 그중에서도 구습에 얽매이지 않은 인재 선발이 뛰어났다. 속담에 이르기를, '한 울타리에는 말뚝이 세 개요, 한 사람의 대장부에게는 세 사람의 조력자가 있다'고 했다. 제갈량은 장수를 쓸 때 집안, 재력, 관계 등을 따지지 않고 작전에 능한 자를 중용했으며, 심지어 파격적으로 발탁하기도 했다. 대장군이 된 장완蔣琬은 본래 직위가 낮은 관리였다. 제갈량은 장완이 충직하다는 것을 알고 발탁해 중임을 맡겼다. 북벌할 때에 장완에게 성도 수비를 맡겨 식량과 군대가 충분히 공급될 수 있도록 했다. 또한 강유姜維는 위나라에서 직위가 높지 않은 장수였다. 제갈량이 기산에서 나올 때에 투항했었다. 그는 강유가 '충성스럽고 부지런하며, 배짱이 있고 병법을 잘 안다'고 여겨 투항자임에도 불구하고 봉의장군을 맡기고 당양정후에 봉했다. 당시 그의 나이 스물일곱 살이었다. 또한 제갈량은 부하들에게 인재를 추천하도록 독려했는데, '충성하는 자가 인재를 추천하는 자보다 못하다'고 했다. 인재 추천에 힘썼기에 제갈량이 익주에 머물 당시, 촉한 조정에는 훌륭한 장수들이 적지 않았다. 제갈량이 왕평을 중용한 것은 인재를 살피고 뛰어난 자를 선발했던 전형적인 예이다.

왕평王平은 본래 조조 수하의 군관이었다. 이후 유비에게 투신해 아문장, 비장군이 됐다. 228년 봄, 제갈량의 10만 대군이 기산을 나와 중원을 북벌했다. 왕평은 선봉장을 맡은 마속馬謖 휘하에 배정되어 그를 도와 전략 요충지인 가정을 방어했다. 마속이 선봉장을 맡았으나, '높은 곳에서 낮은 곳을 공격하라'는 병법에 얽매여 적절한 시기에 행동을 취하지 못하고 강에서 물러나 산으로 올라가는 등 우왕좌왕했다. 이에 왕평이 실전 경험에 근거해 마속에게 교통 요로를 막아 방어하면서 물길이 소통되도록 보호하자고 주장했다. 그러나 마속은 고집을 피우며 왕평의 건의를 무시했다.

왕평은 자신의 주장이 받아들여지지 않자, 1천의 군사를 이끌고 따로 진지를 만들어 위험에 대비했다. 예상대로 위나라 군대가 갑자기 진격해 마속 부대를 겹겹이 포위하고 물길을 끊어 곤경으로 몰아넣었다. 위나라 군대가 기선을 잡고 촉나라 군사들을 패퇴시켰다. 마속의 군대는 낭패하고 퇴각하며 뿔뿔이 흩어졌다. 이러한 위급한 상황에서 왕평은 휘하 장수에게 북을 울려 위나라 군대를 미혹시키라고 했다. 과연 효과가 있었다. 위나라 장수 장태張郃가 복병이 있을 것을 염려해 더 이상 쫓아오지 않았다. 이에 왕평은 진영의 남은 병사들을 모아 기산으로 돌아갈 수 있었다.

가정을 빼앗기자, 제갈량은 공격의 거점을 잃었다. 농우를 빼앗을 기회도 잃어 첫 번째 북벌이 좌절되고 말았다. 그러나 왕평은 이번 전투에서 자신의 능력을 유감없이 발휘했다. 그가 마속의 전법을 막은 것은 형세를 통찰한 식견이었으며 북을 울려 적을 미혹시킨 것은 임기응변의 능력이었다. 이 때문에 제갈량은 군대가 귀환한 뒤, 군율에 따라 마속 등 패전 장수들을 참수하고 스스로 3등을 강등시키겠다는 표를 올림과 동시에 왕평에게 상을 내리고 파격적으로 발탁하여 그를 촉나라 대장으로 삼았다.

權道의 지혜

구성원들 중에 탁월한 인재를 보면 곧바로 임용해야 한다. 주저하면 그만큼의 손실을 입는다. 인재를 평범한 사람 대하듯이 한다면 조직은 정체될 뿐만 아니라 결국에는 뒤떨어진다.

탁월한 인재를 찾은 뒤에는 다음과 같은 몇 가지 점에 주의해야 한다.

(1) 인재를 당신의 도전자로 생각하라. 평범함과 비범함은 다르다. 능

력 있는 자들은 당신까지도 넘어야할 목표로 여긴다. 그들이 당신을 따르게 하려면 여간 어려운 게 아니다. (2) 인재의 관점이나 건의를 공개적으로 토론하도록 격려하라. 이는 당신에 대한 신뢰뿐만 아니라, 당신에 대한 귀속감도 높일 수 있다. 그의 건의를 당신이 눈여겨본다는 점을 드러내면 이를 표현하기 위해 그는 더욱 창의적이 될 것이다. (3) 뛰어나다고 칭찬하라. 인재가 숨김없이 창조적이고 적극적으로 일할 수 있도록 격려하라. (4) 목표가 명확하고 도전적인 업무를 맡겨라. 사람과의 관계는 상호간의 이해와 신뢰가 가장 중요하다. (5) 도움이 되는 공부를 추천하라. '배움이란 흐르는 물을 거슬러 올라가는 것과 같아 나아가지 않으면 뒤로 밀려나게 마련이다.' 새로운 것을 배울 수 있는 시간을 주어야 한다. (6) 정해진 것 외의 공헌을 했다면 칭찬하고 격려하라. 더 많은 보수를 줄 수 없다면, 특별한 대우나 실질적인 격려가 필요하다.

● ● ●

곽영 _ 일벌백계

954년, 후한 황제 유승劉崇이 후주 태조 곽위郭威가 죽었다는 소식을 듣고 기뻐하며 대규모 전쟁을 일으키고자 사신을 요나라로 보내 지원을 요청하였다. 요나라 조정은 무정절도사 양곤楊袞에게 기마병 1만을 이끌고 태원으로 가 후한 군대와 합류토록 했다. 또한 유승은 3만 군사를 이끌고, 요나라 군대와 함께 남하했다.

후주 세조 곽영郭榮이 후한의 침입 소식을 듣고는 문무백관들의 반대를 무릅쓰고 친히 정벌할 것을 결정했다. 3월 19일, 양 군대가 고평 남쪽 파공원에서 맞붙었다. 후한 유승은 중군을 이끌고 가운데에 자리했고, 선봉지휘사 장원휘張元徽는 좌익을, 양곤은 우익을 각각 맡았으니 그 위세가 대단했다. 이때 후주 하양절도사 유사劉詞가 후군을 이끌고 진격했으나, 아직 전장에는 이르지 못했다. 전방의 군세가 강하지 못해 군심이 동요하고 불안했으나, 곽영만은 사기가 높았다. 그는 의성절도사 백중찬白重贊과 시위마보도우후 이중진李重進에게 군대를 이끌고 좌익을 맡도록 했고, 마군도지휘사 번애능樊愛能과 보군도지휘사 하휘何徽에게는 군대를 이끌고 우익에 서도록 했으며, 향훈向訓과 사언초史彦超에게 정예 기마병을 이끌고 가운데에 서도록 했고, 전전도지휘사 장영덕張永德은 금군을 이끌고 곽영을 호위했으며, 곽영도 직접 사장으로 와 전투를 독려했다.

유숭은 후주의 군대가 많지 않음을 보고는 요나라에 지원을 청한 것을 후회하며 오만하게 말했다. "나는 우리 군대만으로도 그들을 격퇴할 수 있는데, 요나라 군대는 무엇을 할 것인가? 오늘 후주를 붕괴시킴과 아울러 요나라에도 안목을 넓혀줄 것이다." 요나라 장수 양곤은 상당히 불쾌했다. 유숭은 좌익 장원휘 부대에게 선제공격하라고 명했다. 장원휘가 기마병을 이끌고 후주의 우익군대와 맞붙었다. 얼마 안 되어 후주 장수 번애능과 하휘가 아무런 이유 없이 기병을 이끌고 퇴각하자, 우익이 삽시간에 무너졌다. 곽영은 상황이 급박함을 보고 친위군을 이끌고 전광석화와 같이 반격했다. 금군 장수 조광윤趙匡胤이 앞장서 싸우자, 병사들도 목숨을 걸고 치열하게 싸웠으니 그야말로 일당십이었다. 이에 후한 군대가 대패했다. 유숭이 직접 퇴각을 알리는 깃발을 흔들었으나, 병사들이 죽는 것을 막지는 못했다. 양곤은 유숭이 요나라 군대를 우습게 여겼기에 도와주기는커녕 군대를 철수시켰다.

한편, 번애능과 하휘는 기병 수천 명을 이끌고 남쪽으로 도주했다. 그들이 전방군대가 사용할 물품을 실은 수레를 약탈하자, 이를 호송하던 병참부대 병사들이 사방팔방으로 도망가 막대한 손실을 입었다. 곽영이 측근 군대와 시위들에게 추격하여 그들이 도망하지 못하게 했으나, 명령을 듣는 자가 하나도 없었으며, 심지어 그들에게 죽임을 당하기도 했다. 이들 반군이 크게 외쳤다. "요나라 대군이 와서 관군이 대패했고, 다른 군대는 모두 오랑캐에게 투항했다." 유사가 후주 군대를 이끌고 북상하던 중에 번애능을 만났다. 번애능이 유사에게 멈출 것을 권했으나, 유사가 거절하고 계속 군대를 이끌고 나아갔다. 이때 후한 군대에는 아직 만여 명이 남아 간수 북변에서 진을 쳤다. 저녁 즈음에 유사가 후주의 전진기지에 도착하고는 아군과 연합하여 공격하니 후한 군대가 또 한 차례 대패했다. 후주 군대가 고평까지 추격하며 죽인 후한 병사는 그 수를 헤아릴 수 없을 정도였는데, 황실용 물품과 물자를 실은 수레를 무수히 잃었고, 유숭은 비루한 옷과 삿갓으로 갈아입고 백여 명의 군사를 이끌고 북쪽으로 도주했다.

이렇게 후주 군대가 대승을 거두었다. 번애능과 하휘는 전선에서 대승을 거두었다는 소식을 듣고는 군사를 이끌고 북쪽으로 돌아갔다. 곽영은 번애능과 하휘가 전쟁에서 도주해 군심을 동요시킨 데에 화가 나 그들을 참수하고 군기를 잡고자 했으나, 줄곧 결단을 내리지 못하고 있었다. 3월 25일, 곽영이 행궁 천막에서 쉴 때에 장영덕이 그 옆에서 시중을 들고 있었는데, 그가 장영덕과 이 문제를 의논했다. 장영덕이 대답했다. "번애능과 하휘는 지금까지 커다란 공을 세운 적이 없었는데도 운 좋게 중임을 맡았습니다. 그러나 적을 보기만 하면 도망가니 즉각 처결하지 않으면 그 폐해를 감당치 못할 것입니다. 뿐만 아니라 폐하께서 군웅들을 물리치고 천하를 통일하려는 마당에 군법이 이렇듯 엄격히 집행되지 않는다면 용맹한 장수와 백만의 군사가 있다 한들 무슨 소용이겠습니까?"

곽영이 흥분하여 벌떡 일어나며 큰소리로 칭찬했다. '그대의 말이 백번 옳도다!' 그는 즉각 번애능과 하휘를 잡아들이라 명하고, 그 휘하의 중급 이상 장령 70여 명에게 질책하며 말했다. "그대들은 몇 대에 걸친 노장이므로 싸울 수 없는 것이 아니다. 이번에 도망한 것은 다른 이유 때문이 아니라, 나를 금은보화로 보고 유숭에게 팔아넘긴 것이다." 그리고는 그들을 모두 참수시켰다. 곽영은 일찍이 하휘가 진주를 지키는 데에 큰 공을 세웠으므로 목숨만을 살려주려 했으나, 잠시 생각하더니 군법을 저버릴 수 없었으므로 같이 죽이라 했다. 그러나 관을 짤 나무를 하사하고, 고향으로 보내 안장토록 했다. 이후 장수나 병사들 모두는 군법이 엄격함을 알고 두려워하게 됐으며, 조정도 기강이 잡혔다.

權道의 지혜

조직이 무질서 상태에 빠졌는데도 리더의 명령이 효과를 발휘하지 못할 때에는 어떻게 해야 하는가? 이때에는 조직 전체에 대해 '극약 처방'을 사용해도 무방하다. 그 방법 중의 하나는 특정한 잘못을 저지른 자를 호되게 야단치는 것이다. 이는 '한 사람을 희생시키고 조직을 살리는' 전형적인 방법이다.

왜냐하면 전체를 책망하면 각자가 잘못했다고 생각하게 되어 책임이 분산된다. 마찬가지로, 각자 잘못이 없다고 생각할 수도 있다. 그러므로 큰 잘못을 저지른 자를 징계하게 되면 다른 사람들은 '다행히도 나는 잘못이 없구나'하고 생각할 뿐만 아니라, 잘못을 저지르지 않으려고 최선을 다하게 된다.

그리고 질책 받는 대상이 실적을 쌓은 구성원이거나 간부일 경우, 그 효과는 더욱 배가된다. 조직 내부에 긴장감이 고조되면 각자 마음속으로 '그의 징계는 나 때문이야!'라고 크게 자책하기 때문이다.

어떤 사람을 미워한다고 해서 터무니없이 날조하거나 아무런 근거 없이 질책해서는 안 된다. 어떤 조직이든 간부를 자극하여 직원 전체가 활발히 움직이고, 나아가 조직의 목표를 완수하게 만들 필요가 있다. 그러므로 조직 내부의 해이한 기강을 바로잡기 위해서는 가끔 일부러 긴장된 분위기를 연출하기 위해 과감히 한 사람을 희생시킬 수도 있어야 한다.

송 태조 조광윤 _ 권력에 제약을 가하다

재상은 백관의 우두머리로, '일인지하, 만인지상一人之下、萬人之上'의 실권을 장악한, 가장 중요한 직무이다. 재상의 권력이 너무 크면 황권에 위협이 되거나 그 권위에 해를 끼치게 되며, 심지어 황권을 능가하게 되면 황제는 꼭두각시로 전락하고 만다. 송나라 태조는 자신의 기업을 위해 노력했던 사람으로, 천하를 통일하기 위해 재상의 보필을 받아야 했으나, 재상 권한이 지나치게 커지는 것을 결코 용납하지 않았다. 이에 그는 중앙관제를 개혁하면서 재상 권한의 분할을 최우선으로 했는데, 구체적인 방법은 다음의 세 가지 면으로 이루어졌다.

첫째, 재상 권한을 셋으로 나누었다. 송나라 초에 재상의 직함은 당나라 제도를 본받아 동중서문하평장사라 불렀는데, 동평장사로 약칭했다. 송 태조는 재상 권한을 약화시키기 위해 동평장사는 행정만을 관장하고, 그 부서인 중서성을 정사당으로 바꾸도록 명했다. 동시에 추밀원을 설치했는데, 그 장관인 추밀사樞密使—'추상樞相'이라고도 했다—는 군정만을 담당토록 했다. 또 따로 삼사三司, 즉 염철·호부·탁지 등을 설치했는데, 그 장관인 삼사사三司使—'계상計相'이라고도 했다—는 국가재정을 담당토록 했다.

둘째, 부상副相을 설치했다. 964년, 태조가 재상 권한을 더욱 약화시키기 위해 '참지정사'를 부상으로 증설함과 아울러 점차 그 권한을 강화시켜

송 태조 조광윤

상소와 직인 업무를 담당토록 했다. 그와 동시에 추밀부사와 삼사부사를 증설해 추밀사 및 삼사사의 권한까지도 약화시켰다.

셋째, 재상을 탄핵토록 했다. 태조는 재상이 제멋대로 권력을 행사하지 못하게 하기 위해 문하성에 한 기구, 즉 간원諫院을 설치했다. 간원의 주요 임무는 조정의 득실을 간언하고 대신들의 임용에 의견을 제기하는 것으로, 관리 탄핵을 주관하는 어사대御史臺와 더불어 '대간臺諫'이라 불렸다. 태조는 일부러 대간의 권한을 강화시켜 황제에게 간언할 뿐 아니라, 재상이나 대신들의 죄상을 폭로할 수도 있게 했다. 이렇게 하여 재상은 사실상 '대간'의 감찰 하에 놓이게 됐다.

넷째, 재상의 좌론坐論의 예를 폐지했다. 《송사宋史》 권249의 기록에 따르면, 수당시대에 재상이 상서를 올려 정사를 논할 때에는 황제가 재상을 앉도록 하고, 때로는 차를 하사해 자신의 의견을 개진토록 부추겼다. 재상 범질范質은 태조가 논의하는 중에 저지르는 잘못을 꺼려하여 일이 있을 때마다 상소 위에 다음과 같이 썼다. '이렇듯 지시할 준비가 되었으니 쓸데없는 논의를 면하소서.' 이에 태조는 시키는 대로 따라할 수밖에 없었고, '비로소 좌론의 예를 폐하고자 했다.' 일설에 따르면, 이 사건은 한 가지 에피소드로 인한 것이라고 한다. 어느 날, 범질이 조정에 들어와 정사를 논하고 있을 때에 태조가 말하기를, '짐은 어리석으니 글로 적읍시다' 하니 그가 자리에서 일어나 서재로 갔다. 그가 자리를 뜨자, 환관이 의자를 치워버렸다. 이때부터 재상은 다시는 의자에 앉아 정사를 논할 수 없었고, 서서 보고해야 했다. 이러한 형식상의 변화는 사실상 재상의 권한을 약화시킨 것이었다.

송 태조가 재상의 권한을 분할한 방법은 황제의 절대 권위를 강화시키는 것이었다. 재상 권한에 제약을 가했다 하더라도 철저히 부정한 것은 아니었으나, 이는 명나라 때에 이루어진 재상제 폐지 및 내각제 도입에 기초를 닦았다.

權道의 지혜

제왕이 권신權臣을 견제하는 수단에는 그 세력을 약화시키는 방법 외에 새로운 권력 중심을 키워 원래의 권력 중심을 제거하거나 약화시키는 방법이 있다. 이는 '신하로써 신하를 제어하는' 방법이다.

재상이란 제왕의 조력자이다. '상相'이란 글자에는 본래 돕거나 보좌의 뜻이 있다. 군주와 힘을 합쳐 천하를 다스리기에 재상은 '일인지하, 만인지상'의 자리에 앉아 제왕을 위해 많은 정사를 처리해 군신 간의 충돌을 방지했다. 현명한 재상은 포악하거나 어리석은 군주를 제약하고, 영명한 군주는 능력 있는 재상의 지나친 권력을 받아들일 수 없다. 게다가 역대로 재상이 황위를 찬탈하는 경우가 계속 발생했기에 제왕은 재상의 권한을 약화시키려 하였다. 결국 왕의 권력과 재상의 권력 간의 투쟁은 왕조 정치사에 일관되게 나타났다.

재상의 권력을 약화시키기 위해 예를 들면, 재상이 전체를 관장하는 임무를 분할하여 다른 직위의 사람에게 주기도 했다. 또 아래 지위에 있는 사람을 재상과 동급 지위로 만들어 견제토록 하기도 했다.

권력을 사용하는 도

用權之道

권력을 도모하고 독점하고 공고히 하는 최종 목적은 권력을 사용하기 위한 것이다. 여러 가지 일을 처리하거나 협조하는 과정에서 권력을 사용하는 것은 지극히 중요하다. 권력을 잘 사용하는 것은 미묘한 예술이라 할 수 있다. 권력이 있는데 사용하지 않거나 남용하는 것은 '제대로 사용하지 못하는' 것이다. 관료 사회에서 볼 때, 권력은 확실히 양날의 검과 같아 스스로를 지킬 수도 있고, 남을 해칠 수도 있으며, 자신을 해칠 수도 있다.

결론적으로 말해, 권력을 잘 사용하는 사람이 나라를 다스리면 천하가 편안해지고, 백성을 다스리면 세상이 편안해지며, 세상에 나아가면 벼슬길이 열린다. 권력을 남용하게 되면 행해도 위엄이 없고, 오래되어도 효과가 없으며, 결국 권력을 잃고 만다. 어떻게 권력을 잘 사용하여 잃지 않을까 하는 것이야말로 권도의 관건이다.

진 목공과 백리해 _ 적절한 방법으로 인재를 구하다

춘추시대 백리해百里奚는 오랫동안 어렵게 공부하여 천하를 다스릴 만한 재능을 갖추게 되었다. 그는 여러 나라를 돌아다니면서 자신의 포부를 펼치려 했지만, 누구도 그를 중용하지 않았다.

처음 그는 제齊나라로 가서 양공襄公을 보좌하려 했지만, 그를 추천해주는 사람이 없었다. 그는 가진 돈을 다 써버렸고 일도 성사되지 않아 길에서 구걸해야 했다. 구걸하던 중에 그는 건숙蹇叔을 만나게 된다. 건숙은 그가 보통 사람이 아님을 한 눈에 알아보았다. 이야기를 나누면서 과연 그가 뛰어난 인재임을 확인할 수 있었다. 이어서 백리해는 다시 소를 키우는 일로써 주왕의 아들 퇴頹를 만났지만, 그의 사람됨이 부족함을 알고는 함께 일을 도모하지는 않았다. 결국 건숙의 추천으로 우나라로 돌아갔다.

우나라의 대부 궁지기宮之奇는 그를 우왕에게 추천했지만, 우왕은 그를 중용하기보다는 중대부라는 작은 벼슬을 주었다. 후에 우나라는 진晉나라에 멸망당했고, 백리해는 진나라의 포로가 되었다. 진나라도 그를 중용하지 않고, 진秦나라 목공穆公의 부인을 수행토록 해 진나라로 보내버렸다. 백리해는 "세상을 구할 재주가 있지만, 뛰어난 군주를 만나지 못해 포부를 펼 수가 없구나. 늙어만 가는데 남의 노복이라니!"라고 탄식하며 결국 도중에 도망하였다. 그는 송宋나라로 갔다가 다시 초楚나라로 도주하였다.

진 목공

초나라에서 그는 간첩으로 오인 받아 잡혔지만, 자신이 소를 잘 키운다고 설득하였고, 초왕은 그에게 말을 키우는 관직을 주어 남해에서 말을 키우도록 했다.

진 목공은 진晉나라에서 수행한 인원 명단에 백리해의 이름은 있으나 사람이 없자, 대부 공손지公孫枝에게 물었다. "그대는 진나라에 있을 때 백리해란 사람이 어떤 사람인가를 알고 있었는가?" 공손지는 "백리해는 뛰어난 재주와 능력이 있습니다만, 때를 만나지 못했을 뿐입니다"라고 답하였다. 진 목공은 기뻐하면서 "내가 어찌해야 그를 얻을 수 있겠는가? 그가 나를 보좌할 수 있겠는가?"하고 다시 물었다. 공손지는 "그의 처자가 초나라에 있으니 아마도 초나라로 갔을 것입니다"라고 하였다.

백리해는 초나라에서 말을 키우고 있었다. 진 목공이 "내가 많은 금을 내줄 터이니 그를 데려오시오. 그대가 초나라의 동의를 얻을 수 있겠는가?"고 묻자, 공손지는 "안 됩니다. 그렇게 해서는 백리해를 데려올 수 없습니다"하니 진 목공은 이해 못하겠다는 듯이 "왜 그런가?"고 물었다. 공손지는 "초왕은 그에게 말을 키우게 하고 있으니 그의 정체를 알지 못하는 것입니다. 많은 금을 주고 그를 찾으면 그가 재능이 있음을 알리는 것입니다. 그래서 그들이 백리해를 중용하면 그를 얻을 수 있겠습니까? 왕께서 그가 도망갔으며 죄가 있다고 하여 적은 돈으로 아무도 모르게 되찾는 방법만한 게 없습니다"고 하였다.

진 목공은 "좋은 생각이다. 양피 다섯 장을 가지고 초왕을 찾아가도록 하라. 그리고 백리해란 일개 백성이 귀국으로 도망하였으니 죗값을 치르도록 돌려보내어 이를 모두에게 경고 삼을 것이니 다섯 장의 양피로 그를 돌려보내줌이 어떠냐고 전하라"고 하였다.

초왕은 진왕에게 잘못할까 두려워 백리해를 잡아서 진나라 사신에게 넘겨주었다. 백리해가 떠날 때 남해 사람들은 모두 그가 돌아가서 죗값으로 죽을 것이라 생각하고 울기까지 하였다. 백리해는 웃으면서, "나는 진왕이 패왕霸王의 뜻이 있음을 안다. 그가 왜 큰 힘을 쏟아가며 수행 노복을 잡으려 하겠는가? 사람을 잡으려는 것은 가짜요, 나를 중용함이 진짜이다. 너희가 왜 우느냐?"고 말하고 죄인 수레에 올라 진나라로 갔다.

진 목공은 그를 만나자마자, "진나라는 중국의 서쪽 변방에 있으며, 서부는 오랑캐의 나라로, 중원 각국은 회맹에 진나라를 초청하지 않소. 그래서 진나라가 낙후되었으니 어떻게 강대해질 수 있겠소?"라고 물었다.

백리해는 진나라의 지세와 위치를 분석한 후, 답하였다. 진나라는 반드시 서쪽의 오랑캐와 접촉해야 합니다. 항상 전쟁을 치르고 있기에 백성들은 전쟁으로 단련되어 강대하고, 동쪽의 중원세력과도 관계를 맺지 않을 것이며, 적게 싸우고 예로써 왕래하면 경제적 소모도 줄어듭니다. 서쪽의 작은 나라들은 복속시키기 쉬우며, 이렇게 하면 토지와 노동력이 늘게 됩니다. 진왕께서 좋은 정책으로 국내의 백성을 위로하고, 또 강대한 힘으로 서쪽 오랑캐들을 정복해 서쪽 변방을 안정시키고, 동쪽으로 통하는 천연 요새를 장악하시어 중원의 변화를 지켜보시면 패업을 이룰 수 있습니다.

진왕은 이를 듣고 매우 기뻐하면서 그를 상경으로 앉히고 국정을 맡겼다. 백리해가 양피 다섯 장을 맞바꿔 돌아왔기에 진나라 사람들은 그를 '오훼대부五羖大夫'라 불렀다.

權道의 지혜

재와 덕을 겸비한 사람이라도 일단 관직에 들어가면 그곳에 적응하기란 쉽지 않다. 어떤 사람은 이래도 낯설고 저래도 익숙지 않아 결과적으로 나쁜 결과에 이를 수도 있다. 왜 그럴까? 흔히들 '물이 맑으면 고기가 없고, 사람이 깨끗하면 친구가 없다'고 한다. 관직은 결코 성스러운 곳이 아니라, 오히려 사람의 본성이 가장 드러나기 쉬운 곳이다. 그런 만큼 다양한 사람이 존재한다. 그렇기에 당신이 관직에 머물고 싶다면, 때로는 '보고도 못 본 체해야 한다.'

중국 역사상 대교육가요, 스승이었던 공자孔子는 사실 권모술수의 고수였다. 각종 행위 규범에 대해 많은 독보적 견해를 보였다.

국군國君의 대문을 들어설 때는 반드시 몸을 숙여 몸을 꼿꼿이 하고 들어갈 수 없음을 보임으로써 국군에 대한 공경을 표시하였다. 서 있을 때는 문의 정중앙에 서지 않았고, 걸을 때에는 보폭의 대소, 문지방과의 거리에 주의했으며, 문지방에서 너무 가깝지 않도록 하였다.

신하로서 국군의 빈자리를 지날 때에도 정숙 공경하여 마치 국군이 그 자리에 앉아 있을 때와 같이 했다. 길을 다닐 때의 자세는 점잖고 거칠지 않았으며, 말하는 성조도 안정되고 낮고 자세히 하되, 기가 부족한 듯하였다. 상사를 만날 때는 두 손을 양변의 옷깃에서 꺼내어 천천히 조당에 올라 몸을 굽히고 호흡을 억제하면서 어떤 소리도 없는 듯하였다. 조정에서 물러날 때는 한 계단을 내려서서야 원래의 자세를 갖추었을 뿐 아니라 편안하고 기쁜 모습을 드러냈다. 계단을 다 내려와서는 빠른 걸음으로 물러나 자신의 자리로 돌아와 앉았고, 앉은 자세는 붓을 세운 듯했으며, 아울러 공경하는 모습을 취했다.

조정에 올라 대신이 되어 하대부와 말할 때는 정직하고 사사로움이 없었고, 상대부와 말함에는 온순하고 조화롭게 하였다. 공자는 관직에서 갖춰야 할 각종 예의규범을 이처럼 철저히 탐구함과 아울러 곳곳에서 다른 사람들의 일거수일투족에 모두 예의를 적용해 약속과 규범을 요구하였지만, 스스로는 반드시 규정과 기준을 따르지 않았다.

진陳나라의 사법관이 공자에게 "당신네 노나라 소공昭公은 각종 예의를 다 이해하고 있습니까?"하고 물으니, 공자가 "필요한 질문이네. 물론 꿰뚫고 있지"라고 답했다.

공자가 진나라를 떠나자, 사법관은 그의 제자에게 공자에게 이렇게 전하라고 했다. "듣기에 덕이 뛰어난 사람은 일과 사람에 대해 모두 물그릇의 물처럼 공평하고 차별이 없어 의도적으로 다른 사람을 감싸서는 안 된다. 그런데 현달顯達한 선비라는 사람이 다른 사람을 감싸는 고수이더구나! 노나라와 오나라는 모두 희姬씨로, 동성끼리 결혼할 수 없음은 예의상의 규정이다. 그런데 노나라의 국군이 오나라와 혼인했으니 알면서도 일부러 한 것일세! 소공이 예의를 안다면 세상에 어떤 사람이 예의를 모르겠는가? 내 재주와 학식이 짧지만 생각지도 않게 공자를 가르치게 되었네."

제자가 이 말을 공자에게 전했지만 공자는 화를 내지 않았으며 오히려 만족스럽게 "내가 운이 좋구나. 누군가가 나의 과실을 지적해주니! 내 비록 잘못됨을 알지만 내가 지적할 방법이 없어 사실을 감추었을 뿐이다. 부득이 보고도 못 본 체했을 뿐이다!"라고 말하였다.

당시 노나라 소공은 자기만족을 위해 동성인 오나라의 미인을 부인으로 취했다. 이는 예의에 반하는 것이었다. 소공은 부인에게 명분에 맞게 이름을 오맹자吳孟子로 바꿔 사람들을 속였다. 이는 잘못을 속이는 것이다. 역시 예의에 반한다. 공자는 당연히 그 비밀을 분명히 알고 있었지만 왕공귀족의 존엄을 위해 부득이 마음에도 없는 거짓말을 했다.

물이 맑은 곳은 고기가 없고, 사람이 깨끗하면 친구가 없다. 이런 이치는 관직생활에서나 충분히 얻을 수 있는 교훈이다. 2천 년 전의 공자는 이런 이치를 이미 이해하고 있던 데다가 실천하기까지 했다. 진나라 사법관이 한차례 비꼬았지만, 공자는 유머러스하게 대응했으니 공자는 진정 부끄럼 없는 권모술수의 고수가 아니겠는가!

● ● ●

소 태후 _ 유리한 형세를 이용하다

9월의 연방정延芳淀은 가을색이 아득하고 차가운 파도가 일렁이며 맑고 푸른 하늘을 흔들고 있었다. 저 멀리 작은 고깃배들이 보이고, 가까이에는 잘려진 갈대숲 위로 물새들이 둥지를 텄다. 이곳은 요나라 황제와 황후가 매년 봄 사냥을 하던 곳이다. 지금 연방정 주변에는 깃발이 나부끼며 군대가 엄숙히 도열했지만, 소蕭태후와 성종聖宗 야율융서耶律隆緖는 사냥하러 여기 온 것이 아니라, 남쪽 공략을 맹세하고 있다. 하늘엔 커다란 황룡 깃발이 나부끼고, 북과 피리소리가 장엄하게 울리고 있었다. 소 태후와 성종은 몸에 갑옷을 두르고 허리에 칼을 차고 엄숙하고 경건하게 쓸쓸한 광야의 한 그루 나무 앞으로 나아가 그 아래에 탁자를 깔았다. 탁자 앞에는 몇 명의 병사들이 칼을 가지고 묶어둔 청우靑牛와 백마를 잡고 있었다. 소 태후는 탁자 앞에 향을 피운 뒤, 천지를 향해 절을 올렸다. 황제 야율융서 또한 그녀의 뒤에서 절하였다. 사례관이 크게 소리쳤다. "제물을 바쳐 하늘에 제사를 올린다." 병사들은 칼을 휘둘러 청우와 백마를 베었다. 태후와 황제가 사열대로 돌아오자, "화살을 날려 군사를 일으키라"고 알렸다. 궁수들이 진열 앞으로 나가고, 두 명의 병사가 사형수 한 명을 나무기둥으로 데려와 묶었다. 궁수들은 나무기둥의 북쪽에 위치하여 남쪽을 향하여 활시위를 당기고 있었고, 대장이 '발사'라고 소리치자, 화살들이 어지럽게 기둥의 사형수를 향하였다. 눈 깜짝할 새에 사형수는 고슴도치처럼 온몸에 화살이 박혔다. 전령관이 사열대 위에서 깃발을 한 번 흔들자, 병사가 천자의 깃발을 높이 들고 전열의 앞에 서면서 대군이 출발하였다. 소 태후와 황제, 그리고 문무 대신들이 말위에 오르고, 금군의 호위를 받으며 대군이 장대한 모습으로 남으로 향하였다.……

역사에 기록된 요나라와 송나라 간의 전연澶淵의 전쟁이 일어난 것이다. 때는 1004년이었다. 요의 군사가 신속히 진군하여 파죽지세로 먼저 당홍에서 송나라 군대를 대파하고, 수성에서 다시 송의 군대를 물리쳤다. 10월에 영주를 공략하고, 기주를 함락하였다. 11월에는 낙주에 다다랐다.

요나라 군대는 송나라 성을 공격하여 승승장구하며 영토를 잠식함으로써 송나라 조야를 놀라게 하였다. 당시 송 태종 조광의趙匡義는 이미 세상을 떠났고, 그의 아들 조항趙恒이 즉위하였는데, 그가 바로 진종眞宗으로, 구준寇準과 필사안畢士安을 재상으로 임용했다. 조항은 매우 유약한 인물로, 두려움에 떨며 신하들과 대책을 논의하였다. 대신 왕흠약王欽若과 진요수陳堯叟는 함께 "거란의 기세가 흉흉한데, 선발대가 이미 전주에 이르러 황하에 근접하여 개봉을 위협하고 있습니다. 폐하께서 잠시 그 예봉을 피해 남쪽으로 천도하시지요"라고 하였다. 왕흠약은 임강 출신이었기에 금릉 천도를 극력 주장하였다. 금릉은 용과 호랑이가 기거하는 형세로, 장강長江이란 천혜의 장벽이 있어 가장 안전하다는 것이었다. 진요수는 사천 낭주 출신으로, 성도 천도를 제안했다. 당 현종이 안사의 난을 피해 성도로 옮겼으며, 그 곳은 천혜의 요새로, 한 사람의 장부로 지킬 수 있고, 만 명의 장부라도 열 수 없는 촉산蜀山이란 요지가 있기 때문이라는 것이었다. 두 사람의 논쟁은 멈추지 않았고, 조항으로서는 이러지도 저러지도 못하는 상황이 되었다. 그때 재상 구준이 큰소리로 진종에게 "천도를 주장하는 사람은 반드시 죽여 그 피를 북에 발라 신에게 제사지낸 후에 북을 치며 출정해야 합니다"라고 소리쳤다. 진종은 고통스런 안색으로 "말이 어찌 그런가? 적이 앞에 있는데 구체적인 대안이 있는 것인가?" 물었다. 구준은 "폐하의 신비로운 능력과 문무 대신들이 합심하여 직접 나선다면 반드시 적을 물리칠 수 있을 것입니다. 그렇지 않으면 요새를 견고히 지켜 적군이 지체되고 피로하여 전쟁을 못하고 물러날 것입니다. 어찌 가벼이 개봉을 버리고 천도하려 하십니까? 금릉이든 성도이든 간에 군과 민의 마음이 뭉치지 못하면 의지가 무너지고 우리 강산을 지킬 수 없습니다"라고 하였다. 조항은 이해관계를 저울질하고는 구준의 말이 도리에 맞다 확신하면서 천도의 생각을 버리고 직접 나서기로 하였다.

당시 요의 군사는 덕청을 함락시켰고, 소 태후와 성종은 전주로 진주하였다. 이 소식이 개봉에 전해지자, 조항은 매우 두려워하며 황망히 대신 조이용曹利用을 몰래 요나라 진영으로 보내 화의를 맺도록 했다.

전연澶淵은 전주의 서남쪽에 있는 작은 습지이다. 요나라 군사는 전연의 물가에 주둔하면서 전주 공략의 태세를 갖추고 있었다. 이때 송의 사신 조이용이 온 것이다. 소 태후와 성종은 황제의 군막에서 조이용이 알현하려 한다는 소식을 들었다. 대승상 한덕창韓德昌은 소 태후 뒤에서 낮은 목소리로 "대원수 소달름蕭撻凜이 송나라 군대의 화살에 맞아 죽었습니다!"고 하였다. 소 태후의 안색이 갑작스레 변하였다. 이 중요한 시기에 상장군이 목숨을 잃었으니 그녀는 든든한 보호막을 잃은 것과 같지 않은가? 그녀의 눈엔 눈물이 글썽였고, 마음은 텅 빈 듯하였다. 이때 시종이 '송의 사신이 도착했다'고 알려 왔다. 소 태후는 두 눈을 감고 정신을 가다듬었다. '들라 하라'고 분부하자, 조이용이 들어와 소 태후와 성종에게 예를 갖추어 "우리 군주께서 태후와 황제의 안부를 물으셨습니다"하니 소 태후가 미소 지으며 "송 황제도 안녕하신가?"라 하며 앉도록 하였다. 소 태후가 "사신은 화의를 위해 왔는가?" 물으니 조이용은 "우리 군주는 전쟁이 그치지 않고 백성이 도탄에 빠질까 하여 저를 보내 화의하려 합니다"고 하였다. 성종이 "군사를 물리라고?"하니 조이용은 "굽어 살피소서. 예로부터 형제의 국가가 어찌 군사로써 국경을 넘는 이치가 있겠습니까?"하였다. 소 태후가 "우리가 군사를 물려야 한다는데, 멀리까지 와서 아무런 이익 없이 물리는 것이 가능한가?"고 물었다. 조이용은 "북쪽의 군사가 남쪽 국경을 넘었으니 무리한 일이었습니다. 태후께서는 어찌 이익을 말씀하십니까?"라고 하였다. 소 태후는 어처구니없이 웃으며 "이익이 없는데 어찌 군사를 일으키겠는가? 이번 출정은 잃은 땅을 찾기 위한 것인데, 어찌 남쪽 영역에 들어왔다 하는가?"라 하자, 조이용은 "태후께서 어찌 이런 말씀을 하십니까?" 하였다. 소 태후는 "와교관 남쪽의 웅, 막, 영 등지는 본래 우리 땅이다"고 하자, 조이용은 계속 고개를 흔들면서 "송나라 황제는 주의 선양을 받았으므로 관남의 모든 주가 속해 있습니다. 따라서 이 모든 주는 저희 것입니다"하니 성종이 "그렇지 않다. 이 땅은 후진後晋이 우리에게 헌납했는데, 후에 주 세종이 강탈한 것이다!"라 하였다. 조이용은 황망히 "전 왕조의 일로 신이 알지 못합니다. 저는 단지 이곳이 송의 땅임을 알 뿐입니다. 태후가 구하고자 하는 것이 송의 영역을 탈취하려는 것인즉, 저는 우리 군주에 감히 알릴 수 없습니다"하니 소 태후는 냉랭하게 웃으며 "그렇다면 전쟁밖에 없구나!"하고 말했다. 조이용은 "신이 온 것은 화의를 위한 것이지 전쟁은 아닙니다. 태후께서 화의를 허락하시면 재물로 논의하실 수는 있습니다"하니 소 태후는 소리를 가라앉히며 "그대는 그만 쉬게" 하였다. 조이용이 천자의 군막을 나간 후, 성종은 소 태후에게 "어머니, 관남의 땅은 불가능하지 않을까요? 송이 재물로써 조공한다면 화의를 맺으시겠습니까?"하고 묻자, 그녀는 "이번의 남쪽 공략은 송나라 사람들에게 맹약을 맺게 하여 양쪽의 변경이 오래 안정되도록 하는 것이다. 나도 그들이 쉽사리 관남의 여러 주를 내놓지 않을 것임을 안다. 이 땅을 뺏는 데 얼마간 전쟁을 해야겠느냐? 하물며 소달름이 죽었다!"라고 목멘 소리로 눈물을 흘렸다. 성종이 당황하여 묵묵히 고개를 숙였다.

소 태후가 손수건을 꺼내 눈물을 훔치면서 '대승상!'을 불렀다. 한덕창이 '신, 여기 있습니다'하자, 소 태후는 위엄 있게 "이틀 내에 통리군성을 공략하여 송나라 사람들이 화의를 맺을 수 있도록 하라. 소달름의 복수다!"고 하였다. 한덕창은 "뜻에 따르겠습니다"고 했다. 소 태후는 생각에 생각을 거듭하더니 "비룡사 한기韓杞를 사신으로 하여 내일 조이용을 따라 송 군주를 알현토록 하고, 화의 조건을 담판토록 하라"고 하였다.

직접 전쟁을 지휘하려 한 조항은 당시 전주에 도착하였다. 그는 행궁 안에서 불안에 떨며 안절부절 어찌할 바를 몰랐다. 태감에게 "거란의 군사가 여기서 얼마나 떨어져 있는가?"고 물으니 "거란군은 남성 밖에 주둔하고 있습니다"라고 답하자, 조항은 더욱 불안해졌다. 태감이 이를 틈타 "몇몇 대신들이 여전히 폐하께서 금릉으로 천도하기를 바라고 있습니다. 폐하는 천자이므로 이런 험지에 계신 것은 온당치 않다고 합니다"고 하니 조항은 두려운 듯 가만히 있다가 큰소리로 "구준을 불러오라"고 하였다. 태감이 명을 받드니 곧이어 구준이 왔다. 조항은 "누군가 천도를 논하는데 그대는 알고 있는가?"하니 구준은 "알고 있습니다"고 하였고, 이에 조항은 "그대는 여전히 다른 뜻이 있는가?"하자, 구준은 "예, 신은 폐하께서 이미 이곳에 오셨고 전진만이 있을 뿐이니 물러나지 않고, 열 걸음 나아가고 한 걸음 물러나셔야 한다고 생각합니다. 하북의 많은 중요한 진들이 아직 우리 수중에 있으며, 듣기에 폐하의 친정으로 사기가 크게 오르고 적은 고립이 심해져 걱정하고 있다고 합니다. 폐하께서 기세를 이용해 전진하기보다는 좋은 기회를 포기하고 후퇴한다면 순간 군의 사기가 무너져 적의 기세가 더욱 강해질 것입니다. 그렇게 되면 적의 추격이 가능케 되고, 폐하께서 어찌 금릉으로 갈 시간이 있겠습니까?"고 하였다. 조항은 여전히 의문이 남았다. 구준은 다시 태위와 장군들을 불러 황제 앞에서 전쟁을 청하였다. 더욱이 진종이 친히 성의 남문으로 가 최전방에 위치하기를 청했다. 조항은 비로소 이를 악물고 일어나 소리쳤다. '출발하라!'

진종이 구준의 재촉 하에 남성에 도착해 성 밑에 있는 진용이 엄숙하고 기세등등한 요나라 군대를 바라보자니 두려움을 금할 수 없었다. 그러나 송나라 군대는 황제의 황룡산黃龍傘이 나타나는 것을 보고 환호를 올렸고 사기가 크게 진작되었다. 그러나 황제의 마음은 화의를 바라고 있었고, 행궁으로 돌아오자마자, 요나라 군대의 기세를 떠올리며 불안을 감추지 못했다. 12월에 요나라 사신 한기와 조이용이 전주의 행궁에 도착했다. 진종은 한기에게 "북조는 관남을 요구하는데, 짐으로서는 방법이 없다. 만약 단호히 땅을 요구하면 나로서도 싸울 수밖에 없다. 그러나 나는 전쟁을 바라지 않는다. 재물로써 한다면 답할 수 있다"고 하였다. 한기가 물러나자, 진종은 다시 구준에게 "화의가 상책이다. 경은 이 일을 책임지고 요와 화의를 맺으라. 우리가 매년 조공 백만을 해도 괜찮다"고 하였다. 구준은 본래 연운燕雲의 땅을 되찾으려 했으나, 황제의 뜻을 알고는 물러나 회담을 책임진 조이용을 불러 "황상께서는 백만을 줄 수 있다고 했으나, 네가 한기와 담판할 때 그들에게 줄 재물이 30만을 넘으면 너를 벨 것이다!"라고 하였다. 이렇게 조이용은 한기와 회담 후, 다시 함께 요나라 군영의 소 태후를 찾았고, 결국에 해마다 백은 10만 냥, 비단 20만 필을 주고, 송 황제가 소 태후를 숙모로 섬기는 것으로 화약을 맺게 되었다.

양국이 아직 본격적으로 싸우지도 않았는데, 요나라 주장인 소달름이 죽자, 소 태후는 전쟁을 빌미로 화친을 압박하는 것이 낫고, 작은 대가로 상대방의 군사를 굴복시키는 효과를 얻을 수 있음을 알게 됐다.

權道의 지혜

손자孫子가 말하기를, "전쟁을 잘한다는 것은 형세에서 구해야지 사람에 책임이 있는 것이 아니다. 따라서 사람을 잘 택하여 형세에 임할 수 있어야 한다"고 했다. 그 뜻은 작전에 뛰어난 사람은 유리한 형세를 이용하여 승리를 구하지, 사람에게 책임을 돌리지 않는다는 것이다. 요나라의 소 태후는 군사적인 승리를 거둔 후에 과감하게 송나라와의 화의를 결정함으로써 전쟁으로 얻을 수 없는 것을 얻었다. '군사를 잃지 않고 목표도 온전히 한' 목적을 달성했다.

당신은 상대방이 기꺼이 한 걸음 물러나게 하는 기술을 배워야 한다. 곤경에 빠진 상대방에게 양보하되 체면을 구기지 않도록 하는 기술이 필요하다. 이 기술은 상대방의 호감을 얻을 수 있으며 좋은 이미지를 만드는 데에도 도움이 된다.

● ● ●

항우 _ 관용을 베풀다

진시황은 중국 통일의 대업을 이룬 후 대세가 이미 정해졌다고 생각하고 탐욕과 향락을 일삼았고, 이에 점차 어리석음과 부패의 기운이 일어나기 시작했다. 기원전 210년 7월, 진시황이 병으로 죽자, 호해가 즉위하여 두 번째 황제가 되었다. 황제는 어리석었고 조정을 장악하지 못해 간신들이 권력을 농단하면서 백성들 살림은 어려워져만 갔다. 결국 진나라 말기에 그 유명한 진승陳勝·오광吳廣이 이끄는 농민기의가 일어났다.

기원전 209년, 귀족 출신의 항우項羽—이름은 적籍, 자는 우羽이며, 하상 사람으로, 지금의 강소성 숙천현이다—는 숙부 항량項梁을 따라 부지에서 군사를 일으켰고, 거록의 전투에서 진나라 군대의 주력을 꺾고 진이 망한 후 스스로 일어나 서초왕西楚王이 되었다.

진의 장군 장한章邯이 거록에서 대패한 후에 그 남쪽에 있는 대본영으로 도망갔다. 항우는 상승세를 타 추격하여 단번에 섬멸하려 했다. 범증范增이 항우에게 "우리 초나라 군사는 이미 사흘간 큰 전쟁을 치렀습니다. 사람과 말이 모두 지쳐 계속 공격하기 어렵습니다. 진의 환관 조고趙高가

장한을 핍박토록 하여 진퇴양난에 빠져 초의 군사가 투항하게 하는 방법이 어떻습니까?"라고 하였다. 항우는 범증의 계책에 따라 함양성으로 사람을 보내 도처에서 초의 군사가 대승을 거두었으며, 진나라 군사가 패하고 장한이 도망쳤다는 소문을 퍼뜨렸다. 어리석은 황제 호해는 이 소식을 듣고 사람을 보내 장한을 조사토록 했다. "어찌 30만 대군으로 초의 군사를 무너뜨리지 못했는가?" 장한은 매우 두려웠으며 동시에 분하기도 했다. 사마흔司馬欣에게 함양으로 가서 황제에게 사실을 전해줄 것을 부탁했다. 그러나 오히려 사마흔이 하마터면 조고에 의해 목숨을 잃을 뻔하였다. 사마흔이 도망쳐 돌아와 장한에게 말하기를 "조고의 농단으로 독단이 횡행하고 충신들은 모함을 받고 있소. 우리가 그의 손아귀에 있다는 것은 정말 답답한 일이오. 우리가 승리해도 질투할 것이며, 패배해도 벌을 내릴 것이오. 승패에 관계없이 그의 수중에 들어갈 수밖에 없으니 어찌 우리 목을 내놓을 수 있겠소. 장군, 다른 방법을 찾아봅시다"고 하였다. 진퇴양난에 빠져 있던 바로 그때에 그는 자신의 부하 진서陳徐가 쓴 편지를 받았다. 편지에는 "어리석은 진 이세 황제에 목숨을 팔고, 조고 같은 간신을 위해 힘을 썼으니 결국 죽음을 면할 수 없습니다. 어쩌면 멸문구족을 당할 수도 있으니 오히려 제후들과 연합하여 공동으로 진나라에 대응하여 천하의 적을 없애고 봉왕封王을 받음이 어떠하십니까?"라고 쓰여 있었다. 편지에서는 그에게 이해득실을 따져 가능한 한 빨리 결단하여 갈 곳을 정하도록 권하고 있었다. 당시 장한은 어찌할 바를 모르고 있었다. 게다가 연속적인 패배로 초의 군사에 의해 낙화유수처럼 쫓기고 있었으므로 곳곳에 위험이 도사리고 있었다. 어쩔 수 없이 항우에게 은혜를 입었던 사마흔을 보내 항우와 화의를 맺을 수밖에 없었다.

항우의 숙부 항량이 장한에게 죽임을 당했기에 항우는 장한과 화의를 논할 수 없었다. 게다가 당시 장한은 매우 불리한 처지에 빠져 어쨌든 항우에게 패할 수밖에 없었다. 항우는 자신이 대단한 힘과 권력을 갖고 있지만, 지금 당장은 중원에 들어가 봉왕할 수 없음을 알고 있었다. 그 이유는 장한의 군사가 저지하고 있기 때문이었다. 현재 장한은 호해와 조고 때문에 막다른 길로 내몰렸고, 어쩔 도리 없이 초나라에 투항하고자 하나, 만일 받아들여지지 않는다면 다른 제후에게 투항할 수밖에 없었다. 특히 장한은 진나라의 핵심 장군으로, 다른 장군들은 그를 바라만 보고 있으며 그가 귀순하면 다른 장군들도 쉽게 정복할 수 있다. 초나라가 받아들이면 그는 감격하여 초나라를 위해 힘을 다할 것이다. 또한 항우는 전쟁이 이미 너무 길어져 군사와 말이 지쳤으며 식량도 부족하여 계속 싸운다면 갈수록 어려워진다는 점을 알고 있었다. 동시에 항우에게는 사사로운 복수심을 버리고 마음을 열어 관대히 사람을 대하는 사내대장부다운 도량이 있었다.

항우는 과감히 사마흔에게 "장한은 나의 숙부를 죽였으니 나의 원수이고, 그를 죽여야 하는데 어찌 화의를 얘기하겠는가? 하지만 숙부의 원수를 갚는 일은 내 개인의 사사로운 일이다. 진나라를 멸하고 국가에 인재를 쓰는 일은 천하의 공적인 일이다. 내 결코 사사로움으로 공적인 것을 해하지 않을 것이니 이런 마음으로 장한과 화의를 맺겠다. 그가 진심으로 귀순한다면 나도 성심으로 나의 사사로움을 잊겠다. 그에게 오라고 하라!"고 했다. 그러자 사마흔도 분명하게 말하였다. "장한의 죄는 매우 큽니다. 당신에게 투항했는데도 당신이 그를 용서치 않는다면 그는 스스로 죽음의 길을 찾은 것이 아닐까요? 저희에게 증표를 주십시오." 항우는 크게 웃으면서 호탕하게 말했다. "대장부가 뱉은 말, 어찌 번복하겠느냐? 이렇게 된 바에야 너희가 원남에 가면 우리 맹약을 맺도록 하자. 이러면 되겠느냐?" 이에 항우와 장한, 사마흔, 동예董翳 등이 원남에서 맹약을 맺었다. 그런 후 장한은 초에 투항하여 항우를 알현하였다. 장한은 통한의 눈물을 흘리며 "나 장한은 죽어 마땅하오나 장군의 은혜를 입어 거두어주셨습니다. 저는 장군의 지휘를 따라 무엇이든 가리지 않겠습니다. 다만 지난번 정도定陶에서의……"하니 항우가 측근들에게 "우리 과거는 잊읍시다. 다시 생각한들 무슨 소용인가? 앞으로 우리 모두 협력하여 공동으로 천하의 적을 없애자" 하면서 항우는 장한을 옹왕에 봉하고 그를 초의 궁전에 머물게 하였으며, 사마흔을 상장군으로 봉하였다. 사마흔을 따라 투항한 군사는 20만으로, 진나라 군대의 선봉이었다. 항우는 장한을 대동하여 초나라 군사와 각국 제후들의 장군들과 함께 당당하게 서쪽으로 출진하여 바로 진나라의 수도인 함양을 공략하니 가는 곳마다 바람에 초목이 넘어지듯 하였다.

權道의 지혜

관용은 남의 잘못을 너그럽게 받아들이거나 용서하는 마음이요, 최고의 미덕 중 하나이다. 관용은 주로 서로 다른 생활방식, 가치관 등에 대한 이해와 존중이며, 겸용하고 포용하는 태도로서, '옳거나' '그른' 것을 남에게 강요하지 않는다. 우리는 다른 사람의 생각과 행동에 동의하지 않을 수 있다. 그러나 다른 사람의 선택을 존중해야 하며 그 사람에게 자유로운 생각과 행동의 권리를 주어야 한다.

《신음어呻吟語》에 "눈에 티가 들어가면 견딜 수 없고, 이빨 사이에 조그만 것이 끼면 참을 수 없다. 내 것이 아니기 때문이다. 그런데 어찌하여 마음속에 그 많은 가시를 지니고서도 오히려 아무렇지 않을 수 있단 말인가?" 하였다. 《채근담菜根譚》에서는 "일에 처해 한 걸음 양보하는 것을 높이 여기니 물러섬은 나아가는 바탕이 된다. 사람을 대함에 너그러움은 복이 되니 남을 이롭게 하는 것이 자신을 이롭게 하는 바탕이 된다"고 했다.

당나라 때 누사덕婁師德은 성격이 점잖고 도량이 있었다. 그 동생이 대주자사가 되어 부임하였다. 누사덕은 동생에게 "나는 재상을 도왔었다. 너는 지금 주를 관리하게 되었으니 황상의 총애가 크다. 이는 다른 사람의 시기를 받게 되니 어찌 화를 면할까를 생각하거라"라 일렀고, 동생은 무릎 꿇고 앉아 형에게 "지금부터 누군가 내 얼굴에 침을 뱉더라도 내 스스로 닦아낼 것이며, 결코 형님이 걱정하지 않도록 하겠습니다"라고 하자, 누사덕은 "그것이 내가 걱정하는 일이다. 사람들이 너에게 침을 뱉는 것은 너에 대해 화가 나서이다. 네가 침을 닦아내면 침 뱉은 사람의 뜻에 반하는 것이 아니겠느냐? 그 사람은 더욱 화가 날 터인 즉, 닦지 말고 저절로 마르도록 하고 웃으면서 받아들여라" 하였다.

이는 관대함의 극치라 할 수 있다. 누군가 당신을 욕할 때 피할 수 있으면 피하고 피할 수 없으면 참아야 한다.

순자荀子는 "군자는 현명하되 어리석음을 받아들여야 하고, 지혜롭되 우둔함을 받아들이고, 넓되 얕음을 받아들이고, 순수하되 섞임을 받아들여야 한다"고 했다.

공자는 《논어·양화편陽貨篇》에서 인간이 되기 위해 해야 할 것으로 '공恭·관寬·신信·민敏·혜惠' 다섯 가지를 언급했다. 공손하면 모욕을 받지 않고, 관대하면 사람들을 얻으며, 믿음이 있으면 사람들이 신임하고, 민첩하면 공을 이루고, 은혜로우면 사람을 능히 부릴 수 있기 때문이다. 세상에 사람이 있는 곳이면 모순이 생기며 서로 헐뜯기 마련이다. 갖가지 이해 충돌로 마찰이 일어날 수밖에 없다. 군자도 있고 소인도 있으며, 따뜻하기도 냉정하기도 하다. 동양인들은 조화를 중시하여 남을 다치게 하여 자기를 이롭게 하거나 남의 어깨를 밟고 오르려 하지 않는다. 어떤 사람과도 화목하려 하는 것이 동양문화의 전통이다.

개인적으로 관용은 두말할 것 없이 좋은 인간관계를 수반하며 자신의 생활도 가볍고 유쾌해진다. 조직에서도 관용은 조화로운 분위기를 조성하여 상대방과 자신에게 모두 이롭다. 관용은 좋은 인간관계를 맺는 보물이며, 또한 어중간함糊塗學의 중요 원칙이다.

위 문후와 주상락 _ 비탈길을 이용해 나귀를 몰다

전국시대 위魏나라 문후文侯와 사대부들이 한담을 나누었다. 문후가 물었다. "그대들은 나를 어떤 군주라 생각하느냐?" 모두가 이구동성으로 "인자한 군주이십니다"라고 대답했다.

적황翟黃에게 물으니 그는 "인자하다고 할 수 없습니다"라고 대답했다. 문후가 듣더니 안색이 변하며 다시 물었다. "어째서 그렇게 보는가?" 적황은 "왕께서 중산의 땅을 얻은 뒤, 형제에게 분봉치 않고 큰아들에게 주었으니 그 사사로움 때문에 인자하다고 볼 수 없습니다"고 대답했다. 문후는 수치스러움에 분노가 일어 그를 쫓아냈고 적황도 아무 일 아니라는 듯이 홀연히 떠나버렸다.

문후는 이어서 임좌任痤에게도 물었다. "그렇다면 나는 어떤 군주인가?"하니 임좌는 "왕께서는 확실히 인자한 군주십니다"하였다. 문후는 "어째서 그렇게 말하는가?" 하니 "제가 알기로, 무릇 인자한 국왕의 신하는 틀림없이 강직한데, 방금 적황의 말은 강직한 것이요, 아부의 말이 아니었습니다. 그래서 저는 왕께서 인자하다고 생각합니다"고 하였다. 문후는 옳다고 여기고 '맞아, 맞아'를 연발하며 즉각 적황을 돌아오게 하고는 상경으로 삼았다.

위 문후

신하된 임좌는 보기 좋게 직접 황제의 잘못을 지적했고, 문후 또한 보기 좋게 자신의 잘못을 인정했다. 비탈길에서 나귀를 몰듯이 군신 간의 적절한 책략이 이루어졌다.

명나라 때의 주상락朱常洛이 정 귀비에게 사용한 것

도 역시 비탈길을 이용해 나귀를 모는 방식이었다.

1615년 5월 어느 날 초저녁, 자금성 안팎에서 모두 단오절을 준비하고 있을 때에 난관을 극복하고 마침내 태자의 자리에 오른 주상락의 태자부도 이튿날의 명절을 위해 바쁘게 움직이고 있었다. 한가롭던 주상락이 밖으로 나가 기분을 전환하고자 했을 때, 별안간 문 밖에서 찢어지는 듯한 사람들의 고함소리와 격렬히 맞붙어 싸우는 소리가 들려 왔다. 평소 살얼음 걷듯 위태로웠던 주상락은 갑자기 마음속 깊은 곳에서 두려움이 치솟는 것을 느꼈는데, 누군가 그에게 위해를 가하려고 했음을 알려주었다. 나무 곤봉을 든 어떤 괴한이 그가 거처하는 자경궁으로 몰래 들어왔다가 태자부의 시위들에 의해 제압당하고 동화문 경비대로 압송된 것이다. 이튿날 아침 일찍 주상락은 암살사건을 만력제에게 알렸지만, 황제는 이 사건을 크게 상관하지 않았다. 그리고는 슬그머니 가장 가까운 사법부에서 조사토록 했다. 만력의 뜻을 알아차린 형부 어사들은 적당히 얼버무리면서 범인 장차張差를 미치광이로 여기고, 우발적인 사건으로 처리하였다. 그러나 주사 왕지속王之寀이 의문점을 찾아내 엄격히 심사하여 진상이 밝혀졌다. 본래 장차는 정 귀비의 내시 방보龐保와 마삼도馬三道의 지시를 받고 일을 저질렀던 것이다. 이에 명나라 말기의 유명한 세 가지 사건 중 첫 번째 사건이 발생했다.

이 보고를 듣고 대신들은 분분히 정 귀비를 질책하면서 실질적 주모자가 그녀라고 여겼다. 정 귀비가 대신들의 질책을 듣고는 상황이 안 좋게 돌아가고 있음을 알고 만력에게 다시 주관해줄 것을 청했다. 만력은 "이젠 나도 어쩔 도리가 없다네. 유일한 방법은 그대가 황태자를 찾아가 힘써주길 부탁하는 걸세"라고 했다. 만력의 제안으로 정 귀비는 급히 주상락을 찾았고, 무릎을 꿇고 자신의 무고를 눈물로 호소하였다. 냉대 받아왔던 주상락도 아버지를 분노케 할 수 없었으므로 비탈길에 노새를 몰아가듯 다시는 추궁치 않겠다고 하고, 결국 장차·방보·유성劉成 등을 처형하고, 급히 마무리 지었다.

이 사건 이후, 정 귀비는 태자의 지위가 확고하다는 것을 알았다. 이에 그를 적시하던 입장을 바꿔 은혜를 갚는다는 명목으로 궁중의 아름다운 미녀를 주상락에게 바쳤다. 과거 그의 주변에는 궁녀가 적었으나, 갑자기 미녀가 궁실을 메웠다. 그는 욕망을 좇는 기회를 맞아 30여 년간의 색욕을 한 번에 메우듯 밤새 쉬지 않았다. 결국 색욕의 날카로운 칼날이 육체를 도륙하였으니 황제로 등극할 때에 그는 모든 힘을 다 소진하고 말았다.

1620년 8월, 그는 몸에 용포를 둘렀지만, 발걸음조차 떼기 힘들었고, 대관식마저 간신히 마쳤다. 연호를 '태창泰昌'이라 하였지만, 8월 12일 병으로 일어나지 못하였다. 우선 설사약을 잘못 먹었고, 게다가 성욕을 북돋우는 환약을 먹었으며, 밤마다 여자를 대했으니 결국 약으로 구할 수 없는 지경에 이른 것이었다. 같은 해 9월 1일, '태창'의 연호를 사용하지도 못한 채, 평생 처량하고 굴욕스런 삶을 살았던 주상락은 한을 가득 품고 세상을 떠났다. 향년 39세로, 단 1개월의 황제였다.

權道의 지혜

순수추주順水推舟, 물의 흐름에 따라 배를 젓는다는 뜻으로, 추세에 따라 상응하는 방법을 취하는 것이다. 대화 중에 상대방 말끝을 좇아 자연스레 말을 이어나가 자신에게 유리한 목표로 이끌고 마지막으로 상대방이 기쁘게 받아들이도록 한다.

이런 법칙을 운용한다면 많은 목적을 이룰 수 있다.

○ 어색한 순간을 없앤다.

한 유명 여배우가 남편과 경로잔치를 열어 문화예술계의 많은 저명한 선배들을 초청하였다. 90여 세의 화가와 그의 간호사가 함께 와 앉으면서 배우의 손을 끌어 그녀를 무심코 바라보았다. 간호사가 나무라는 목소리로 노인에게 말했다. "무안하게 그리 사람을 쳐다보세요?" 노인은 심드렁히 "내가 나이가 많다지만 왜 그녀를 볼 수 없겠느냐? 그녀는 참 예쁘구나"하고는 얼굴이 발개지면서 모두를 매우 어색하게 만들었다. 이때 여배우는 웃으면서 노인에게 "얼마든지 보세요. 저는 배우예요. 사람들이 저를 보는 것이 두렵지 않아요" 하였다. 물 따라 배가 나아가듯 상황에 맞게 간호사의 뜻을 저버리지 않으면서도 노인의 기분도 맞추어주었다.

○ 교묘한 풍자

이홍장李鴻章에게 좀 먼 친척이 있었는데, 학문이 부족한데도 과거를 바랐다. 시험장에서 문제지를 열어보니 하나도 아는 글이 없어 뜨거운 가마속의 개미처럼 허둥대기만 했다. 답안지를 걷을 시간이 되자, 그는 기지를 발휘해 답안지에 "나는 이홍장 중당대인의 친처親妻—척戚으로 써야 할 것을 잘못 썼다—이다"라고 썼다. 시험관이 이를 보고는 미소를 머금고 붓을 들어 답안지에 의견을 썼다. "그래서 본관이 너를 아내娶—취取로 써야 할 것을 일부러 고쳐 썼다—로 맞아들이지 않는 것이다." 시험관은 잘못 쓴 글자를 빌려 물 따라 배를 젓듯 틀린 글자를 써서 풍자의 맛을 보여줬다.

동한 광무제 유수 _ 인재의 장점을 평가하다

25년, 동한東漢의 개국황제인 유수劉秀는 낭현에서 황제에 오른 뒤, 대군을 보내 낙양을 포위하였다. 하지만 3개월간의 계속적인 공격에도 함락되지 않자, 매우 초조하고 불안하였다.

이때 유수는 잠팽岑彭이 주유朱鮪의 수하에서 지휘관을 맡은 바 있고, 두 사람의 관계가 좋다는 것을 생각하고는 잠팽에게 주유에게 가서 투항을 설득하도록 하였다. 잠팽은 항복한 장군이기는 하지만, 유수의 신임과 중용으로 매우 감동을 받아 흔쾌히 승낙하고 주유에게 갔다. 잠팽은 주유를 만나 유수의 도량을 칭찬하면서 주유에게 말했다. “천하의 인심이 광무光武(유수)에게 돌아갔고 대세도 기울어졌소. 왜 홀로 이 낙양성을 사수하려 하시오?” 주유는 긴 탄식을 내뱉고 말하였다. “나도 유수가 매우 영명함을 들어 존경하고 있다. 하지만 그 형 유소劉縯가 해를 당했을 때 나는 유현劉玄에 참여하여 주도하였다. 후에 유현이 유수를 하북으로 보냈는데, 나는 유수가 황제가 되려는 마음을 읽었고, 호랑이를 산에 풀어서는 안 된다고 유현에게 권하였다. 이는 유수에 대한 큰 죄이고, 그가 나를 용서치 않을 것이야. 그래서 나는 성을 사수하려 한다.” 잠팽이 주유의 말을 유수에게 보고하자, 유수는 개의치 않고 크게 웃으면서 “장군은 누구나 각자의 역할이 있음을 알지 못하는가? 주 장군은 유현의 신임을 받는 장군으로, 당연히 그것을 주도한 것이고, 이를 주유가 했음을 이미 알고 있다. 하물며 상황이 이미 끝났으니 주 장군은 마음에 둘 필요가 없소. 나 유수는 재주와 학식은 짧으나 작은 원한으로 우수한 인재를 잃지는 않을 것이며, 결코 내가 취할 일도 아니요. 잠 장군은 돌아가 주 장군에게 밝히시오. 진정으로 투항하면 관작을 유지할 것이요, 어찌 치죄를 말하겠는가?” 이어서 유수는 황하를 가리키며 말했다. “내 황하를 걸고 약속하마. 식언이 아니다.”

주유는 잠팽이 전한 유수의 말을 듣고는 유수가 과거에 얽매이지 않는 도량이 있다고 느끼고, 즉각 투항하여 무릎을 꿇고 죄를 청하였다. 유수는 황망히 나아가 그를 일으켜 세우면서 “내 어찌 장군의 이런 지극한 예절을 받을 수 있겠소!” 하고는 친히 주유 무릎의 흙을 털어내고 주연을 베풀었다. 그 후 유수는 주유를 평협장군에 봉하고 부구후로 배수하였다. 모든 장군들이 유수는 확실히 제왕의 풍격을 갖추었으며, 장래 틀림없이 한나라 황실을 부흥시킬 것이라 칭찬하였다.

동한 광무제 유수

權道의 지혜

성공한 리더들은 '인재를 잘 찾아서 활용한다'고 한다. 사람을 쓴다는 것은 그 장점을 발휘하고 단점을 피하여 그 재능을 다하게 하는 데 있다. 사람의 결점 때문에 임용치 않는다면 자신의 손실일 뿐 아니라 경우에 따라서는 위협이 된다. 사람의 기용은 그를 통해 특기를 발휘하는 것이지, 결점을 드러내는 것은 아니다. 결점이 장점에 영향을 주지 않는데, 왜 단점에 집착해 장점마저도 쓰지 않는가? 더욱이 인재 경쟁시대에 한 사람을 잃으면 상대방에 하나를 더해 주게 된다.

유종원柳宗元은 "옥의 흠은 그 빛깔에 어느 정도 영향을 미칠까?"하고 말했다. 오자서伍子胥는 진陳 혜공惠公에게 "사람의 장점을 쓰고 단점을 피하면 쓰지 못할 사람이 없다"고 하였다. 자순子順은 위왕魏王에게 "영명한 군주는 신하를 대함에 주로 도덕성 여부를 본다. 몸의 작은 병 때문이 아니라 그의 인격에 지장을 주기 때문이다"라고 하였다. 《열자列子·양주楊朱》편에는 "큰일을 하는 사람은 작은 일을 생각지 않고, 크게 성공한 사람은 번거로운 일을 생각지 않는다"고 하였다.

자사子思가 위衛나라에 있을 때 군주에게 순혁荀奕을 추천하면서 "그의 재능은 오백 대의 전차를 가지고 전쟁하는 군대의 통수가 될 수 있으니 천하무적이라 할 수 있습니다"고 하였다. 군주가 말하기를, "그의 재능은 대장이 될 만하나 그의 소관小官 시절에 백성들의 세금을 거두면서 두 개의 달걀을 먹었기에 쓸 수 없다"고 하였다. 자사는 "영명한 군주가 인재를 뽑는 것은 뛰어난 목수가 목재를 고르는 것과 같습니다. 쓸 만한 것은 쓰고 쓸모없는 것은 버리지요. 커다란 구기자나무와 가래나무가 일부 썩어도 뛰어난 목수는 왜 그것을 버리지 않을까요? 쓸모없는 부분은 매우 적고 대부분 이용할 수 있어서 결국 진귀한 가구가 됨을 아는 것입니다. 지금 각국이 분쟁하는 시기에 인재가 많이 필요한데, 달걀 두 개 때문에 뛰어난 인재를 등용치 않는다니 제발 이웃에서 알지 못하게 하십시오"라고 말하였다. 군주는 자사의 말이 옳다고 생각하고 "내 꼭 당신의 가르침을 받아들이겠소"라고 하였다.

석륵 _ 움츠리는 것은 지는 것이 아니다

후조後趙의 개국 군주 석륵石勒은 어려서 노예로 팔려와 후에는 무리를 이끄는 도적이 되었고, 왕양과 기안 등, 열일곱 명과 함께 강호에서 18기騎로 불리었다. 305년에 성도왕 사마영司馬穎의 장군이었던 공사번公師藩이 군사를 일으키니 석륵은 그의 휘하에 들어갔다. 공사번이 죽자, 석륵은 다시 유연劉淵에게 투항하였고, 유연이 한제漢帝를 칭하면서 석륵은 그 밑에서 세력을 갖춘 장군이 되었다.

석륵은 건장하고 강하였으며 담략이 있고, 말 타고 활쏘기를 잘하였다. 그는 군사를 이끌고 진晉나라와 전쟁하면서 끊임없이 자기 세력을 확대하였다. 유연도 그를 매우 중시하여 안동대장군으로 임용하여 특별히 막부幕府를 만들어주고 관리들을 두게 하였다. 312년에 책사 장빈張賓이 그의 동분서주하는 모습이 일개 도적과 같다고 생각하고 그에게 권하였다. "누가 기반을 만들고 누가 홍성하겠습니까? 누가 기반을 잃고 누가 쇠망하겠습니까? 한단과 양국은 본래 조나라의 도성으로 둘 다 험준한 산에 의지하는, 지세가 뛰어난 땅입니다. 한 곳을 선택해서 근거지로 삼은 후에 다시 장령들에게 사방으로 공격토록 하십시오. 이렇게 하면 흉폭한 무리를 없애고 왕업을 세울 수 있습니다." 석륵은 계책을 따라 양국을 점거하였다.

당시 석륵이 왕업 기반을 세우는 데 장애가 되는 호랑이는 진의 대사마 상서령 왕준王浚이었다. 313년에 석륵과 부하들이 왕준에 대응하는 책략을 논의하였고, 장빈도 계책을 내놓았다. "왕준은 표면상으로 진나라의 신하이지만 사실 찬탈의 뜻이 있습니다. 그래서 영웅들을 모아 천하를 도모하려 합니다. 장군이 대업을 이루고자 한다면 우선 몸을 낮춰 상대를 섬기고 그의 신하가 되십시오. 그리고 신임을 얻고 나서 다시 그를 제거할 방법을 찾으시지요." 석륵은 옳다고 여기고 문객 왕자춘王子春 등에게 많은 보물을 가지고 가서 왕준에게 바치고, 그에게 천자天子를 권하라고 하였다.

처음에 왕준은 믿지 않았다. 그는 '석륵이 드문 인재로, 조나라의 옛 지역에 홀로 근거하면서 자신과 대립 형세를 이루었는데, 어떻게 자신에게 복종하겠는가'라고 생각했다. 왕자춘은 성실을 가장하여 설명하였다. 옛날부터 명신이 된 오랑캐는 있어도 제왕이 된 오랑캐는 없다. 석륵이 칭제稱帝를 생각지 않은 것은 아니나, 칭제로 하늘과 백성의 원성을 살까 걱정하고 있다. 그래서 그는 '백성의 존중과 천하의 중심'인 왕준을 추대하고, 자신은 견마의 노력을 다하려고 생각했다는 것이다. 왕준은 그 말이 이치에 맞다 생각하고 석륵을 믿었으며, 왕자춘을 열후로 봉하고 사신에게 특산품을 가지고 석륵에게 가도록 하였다.

왕준의 사신이 양국에 도달하기 전에 범양을 지키던 왕준의 사마 유통游統이 왕준을 배반하고 석륵에게 투항하려 했다. 그는 사람을 보내 석륵과 연락하였는데, 석륵은 바로 그 사람을 죽여서 그 목을 왕준에게 보내 자신의 진실한 마음을 표현하였다. 왕준은 더 이상 석륵의 속셈을 의심하지 않게 되었다. 왕준의 사신이 양국에 도착했을 때, 석륵은 우선 정예병들을 거두어들여 '형편없는 군사임을 보여주었다.' 석륵은 공손히 북쪽을 향해 절하면서 사신이 가져온 왕준의 편지를 접하였다. 왕준이 내린 사슴의 꼬리를 만지는 것도 황송하게 여기고 벽에 걸어놓고는 "내 평소 왕공을 뵙지 못했는데, 이를 보니 왕공을 뵙는 것 같구려. 매일 아침 그것을 향해 절하겠소" 하였다.

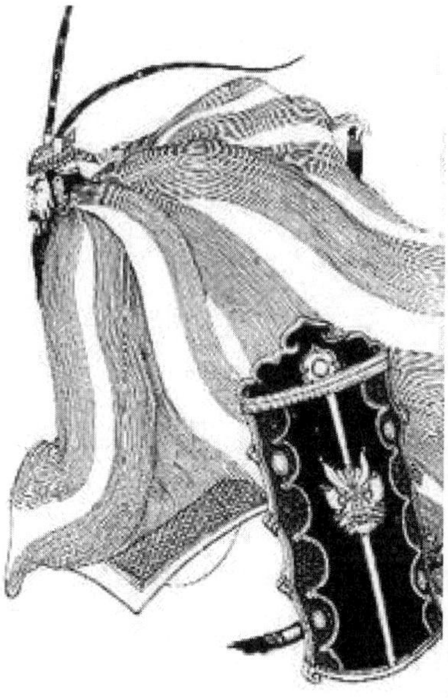

석륵

석륵은 다시 동조董肇를 유주로 보내 왕준에게 직접 유주에 가서 알현하고 천자의 존호를 권하고 싶다는 상서를 올렸다. 왕준의 사신이 유주로 돌아와서 석륵의 병사는 약하고 또 충성도 한결같다고 보고하자, 왕준은 크게 기뻐하면서 석륵이 자신을 속이는 것이 아니라고 여겼다.

석륵은 왕준이 올가미에 걸려들자, 그를 제거할 준비를 하였다. 확실하게 하기 위해 석륵은 왕자춘에게 유주의 형세를 물었다. 왕자춘은 "유주는 작년에 홍수가 난 뒤, 또 기근이 몰려왔는데, 왕준은 많은 식량이 창고에 넘쳐나도 구휼하지 않고 있습니다. 게다가 엄한 형벌과 가혹한 세금, 노역이 너무 많고, 충신들은 죽임을 당하고 배척받고 있습니다. 백성들은 참기 어려워 도망하고 있으며, 이웃하고 있는 선비鮮卑와 오환烏丸은 다른 뜻을 품고 있고, 간신인 조숭棗嵩과 전교田嶠의 부패와 횡포로 뭇 신하들이 가슴을 누르고 있으며, 군사의 사기도 감당키 어렵습니다. 왕준은 토목을 좋아하여 궁궐을 수축하면서 스스로 한 고조와 위 무제에 비유하고 있습니다. 유주 성안에는 싸늘한 유언비어가 도는데, 이에 아랑곳하지 않고 두려움이 없습니다. 왕준의 죽음이 멀지 않은 상황입니다"고 하였다. 석륵은 책상을 두드리고 웃으면서 "왕준을 잡을 날이 멀지 않았구나!" 하였다.

314년, 석륵은 기마부대를 이끌고 야밤에 유주를 기습했다. 석륵의 군사가 역수에 도착했을 때, 장군들이 출병을 요구했으나, 왕준은 오히려 화를 내며 "석륵은 나를 천자로 추대하기 위해 유주에 왔거늘 감히 그를 공격하자고 하는 자는 죽일 것이다"라 하고, 술과 고기를 준비하고 석륵을 기다렸다. 날이 밝자, 석륵의 군사가 계성 성문 아래 도달했다. 성문이 열리자, 석륵은 복병을 염려하여 우선 수천 마리의 소와 양을 앞서게 하였다. 왕준에 대한 예의라 말하였지만, 소와 양으로 길을 막아 복병의 공격을 막고자 한 것이다. 왕준은 그제야 이상하다고 느끼고 어쩔 줄 몰랐다. 석륵의 군사가 궁실에 들어가 왕준을 잡고 수차례 그의 죄를 물은 후, 양국으로 압송하여 군중 앞에서 참수하였다. 석륵은 마침내 교묘한 계략으로 제위에 오르는 장애를 제거하였다.

權道의 지혜

정치 혹은 군사 투쟁에서 형세가 불리할 경우 전략적 후퇴를 통해 자신을 보전한다. 잠시 굽힘으로써 펴는 날을 기다려 다시 싸우는 것이다. 《주역》에 '잠룡은 쓰지 말라'는 말이 있다. 일정한 조건 아래서 시기를 기다려 권토중래捲土重來한다는 것이다. 공자는 《계사繫辭》에서 굼벵이가 기어가는 것과 뱀이 동면하는 것을 비유하였는데, 이는 "굼벵이가 몸을 굽히는 것은 나아가기 위함이요, 뱀이 몸을 숨기는 것은 그렇게 함으로써 몸을 살리는 것이다." 송나라 주희朱熹는 '굴신소장屈伸消長'이 만고불변의 법칙이라 했다. 그는 시기가 무르익지 않았을 때, "물러나 스스로 좇아 키우고, 때와 더불어 모두 어두워지라" 했으니 '준양시회遵養時晦', 즉 언행을 삼가며 자기를 나타내지 아니하고 때를 기다리라는 것이다.

명나라 때에 풍몽룡馮夢龍은 《지낭智囊》에서 사람과 동물은 똑같이 형세가 불리하면 잠시 물러나며, 그렇지 않으면 반드시 엎어져 망하게 된다고 하였다. 그는 지혜가 술術의 원천이며, 술은 지혜의 변화라 하였다. 누군가 지혜 없이 술을 말한다면 그는 꼭두각시일 뿐이며, 어떤 변화도 의미가 없고 단지 노닥거릴 뿐 아무런 이익이 없으니 일에는 성공할 수 없다. 반대로 술이 없이 지혜를 말한다면 뱃사공과 같다. 스스로 바람 따라 노를 저어 길을 다 아는 척 지나지만, 위험과 풍랑을 만나면 속수무책으로 하늘에 빈다. 이처럼 배를 몬다면 배가 엎어져 죽어도 이상치 않다.

굼벵이가 몸을 움츠리는 것, 땅에 엎드려 동면하는 것은 모두 술의 행위이다. 동물은 모두 이런 지혜로 자신을 보전하는데 인간이 동물만 못하겠는가? 그렇지 않다. 인간은 자신의 보호술을 배워 자신의 발전을 희망해야 한다. 노자가 오랑캐로 변하였고, 하우夏禹씨가 나국裸國에서 옷을 벗었고, 공자가 사냥을 다투었고, 산의생散宜生이 뇌물을 주고, 중옹仲雍은 단발과 문신을 하고 벗고 지냈다 하니 그 도리를 알지 못하는 사람이 "성현의 지혜는 다 써버릴 때도 있다"고 하였고, 그 연유를 아는 사람은 오히려 "성현의 술은 결코 모자란 때가 없다"고 하였다. 온화하지만 순종하지 않는 것을 위사委蛇라 하고, 숨어서 드러내지 않는 것을 교수膠數, 마음에 간사한 계략이 있지만 함부로 하지 않는 것을 권기權奇라 한다. 온화하지 못하면서 일을 맡으면 장애를 만나 순조롭지 못하다. 숨지 못하면서 자신을 모두 드러내면 사방이 적이 되어 어떤 일도 이룰 수 없다. 간사한 계략을 쓰지 못하면서 함부로 하면 액운을 면하기 어렵다. 그래서 술은 사람을 신령스럽게 하고 지혜는 그것을 억제한다.

풍몽룡의 굴신屈伸의 술은 이해하기 쉽고 고금이 연결되고 사리가 일치하여 설득력이 있다. 역사 속의 많은 인물들은 자신의 일과 이상의 실현을 위해 필요한 경우, 대부분 굴신의 술을 통해 자신을 보호하고 때를 기다려 다시 일어서거나 혹은 따로 우뚝 섰다.

권력을 운용하는 도

運權之道

사람들은 항상 권력과 지혜를 연결시키는데, 이 두 가지는 떼려야 뗄 수 없는 관계이기 때문이다. 권력을 통해 변화를 이루는 것은 성공하는 사람들이 갖춰야 할 자질 중의 하나이다. 권력의 변화에 정통해야 비로소 권력의 자원을 진정한 힘으로 바꿀 수 있다.

권력의 효율적 운용은 무어라 명확히 말하기 어렵지만, 권력을 효율적으로 운용해야 목표를 달성할 수 있는 근거요, 보장이 된다. 권력의 운용이란 일정한 법칙이 있는 것이 아니라, 단지 임기응변에 불과하며, 어떤 운용규칙을 얘기할 수는 없으나 효율이 바로 규칙이다. 시쳇말로 한다면, '규칙이 없는 규칙'이라고 할 수 있다.

궁중천자 대법흥 _ 주제넘게 나서지 마라

대법흥戴法興은 위진남북조시대의 사람으로, 회계군 산음현에서 태어나 유송劉宋 정권의 유명한 권신이 되었다.

부친 대석자戴碩子는 평소 저마로 짠 포를 팔았고, 대연수戴延壽, 대연흥戴延興이란 두 명의 형이 있었다. 대연수는 서예에 능했고, 동생 법흥은 공부하기를 즐겼다. 당시 산음현에는 진재陳載라는 유명한 부자가 살았는데, 재산이 3천만 전에 달했다. 마을 사람들은 "대석자의 아들 삼형제가 진재의 재산 3천만 전에 상당한다"고 하였다.

대법흥은 어려서 산음 시장에서 갈포로 만든 직물을 팔아 생활하다가 후에 관리가 되어 상서대 창부 영사의 직을 맡았다. 대장군 팽성왕 유의강劉義康은 상서대에서 지혜를 갖춘 영사를 물색하다 대법흥 등 5명을 찾아냈다. 유의강은 대법흥을 발탁하여 기실영사로 삼았다. 유의강 세력이 송 문제文帝에게 제거된 뒤에도 대법흥은 여전히 송 세조世祖의 정로와 무군 기록관리를 담당하였다. 송 세조 유준劉駿이 강주를 지키고 있을 때 대법흥은 남중랑전사에 임명되었고, 유준이 파구에서 의병을 일으키자, 대법흥은 전사 대명보戴明寶, 채한蔡閑 등과 함께 참군독호로 전임되었다. 유준이 황제에 즉위하면서 그들은 모두 남대시어사로 임명됨과 동시에 중서성 통사사인을 겸직하였다. 대법흥 등은 조정 내부의 기밀업무를 책임지면서 권력을 장악하게 되었다. 454년, 조정은 대법홍을 건무장군, 남로군 태수로 삼고 중서성 통사사인의 겸직을 해제하면서 동궁에서 태자를 모시게 하였다. 458년, 세 명의 전사가 유준의 기의에 협조하여 남하했던 밀모에 참여하면서 상을 받았다. 송 효무제는 대법홍을 오창현남으로, 대명보는 상향현남으로, 채한은 고창현남으로 봉하고, 각기 식읍 3백 호를 하사했다.

송 세조는 조정의 정무를 직접 담당하면서 대신들을 믿지 않았으나, 심복이나 눈에 든 사람을 쓰지 않을 수 없었다. 대법홍은 고금에 대한 이해가 깊었으며, 황제의 신임을 얻고 있었다. 그가 동궁의 황태자를 모시긴 하였지만, 이 때문에 조정 상층부가 그를 중시하고 신임하고 있었다. 또한 노군의 소상지巢尙之는 빈천한 지식인이었으나, 문학과 역사를 섭렵하면서 407~453년간에 황제의 신임과 칭찬을 받았다. 효무제 때에 소상지는 동해국시랑에 보임되고 중서성 통사사인을 겸직하였다. 국가의 인재 등용과 임명, 주살, 포상 등 중대 문제를 처리할 때, 황제는 대법홍과 소상지, 두 사람이 상의해서 해결토록 하였다. 조정 안팎의 각종 번잡한 일은 대부분 대명보가 처리하였다. 황제 유준의 성격은 엄격하고도 날카로워 분노가 잦았고, 형벌과 살육이 남발되었다. 이런 상황에서 대신 소상지는 매사를 조용히 처리하면서 관련 인사 대부분을 풀어주었으니 조정은 소상지에게 크게 의지하게 되었다.

소상지와는 달리 대법홍, 대명보는 총애를 이유로 인간관계에서 뇌물에 의존하고 있었다. 그 두 사람이 추천한 사람은 성공하지 못한 사람이 없었으니, 누구나 대법홍과 대명보에게 비위를 맞추려고 하였고, 그들의 집은 문전성시를 이루었으며, 쌓이는 재산이 끝이 없었다. 특히 대명보는 교만과 방종이 심했다. 그의 큰아들 대경신戴敬身은 양주에서 황실물품 구매를 둘러싸고 황실과 다투고 있었다. 관청을 행차함에 대경신이 호화로운 복장에 기마와 수레가 따라오게 하여 황제 유준의 분노를 사 죽임을 당했고, 그의 아비 대명보도 잡혀 수만 리 밖으로 유배당했다. 얼마 안 되어 대명보는 사면되어 풀려났고 관직은 예전과 같았다. 464년에 효무제 세조가 죽고, 폐제廢帝 유자업이 즉위하였다. 당시 태재 강하왕 유의공劉義恭의 관록이 상서로 대권을 장악하고 있었으나, 오랫동안 대법흥과 소상지가 실권을 장악하고 있었기에 위세가 여전했다. 유의공은 본래 담이 작고 조심스러우며, 또 팽성왕 유의강을 교훈 삼아 이때에는 매우 조심스레 행동하였다.

폐제 유자업이 친히 국가의 정무를 돌보기 전에 조서의 실행은 모두 대법홍의 손에서 이루어졌다. 상서대의 사무는 대소를 막론하고 모두 그의해 결정되었고, 유의공은 단지 이름만 있을 뿐이었다. 폐제가 나이를 먹으면서 점차 의지가 살아나 무언가 해보려고 시도했다. 대법홍은 당시 폐제 유자업을 말리면서 매번 "당신이 이러는 것은 (쫓겨난 전임 황제인) 영양왕처럼 되고 싶어서입니까?" 하였다. 폐제는 불쾌했다. 또한 총애하던 환관 화고이華顧爾에게 금은보화 등 선물을 하사함이 도가 지나쳤는데, 대법홍은 항상 이를 줄이도록 하였고, 결국 화고이도 대법홍에게 불만을 품게 되었다. 폐제 유자업은 환관 화고이를 민간으로 보내 백성들 간에 떠도는 얘기를 몰래 정탐하도록 하였다.

그러나 세상에 떠도는 말은 모두 대법홍이 진정한 황제이며, 유자업은 꼭두각시에 불과하다는 것이었다. 화고이가 돌아와 이를 황제에게 알리면서 "궁에는 두 명의 천자가 있는데, 하나는 폐하이시고, 다른 하나는 대법홍입니다. 폐하께서는 궁중에서 대신들과 서로 내왕할 수 없지만, 대법홍은 태재 유의공과 가깝고, 찾는 문객도 수백으로, 조정 안팎과 백성들이 그를 공경하지 않음이 없습니다. 다시 말해, 대법홍은 효무제 유준의 대신이면서 오랜 궁중생활로 다른 사람들과도 잘 융화하니 아마도 황제의 자리는 폐하의 것이라 할 수 없습니다"라 하였다. 폐제는 노발대발하면서 대법홍을 파직시키고, 우선 고향으로 돌려보낸 뒤, 다시 변방 먼 곳의 군현으로 내쫓았으며, 머지않아 대법홍 자신의 집에서 자결하도록 하였다. 이때 대법홍의 나이 쉬흔두 살이었다. 대법홍은 죽음을 맞으면서 자신의 창고를 걸어 잠그고 가족들에게 창고 열쇠를 신중하게 보관하도록 하였다. 대법홍이 죽은 다음 날, 조정에서 그의 두 아들을 죽였고, 대법홍의 관을 불태우고 집안의 모든 재산을 몰수하였다.

權道의 지혜

권력을 아랫사람에게 넘기는 것은 리더가 부하를 얼마나 믿느냐에 달려 있다. 리더가 권력을 아랫사람에게 넘기지 않는 이유는 믿지 못하기 때문이다. 상대방이 의심스러우면 쓰지 말고, 일단 쓰면 의심치 말아야 한다. 이는 사람을 쓰는 최소한의 도리이다. 그래서 아랫사람에게 권력을 넘기는 일은 부하를 믿는 데서 시작된다.

권한 위임은 리더가 자신의 권력을 얼마나 직시하고 있느냐 하는 문제도 반영한다. 어떤 리더는 권력을 개인 재산으로 보고 사리를 채우는 수단으로 사용하여 "작은 권력으로도 반드시 남기려 하는데," 이는 매우 잘못된 생각이다. 리더가 수중의 권력을 백성이 준 것으로 여기고 잘 운용하여 백성을 편하게 한다면 백성은 계속 그에게 권력을 줄 것이요, 반대로 권력을 남용하고 사리를 꾀하면 백성은 권력을 빼앗을 것이다.

어떤 리더는 권력의 집중과 분산의 관계를 이해하지 못하여 절대 권력이 절대 힘이 되어 일을 잘할 수 있다고 생각한다. 하지만 모든 일에는 "지나침이 모자람만 못하고, 사물이 다하면 반드시 돌아온다"는 변증법이 있다. 권력의 집중과 분산은 상대적이며 극단으로 나아갈 수 없다.

그렇다면 어떻게 아랫사람에게 권력을 넘길까?

가장 기본적인 일은 리더와 부하 사이에 각기 그 직분과 책임을 분명히 해야 한다. 최고의 리더는 자신의 업무상 책임이 무엇이며 어떤 일이 자신의 관할이고, 어떤 것이 부하 직책에 들어가는지, 자신과 부하 모두 어떤 권력이 있는지 등을 분명히 해두어야 한다. 부하에게 줘야 할 권력을 자신이 가져서는 안 되며 자신이 행사하는 직권도 소홀히 해서는 안 된다. 주된 권력은 자신의 수중에 두고 일부만을 부하에게 나누어준다. 즉 "대권은 독점하고, 작은 권력은 나눈다."

● ● ●

배구 _ 상황에 따라 변화하다

배구裴矩는 오뚝이 같은 인물이다. 그는 평생 동안 북제北齊, 수隋 문제文帝와 양제煬帝, 우문화宇文化, 두건덕竇建德, 당唐 고조高祖와 태종太宗 등, 모두 세 왕조, 일곱 명의 군주를 섬겼으며, 군주마다 모두 그에게 만족하였다.

그가 보는 수 양제는 공 세우기를 좋아하는 군주로, 온갖 방법으로 변방을 개척하려는 야심이 있었다. 그는 수고를 마다않고 직접 서역의 각국을 돌아다니며 각국의 풍속 습관, 민족, 물산, 복장 등의 상황을 살폈고, 《서역도기西域圖記》를 써서 양제의 환심을 샀다. 이에 수 양제는 그에게 5백 필의 비단을 하사했고, 항상 옆에 두어 서역의 상태를 묻곤 했으며, 황문시랑으로 진급시켜 서북지역으로 보내 서역 업무를 보도록 하였다. 기대를 저버리지 않고 10여 개의 작은 나라를 수나라에 귀순토록 설득했다.

어느 해인가 수 양제가 서북 변방을 순시하였는데, 배구는 많은 돈을 아끼지 않고 서역의 27개국 군주들을 설득하여 진주와 옥, 비단, 가무와 분향으로 길가에서 황제를 배알토록 하였다. 또한 현지 백성들을 동원하여 그 대열이 수십 리에 달해 전에 없는 성황을 이루게 하였다. 수 양제는

수 양제

크게 기뻐하여 그를 은청광록대부로 승진시켰다. 배구는 이처럼 하는 일마다 효과를 보자, 더욱 기발한 생각을 해내기 시작했다. 양제에게 천하 사방의 각종 기묘한 기예로 장대 오르기, 줄타기, 씨름, 레슬링, 말 서서타기 등, 잡기를 모두 낙양에 집중시켜 서역의 각국 사절단이 마음껏 보게 하고 국위를 떨칠 수 있도록 한 달간 공연하도록 하였다. 이 기간에는 낙양 거리에 커다란 장막을 치고 술과 음식을 차려 외국인들이 마음껏 즐기도록 하고, 돈은 일체 받지 않았다. 당시 외국인들 중 일부 지식인들도 이를 과장이라 하고 허세라고 여겼지만, 양제는 오히려 매우 만족했고 배구에 대해 깊이 신임하면서 "배구는 나를 너무 잘 안다. 그가 주청한 것은 모두 내가 일찍이 생각했던 바로, 내가 말하기 전에 그가 제안한다. 나랏일에 마음을 두지 않았다면 어찌 이런 경지에 이르렀겠는가?" 하였다. 이에 또 40만 전을 하사하고, 각종 진귀한 모피와 서역의 보물을 선물하였다.

배구는 개인적으로 뛰어났을지 모르지만, 나라와 백성에게는 커다란 재앙을 몰고 왔다. 고구려 정벌은 바로 배구의 사주로 시작된 것이었다. 전쟁이 날로 확대되고 지체되면서 매번 패했고, 수나라의 인력과 물력, 재력이 다 소모되어 사방에서 원성이 일어나면서 수나라 멸망을 가져왔다.

의병이 곳곳에 가득하고 분노의 불꽃이 사방에서 일어나자, 양제는 양주에 갇히게 되었다. 한 치 앞을 알 수 없는 때에 배구는 지금 황제는 저무는 해로 그의 비위를 맞추는 것은 백해무익하다고 보고 방향을 바꾸기로 했고, 그 목표를 우왕좌왕하는 군관과 병사들로 잡았다. 그는 병사들을 겸손하고 공순히 대했으며, 지위가 낮은 관리에게도 항상 웃는 얼굴로 대했다. 그는 양제에게 "폐하, 양주에 오신 지 2년이 되었습니다. 사병들이 이곳에서 외로워하고 있으며, 마음을 붙이지 못합니다. 이는 오래할 계책이 아닙니다. 폐하께서 사병들이 이곳에서 혼인해 가족을 이루도록 양주 내외의 과부나 홀로된 여자, 여승들을 사병들과 혼인시켜줄 것을 허락해주십시오. 본디 개인적인 왕래가 있어야 하나, 일률적으로 승인하여 주십시오"라고 건의하였다.

양제는 이 건의를 크게 칭찬하였다. 즉각 집행토록 했고 사병들은 모두 기뻐하면서 배구에 대한 칭송이 끊이지 않았다. "이는 배구 대인의 은혜다"라 하였다. 후에 정변이 발생하여 양제가 죽었을 때, 모든 총신들이 죽음을 당했으나, 사병들이 이구동성으로 오직 배구만은 좋은 사람이라 하여 다행히 화를 면할 수 있었다.

후에 그는 몇 차례의 변화를 거쳐 당나라에 투신했고, 당 태종 때에는 이부상서가 되었다. 당 태종은 관리의 뇌물수수를 매우 염려하여 근절할 것을 결심하였고, 증거를 잡는 데에 고민하였다. 한번은 그가 사람을 보내 일부러 뇌물을 줬고, 궁정 수비를 담당하던 관리가 비단 한 필을 받았다. 태종이 크게 화를 내고 이 관리를 죽이려 했다. 배구는 이를 말리면서 "이 사람은 뇌물을 받았으므로 엄하게 다스려야 합니다. 하지만 폐하께서 먼저 재물로 유인하셔서 극형을 받게 된 것입니다. 이는 사람을 죄에 빠지게 한 것이니 예의 도덕으로 사람을 이끄는 원칙에 부합되지 않습니다"고 하였다.

당 태종은 그 의견을 받아들이고 신하들을 불러 모아 "배구는 다른 의견을 제시하였는데, 겉으로는 순종하면서 마음에 불만이 있는 것은 아니었다. 만약 사건마다 이렇게만 된다면 천하가 크게 다스려지지 않을까를 걱정하겠는가?" 하였다.

權道의 지혜

사마광은 배구의 처세를 논하면서 "옛 사람이 이르기를, 군주는 밝아야 하고, 신하는 강직해야 한다고 하였다. 배구는 수나라에는 아첨했고 당나라에는 충성하였지만 그 성품에 변화가 일어난 것은 아니다. 군주가 그 허물을 나쁘게 들으면 (신하들의) 충성은 아첨으로 바뀌고, 군주가 직언을 즐겨 들으면 아첨은 충성으로 바뀐다. 이는 군주란 표지이며, 신하란 그 그림자이니 표지가 움직이면 그림자도 따른다는 것이다."

군주는 국가의 표지이다. 표지가 바르면 그림자도 바르다. 표지가 바르지 않으면 그림자도 왜곡된다. 충신과 어진 신하는 군주가 심고 이끄는 것이다. 간신과 아첨하는 신하는 군주가 방종하고 묵인하는 데서 생겨난다. 역사 속의 수많은 대신들은 본래 나쁜 사람이 아니다. 군주의 잘못된 통치로 길을 잘못 들어선 것이다. 군주가 공 세우기를 좋아하면 그들은 군사와 대중을 동원하여 파란을 일으킬 것이며, 군주가 전쟁을 좋아하면 그들은 서로 비방하면서 '너 죽고 나 살자' 식으로 싸운다. 몸과 명예에 상처를 입은 많은 신하들은 사실 군주의 잘못으로 인한 희생양들이다.

그러면 신하들은 조금도 책임이 없는가? 국가의 신하란 군주의 메아리가 아니다. '민民이 가장 귀하고, 사직社稷이 다음이며, 군주는 가볍다'는 말처럼 신하란 반드시 먼저 백성을 위하고 국가를 위해야 한다. 군주의 행동이 백성과 국가를 위할 때에는 당연히 전력 지지해야 한다. 군주의 행동이 백성과 국가를 위태롭게 한다면 영합할 이유가 있겠는가?

유감스럽게도 역대 신하들은 이 세 가지의 순서를 완전히 바꿔 놓았다. 그들 마음에는 군주가 가장 중요했기에 군주에 영합하기 위해 백성과 국가를 돌보지 않았으니 군주의 실정이나 폭정에 대해 허물을 피하기 어렵다.

'잘 관찰하여 때에 맞춰 변화하는' 것은 처세에서 중요한 방법이다. 이는 당신을 도울 것이며 목적에 다다르게 할 것이다.

오자서伍子胥는 천신만고 끝에 초나라 태자 건의 아들 승勝이 초나라 군사들의 위협에서 벗어나 오吳나라에 이르게 하였다. 오자서가 오나라에 와 처음 한 일은 오왕 희료姬僚에게 군사를 일으켜 초나라를 치자고 설득한 일이었다. 그는 번거로움을 마다하지 않고 오왕에게 초나라가 강국이 되면 오나라에 어떤 위험이 있는지를 열거하였고, 지금 당장 초나라를 공격할 경우의 장점을 설명하였다. 오자서의 말을 듣고 오왕 희료는 어느 정도 마음이 움직였다. 그는 가까운 대신들을 불러 이 일을 논의하였다. 오왕 희료의 당형인 공자 희광姬光만이 오자서의 계획대로 즉각 초나라를 치는 것에 대해 강력히 반대하였다. 그는 단도직입적으로 "오자서는 부친과 형제가 초왕에 의해 피살되어 초나라를 떠나 오나라에 왔습니다. 그래서 그는 당장 초나라를 쳐야 한다고 강하게 주장하여 하루빨리 부친과 형제의 복수를 할 생각뿐입니다. 그러나 우리 오나라의 입장에서는 아무런 실리적 이점이 없습니다"라 하였다.

오왕 희료는 본래 주관이 있는 사람은 아니었기에 당형 희광의 말을 들어보니 합당하다는 생각이 들었다. 다시 생각해보니 '오자서의 무리가 막 오나라로 도망 와 정신을 차릴 새도 없는데, 자신을 부추겨 초나라를 공격하자는 것은 자신의 원수를 갚는 것이 아니라면 이렇게 할 수 있겠는가'라는 생각이 들었다.

희료는 자신이 오자서의 부추김에 혹하지 않고 중요한 때에 마차를 세울 수 있었던 것을 매우 다행이라 여겼다. 희료는 또 자신에게 이런 좋은 당형이 있어서 항시 국가를 생각하고, 게다가 희광이 왕위를 계승받지 못해 원한이 있는 것이 아니라는 데에 매우 감동하였다. 희료는 또 자신이 때맞춰 대신회의를 열어 한 번에 결정됨으로써 재난의 발생을 피할 수 있었던 것에도 만족하였다.

오자서는 당시 공자 희광이 다른 생각이 있음을 분명히 알아차렸다. 또한 장래 오나라 정권은 순순히 희광의 수중으로 넘어갈 것이라 생각하였다. 오자서의 계획을 희광이 적극적으로 반대한 이유는 희료가 초나라에 승리하면 그의 위세가 크게 진작되고 세력도 강화되어 그때는 희광이 정권을 빼앗기 어렵기 때문이었다.

희광의 왕위 찬탈계획에 따르면, 자신과 희료의 힘이 엇비슷해야 했다. 하지만 어찌됐든 희료는 현재의 국왕으로, 자연스레 공자인 희광보다 신분이 높았다. 그래서 희광은 곳곳에서 몰래 군사와 말을 모으고, 재능 있는 사람을 받아들여 자신의 목적을 이루려 했다. 그는 뛰어난 사람이 도와주면 황권 찬탈투쟁에서 이미 반은 승리한 것이라는 점을 알고 있었다.

자칭 술수의 귀재라는 오자서가 어찌 이를 모르겠는가? 오자서는 원수를 갚는 것이 절실해 오왕 희료가 빨리 군사를 내어 초를 공격하기를 바랐다. 후에 희료는 줏대 없는 군주이고 진정한 희망은 희광에게 있음을 알았다. 오자서는 희광의 정권 탈취는 궁정에서의 정변이며, 도움이 될 조수가 필요하다고 생각했다. 이에 오자서는 기회를 보아 희광에게 자신이 오나라에서 알게 된 친구 전제專諸를 추천하고, 그의 담력과 용기를 칭찬했다.

희광은 전제를 얻으면서 매우 만족함과 동시에 오자서가 자신에게 기울었음을 알았다. 그래서 오자서에게 매우 공손히 대하고 상빈上賓으로 대접하였다. 그러나 오자서는 궁정 정변의 가능성은 단지 50%일 뿐임을 알고 있었다. 성공한다면 좋지만 실패한다면 자신에게 커다란 피해가 따를 것이며, 심지어 멸문의 재앙이 닥칠 수도 있었다. 이런 관계를 잘 처리하고, 또한 사람들의 주의를 끌지 않기 위해 오자서는 의도적으로 희광과 거리를 두었다. 마치 황야에서 토지를 개간하듯, 곡식과 채소를 심으면서 세상사에 전혀 개의치 않는 모양이었다.

희광은 오자서의 도움으로 함정을 만들어 놓고 연회장에서 생선 배에 칼을 숨겨 전제가 희료를 죽이게 하고 오나라의 대권을 차지하였다. 형세의 변화를 잘 관찰하는 것은 일을 잘하는 첫 번째 조건이다. 때로 권위는 권력에서 나오지 않는다. 그렇기에 권력에만 집중해서는 안 된다. 그렇지 않으면 권력의 변화에 따라 쏟은 노력이 순식간에 물거품이 된다. 오자서는 공자인 희광이 국왕 희료보다 권위가 있다고 판단했다. 정확한 안목이었다. 그는 민첩했다. 대세를 판단한 후, 바로 희광에게 기울었다.

'잘 관찰하여 때에 맞춰 변화했던' 오자서는 오나라에서 관직이 대부에 이르렀으며, 초나라를 공격하여 초왕의 관을 열어 시체에 채찍질을 가함으로써 원수를 갚을 수 있었다. 현실에서도 자신의 목적을 이루려면, '잘 관찰하고 때에 맞춰 변화하라!' 이는 매우 중요한 권모요, 술수이다.

무슨 일이든 변화를 강조한다. '변즉통變則通, 통즉구通則久'라 했다. 때에 맞춰 변화하기 위해서는 반드시 잘 관찰해야 한다. 잘 관찰하면 현상의 본질을 파악할 수 있고, 비로소 때에 맞춰 정확히 변화할 수 있다.

● ● ●

양연소 _ 하늘을 속이고 바다를 건너다

1004년, 요나라 성종聖宗과 소 태후가 20만 대군을 이끌고 남하하여 바로 전주澶州 이북에 이르렀다. 재상 구준寇准이 저항했으나, 송 진종은 전주까지 밀려났고 화의를 맺으려 했기에 결국 요나라와 전연의 맹澶淵之盟을 맺었다. 이때 한 장군이 진종에게 요군 격퇴를 위한 군사계획을 제안하였다. 이 사람은 항요抗遼의 명장으로, '양무적楊無敵'이라 불리던 양업楊業의 아들 양연소楊延昭였다.

양연소(958~1014)의 본명은 연랑延朗이었다. 진종이 도교에 빠져 도사 조

양연소

현랑趙玄朗을 '성조聖祖'로 삼아 '현'과 '랑' 두 글자를 이름자로 쓰지 못하도록 하여 연랑을 연소로 개명하였다. 그는 20여 년 동안 변경을 방어하면서 여러 차례 요의 군사를 물리쳤다. 양연소는 어려서 말이 적었으며 군진軍陣 놀이를 즐겼다. 아버지 양업은 연소가 자신을 닮았다고 여기고 전쟁마다 그를 데리고 다녔다. 986년에 연燕과 운雲의 16주를 수복하면서 송은 요를 공략하였다. 양업은 응주, 삭주를 공격하라는 명을 받고, 양연소를 선봉으로 삼았다. 연소는 용감하여 삭주를 공격할 때 성 밑에서 팔에 화살을 맞았으나, 후퇴하지 않고 오히려 용맹스럽게 적을 쳐부수었다.

999년, 요나라 군사가 남하할 때 양연소는 수성에 있었다. 성 안이 좁아 방비가 어려웠다. 요의 군사가 며칠간 포위하자, 성 안의 사람들이 동요하였지만, 연소는 조금도 두려움 없이 군사를 이끌고 성을 지켰다. 연소는 적은 많고 아군이 적어 계략으로 이길 수밖에 없다고 확신하면서 수성을 지켜낼 수 있었다. 날씨가 추워지면서 연소는 사병들에게 성벽 위로 물을 뿌리게 하였고, 밤사이 얼자, 미끄러워 요의 군사가 공격할 방법이 없어 결국 후퇴하였다. 송 진종과 많은 사람들이 연소가 아버지를 닮았다고 여겼다. 양연소는 지혜와 용맹뿐 아니라 청렴하고 부하를 아꼈으니 "받은 봉록은 모두 사병들을 위해 썼다." 그 사람됨이 소박하여 수행 시종이 오히려 장교 같았지만, '호령은 엄숙하고' '사병들과 동고동락'하였다. 그래서 사병들의 신뢰를 얻었고, 작전은 항상 성공하였다.

1004년에 요의 군사가 전주에 이르자, 양연소는 요의 주력이 이미 전주성 밑에 있으며, 그 나머지는 매우 허술함을 알고 기회를 노려 요와의 경계지역으로 진격하였다. 전주에 있던 요나라 군사에 대해 양연소는 "거란이 전연에 잠시 멈추었는데, 북쪽 경계까지는 천리로 사람과 말이 모두 모자란다. 많다고 할지라도 쉽게 패할 것이다"고 생각하고 진종에게 "원컨대 군사들을 변장시켜 요충지를 지키면 많은 수를 섬멸할 수 있습니다. 유幽와 역易 등, 몇 주는 기습으로 취할 수 있습니다"고 건의하였다. 요충지를 장악하여 요나라 군대를 친다는 계획은 매우 뛰어난 것이었으며 실행할 만했다. 양연소는 안목을 갖춘 명장이었다. 양연소의 계획에 따라 추진했다면, 요나라 정예병을 물리치고 유주와 운주 등 16주를 수복할 수 있었을 것이다.

오로지 화의를 구하던 송 진종은 양연소의 건의를 받아들이지 않았다. 그는 장군들이 요의 군사를 공격할 경우, 요나라와의 화의에 영향을 미칠까 두려워 전선의 장령들에게 동요하지 말고 요나라 군사가 조용히 후퇴할 수 있도록 하라고 명하였다. 요나라 군사는 후퇴하면서 퇴각로 주변의 주현을 싹 털어갔으며, 수십만의 백성들을 북으로 잡아갔다.

양연소는 요나라 군사를 치고 국토를 보위하며 백성을 보호하고, 또 자신의 주장을 관철하기 위해 황제의 뜻을 거스르는 죄를 무릅쓰면서까지 군사를 이끌고 요나라 군대를 공격하였고, 요나라와의 국경까지 이르러 고성을 격파하여 많은 적을 죽이거나 포로로 삼았다. 양연소의 공격은 요나라 군사에게 또다시 약탈할 겨를을 주지 않았고, 총총히 북쪽으로 돌아가게 했다.

權道의 지혜

전장의 형세는 순식간에 변한다. 형세에 따라 유리하게 이끄는 병법가는 군주의 명령에 대해 전장의 구체적 정황에 따라 '명령을 따르거나' 또는 '받아들이지 않을' 것을 결정한다.

1942년 9월 몽고메리 장군이 이끄는 영국 제8군은 상대가 피로할 때치는 전략을 채택하여 북아프리카의 독일군에 대해 공격을 가했다. 당시 독일군의 방어선은 이미 무너져 위기에 처해 있었다. 독일 원수 롬멜은 히틀러의 '진지를 고수하고, 결단코 후퇴해서는 안 된다'는 긴급명령에 대해 '받아들일 수 없다'고 하고, 잔여부대를 이끌고 단숨에 700마일을 후퇴하여 영국군 포위망을 벗어났다.

전장에서 형세에 따라 유리하게 운영하는 장수는 모두 실제상황에 근거하여 기민하게 용병하지, 단순히 군주의 명령에만 의지하지 않는다. 이런 상황에서 불필요한 지시 요청과 협상은 앉아서 죽음을 기다리는 것과 다름이 없다. 하물며 고금을 막론하고, 전쟁 전에 주도면밀하게 준비하여 만전을 기하는 것은 불가능한 일이다. 그래서 작전을 지휘하는 장수는 전장 상황의 변화에 따라 원래의 방안을 수정하고 임기응변할 수 있어야 비로소 현대화된 전쟁에 대응할 수 있다.

동림당 _ 동맹을 맺다

명나라 가정嘉靖과 만력萬曆 연간 이래, 사회가 혼란스러워지면서 지배층 내부의 정치집단 간의 갈등도 고조되었다.

세종世宗 주후총朱厚熜은 번왕에서 제위를 계승했는데, 그의 백부 효우당의 후계자로서 황제가 되었던 것이다. 하지만 혈연관계로 보면, 세종의 부친은 홍헌왕 주우항朱佑杬이다. 그런데 즉위 후의 주후총은 자신의 부친을 황고皇考, 즉 황제의 부친으로 삼았을까, 아니면 효종孝宗을 황고로 삼았을까? 세종은 신하들에게 이 문제를 논의토록 하였다. 신하들 간에는 이 문제로 분파가 생겼다. 양정화楊廷和를 위시한 세력은 예법에 따라 효종이 황고, 홍헌왕은 황숙皇叔이 되어야 한다고 주장하였고, 장총张璁을 위시한 세력은 세종의 뜻에 영합하여 제위를 잇는 것은 '후손을 잇는 것이 아니라'고 여기고 홍헌왕을 황고, 효종을 황백고皇伯考라 하였다. 두 세력은 3년간 다퉜고, 결국 세종이 뒤에서 밀어준 장총 세력이 승리하면서 반대파 134명이 매를 맞고 하옥 당했는데, 16명은 맞아 죽었고, 일부는 귀양하거나 파직 당했다. 하지만 장총은 세종의 뜻을 따르면서 총애를 받아 내각 수보 지위를 얻었다. 지배층 내부에서 벌어진 이 논쟁을 역사에서는 '대례의大禮議'라 하였다. '대례의'는 관료집단 간에 내각 수보의 자리를 두고 일어난 충돌이었다. 가정嘉靖과 융경隆慶 두 시기 동안 각 파벌들은 내각 수보 자리를 놓고 끊임없이 싸웠고, 신임 내각 수보는 이전 세력을 완전히 밟고 올라섰다. 상호간의 알력으로 서로 밀어내며, 분쟁이 끝이 없었다.

명 세종 가정제

그러나 명 세종 때의 분쟁은 격렬하면서도 고정된 세력이 존재하지 않았다. 명 성종 때에 이르러 사회 위기가 심화되면서 각 세력의 의견이 갈라지고, 정치권력과 경제이익을 둘러싼 충돌이 최고조에 이르렀으며, 이는 명나라가 망할 때까지 지속되었다.

당쟁이 첨예화된 것은 명 성종 때의 '쟁국본争國本'이 그 시작이었다.

신종神宗 주익균朱翊鈞의 황후에게는 아들이 없었는데, 1582년에 왕 공비가 주상락朱常洛을 낳았고, 1586년에는 정 귀비가 주상순朱常洵을 낳았다. 신종은 왕 공비보다는 정 귀비를 총애하였다. 정 귀비는 이를 믿고 자신의 아들 주상순에게 황위가 계승되도록 노력하였다. 하지만 일부 대신들이

종법제도인 "적자가 있으면 적자를 세우고, 적자가 없으면 장자를 세운다"는 원칙에 따라 장자인 상락을 태자로 삼을 것을 여러 차례 상소하였다. 신종의 뜻은 상순에 있었기에 태자 책립에 관한 문제가 보류되고 시간을 끌었다. 이에 여론이 들끓기 시작했다. 의심을 받고 있던 정 귀비가 방해하고 있으며, 심지어 지도층을 공격하면서 내각 수보 신시행申時行이 "암암리에 군신들의 뜻에 부합하여 황제를 옹립하려 하고, 그 일의 중개를 맡고 있다"고 질책하면서 그와 왕석작王錫爵이 그 사이에 주저하며 공평히 처리하지 못하고 있다고 하였다.

신시행은 여론의 압력으로 결국 물러났다. 하지만 주상락을 옹립하려던 다른 두 사람, 즉 허국許國과 왕가병王家屛도 신종의 뜻에 어긋나 내각에서 쫓겨나 집으로 돌아갈 수밖에 없었다. 이 문제는 15년을 끌었다. 1601년에 신종은 주상락을 태자로 삼았다. 태자는 '천하의 근본'이었기에 이 당쟁을 '쟁국본'이라 부른다.

'쟁국본' 때, 이부 문선랑중 고헌성顧憲成이 주상락의 책립을 주장하면서 솔선하여 왕석작을 나무랐다. 그들 두 사람 간의 논쟁은 신종 황제를 매우 불쾌하게 하였다. 1594년에 내각 대신을 추천할 때, 고헌성은 주상락을 태자로 옹립하려다 해직된 왕가병을 추천하여 다시 신종의 뜻에 어긋났다. 결국 그는 파직되어 고향 무석으로 돌아갔다. 무석의 동쪽에는 동림서원東林書院이 있었으며, 송나라 때 양시楊時가 강학하던 곳이었다. 고헌성과 동생 고윤성顧允成 등은 서원 복구에 앞장섰다. 복구 후 고헌성과 고반룡高攀龍, 전일본錢一本 등, 뜻을 함께한 친구들이 여기서 강학하면서 매년 큰 모임과 매달 작은 모임을 가졌다. 당시 세상이 어지러워 정부와 마음이 맞지 않는 '포부는 있으나 때를 만나지 못한' 사대부들이 소문을 듣고 달려와 서원을 메웠다. 이들은 강학 외에도 동림서원에서 시정 비판, 인물평론과 절개를 자부하면서 정부 주도세력에 대항하였다. 그들의 언론은 현

명 신종 만력제

실에 불만을 품고 있던 세력과 관료, 지식인, 상인들의 지지를 받았고, 조정에서 그들과 입장을 같이 하는 관료 사대부들로부터도 호응을 받았다. 동림서원은 어느새 여론의 중심이 되었고, 반대세력들은 이들을 '동림당東林黨'이라 불렀다.

절강 영파 출신인 심일관沈一貫이 명 성종에게 잘 영합하여 1595년에 입각했고, 1603년에 수보가 되었다. 그는 절강 출신 경관京官들을 규합해 동림당과 맞서는 '절당浙黨'을 만들었다. 그 밖에도 '제당齊黨' '초당楚黨' '선당宣黨' '곤당昆黨' 등, 지연을 매개로 한 파벌이 형성됐으며, 그중 절당 세력이 가장 컸고, 그 다음은 제당, 초당 등의 순이었다. 그들이 연합하여 동림당을 공격하면서 당시 사람들에게 좋지 않은 감정을 남겼다. 두 세력은 격렬히 논쟁하였고, 상호 알력으로 타협이 없었다.

격렬한 투쟁 속에서 각 당은 모두 '경찰京察'을 이용하여 상대방을 제압하였다. 이른바 '경찰'이란 명 조정이 경관京官을 심사하는 제도로, 6년에 한 번씩 각기 사巳, 해亥년에 심사를 진행했다. 경찰은 관리의 업적과 품행에 근거해 승진과 좌천 혹은 파직 등, 장려와 징벌을 구분했다. 경찰에서 파직당하면 종신토록 다시 기용되지 않았다. 경찰할 때에 이를 주관하는 사람은 이부상서, 도찰원 좌도어사, 이과도급사중, 하남도어사, 이부 문선랑중 등이었다. 따라서 이 자리는 파벌 싸움의 중심이 되었다. 1605년, 동림당으로 도어사였던 온순溫純과 이부시랑 양시교楊時喬가 경찰을 주도하면서 절당 관리 전몽고錢夢皐, 종조두種兆斗 등을 좌천시켰다. 심일관은 크게 노하여 신종에게 알려 주도한 관리를 크게 질책하고, 경찰 보고서를 올리지 않고 그대로 보류시켰다. 1611년에 진당秦黨 손비양孫丕揚이 북경의 경찰을 주도하면서 동림당과 연합해 제·초·절·선·곤 등을 모두 몰아낸 반면, 남경의 경찰은 오히려 제·초·절 등이 주도해 동림당이 대거 쫓겨났다. 1617년에는 절당이 주도해 동림당 사람들을 일시에 거의 다 몰아냈고, 1623년에는 동림당 사람들이 주도해 그 반대가 됐다. 경찰은 이렇게 각 파벌에서 정적을 제거할 뿐 아니라, 타격을 입히기에도 최적의 기회였다.

명 성종 때에는 사회 혼란이 극심했다. 동림당은 정치 부패를 목도하면서 정치 개혁을 요구하고, 날로 첨예화하는 위기를 완화시키려 하였다. 그들은 벼슬살이를 하면서 집정대신을 탄핵하고 부패한 태감을 공격했으며, 심지어 황제에게 상소하여 조정의 부패를 거리낌 없이 직언하였다. 물러나서는 '청의清議'의 방식으로 정치적 주장을 표현하고 조정의 득실을 논하였다. 동림당으로 유명한 고헌성은 사대부가 반드시 조정과 민심 그리고 세상에 관심을 가져야 한다고 했다. 그는 강학에서 "조정에서 일할 때 뜻을 군주와 함께하고, 지방에서 일할 때는 민생과 뜻을 함께하며, 자연에 한거할 때는 뜻을 세상에 두어야 군자가 될 수 있다"고 하였다. 이 말이 전해져 명언이 되었고, 고헌성과 그 동지들은 '지조의 회복' '사림의 표준'으로 존중받았다. 한림원 검토였던 요희맹姚希孟은 증세增稅와 상세商稅의 남발에 반대하면서 상주를 올려 명 조정의 세금 남발과 증세로 인해 재부의 근본이랄 수 있는 백성들이 "열에 아홉은 텅 빈" 상황이며, "멀리 내다보지 못하는" 고통을 받고 있으니 백성의 부담을 줄이지 않으면 큰물이 제방을 무너뜨리는 위험이 따를 것이라고 하였다. 신종은 '재화를 좋아하는 나쁜 병'이 있었는데, 많은 광감礦監, 세감稅監 등을 파견하여 도처에서 재화를 모아 백성을 압박하고 온갖 악행을 저질렀다. 동림당인 이삼재李三才는 우첨도어사를 맡아 조운을 감독하고 봉양의 여러 부를 감독하면서 세감 진증陳增의 죄상을 밝혀내어 그 무리들을 억압하고 잡아 죽였다. 아울러 황제를 비판하는 상소를 올렸다. "폐하께서는 주옥을 좋아하시고, 백성 또한 따뜻하고 배부른 것을 생각합니다. 폐하께서 자손을 아끼듯이 백성 또한 처자를 사랑합니다. 어째서 폐하께서는 필사적으로 재보를 취하려 하시면서 백성들은 작은 바람도 만족치 못하게 하십니까?" 그는 신종에게 천하의 광감 폐지를 요구하고 이해관계를 지적하면서 만약 고치지 않는다면 "반란이 일어나 백성이 적이 되고 쏜살같이 확대되니 폐하가 홀로 되어 황금이 상자를 채우고 명주가 집을 채울지라도 누가 당신을 위해 이를 지키겠습니까?"라 하였다.

權道의 지혜

'이익에 부합되도록 행동하려면' 지휘관이 전장에서 민첩하게 그 이로움을 구별하고 확실히 그것을 파악해야 한다. 그러나 작전의 쌍방은 모두 실리를 위해 싸우므로 복잡한 상황이 벌어진다. 따라서 전쟁의 이해利害는 왕왕 서로 뒤엉켜 대립하거나 통일하며, 이利 속에 해害가 있고, 해 속에 이가 있다. 뛰어난 장수는 무엇이 이이고 해인지 분별하고, 해를 이로 바꿀 수 있는 창조적 능력이 있어야 한다.

전쟁과 정치투쟁은 영역이 다르지만, 기획과 운용은 크게 다를 바 없다. 정치투쟁도 이익이 원칙이 되어야 하고, 출발점이자 귀착점이다. 정치가들이 '이익에 부합되도록 행동하는 것'은 국가 이익을 행동의 기준으로 삼는 것이며, 개인 이익은 국가에 복속된다.

전국시대 조나라의 인상여藺相如는 화씨벽和氏璧을 보호하였고, 진왕과 조왕이 대면했을 때, 조왕이 진왕의 모욕을 피할 수 있게 해주어 귀국 후 상경이 되었다. 이는 대장군 염파廉頗의 질투와 불만을 일으켰다. 그는 스스로의 공을 믿고, 몇 번 기회를 찾아 인상여에게 치욕을 안기었으나 인상여는 모두 참아냈다. 인상여의 부하가 편을 들면서 "염 장군의 무례에 대인께서는 어찌 모욕을 받고 참고만 계십니까?"라 하니 인상여는 "나와 염

파장군은 모두 조나라의 중신이다. 우리 사이가 나빠지면 적국은 이를 기회라 생각할 것이다. 조나라의 평안을 위해 내가 차라리 굴욕을 참는 것이 낫다"고 하였다. 후에 염파가 진상을 알고, 인상여에게 죄를 인정하고 사과하였다. 이 얘기가 지금까지도 유명한 '장상화將相和', 즉 문과 무의 화해의 고사이다. 인상여는 멀리 내다보는 정치가로, 국가 이익을 중히 여겨 조나라 조정 내부의 분열을 면하게 한 것이다.

당 현종 때 호부상서 배관裴寬과 형부시랑 배돈복裴敦復이 업적과 군공으로 황제의 총애를 받았다. 간악한 재상 이임보李林甫는 그들이 언젠가 자신의 자리를 대신할 것이라 걱정하면서 두 사람을 서로 이간질하기 시작하였다. 어느 해, 배돈복이 명을 받고 바다에 나가 해적을 평정하고 전공을 상주하면서 누군가의 청탁으로 군공을 부풀려 보고하였다. 배관은 아무런 의도 없이 이임보에게 이 사실을 언급했다. 이임보는 이야기를 꾸며내 배돈복에게 배관이 황상께 알렸다 말하고, 배돈복을 선동하여 배관에게 선수를 치게 했다. 그 결과, 배관은 호부상서에서 물러나 경성으로 쫓겨났다. 배관이 제거되자, 이임보는 배돈복에게 손을 댔다. 그는 황제에게 배돈복을 영남 5부절도사로 임명케 하고, 그가 꾸물대며 부임하지 않는다고 하여 군명을 어긴 죄로 배돈복을 치천태수로 좌천시켜 장안성 밖으로 내쫓았다. 이런 궁중투쟁에서 배돈복과 배관은 문제점을 상호 해결하지 않은 결과, 소인배에게 이용당해 자신의 앞날을 어렵게 만들었다.

초 패왕 _ 기선을 제압하다

항우가 군사를 이끌고 함곡관函谷關에 도달했을 때, 관문을 지키던 진나라 군사는 이미 유방劉邦의 군사로 바뀌어 있었다. 유방은 항우와 진나라 주력군이 격전을 벌일 때를 이용하여 강한 것은 피하고 약한 곳을 치는 전략을 채택해 이미 한 달 전에 무관을 공략하고 함양을 점령했으며, 함곡관으로 군사를 보내 항우 군대의 진입을 저지하고 있었다.

초 패왕 항우

항우는 노하여 함곡관에 대한 공격을 명하였다. 기원전 206년 12월에 항우의 40만 대군이 함곡관을 돌파하고, 희서에 도달하여 신풍홍문에 주둔하면서 유방에 대한 진공을 준비하였다.

모사 범증范增이 항우에게 "유방은 산동에 있으면서 탐욕하고 호색하였는데, 함곡관에 들어간 후에는 재물도 탐하지 않고 부녀자도 약탈하지 않으면서 인심을 사로잡고 있으니 그 야심이 작지 않습니다. 우리는 반드시 그를 붙잡아 없애야 합니다"라 하니 항우도 그렇게 해야 한다고 생각했다. 당시 항우의 군사는 40만이었다. 유방의 군사는 10만으로 패상에 주둔하고 있었다. 양군의 거리는 40리로, 쌍방의 군사력에 현격한 차이가 났으며, 형세도 유방에게 불리하였다.

항우의 숙부 항백項伯과 유방의 부장 장량張良은 친밀한 관계였기에 항백은 항우가 유방을 공격한다는 소식을 듣자, 밤에 몰래 패상으로 넘어가 장량에게 소식을 전하고 빨리 위험지역을 떠나라고 하였다. 장량은 유방을 대신해서 항백을 끌어들여 자식들 간의 혼인을 약속하였다. 아울러 되풀이하여 자신이 입관한 후에 다른 의도가 없으며, 오로지 항우가 오기를 기다릴 뿐이며, 파병하여 관문을 지키는 것도 만일을 위한 대비라고 밝혔다. 그리고 유방은 항백이 이를 항우에게 전하기를 바란다고 하였고, 사이사이 덕담을 하였다. 항백이 돌아가 그대로 이행하겠다고 대답하자, 다시 유방이 이튿날 이른 아침 초나라 군영으로 항우를 찾아가 오해를 풀 것이라 하였다. 항백이 군영으로 돌아와 유방의 말을 항우에게 전하면서 유방을 공격할 필요가 없으며, 좋게 대하여 화평하는 것이 좋겠다고 권하였다. 항백은 많은 덕담을 하면서 결국 항우의 공격 결정을 바꾸게 했다.

이튿날 아침, 유방은 장량, 번쾌樊噲 등 장령과 1백여 명의 기병을 데리고 홍문으로 가 항우를 만나 사죄하고 설명하면서 양해를 구하였다. 항우가 연회를 베푸는 중에 암암리에 일촉즉발의 상황이 조성되었다. 이것이 역사에서 말하는 '홍문연鴻門宴'이다.

손님과 주인이 자리에 앉자, 연회석 분위기는 매우 긴장되었다. 자리에서 범증은 몇 차례 항우에게 눈짓하며 그가 차고 있던 옥 조각을 세 차례 들어 그가 언제든지 결심만 하면 유방을 제거할 수 있다고 표시하였다. 그러나 항우는 유방에 대한 오해가 풀려 시종 가만히 있었다. 범증은 조바심에 황급히 일어나 항우의 당제 항장項莊을 찾아 그에게 가서 술을 권하도록 하고, 검무를 가장하여 기회를 보아 찌르도록 하였다. 항장은 이를 알아듣고 들어가 유방에게 술을 권하고, 항우의 동의를 얻어 연회석 앞에서 검무를 추기 시작했다. 후대에 전해지기를 "항장이 검무를 춘 속뜻은 패공(유방)에게 있었다"고 한 것은 여기서 유래한다. 항백은 한눈에 항장의 검무 의도를 간파하고 역시 검을 뽑아 춤추면서 유방을 엄호했다.

동쪽에 앉아있던 장량이 상황이 잘못됐음을 알고 급히 군영 문 입구에 있던 번쾌를 찾아 위급함을 알렸다. 번쾌는 즉각 한 손에 검을 잡고 한 손에 방패를 들고 연회장에 뛰어들어 서쪽을 향해 섰다. 두 눈으로 항우를 뚫어지게 쳐다보았다. 엄청난 긴장으로 번쾌의 머리카락이 꼿꼿하게 서버렸고, 눈가는 찢어진 듯하였다.

항우가 놀라 황급히 검을 들고 일어서서 번쾌에게 왜 왔는가를 물으니 장량이 옆에서 대신하여 패공의 호위라고 대답하였다.

장량

항우는 번쾌의 용맹을 크게 칭찬하고 그에게 술과 고기를 주었다. 번쾌도 개의치 않고 마시고 먹으면서 한편으로 유방의 공로를 얘기하고, 한편으로 항우가 이간질하는 말을 믿고 공 세운 자를 죽이려는 것은 도리가 아니라고 지적하였다. 항우는 그 말을 듣고 대꾸 없이 자리에 앉았다.

유방은 다시 돌발사태가 일어날까 두려워 변소에 간다는 핑계로 연회석을 빠져나갔다. 그리고 장량과 번쾌를 불러 함께 떠났다. 유방은 계속 남아있으면 위험하다고 여기고, 장량에게 분부를 내려 항우에게 겸손히 사양하면서 스스로 말을 타고 번쾌의 호위 아래 홍문을 떠났다. 범증은 이를 알고 실망과 분노가 엇갈렸다. 단언컨대, 장래 천하를 도둑질할 자는 유방이 틀림없을 것이라 생각했다.

며칠 후, 항우는 군사를 이끌고 함양으로 들어가 대량 학살을 자행했는데, 항복한 진의 왕 자영子嬰을 처형하고, 아방궁을 불태워버렸다. 그는 진나라 궁궐의 수많은 보물과 미녀를 거두어 팽성으로 가지고 갈 준비를 하였다. 일찍이 어느 유세객이 그에게 관중에 도읍을 정하여 천하를 호령하라고 권하였다. 항우는 이 땅이 너무 파손되었다고 여기고, 부귀를 챙겨 고향으로 되돌아가기로 결심했다.

權道의 지혜

기업가가 비즈니스 기회를 포착하지 못한다면 다른 사람에게 넘어간다. 어떤 기업이든 자신의 생존을 위해 모두 유리한 비즈니스 기회를 찾고 있기 때문이다. 모두가 비즈니스 기회를 갖는다면 빠른 자가 승리하고 용감한 자가 승리한다. 그러나 그 기회를 먼저 차지하려면 반드시 매우 큰 대가를 지불해야 한다. 그렇지 않으면 경쟁자보다 앞설 수 없다. 한 무리의 선수들이 동일한 선상에서 죽을힘을 다해 달려 종착지에 첫 번째로 도착하는 것과 같다. 그렇기에 뛰어난 '선수'는 다른 사람이 목표를 발견하기 전에 신속히 그것을 포착해야 한다.

1981년 영국의 한 상점이 잠망경 사업에 힘입어 큰 재산을 모았는데, 바로 기회와 인연을 이용한 성공이었다. 당시 영국 황태자 찰스와 다이애나가 런던에서 엄청난 규모로 세기의 결혼식을 거행했다. 소식이 전해지면서 런던 시내와 전국 각지의 많은 제조업체들이 거의 동시에 이를 기회로 돈을 벌기 위한 온갖 지혜를 짜내었다. 사탕공장은 포장 상자에 황태자와 황태자비의 사진을 인쇄했고, 방직이나 염색업계는 모든 상품을 다시 디자인하여 기념할 수 있는 도안을 만들었다. 영국 황태자의 호화 결혼식은 사람들에게 많은 재운을 주었지만, 가장 많이 번 것은 잠망경사업을 한 상점이었다. 예식 때 버킹검궁전에서 세인트폴 교회당까지 연도에는 백만 군중이 몰려들어 뒤에 있는 사람들이 거리를 볼 수 없어 초조해할 때, 갑자기 뒤에서 물건 파는 소리가 들려왔다. "잠망경으로 예식을 볼 수 있습니다. 하나에 1파운드!" 길고 긴 거리 양쪽에서 같은 시간에 수백 명의 아이들이 손에 마분지를 이용, 유리를 장착한 잠망경을 쥐고 나타났다. 사람들이 벌떼처럼 쇄도하여 순식간에 수많은 잠망경이 다 팔리고 말았다. 이 상점은 두말 할 것 없이 큰 부자가 됐다.

이런 천재일우의 기회는 첫째, 때맞춰 잡아야 하며, 둘째 가장 효과적으로 이용해야 한다. 기회를 이용하는 방식은 다양하다.

권력을 빌리는 도

借權之道

고대 병서인 《병경兵經·차자借字》에 '빌리는 술수借術'에 대해 다음과 같이 서술하고 있다. "적을 꾀는 것은 적의 힘을 빌려 수고를 더는 것이 최고이다. 적을 미혹하는 것은 적진 내부의 갈등을 조성해 서로 적대하도록 함으로써 적을 칼을 빌려 서로 죽이게 만드는 것이다. 적에게 쓰는 것 또한 적에게서 빌려야 하며, 적장들 간의 갈등을 부추겨 스스로 싸우게 만드는 것 또한 적장을 빌리는 것이다. 이러한 계책을 알면 적의 계략을 역이용하여 적을 물리칠 수 있는데, 이 또한 적의 모략을 빌리는 것이다."

권모 중에서 빌리는 술수는 과거의 정치·군사·외교 등의 분야에서 극히 중요한 역할을 했다. 크게는 국가의 정책 결정, 작게는 관료들 간의 투쟁에서 이러한 술수를 운용하면 '정예병이 아니더라도 이익을 온전히 하는' 목적을 이룰 수 있다.

조조와 조비 _ 천자를 끼고 제후를 호령하다

동한 말년, 동탁董卓이 죽은 지 2년째인 196년 7월에 한 헌제獻帝(189~220)가 동승董承, 양봉楊奉, 장양張楊, 한섬韓暹 등의 보호 하에 낙양으로 돌아왔다. 그는 장양을 대사마, 양봉을 거기장군, 한섬을 대장군으로 배수하고, 그들에게 동승, 양표楊彪와 함께 공동으로 조정을 관리케 하였다. 이렇게 한 헌제와 그의 조정은 잠시 안정을 찾아갔다.

당시 낙양의 궁전은 이미 동탁에 의해 다 타버렸다. 장양은 사람을 보내 행남궁을 복구해 헌제가 잠시 그곳에서 정사를 보도록 하였다. 문무백관이 거주할 곳이 없자, 무너진 담을 이용해 초막이나 장막을 세우고 그 안에서 쉬었다. 헌제는 각지에서 식량을 징발하도록 했으나, 각지 군벌이 모두 전쟁에 분주해 명령을 이행하지 않았다. 장양이 하내에서 양식을 거두어보았으나, 너무 적어 아무런 도움이 되지 않았다. 상서랑 이하는 모두 들판의 채소로 허기를 채웠다. 굶어죽는 자가 계속 발생하자, 동승은 연주자사 조조曹操에게 편지를 써서 낙양에 오기를 바랐다.

조조의 자는 맹덕孟德이요, 어렸을 적의 자는 아만이었다. 패국 초현 사람이다. 조상의 본성은 하후로, 그의 부친 하후숭夏侯嵩이 중상시 조등曹騰의 양자였기 때문에 조씨로 성을 바꿨다. 젊은 시절 조조는 제남상과 동군태수를 담당했었다. 한 영제靈帝가 서원팔교위를 설치했을 때, 그는 자전군

조조

교위가 되었다. 후에 원소袁紹를 수행하여 동탁 토벌에 참여하였다. '관동군' 실패 후, 조조는 복양을 점거하고 스스로 동군태수가 되었다. 192년, 조조는 연주로 진군하여 청주 황건군을 물리치고 20만의 인마를 확충하여 스스로 연주자사가 되었다. 헌제가 낙양으로 돌아왔을 때, 조조는 막 허창을 점령하고 동승의 밀신을 받았던 것이다. 그는 헌제를 이용하여 천하를 정복하겠다는 생각에 군사를 이끌고 낙양에 도착했다.

조조는 헌제를 배알하고, 대신들에게 양식을 나눠줘 배불리 먹게 하였다. 그는 낙양이 이미 텅 비어 먹고 거주하는 문제를 해결할 수 없게 되자, 헌제에게 상소하여 수도를 허창으로 천도하고, 허도로 개칭할 것을 청하였다. 이에 헌제는 조조를 대장군, 무평후로 봉하고, 사공을 겸임케 하였다. 이렇게 해서 동한의 조정 대권이 조조의 수중에 들어갔다.

이후 조조는 "천자를 등에 업고 제후를 호령했다." 또한 많은 승리를 거둬 기반을 다졌다. 그의 세력은 갈수록 강대해졌고, 그럴수록 헌제를 안중에 두지 않았다. 헌제는 꼭두각시가 되는 것이 달갑지 않아 밀명을 써서 동 귀인의 옷 속에 꿰매어 그녀의 부친 동승에게 몰래 보내 조조를 제거하도록 부탁하였다. 당시는 199년 겨울로, 유비劉備 또한 조조와 함께 여포에게 승리하여 역시 허도에 머물고 있었다. 유비는 자가 현덕玄德으로, 한 경제景帝의 아들 중산정왕 유승의 후예이다. 항렬을 따르면, 그는 헌제의 숙부였기에 사람들은 그를 유 황숙이라 불렀다. 동승은 유비가 믿을 만하다고 여기고, 그에게 '의대조衣帶詔'를 보여주었다. 그들 두 사람이 한차례 상의하고 난 뒤, 종집種輯, 오자란吳子蘭, 왕복王服 등, 세 장군을 불러 조조를 제거하고 조정 대권을 빼앗아올 것을 결심하였다. 누가 알았는지 동승이 거사하기 전에 조조는 유비를 원술袁術 토벌에 파견하였다. 이듬해 정월,

조조가 동승의 비밀 모의를 알아내고, 동승, 종집, 오자란, 왕복 등을 잡아 죽였으며, 그 종족을 멸하였다. 유비는 놀라서 돌아올 수 없었다.

그 일이 있은 후, 조조는 동 귀인이 이 일과 연관됐다고 여기고 그녀를 죽이려 하였다. 헌제는 재삼 조조에게 동 귀인이 임신했으니 살아남게 해달라고 부탁했다. 조조는 헌제의 애원에 대답하지 않았고, 결국 동 귀인을 무참하게 교살하였다.

동한 헌제

복 황후는 동 귀인의 비참한 죽음을 보고, 토끼가 죽으면 여우가 슬퍼하듯이 종일 불안해하였다. 마침내 그녀의 아비 보국장군 복완伏完에게 비밀편지를 써서 조조의 제거를 부탁하였다. 복완은 자신이 조조의 상대가 되지 않음을 알고, 이를 숨겨놓았다. 214년, 비밀편지가 씌어진 지 14년 후에 조조가 이를 찾아냈다. 당시 복완이 이미 죽어 죄를 물을 수 없자, 상서령 화헌華獻에게 군사를 데리고 가 복 황후를 체포하도록 하였다. 복 황후는 소식을 듣고 놀라 궁문을 걸어 잠그고 벽장 속에 숨었다. 화헌이 황궁에 들어와 벽장을 부수고 복 황후를 끌어냈다. 그녀는 머리를 풀어헤치고 헌제에게 이별을 고하면서 울며 말했다. "황상께서 저를 구하지 못한단 말입니까?" 속수무책일 수밖에 없던 헌제가 눈물을 흘렸다. "나 자신도 언제까지 살지 모르는데, 내 어찌 너를 구할 수 있겠느냐?"라 하였다. 며칠 후, 복 황후와 그녀의 두 아들이 모두 조조에 의해 죽었다.

확실하게 헌제를 장악한 215년, 조조가 자신의 딸 조절曹節을 헌제의 황후에 앉혔다. 이듬해 조조는 자신을 위왕에 봉하도록 하였다. 당시 조조는 이미 원소와 원술, 여포, 공손찬, 이최, 곽사, 장제 등의 할거세력을 누르고, 기본적으로 북방지역을 통일하였다. 그와 대립하고 있던 세력은 유비

그리고 손견의 아들 손권孫權뿐이었다. 유비는 사천을 점거하고 있었고, 손권은 강남을 평정하여 각기 정권을 세웠다. 이렇게 형성된 삼국의 정립은 헌제의 제위가 유명무실해졌음을 뜻한다. 대신들은 헌제가 이미 무용지물이라 보고, 조조에게 '천명天命'이 이미 조조에게 있으니 그가 천자가 되어야 한다고 했다. 하지만 아직 통일이 이뤄지지 않았기 때문에 헌제의 이름은 여전히 쓸모가 있었다. 그렇기에 조조가 헌제를 대신하지는 않았다. 그는 대신들에게 "주 문왕이 천하의 삼분의 이를 가졌으나, 여전히 은 주왕의 신하였고, 그의 아들 주 무왕 때에 비로소 은나라를 멸하고 천자가 됐다. 천명이 진정 나에게 내린다면 나는 주 문왕이 될 것이다"라 했다.

조비

220년 정월, 조조가 예순여섯의 나이로 병사하였다. 그의 아들 조비曹丕가 아버지의 작위인 위왕을 계승하였다. 헌제는 조조의 죽음으로 자신이 직접 조정을 장악하여 유씨의 천하를 이어나갈 수 있다고 보았다. 그해 3월, 연호를 바꿔 연강延康 원년으로 삼았다. 하지만 조비는 부친처럼 인내심이 없었다. 그는 위왕으로 반년 동안 지내다가 좌중랑장 이복李伏 등에게 상소토록 하여 헌제의 제위를 자신에게 넘기도록 하였다. 한나라 황족 중에서 보국장군 유약劉若이 120여 명의 대신들을 불러 모아 연명으로 상소하여 헌제의 퇴위를 강요하였다. 헌제는 방법이 없었다. 결국 조서를 내려 제위를 조비에게 넘겼다.

조서에서 "나의 재위 32년간은 바로 천하가 동요하던 시기로, 단지 선조의 신령에 의지하여 여기까지 왔다. 나는 한 왕조의 기운이 다했고, 천명이 조씨에게 돌아갔음을 안다. 옛날에 당요唐堯는 제위를 아들 단주에게 넘기지 않고 오히려 우순虞舜에게 주었다. 우순은 제위를 아들 상균에게 주지 않고 하우夏禹에게 넘겼다. 왕조란 흥망성쇠가 있고, 제왕도 일성일가一姓一家에 있지 않다. 따라서 나는 당요의 방법에 따라 제위를 위왕에게 선양하니 위왕은 결코 사양치 말기를 부탁한다"고 했다.

위왕 조비는 헌제의 조서가 위선적인 양보라 여기고, 자신이 부덕하여 제위를 감당할 수 없다고 하였다. 그리고 암암리에 대신들을 통해 헌제에게 계속 압력을 가하도록 하였다. 헌제는 다시 조서를 내릴 수밖에 없었다.

"오늘 마침내 한나라의 명운이 다했다. 제왕의 업은 대위大魏에 넘어갔다. 나는 공허한 이름만으로 선조의 뜻을 어겼고, 실로 매우 수치스럽게 생각한다. 위왕이 재삼 겸양하시니 내 마음은 불안할 뿐이다. 순舜과 우禹는 정리情理에 통달하여 제왕의 위를 사양치 않았으니 공훈은 만 년에 드리우고 그 이름은 영원토록 전해졌다. 위왕은 하루빨리 등극하여 천의에 따르고 민심에 부합하여 나의 뜻을 실현시켜 주시오."

조비는 허세를 부리면서 한차례 더 사양하고는 지체 없이 조서를 받아들였다. 그는 천하 사람들이 헌제가 '자원'해서 제위를 자신에게 넘겼다는 것을 알게 하기 위해 사람을 보내 허도를 남면으로 하는 번양에 높은 언덕을 만들어 '수선대受禪臺'라 부르고, 길일을 택해 정식으로 선양의식을 치렀다.

그해 10월, 헌제는 직접 번양의 수선대에 와서 제위를 선양하라는 통지를 받았다. 그는 어사대부 장음張音에게 황제의 부절符節과 옥새玉璽를 위왕 조비에게 넘겨주라고 하였다. 이에 조비는 수선대에 올라 정식으로 문무백관을 소견하고 선양을 받아 황제가 되었음을 선포하였다. 그가 바로 위 문제文帝이다. 그는 헌제를 폐하여 산양공으로 삼고, 한의 연강 원년을 황초黃初 원년으로 바꾸었다. 동한 왕조는 여기서 끝을 맺었다.

權道의 지혜

왕실을 존중키 위해 오랑캐를 몰아낸다는 존왕양이尊王攘夷는 명분을 이용하는 방식이다. 춘추전국시대, 제후들이 패권을 다투면서 분쟁이 끊이지 않았다. 전쟁과 재난이 계속되면서 백성들은 살기가 어려워졌다. 전쟁 중에 5패五霸가 일어나니 모두가 '존왕'의 기치를 도용하여 천하에 호소하고 있었다. 전국시대에 들어 주나라 천자의 권력은 쇠하여 백성을 통치하지 못했지만, 천하의 주인이었기에 누구도 공개적으로 반대할 수 없었다. 게다가 새로운 군주가 즉위하려면 주 천자의 승인을 반드시 얻어야 했다. 그렇지 않으면 합법적 권력을 가질 수 없었다. 그래서 주 천자는 지고무상의 권력으로, 제후들의 패권 구호가 되었다. 이런 구호를 도용하기만 해도 다른 제후국을 효율적으로 제압할 수 있었다.

'존왕' 구호의 창시자는 제 환공으로, '존왕'을 기치로 패자의 지위에 올랐다. 제 환공의 패업은 한때 명성이 자자했으며, 제후들의 지지를 얻어냈다. 이른바 "제후들을 규합하여 한 번에 천하를 바로잡았다"는 말은 제 환공의 공적을 묘사한 것이다. '존왕양이'의 구호는 당시 제후들의 패권 다툼에서 비롯되었다. 이는 제나라 패권에 중요한 역할을 하였다. 제나라가 약소국을 겸병해 영역을 넓히고 제나라의 위업을 보여줌과 동시에 당시의 혼란을 잠재워 중원지역의 약소 부락에 대한 약탈과 유린을 막아냈다. 《사기》에 이르기를, "제 환공 때 재상은 관중管仲이었다. 관중은 우선 군사를 정비하고 편제를 정돈하여 군사 강화와 훈련을 통해 강병체제를 갖추었다. 동시에 경제 발전에 주력하여 부국富國은 반드시 우선 부민富民해야 한다는 정책을 세웠다. 이렇게 해서 패자의 기본 조건을 갖추었다. 당시 관중은 제 환공에게 '존왕양이'의 구호를 제출했다. 우선 주변국과의 우호정책을 채택했는데, 먼저 북으로 연燕을 도와 산융을 격파하고 연나라의 걱정을 덜어주었다. 계속해서 위衛나라를 도와 적족의 침입을 방어하여 이웃나라의 지지를 받았다. 제나라의 방식은 세력이 비슷한 초나라를 불안하게 하였고, 제 환공과 실력을 겨루게 하였다."

관중은 노·송·진·위·조·정·허 등, 7개국과 연합하여 초나라가 주나라에 조공을 바치지 않고 주왕을 존중치 않는다는 명분으로 초나라를 정벌하였다. 제나라는 명분이 있었다. 당시 왕권사상에 영합하여 각국의 지지를 받았으니 단출한 초나라는 부득이 신복할 수밖에 없었다. 30여 년간 경영에 고심한 관중은 제 환공을 보좌하여 제나라의 대업을 완성하고 기원전 651년 여름, 규구에서 제후들의 회맹을 열었다. 주 양왕은 재공宰孔에게 명하여 환공 신하들에게 제사용 고기와 붉은 화살 및 화로를 주어 그 공을 표창했다. 재공은 양왕의 명을 전하며 제 환공은 나이와 덕이 높아 반드시 몸을 굽혀 받을 필요가 없다고 하였다. 제 환공이 왕명을 듣고자 하니 관중이 옆에서 진언하였다. "주왕께서 겸손을 보이셨지만 공경으로 대하지 않으면 안 됩니다"하니 제 환공은 "천자의 위엄은 지척에 있는 자라도 결코 어겨서는 안 된다. 소백小白(제 환공)이 감히 몸을 굽혀 받으라는 왕명을 탐하면서 신하의 직분을 버리겠는가?"라고 답하고 아래로 달려가 몸을 굽혀 고기를 받았다. 제후들이 모두 제의 군주가 예를 갖추었다고 감복하였다. 제 환공이 다시 맹약을 맺으니 이것이 바로 유명한 '규구지맹葵丘之盟'이다. 관중은 '존왕양이'의 기치를 높여 천하의 제후들을 통솔하고, 제 환공을 위해 패업을 이루는 불후의 공훈을 세웠다.

후에 진晉 문공文公이 제 환공을 본받아 '존왕'의 기치를 내걸고 천하를 호령하면서 주 왕실의 반란을 평정하고 명망을 얻었다. 《사기》에 이르기를, 기원전 635년 봄, 주 왕실에 내란이 일어나 주 양왕은 이종사촌인 왕자 대帶가 적인과 결탁하면서 쫓기어 정나라로 도망갔다. 당시 주 왕실은 이미 쇠락하였지만 명의상으로는 여전히 '천하의 종주' 지위를 유지하고 있었다. 각 제후국들은 여전히 존중하고 있었고, 누군가 '존왕'의 기치를 내걸면 누구나 제후들의 신임을 얻을 수 있었다. 주 왕실이 구원을 요청하는 서신을 받자, 진나라 대신 조애趙衰는 "패권을 얻으려면 존주尊周의 기치를 내걸어야 합니다. 주와 진은 주周씨이니 진晋나라가 주 천자를 왕도로 되돌려 보내지 못한다면, 진秦나라가 할 것이고 우리는 천하를 호령할 수 없습니다. 지금 존왕은 바로 진나라의 밑천입니다"라 하였다. 문공은 즉각 군사를 내어 양번을 공격했다. 이때 진 목공穆公은 이미 대군을 이끌고 황하에 도착하여 주 천자를 귀국시킬 준비를 하고 있었다. 문공이 이를 알고 진 목공을 찾아 진晋나라가 이미 군사를 보내 호송하니 군사를 물리라고 했다. 진나라 군사가 철수했다. 진 문공은 우익의 부대로 온나라를 포위하고 온읍에서 왕자 대를 잡아 처형하였다. 좌익의 부대는 주 천자를 영접하고 양왕을 호송하여 왕도로 돌아왔다. 주왕이 진나라에 양번, 온원, 횡모의 땅을 하사하니 진나라는 태행산 남쪽에도 영토를 갖게 됐다.

한 고조 유방 _ 인재들과 함께하다

유방劉邦은 콧날이 높고 수염이 근사하며, 다리에는 72개의 검은 점이 있었다. 그는 활달하고 베풀기를 좋아했지만, 주색을 즐기고 일을 하지 않아 아버지는 그를 '무뢰한無賴'이라고 불렀다.

유방은 젊었을 때부터 먹는 것을 좋아하고 게을렀으며 빈둥거려 아버지가 화를 내며 그와 따로 살았다. 성격은 활발하고 경박하고 방탕하여 가재를 털어다 친구를 사귀니 동네에는 쓸모없는 친구들이 많았다.

성년이 되면서 관리를 했던 친구가 그를 가르친 일이 있으며, 그 후 그에게 수수의 정장이란 말직을 주기도 하였다. 정장이란 향리의 모든 소송을 담당하며, 큰일이 있으면 현에 알려야 했다.

한번은 유방이 함양 시장에서 순행하던 진시황을 보고 마음속이 뭉클하면서 탄식하며 말했다. "대장부라면 마땅히 저 정도는 돼야지!"

한번은 패현沛縣에 여공呂公이 왔는데, 이름은 문文이요, 자는 숙평叔平으로, 현령의 친구였다. 여공은 원수를 피해 가족을 데리고 친구에게 의지하고 있었다. 현령은 전령을 내려 성 안에 거주하는 관리가 모두 와서 축하하도록 했다. 바로 그때 소하蕭何가 현청에 있으면서 여공을 대신해 하례를 받았는데, 유방을 보더니 "하례가 1천이 되지 않으면 당 밑에 앉아 계시오!"라 선포하였다.

유방은 1문도 없었으나, 뻔뻔하게 명첩을 꺼내어 그 위에 하례전 1만이라고 쓰고는 곧바로 사람에게 전했다. 여공이 명첩을 보다가 하례 1만이라 쓴 것을 보고 의아해하면서 직접 당으로 내려가 유방을 영접하여 윗자리에 앉히고는 자세히 보니 생김새가 비범하게 느껴졌다. "이마 가운데가 돌출되고, 가슴이 튀어나오고, 거북 등에 용의 다리를 가진 귀한 상이구나!" 하고는 난데없이 칭찬하였다. 소하는 유방이 거들먹거리는 것을 보더니 "유방은 줄곧 큰소리를 잘 쳤지만 제대로 한 일이 없습니다"라 했으나, 여공은 들은 바 없다 하고는 술자리를 열어 유방을 손님자리에 앉히니 유방도 사양하지 않고 손님 행세를 하였다.

술자리가 끝나자, 여공은 유방을 남으라 하고 말하기를 "내 보기에 자네는 관상이 비범하네. 앞으로 반드시 무언가 할 거야. 내게 딸이 있는데, 자네가 아내로 맞았으면 좋겠네"라 하였다. 여공의 딸을 아내로 맞게 되었으니 유방은 매우 기분이 좋았다. 그녀가 바로 여치呂雉로, 이후의 여후이다.

초나라와 한나라 간의 팽성전쟁 때에 유방은 팽성 점령에 도취되어 한때 환락에 빠져 있었다. 그의 성격 중에서 나쁜 버릇에 사로잡혔던 것이다. 팽성에서 '재화와 미인을 소유하고 매일 술 마시는 일'로 이미 큰 공을 세운 듯했다. 그 결과, 항우의 3만 정예병이 팽성을 기습하여 "한의 군사 10여만을 죽이고" "휴수의 물길을 막고 한의 군대를 세 겹으로 포위하였다." 유방은 황망히 도망가던 길에 자녀 효혜와 노원을 만나 함께하게 되었다. 이때 초나라 기병이 추격해 오자, 유방은 수레를 빨리 몰면서 세 번에 걸쳐 자식들을 수레에서 밀어내었다. 다행히 등공이 구하여 효혜와 노원은 탈출할 수 있었다. 겉으로 볼 때, 이는 유방의 행동이 전통적 도덕 기준에 어긋날 뿐 아니라, 인정상 말이 안 되는 짓이었다. 그러나 그의 성격으로 볼 때는 이해할 수도 있다. 하나는 죽음과 삶이 교차하는 절박한 순간에 그가 선택한 것이 무엇보다 자신의 목숨이었다는 점이다. 다른 하나는 평소에 항상 마음먹고 있지 않으면 도덕도 제쳐두고 인정에 어긋나는 짓거리를 한다는 것이 그리 쉽지 않다는 것이다. 좀더 깊이 분석하면, 유방이 우월감에 빠져 다른 것을 생각지 않을 때에는 오로지 자신의 이상 실현을 위해 앞으로만 달려간다는 것이다. 팽성전쟁에서의 패배는 그에게 쓰라린 교훈을 주었다. 다른 면으로 볼 때, 도망 중에 취한 그의 처신은 우월감이 중요한 때에 얼마나 강렬해질 수 있는가를 보여준다.

팽성전쟁에서 항우는 유방과 그 자식들을 잡지는 못했지만, 유방의 아비인 태공 및 처 여치를 포로로 하였다. 초와 한이 성고·광무에서 서로 대치할 때, 항우가 배후에서 팽월의 습격을 받아 '초나라 양식이 끊겨 항왕이 이를 걱정할 지경'에 이르자, 격노하여 유방과의 결전을 벌이고 조속히 대치상황을 끝내려고 했다. 그가 높은 제단 위에 태공을 올려놓고 유방에게 "지금 항복치 않으면 태공을 삶아버리겠다"고 하자, 예상치도 않게 유방은 "나와 너는 모두 회왕의 신하이고, 일찍이 형제를 약속했으니 내 아버지면 네 아버지이기도 하다. 네 아비를 삶으면 나에게 그 죽을 한 그릇 다오"라 답하였다. 항우는 머리끝까지 화가 치밀었다. 사람이 자신의 목표와 이상을 위해 자식에 대한 사랑을 저버리고, 길러주신 부모의 은혜도 외면하는 등, 정신적으로 엄청난 충격을 받았을 때에 오히려 심리적 균형과 안정을 유지할 수 있다는 것은 결코 쉬운 일이 아니다. 그렇게 될 수 있으려면 확고한 신념이 필요하며, 또한 안정되고 건강한 심리상태와 성격이 따라야 한다.

'대장부大丈夫'가 되어 황제라는 인생의 이상을 실현하려는 야망 때문에 유방은 마음속의 부차적인 부분을 극복하고, 자신의 행위를 제약할 수 있었다. 동시에 좌절 속에서도 꺾이지 않는 강한 성격을 드러냈는데, 특히 초와 한이 전쟁하던 초기에 유방은 거의 매번 패하였고, 죽을 고비를 넘긴 것이 수차례였다. 하지만 곤경 속에서 다시금 일어설 수 있었던 것은 확실히 어느 정도 낙천적인 성격과 우월감 때문이었다. 안정되고 강인하며 분명한 성격은 유방이 성공하는 데에 유리한 심리적 기반이었다.

유방은 술을 좋아해서 술친구는 많았지만, 유생儒生들을 싫어했다. '가난하고 힘든' 유생 역이기酈食其가 그를 만나려 했다. 누군가 역이기에게 "패공은 유생을 싫어해, 유생이 오면 패공은 얼른 그 갓을 벗겨 그 안에 오줌을 갈기지"라고 하였다. 패공이 병사를 이끌고 진류를 지나자, 역이기가 만나려 했다. 패공이 그 시종에게 "사양한다. 내가 천하의 일로 바빠 유생을 만날 짬이 없다고 해라" 하니 역이기가 눈을 크게 뜨고는 큰 소리로 "나는 고향의 술친구일세. 유생은 무슨!!"이라 하자, 유방은 그제야 상 가까이 다가와 두 명의 여자에게 발을 닦게 하고 매우 거만하게 그를 만났다. 무뢰한의 모습으로 신하들의 앞에 나타났다.

기원전 198년에 미앙궁이 완성되자, 유방은 연회를 베풀어 미앙전 앞에 술을 풀고 자신은 손으로 옥배를 들고 일어서 태공을 위해 축수하였다. "아버님께서는 저를 항상 무뢰한에다가 일하지 않는다 하면서 중仲만도 못하다 하셨습니다. 이제 제가 대업을 이루었는데, 누가 더 낫습니까?"라 하여 신하들의 웃음을 끌어냈다. 중은 바로 그의 둘째 형으로, 성실하지만 말더듬이였고, 열심히 농사짓는 농민이었다. 다시 한번 그의 모습에서 무뢰한의 기질이 드러났다.

유방이 수수 정장의 신분으로 패현의 노역자를 호송하여 여산으로 가던 중에 노역자들이 대부분 도망가 버렸다. 그는 여산에 도착하면 노역자들이 거의 도망갈 것이며, 어떻게 나머지를 채워 넘길까를 생각했다. 풍읍 서택에 주둔하면서 코가 삐뚤어지게 술을 먹고는 노역자들을 모두 풀어주었다. 그들에게 '너희들 모두 떠나라. 나도 여기서 도망갈 것이다'고 하였다. 그중 수십 명이 유방과 함께하기를 원했고, 그는 한 사람을 선발대로 파견하여 무리 앞에 서게 했다. 얼마 안 되어 그가 돌아와 보고했다. "앞에 큰 뱀이 길을 막고 있습니다" 하니 유방이 술을 한 잔 마시고는 큰소리로 "사나이 가는 길에 무엇이 두려우랴!"하고 앞으로 나아가 칼을 내리쳐 뱀을 두 동강 내었다. 사람들은 그를 신격화하기 위해 늙은 노파가 후대 사람들에게 "내 아들은 백제白帝의 자식으로 큰 뱀으로 변해 길에 누워있었는데, 적제赤帝의 자식이 죽였다"고 하였다고 했다. 유방이 듣고는 남몰래 기뻐하면서 앞으로 잘될 것이라 여겼다. 그와 함께했던 사람들은 이로써 그를 존중하고 두려워했다. 그는 무리를 이끌고 망芒·탕碭, 두 현의 깊은 계곡 큰 연못이 있는 곳에 숨었다. 그곳은 유방의 고향과 그리 멀지 않아 유방의 처 여치가 계속 연락하여 고향 소식을 전하였다. 후에 사람들이 계속 유방의 무리에 모여들면서 점차 확대되었다.

기원전 209년 7월, 진승陳勝과 오광吳廣이 반진反秦의 기치를 내걸고 군사를 일으키자, 반진의 물결이 급속히 전국으로 퍼져나가며, 패현에도 영향이 미쳤다. 패현 현령도 스스로 군사를 조직하여 반진 기의에 참여했으니 한편으로는 자신을 보호하고, 다른 한편으로는 혁명에서 기회를 찾으려 했다. 이에 소하와 조참曹參은 현령을 경멸하여 망·탕 지역으로 도망간 유방이 돌아와 기의를 이끌기를 바랐다. 소하와 조참이 현령에게 "당신은 진나라 관리인데, 지금 거병하여 진나라를 반대하고 있으니 패현 사람들이 당신을 따르지 않을까 두렵소. 도망간 사람을 불러들이는 것만 못하니 우리의 말을 따르시오"라 하니 현령이 소하와 조참의 의견에 동의했다.

개고기를 팔던 번쾌樊噲의 아내도 여공의 딸로, 유방과 동서지간이었으므로 현령은 그를 유방에게 보냈다. 유방의 무리에 모여든 사람들이 이미 수백 명을 헤아렸고, 소식을 듣자, 그는 즉각 무리를 거느리고 패성으로 돌아왔다. 유방의 무리가 많자, 패성의 현령은 자신이 그들을 지휘하지 못할까 두려운 나머지 성문을 잠그고 조참과 소하를 죽이려 했다. 이 소식을 들은 조참과 소하는 유방에게로 갔다. 유방, 소하, 조참 등은 논의 끝에 편지를 화살 끝에 달아 성 안으로 쏘아 백성들이 현령을 죽이고 성문을 열어 반진을 위해 거병토록 호소하였다. 성 안의 백성들은 이미 진나라의 가혹한 정치를 참을 수 없었으므로 현령을 죽이고 성문을 열어 유방의 입성을 환영하였다.

유방이 입성하자, 백성들이 그를 패현 현령으로 추천했으나, 그는 이를 거절하였다. 그의 동지인 소하와 조참이 추대했음에도 역시 받아들이지 않았다. 민중들은 "우리는 이미 당신의 뛰어난 행적을 알고 있습니다. 이후 당신이 크게 되시고자 한다면 현령의 직은 가장 적합합니다. 바라건대 사양치 마십시오" 하니 어쩔 수 없이 현령을 맡았고, 현부의 뜰에 단을 세워 제사를 올리고는 붉은색의 큰 깃발을 세웠다. 유방의 나이 마흔여덟 살 되던 해였다.

소하와 조참이 각기 패현 자제들을 군에 참여토록 동원해 3천 명의 의군을 조직했다. 유방은 우선 호릉과 방여를 점거하였다. 이때 진나라 수수 군감이 군사를 이끌고 진압하려 했으나, 오히려 풍읍에서 유방 군대에게 패하였다. 유방은 옹치雍齒에게 풍읍을 지키게 하고, 자신은 설薛을 공격하여 진군을 대패시키고 수수의 군수를 죽였다. 이때 진승이 이끌던 기의가 침체에 빠졌는데, 진승은 배신자에게 죽임을 당했으며, 오광도 그 부하에게 죽임을 당했다.

풍읍을 방어하던 옹치가 주시周市의 꼬임에 빠져 유방을 배반하자, 화가 치민 유방이 풍읍을 공격했지만 실패했고, 화병이 났다.

기원전 208년 항량項梁이 기병하여 삽시간에 6~7만의 군사로 확대되자, 유방은 군사를 이끌고 항우에게 투항하였다. 그 해 6월, 항량은 초나라 회왕의 손자 심心을 초왕으로 세우고, 여전히 초회왕으로 부르면서 우이에 도읍을 정하였다. 군대를 정비정돈하면서 기의군은 승승장구하였다. 항량은 항보를 점거하고, 진나라 군대 장한章邯을 동아에서 패퇴시켰다.

유방과 항우는 다른 부대를 이끌고 성양을 차지하고, 복양에서 진나라 군대에 대승을 거두었다. 그리고 다시 정도와 옹구를 공략하고, 삼천군수 이유李由의 목을 베었다.

잇단 승리로 항량이 교만해지자, 진나라 장수인 장한이 방비가 해이해진 틈을 타 항량을 기습하였고, 항량은 정도에서 패하면서 피살되었다. 항량이 피살되던 때에 유방과 항우는 진류를 공격하고 있었는데, 기의군의 패전 소식을 듣고 퇴각하여 팽성에서 방어하였다. 장한은 항량이 죽었으므로 유방과 항우를 무시한 채, 반진의 본거지인 조 땅을 포위 공격하였다. 수습할 기회를 얻은 유방과 항우가 반격의 기회를 맞게 됐다.

초회왕이 팽성에서 장령들을 책봉하였다. 항우는 장안후에 봉해지고 노공으로 불렸고, 유방은 무안후에 봉해지고 탕군장이 되어 탕군의 병사를 거느렸다. 여신呂臣은 사도가 됐고, 그 아비 여청呂青은 영윤이 되었다.

조왕趙王 헐歇이 초회왕에게 구원을 요청하자, 초회왕은 송의宋義를 상장, 항우를 차장, 범증范增을 말장으로 삼아 조나라로 보냈고, 유방을 관중으로 서진케 하면서 "먼저 관중에 들어가는 자를 왕으로 삼겠다"고 약속하였다.

기원전 208년 9월에 출발한 유방은 수차례 전투를 거치면서 이듬해 10월 함양을 공격하고, 함양 동쪽 근교인 패상에 주둔하였다. 진나라 왕 자영이 유방에게 투항하였다.

항우, 송의, 범증 등이 대군을 이끌고 조나라를 지원하는데, 안양에서 진나라 군대에 겁먹은 송의가 46일 동안 전진하지 못했다. 항우가 분노하여 송의를 죽이고 황하를 건너 진군과 결전을 벌였는데, 그 용맹함에 눌려 진군이 대패하였다. 기원전 207년 7월 장한이 정식으로 항우에게 투항하였고, 항우는 그를 옹왕에 봉하였다. 같은 해 11월, 항우가 신안으로 진격하여 20만 명을 포로로 삼았다.

팽성을 출발할 때에 1만에 불과했던 유방의 군사는 함양에 들어가면서 10만으로 불어났다. 말직인 정장 출신인 유방은 번화한 도시로 진입하며 휘황찬란한 보석과 웅장한 궁전, 그리고 아름다운 여자들을 보면서 이런 곳에서 지내야겠다고 생각하였다. 이때 이미 대장이 된 번쾌는 유방보다 인내심이 강했는데, 지금은 승리에 도취되어 있을 때가 아님을 알고 유방에게 "당신은 천하를 얻고 싶은가, 아니면 부자가 되고 싶은가?"라고 물었다. '당연히 천하를 가져야지'라고 답하자, 번쾌는 "호화스런 궁전, 헤아릴 수 없는 재화, 요염한 미녀 등, 이런 것들이 진나라가 멸망하게 된 원인입니다. 천하를 얻고자 하면 궁중에 있지 말고 패상으로 가십시오"라고 하였다.

유방은 본래 호색한이었던지라 번쾌의 충고를 들었음에도 황궁을 나가기 싫어했다. 장량張良도 유방의 생각을 알고 있었지만 대업의 완성이 우선이며, 그들은 평생을 유방과 함께하기로 한지라 유방의 타락으로 천하를 잃게 할 수는 없었다. 장량은 재차 간하였다. "진나라의 어리석음 때문에 장군이 이곳에 들어올 수 있었습니다. 장군은 천하를 위해 잔혹함을 제거한다고 하면서도 진나라의 폐정이 행해진 진의 도읍에 들어와 살려고 하니 바로 걸왕을 도와 악행을 저지르는 것과 같습니다. 번쾌의 말이 옳으니 그의 권고를 받아들이십시오." 유방이 결국 부하의 권고를 받아들여 '마침내 진의 보물창고를 봉하였고,' 단지 소하만은 '진승상어사율령도서秦丞相御史律令圖書'를 가지고 함께 패상으로 환군하였다.

유방은 백성들의 지지를 얻기 위해 각 현 지방의 유명인사를 초청해 모임을 열어 진나라의 폭정을 폭로하고, '약법삼장約法三章,' 즉 "살인한 자는 죽이고, 상처 입힌 자는 도적의 죄에 해당하는 벌을 내리며, 진나라의 법은 모두 없앤다"고 공포했다. 유방의 행동은 백성들의 지지를 얻었고, 사람들은 소와 양을 몰고 패상으로 와 의군을 위로하였다. 유방 또한 진심으로 감사하면서 창고 안에 양식이 많으니 백성들에게 부담을 줄 수 없다는 명분으로 거절하였다. 그에 대한 백성들의 존경심이 더욱 커져 그가 관중왕이 되기를 원했다.

權道의 지혜

관료 사회에서 결성된 당파를 붕당朋黨이라고 한다. 붕朋은 예로부터 당우黨羽 또는 같은 생각을 가진 무리이며, 이 말은 일반적으로 나쁜 의미로 사용된다. 《상서尙書·진서泰誓》에 '붕가작구朋家作仇, 협매상감脅枚相滅'이라 했는데, 전국시대 유가儒家의 해석에 따르면 '붕가'와 '붕당'은 같은 뜻으로, "신하들의 붕당은 저절로 원수가 된다"고 풀이했다. 관료 당파를 '붕당'이라 부른 유래가 매우 오래되었음을 알 수 있다. 즉 거의 직업 관료가 형성됨과 동시에 이런 현상이 나타났다.

'붕당'은 계속 나쁜 의미로 쓰였다. 《한비자韓非子·유도有度》에서는 대신들의 "붕당이 이미 많으니 서로 은폐해서 비록 허물이 크더라도 알 수 없다"고 지적하였고, 또한 《한비자·식사飾邪》에서도 산동 각국이 "군신들이 붕당을 지어 한 패가 되어 정도를 은폐하고 사사로운 곡절을 행한" 결과, "땅이 깎이고 군주가 낮아진다"고 하였다. 《순자荀子·신도臣道》에서는 "붕당이 편을 이루어 군주를 둘러싸고 사사로움을 도모하는 데 힘쓰니 이는 찬탈의 신하이다"라 하였다. 유가든 법가든 모두 신하들이 결당하여 사사로움에 힘쓰고 남을 배척함은 군주를 위협하는 큰 폐해라고 여기고 있다. 후세에도 붕당은 정적을 비난하는 도구였다.

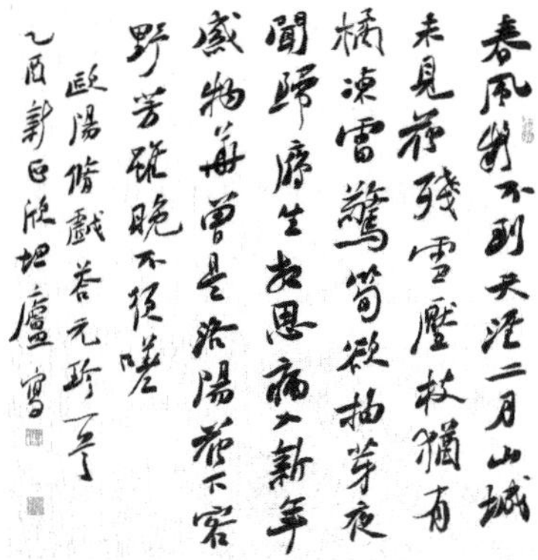

구양수 필적

북송北宋 중기에 범중엄范仲淹이 입경하여 재상이 되었다. 정치 개혁을 추진하자, 구양수歐陽修가 적극 참여하였다. 그러나 몇 년 안 돼 조신들 중에 개혁을 반대하는 사람들이 범중엄이 붕당을 만들었다고 탄핵하였고, 결국 조정에서 쫓겨났다. 구양수는 유감스런 마음으로 《붕당론朋黨論》을 집필해 붕당을 재해석하였다. 구양수는 《붕당론》에서 조금도 주저 없이 붕당의 이름을 바로잡았다. 즉 오로지 군자만이 진정한 붕당을 결성할 수 있다는 것이었다. 그들이 "지키는 것은 도의道義요, 행하는 바는 충신忠信이며, 아끼는 바는 명절名節로, 이로써 수신하면 도를 함께해 서로 이익이 되고, 이로써 나라를 섬기면 마음이 하나가 되어 함께 구제되니 시종 한결 같은" 사람들이다. 그러나 소인들은 이利를 통해 서로 당파를 결성한다. "이利를 함께하면 잠시 서로 무리를 짓지만 거짓이다. 이를 보면 앞서려 하고, 이가 다하면 소홀해져 오히려 서로 해가 된다." 그래서 소인들의 붕당은 '위붕僞朋'에 불과하다. 따라서 황제는 조정 내의 당쟁에서 "소인의 위붕을 물리치고, 군자의 진붕을 받아들여야 천하가 다스려진다"고 했다.

구양수의 《붕당론》이 공개되자, 사대부들의 호응을 받았다. 그의 관점은 후세에도 영향을 미쳐 붕당은 중성적인 호칭이 된 듯했다. 그러나 명 태조 주원장朱元璋이 《대명률大明律》을 제정하면서 특별히 "간당奸黨은 죄명이 둘이다. 간신奸臣과 당도黨徒로 처벌한다"고 하여 붕당은 간당과 마찬가지로 죽을죄가 되었다. 이로부터 어느 누구도 붕당을 변호하지 않았다.

붕당과 관련된 논쟁이나 간당이라는 죽을죄도 사실상 붕당 현상을 근절시키지는 못했다. "사물은 동류끼리 모이고, 사람은 무리로 구분된다"는 붕당은 역사적으로 분명히 '군자붕당君子朋黨'과 '소인붕당小人朋黨'을 모두 경험한 바 있다. 어떤 경우에는 정치적 또는 학술적 견해가 서로 다른 이유로 붕당이 이루어지는데, 이는 '군자당쟁君子黨爭'이다. 그러나 대부분의 경우, 붕당은 서로 다른 이익집단의 표현일 뿐이다. 관리들은 당파를 만들어 자신과 다른 당파를 배척하였고, 과거시험에서의 '같은 기수同年'나 시험관과 수험생 또한 붕당으로 결성됐다. 관직에서의 옛 상사나 부하, 동료 등도 붕당이 됐고, 더욱이 추천자와 피추천자 사이에도 특수한 인간관계가 형성됐다. 또한 동향이나 동창 등도 당파 결성의 핵심 동력이다.

우이당쟁 _ 붕당을 만들다

당 중기에 변경은 오랑캐의 침입으로 우환을 겪고 있었고, 내지에 할거하던 번진으로 인해 농촌이 붕괴되고 있었으며, 조정은 환관이 권력을 잡아 당쟁이 끊이지 않고 있었다. 당 헌종 때에 이길보李吉甫는 두 차례나 재상을 맡았는데, 그는 번진의 반란을 평정하는 계획을 세웠던, 능력 있는 중신이었다. 그러나 이길보는 또 다른 재상 이강李絳과의 관계가 좋지 않아 항상 논쟁이 끊이지 않았다. 어느 해인가 현량·방정시험에서 천거된 진사 이종민李宗閔, 우승유牛僧孺가 이길보의 시정방침을 격렬하게 공격하였고,

이길보와 관계가 좋지 않았던 조신들이 그들 두 사람의 책문에 대해 크게 선전하고 심지어는 범례로 만들어 낙제한 사람들에게 소개하기도 했다. 이길보는 매우 섭섭하여 당 헌종에게 읍소하였다. 이종민과 우승유는 이 때문에 장기간 쫓겨나 임관할 수 없었고, 그들을 편든 조관들도 대부분 좌천되고 쫓겨났다. 6년 후 이길보가 죽고, 이강은 병으로 휴직하였다. 이에 이종민과 우승유가 비로소 조금씩 승진하였다. 하지만 이 사건은 얼마 후 우이당쟁의 숨겨진 기록이 되었다.

당 헌종이 죽자, 이길보의 아들 이덕유李德裕가 한림학사가 되어 목종에게 영향을 미쳤다. 처음에는 부친을 공격한 것에 대한 묵은 빚을 갚기 위해 이덕유가 과거시험의 청탁 혐의로 중서사인이었던 이종민을 검주자사로 좌천시켰다. 여기서 쌍방이 각기 붕당을 만들어 서로 공격하면서 당쟁의 서막이 열렸다. 이덕유, 이종민, 우승유는 모두 정치적 재능을 갖추었던 데다가 일정한 영향력이 있어 쌍방 간의 상처가 깊었고 범위도 컸다.

820년, 이종민이 환관과 결탁하여 재상이 되었다. 이덕유도 절서절도사의 임기가 만료되어 조정으로 돌아와 역시 재상으로 추천되었다. 이종민이 같은 당을 사주하여 악의적으로 배척하니 이덕유가 수도에서 쫓겨나 의성절도사로 좌천되었다. 이종민은 우승유를 끌어들여 재상으로 삼고, 두 사람이 함께 재상 권력을 장악하여 이덕유의 문생과 친구들을 배척하였다. 논쟁이 격렬해지면서 쌍방 간에 오고가는 말은 뼈아픈 말들뿐이었다. 당시 이덕유는 서천절도사로 자리를 옮겼는데, 서천 유주는 촉서의 관문으로, 공래산의 입구이며, 토번吐蕃과 당이 쟁탈전을 벌이던 전략 요충지였다. 토번에서는 딸을 유주성 문을 지키는 자에게 시집보내 두 아들을 키우고 있었다. 20년 후, 두 아들이 부친의 문지기 직을 이어받았고, 어미의 가르침에 따라 밤에 성문을 열어 토번이 유주를 습격해 점거케 하였으며, 이름도 '무우성無憂城'으로 바꾸었다.

당나라 군대가 여러 차례 반격했지만, 유주를 빼앗지 못했다. 이덕유가 부임한 지 얼마 안 되어 토번의 유주수장 실달모悉怛謀가 당나라에 투항을 요청해 왔다. 이덕유가 이를 받아들이고, 조정에 상주하여 토번에 대한 진공을 요구했다. 당 문종은 마음이 흔들렸다. 조신들도 대부분 동의했지만, 우승유는 정적의 주장을 반대한다는 원칙을 갖고 있었기에 강하게 반대하면서 토번은 광대하여 유주의 상실이 그리 대수롭지 않으며, 당은 토번과 화의를 맺었으므로 반드시 화약을 지켜 토번을 화나게 하거나 전쟁의 실마리를 만들어서는 안 된다고 하였다. 또 당 문종에게 토번이 대거 출병한다면 사흘 안에 함양까지 다다른다고 위협하였다. 이에 당 문종도 마음을 돌렸다. 이덕유에게 토번에 유주성을 돌려주라고 명하고, 실달모 이하 토번 장수와 병사들을 토번으로 돌려보내라고 하였다. 그 결과, 실달모와 그의 병사들은 모두 죽임을 당했다. 이듬해 당 문종이 후회하면서 우승유와 이종민을 모두 절도사로 좌천시키고, 이덕유를 불러들여 재상으로 삼았다. 쌍방 간의 논쟁을 문종은 몹시 걱정하면서 "하북의 적(할거하고 있는 번진) 제거는 어렵지 않다. 붕당의 제거가 실로 어렵다"고 하였다. 오래지 않아 이덕유도 내쫓고, 이훈李訓·정주鄭注 등을 임용하여 환관을 없애도록 하였다. 835년의 '감로지변甘露之變'으로 환관들이 정변을 일으켜 조신들을 잡아 죽이고, 당 문종을 연금했다. 환관이 독자적으로 정권을 장악했다.

840년에 당 문종이 죽었다. 이덕유는 회남절도사에서 재상으로 복귀하여 당 무종武宗을 보좌하면서 환관집단과 연계해 우승유, 이종민 두 사람을 좌천시키고, 그 당파도 배척하여 조정에서 내쫓았다. 이덕유의 대권 장악으로 그 당파의 세력이 확대되었다. 6년이 지나고 당 무종이 죽었다. 의종宜宗이 환관에 의해 옹립되면서 이덕유도 재상에서 파직됐다. 우승유와 이종민이 돌아와 재상이 됐다. 두 사람은 곧이어 죽었지만, 우승유 세력이 권력을 장악하는 동안 이덕유는 좌천에 좌천을 거듭해 애주의 사호가 됐으며 결국 해남에서 숨을 거두었다. 재능은 뛰어났지만 도량이 좁았던 이들 정치 지도자들이 죽고 나서야 당쟁이 비로소 점차 평정되기 시작했다.

權道의 지혜

관직에서의 당파 싸움은 개인들 간의 은원恩怨에서 촉발된다. 본래 당파란 정견이 다르기 때문에 시작되는 것이나, 종종 당파 지도자들의 개인적인 감정으로 격화되기도 했다. 이런 당쟁의 배후에는 사실상 정치집단 간의 힘겨루기가 있었다. 당쟁 중에서 가장 전형적인 예는 당나라 중엽의 '우이당쟁牛李黨爭'이다.

● ● ●

왕윤 _ 남의 힘을 빌려 적을 없애다

동한 말년에 동탁董卓이 환관을 죽이고 조정을 장악하면서 포학무도하게 백성을 다스리자, 사도 왕윤王允이 이간책으로 그를 죽이려고 하였다. 환제桓帝·영제靈帝 시기에 외척과 환관 간의 알력이 갈수록 격렬해졌다. 영제가 죽자, 유변劉辯이 즉위하였고 외척 하진何進이 정권을 잡았다. 하진은 환관들을 제거하려고 계획했지만, 하 태후는 이에 동의하지 않고 동탁을 수도로 불러들이는 것이 좋다고 하였다. 이렇게 되자, 동탁의 속셈과 딱 들어맞게 되었다. 당시 무너질 듯하던 동한 조정이 호랑이를 끌어들인 셈이었다.

동탁은 본래 양주의 토호였다. 용감하고 힘이 세어 강인羌人의 반란을 진압하는 데 공을 세워 중랑장·전장군이 되었다. 그는 평소 야심이 있었는데, 영제가 그를 소부·주목으로 삼으려 했으나, 모두 나아가지 않고 하동에 주둔하며 천하의 변화를 주시하고 있었다. 하진의 밀모가 누설되자, 환관 장양張讓이 선수를 쳐 하진을 죽였다. 하진의 부하인 원술袁術과 원소袁紹는 군사를 이끌고 궁에 들어가 환관을 모두 죽였다. 동탁이 수도로 들어가면서 하진과 그 동생 하묘의 부대를 차지하였다. 그리고 여포呂布에게 정원丁原을 죽이도록 하고, 정원의 부대를 차지하면서 세력이 확대되어 소제少帝를 내쫓고 진류왕 유협劉協을 황제로 세웠으며, 자신은 재상으로서 조정의 권력을 차지하였다.

동탁이 독단으로 황제를 폐립하고 정권을 빼앗아 포학하게 백성을 대하면서 중앙과 지방 관리들의 불만이 쏟아졌다. 190년, 관동주군이 동탁을 토벌키 위해 기병하면서 발해태수 원소를 맹주로 뽑으니 각 로路의 군사가 수만에 이르렀고, 지방 토호들도 원소를 옹호하였다. 동탁은 산동의 군사력을 보고 헌제를 위협하여 장안으로 천도하도록 했다. 그 전에 동탁은 필규원에 주둔하면서 부하들을 지휘하며 낙양성 내에서 약탈과 살인을 저질렀고, 낙양 주위 2백리가 초토화되었다. 가옥이 다 사라져 닭과 개소리조차 들을 수 없었다. 수백 수만의 백성들이 쫓겨 장안으로 갔다. 굶주림과 약탈로 시체가 길에 쌓였다. 헌제가 장안에 입성했으나, 동탁은 도착하지 않아 조정은 사도 왕윤에게 의탁하였다.

왕윤의 자는 자사子師로, 영제 때 사도의 뛰어난 제자로서 시어사가 되었다가 후에 예주자사로 선발되었다. 헌제가 즉위하자, 태복이 되고 상서령이 되었다가 초평 원년에 사도가 되었다. 그는 동탁에 대해 겉으로는 뜻을 굽혀 비위를 맞추어 신임을 얻었다. 동탁이 장안 천도를 강요할 때, 그는 난대와 석실에 소장되어 있던 도서를 수장함으로써 고대의 경적 보존에 힘썼다. 장안에 도착한 뒤, 동탁이 스스로 태사가 되어 위계를 제후 왕보다 높이 하니 공경백관들이 모두 아첨하였다. 또 미지에 성보를 세우고 '만세오萬歲塢'라 불렀다. 높이가 7장으로, 그 안에 쌓아놓은 곡물은 30년을 쓸 정도였다. 관동 동맹군은 내부의 의견이 갈리면서 행동이 위축되었는데, 근본적으로 동탁의 세력에 대해 실질적인 위협이 되지 못하였다. 왕윤은 결국 사도 교위 황완黃琬 등과 밀모하여 여포와 동탁의 관계를 이간질하여 여포의 손으로 동탁을 제거하기로 결정했다.

사도 왕윤

여포의 자는 봉선奉先으로, 말 타고 활을 잘 쏘았고, 전쟁에 매우 용맹스러워 '비장飛將'이란 칭호가 따라다녔다. 원래는 병주자사 정원의 부하였다가 후에 동탁의 유혹으로 정원을 죽이고 동탁 밑으로 들어갔다. 동탁은 자신이 포학함을 알고 여포에게 호위를 맡겨 신임하였고, 아비와 자식 간으로 지내기로 약속했다. 하지만 동탁은 성격이 편협하여 여포가 그 뜻에 어긋나자, 창을 들어 던졌고 다행히 민첩한 여포가 피할 수 있었다. 여포는 정색하고 받아들였지만, 마음속에는 원한이 쌓였다. 또한 동탁의 시첩과 사통하여 내심으로 갈수록 불안하였다.

여포와 왕윤의 관계는 매우 좋았다. 자신의 속마음을 왕윤에게 말했고, 왕윤도 그들의 밀모를 여포에게 털어놓고 여포가 도와주기를 바랐지만 여포는 동탁과 부자관계를 맹서한지라 비밀 모의에 참여하고 싶지 않았다. 왕윤은 "당신은 여씨로, 피를 나눈 골육이 아닙니다. 지금 죽음을 걱정할 겨를이 없는데, 어찌 부자를 언급하십니까? 창을 던졌을 때 어찌 부자의 정이 있었겠습니까?"라 하니 여포의 마음이 움직여 왕윤에게 허락했다.

헌제의 병에 차도가 있자, 조신들이 미앙전으로 모였다. 동탁이 관복을 입고 마차를 타고 왔다. 위세를 과시하기 위해 병사들이 길에 나열하였고, 보병과 기병이 좌우를 경계하고, 여포가 전후에서 보호하게 하였다. 여포는 기도위 이숙李肅, 용사 진의秦誼·진위陳衛 등 10여 명과 위병으로 변장하여 북액문 안에서 지키고 있었다. 동탁이 성문 안으로 들어서자, 이숙이

나서 찔렀다. 동탁의 갑옷이 뚫리면서 단지 팔에 상처를 냈을 뿐이었다. 동탁이 수레에서 떨어지면서 "여포야 어디 있느냐?"하며 놀라 불렀다. 여포가 "적신賊臣을 베라는 명이 있었다"라 하니 동탁이 큰소리로 "개 같은 놈! 감히 네놈이 이런 짓을!"하며 욕하자, 여포는 말없이 창으로 찔러 거꾸러뜨리고 병사들에게 죽이라고 하였다. 여포가 곧바로 관리들 앞에서 조서를 읽었다. 관리들은 별다른 움직임 없이 크게 만세를 외쳤다. 소식이 전해지자, 백성들이 거리에서 즐거워하였다. 장안성 백성들은 모두 주옥을 팔아 술과 고기로 바꾸어 축하하였다. 동탁의 동생 만旻·황璜 등과 일족들은 모두 병사들의 도끼와 칼에 죽임을 당했다. 동탁의 시체는 길거리에 버려졌는데, 날씨가 더웠던 데다가 동탁의 몸이 비대하여 기름기가 흘러내렸다. 시체를 지키는 관리가 불을 밝히기 위해 배꼽에 불을 지피니 다음 날 아침까지 환하였다. 원씨의 문생들도 동탁의 시체를 불사르고 거리에 재가 날리도록 하였다.

權道의 지혜

"적은 밝혀졌는데, 친구는 정해지지 않았다. 친구를 끌어들여 적을 제거해야지 자신의 힘은 쓰지 말라"는 말은 외부의 힘을 잘 이용하여 정적을 제거함으로써 자신을 보존하고, '차면 덜고, 모자라면 더하는' 목적에 도달함을 가리킨 것이다.

이는 정치판에서 늘 사용하는 수단이다. 정치가, 선동가, 전술가 등, 술수를 잘 운용하는 사람은 정적에게 승리한다. 잘못하면 적에게 이용당해 자중지란自中之亂에 빠져 결국 위험에 이를 수도 있다. 이런 권모술수를 운용하는 최고의 경계는 상대방에게 타격을 입혔음에도 배후의 '검은 손'임을 간파하지 못하게 하는 데에 있다. 즉, 도덕적으로 분명히 하여 좋은 명성을 얻어야 하는 것이다.

남의 힘을 빌려 상대방을 공격하는 것은 분명히 정적 공격을 목표로 한 정치 술수로 상대방은 손해보고 자신은 이익을 보는 특징이 있다. 사용자는 자신의 힘을 쓰지 않는다는 기본 입장에서 창끝은 정적을 향하되 자신과 동맹을 맺은 친구마저도 이용할 수 있어야 한다. 속마음을 헤아릴 수 없어야 하니 매우 음흉하다. 공격받은 정적은 지위와 명예를 잃고 의지를 상실하여 권토중래하기도 어려워진다.

그렇기에 정치판은 더욱 혼란스러워져 도처에 함정이 도사리고 있고, 한 걸음 한 걸음이 위기이며, 조금만 긴장을 풀어도 재난을 면치 못한다.

여포는 용맹스러웠지만 조조曹操의 힘을 빌린 유비劉備에 의해 사라져 버렸고, 동탁은 사나웠지만 여포의 힘을 빌린 왕윤에 의해 죽었다.

남의 힘을 빌려 상대방을 공격하는 술수는 분명 효과가 있다. 정치판에서 곧잘 사용되곤 했는데, 술수를 이용해 자신의 영역을 지키는 데에는 가장 뛰어난 계책이 다.

● ● ●

장량 _ 허명을 사실로 만들다

장량張良은 한나라 고조 유방의 가장 중요한 모신謀臣이다. 초나라와 한나라 간의 전쟁에서 그는 작전을 세우고 전쟁에서 승리를 거두는 남다른 공을 세웠다. 한나라가 건립된 뒤, 좌우의 대신들 대부분이 산동 출신으로, 낙양에 도읍할 것을 주장했지만, 장량은 낙양 주변은 불과 수백 리로, 사방이 적의 영역이므로 도읍으로 적당치 않고, 관중은 비옥한 들판이 천 리에 달하고 지형이 폐쇄적이며 자원이 풍부한 땅이라 여겼다. 유방은 그의 말을 따라 장안에 도읍하였다. 이후 조정은 안정되었지만 장량은 병이 들고 약해져 두문불출하며 기공을 수련하였다.

어느 날, 여후呂后의 동생 건성후 여택呂澤이 사람을 보내 장량을 억지로 자신의 집으로 오게 하였다. "선생은 황상의 모신으로, 지금의 황상께서 태자를 바꾸려 하는데, 어찌 집에 누워계시오?" 하였다. 본래 유방은 척부인戚夫人을 총애하여 일찍이 한왕에서 태자가 된 여후의 아들 유영劉盈을 폐립하고 척부인의 아들 조왕 유여의劉如意를 태자로 삼으려 하였다. 여후는 이 일로 불안하고 초조하여 어떤 생각도 할 수 없었다. 누군가 그녀에게 "장량은 모사에 능하고 황상께서도 신임하고 계십니다"라 하니 이 말을 듣고 여택을 통해 장량에게 해결책을 물은 것이다. 장량은 상황을 파악하고 "과거에 황상께서는 위급할 경우, 저의 계책을 받아주셨습니다. 지금 천하가 안정되었고 황상은 자신이 아끼는 사람으로 태자를 삼고자 하는데, 이는 골육간의 문제입니다. 저 같은 사람 백 명이 있다 하더라도 무슨 소용이 있겠습니까?" 하였다. 여택은 한편으로 부드럽게 대하면서도, 다른 한편으로는 고압적으로 "어찌됐든 계책을 일러주시오" 하니 장량은 "이 일은 말로 해결될 일이 아닙니다. 황상께서 부르시든 아니든 간에 천하에는 모두 네 명의 인재가 있는데, 그들은 나이도 아주 많고 모두 황상을 깔보고 있는지라 산야에 숨어 살고 있으며 한나라의 신하가 되지 않겠다고 맹세한 사람들입니다. 하지만 황상은 이들을 매우 중요하게 여기십니다. 지금 당신이 귀한 보물을 대수롭게 여기지 않는다면 태자에게 친필로 편지를 써서 말 잘하는 사람을 보내 공손히 청하면 네 분이 아마도 오실 겁니다. 그분들이 오면 태자의 빈객으로 받들고 때마다 태자를 수행하여 입조케 하고, 황상이 그들을 보게 되면 반드시 물으실 겁니다. 이는 태자에게 틀림없이 도움이 됩니다"라 답하였다. 여후가 이를 듣고는 즉각 여택에게 장량이 말한 대로 사람을 보내 태자의 서신을 가지고 공손한 예로 네 사람을 산에서 내려오기를 청하고, 여택의 집에서 모셨다.

기원전 196년에 영포英布가 반란을 일으키자, 마침 유방이 중병에 들어 태자에게 토벌토록 하였다. 네 사람이 상의하여 "우리는 태자를 보호해야 한다. 태자의 군대 인솔은 위험하다"고 하고 여택을 찾아가 "태자의 토벌은 공로가 있어도 지위가 높아지지 않고, 공이 없이 돌아오면 화가 생긴다. 군대 장수들은 모두 황상과 천하를 평정한 용맹스런 장군들인데, 지금 태자에게 그들을 인솔케 하는 것은 양에게 늑대를 이끌라는 것과 같다. 그들은 필경 있는 힘을 다하지 않을 것이므로 공이 없이 돌아올 것이다. 우리가 듣기에 '모성애는 자식을 끌어안을 때'라는 말이 있는데, 지금 척부인은 밤낮으로 황상을 모시고 있고, 조왕 여의를 황상 앞에 끌어안고 있으니 황상이 말씀하시는 '불초한 자식으로 사랑하는 자식의 자리에 두어서는 안 된다'는 말은 분명 태자를 바꾸려는 것이 아닌가? 당신은 빨리 여후에게 기회를 보아 황상을 찾아 울면서 '영포는 맹장이며, 전쟁을 잘합니다. 지금의 장군들은 모두 폐하의 옛 친구들입니다. 태자에게 그들을 인솔하라시면 양이 늑대를 이끄는 것과 같으니 반드시 힘을 다하지 않을 것입니다. 영포가 이를 알고 서쪽으로 진격하여 바로 장안에 들이닥칠 것입니다. 폐하가 병환 중이나 수레에 누워서라도 친히 나서신다면 장군들은 힘을 다하지 않을 수 없을 것입니다'라고 진언하시오"라 하였다. 여택은 그 밤으로 여후를 찾았고, 여후는 기회를 보아 네 사람이 한 이야기를 유방에게 울며 고했다. 유방은 "나도 그 아이가 군사를 이끌 수 없다고 생각하오. 아무래도 내가 가야겠소"하고는 군대를 이끌고 동진했다. 장량은 억지로 병든 몸을 일으켜 유방의 군영으로 가 "제가 응당 황제의 출정을 수행해야 하나 병이 심합니다. 영포의 군사는 민첩하고 용맹하니 그들과 격전을 벌이지는 마십시오. 폐하가 가시면 마땅히 태자가 장군이 되어 관중의 군대를 감독할 것입니다"라 하자, 유방은 "그대 말을 따르겠소. 태자 보좌에 진력하시오"라 하였다.

이듬해 유방은 승리를 거두고 돌아왔지만, 병은 더 심해졌다. 그는 얼마 살 수 없음을 알고는 좀더 빨리 태자를 바꾸려 하였다. 장량이 간언했지만 듣지 않았다. 숙손통叔孫通이 고금의 예를 인용하여 태자를 바꿔서는 안 된다고 했지만, 유방은 겉으로는 답하고 내심 태자를 바꾸려 하였다. 어느 날 유방이 연회를 열어 태자를 옆에 앉게 하였다. 네 사람이 태자의 뒤를 수행했다. 그들은 모두 80여 세로, 수염과 머리가 모두 백발이었지만, 의관은 예절을 갖추었다. 유방이 이상히 여기고 '그대들은 누구인가?'고 물었다. 네 사람이 앞에 나가 이름을 밝히니 동원공東園公·각리선생角里先生·기리상綺里桑·하황공夏黄公 등이었다. 유방이 크게 놀라며 "내가 수년 동안 사람을 보내 방문을 청했거늘 그대들은 나를 피했다. 지금 그대들은 왜 내 아들을 수행하는가?"고 물으니 네 사람 모두 "폐하는 선비를 경시하고 매번 욕하셔서 저희는 받아들일 수 없었고, 그리하여 산으로 숨었습니다. 듣기에 태자의 사람됨이 인효하고 선비를 공경하고 아끼니 천하의 사람들이 태자를 위해 위험을 무릅쓴다고 합니다. 그래서 우리도 태자에게 의탁하려 합니다"라 하였다. 이에 유방은 "번거롭겠지만 태자를 잘 보호해주시오" 하였다. 네 사람은 축수를 마치고 급히 물러났다. 유방은 떠나는 네 사람을 보면서 척부인을 불러 "나는 태자를 폐립하려 했지만, 저 네 사람이 그를 돕고 있소. 태자의 날개가 만들어졌으니 흔들리지 않을 것이오"라 했다. 아울러 노래를 지어 "홍곡鴻鵠이 높이 나누나, 한 번 날면 천리라 하거늘. 날개를 이미 펼쳤으니 사해四海를 뛰어넘겠구나. 사해를 뛰어넘으니 어찌하리오! 주살이 있다 해도 어찌 쓰리오!" 노래를 마치니 척부인이 흐느끼며 눈물을 흘렸다. 유방은 자리를 뜨고 연회는 중단되었다. 태자는 위기에서 벗어나 지위를 보존하였다. 얼마 지나지 않아 유방은 세상을 떠났고, 태자가 황제로 등극하였다.

어떻게 유영의 태자 지위가 보전되었을까? 이 어려운 문제를 지모를 갖춘 장량에게 풀어놓았을 때, 그도 자못 주저하였다. 도리에 맞으면, 군주가 허물이 있을 경우 신하는 간언할 뿐이다. 하지만 장량은 자신이 유방의 중요한 모신으로, 한나라를 세우는 데 혁혁한 공이 있지만, 지금은 세월이 흘러 자신의 말도 큰 영향을 미치지 못하며, 특히 황가 내부의 '사적인 일'에는 더욱 그러하다는 것을 잘 알고 있었다. 그와 모든 신하들이 함께 진언했지만 아마도 황제의 뜻을 바꾸기는 어렵고, 신하들이 결당하여 사사로이 하고 있다는 의심을 사게 되는 상황은 생각하고 싶지도 않았다. 현실적으로 힘이 없는 상황에서 장량은 주도면밀히 생각하여 죽은 나무에서 꽃이 피는 묘안을 생각해냈다. 바로 심리전이었다. 유방이 태자는 이미 천하의 백성들이 깊숙이 널리 옹호하여 추대하고 있다고 믿게 하는 것이다. 인심이 쏠리면 거역할 수 없다. 유방이 외롭게 태자의 폐출을 고집하면 천하의 백성들은 상심하고 실망하여 생각지 않은 일이 벌어질 수 있었다.

이런 효과를 자아내기 위해 장량은 '상산사호商山四皓', 즉 상산에 은거한 네 명의 현자들을 생각해냈다. 이 네 사람은 정치적 지위를 생각지 않았다. 단지 유방이 유생들에 대해 무례하고 오만하며, 심지어 관에 오줌을 누었다는 등 명성이 나빠 자신들이 모욕당할까 두려워 산 속으로 숨어 유방의 수차례 요구에도 나오지 않았을 뿐이었다. 태자는 인후仁厚하다는 명성이 자자하니 공손히 받들면 그들이 산에서 내려올 것이다. 황제가 청해도 오지 않던 사람들을 태자가 청하여 오다니. 이는 태자의 명성과 영향력이 얼마나 좋고 큰가를 증명하는 것이며, 태자가 얼마나 민심을 얻었는가를 보여준다.

과연 실제적인 힘이 없이 허명만을 가진 네 분의 백발 현자들이 하산하여 신비한 힘으로 말 한마디에 수많은 대신들의 간언을 이겨내고 유영의 태자 자리를 위기에서 안정으로 변화시켰다. 장량은 형세를 유리하게 이끌어 허虛를 실實로 바꾸어 놓았으니 진실로 대단한 지혜가 아닌가!

權道의 지혜

'호가호위狐假虎威'란 여우가 호랑이의 위세를 빌려 다른 야수를 놀라게 한다는 뜻이다. 일반적으로 외부의 힘을 빌려 자신의 세력과 위세를 늘려서 상대방을 위압하고 이기는 데 목적이 있다. 호가호위는 세인들의 눈에는 간사함이나 교활함의 느낌으로 다가선다. 그렇기에 한 번 생각해볼 필요가 있다.

후흑학厚黑學—면후심흑面厚心黑의 줄임말로, 인의와 정의로 다스리는 것처럼 보이는 통치권자들의 검은 속내를 가리킨다—에서 호가호위는 일종의 책략으로, 약한 자가 어떻게 교묘하게 외부의 상황과 힘을 빌려 강한 자에게 승리하는가 하는 것이며, '작은 고기가 큰 고기를 먹는' 목적에 도달하게 하는 것이다.

여우와 호랑이의 이야기는 은유일 뿐이다. 현실적으로 이 이야기는 다양한 상황을 보여준다. 이때 호랑이는 당신이 등에 업고 있는 강하고 권력을 가진 자나 조직일 수도 있고, 당신이 맺고 있는 다른 사람과의 관계나 당신의 직위 또는 업무, 심지어는 지혜나 능력도 호랑이가 될 수 있다.

● ● ●

장거정 _ 암암리에 결탁하다

일반적으로 간신배들만이 환관에 빌붙어 승진을 구한다고 생각하지만, 사실은 그렇지 않다. 역사적으로 정치 무대에서 위세가 당당하고 자못 업적이 있는 대신들도 환관을 배경 삼아 그들의 우산 아래서 권력을 얻고 공고히 한 예가 적지 않다. 명나라 때의 장거정張居正은 그 전형적인 예이다.

장거정은 명나라 때의 걸출한 정치가로, 가정嘉靖·융경隆慶·만력萬曆 등,

3대를 거쳤으며, 내각수보(승상에 해당)로 10여 년을 지냈다. 그는 명 왕조 중엽에 정치·경제의 폐단에 대해 이치吏治를 정비하고 일조편법一條鞭法을 실행하는 등, 일련의 개혁조치를 제안하여 날로 기울어져 가는 명나라를 한차례 부흥시킴으로써 중국 정치사에 이름을 남기고 있다. 안타까운 것은 그의 정치적 득세가 환관에게서 비롯되었다는 점이다. 그 환관은 풍보馮保였다.

장거정

풍보는 가정 연간에 권세 높은 사례감 병필태감의 직을 맡고 있었다. 그러나 당시 내각대학사 고공高拱의 견제를 받아 한동안 장인태감의 직위에 오르지 못하여 고공에 대한 원한이 사무쳐 있었다. 이때 내각대학사였던 장거정 역시 지위와 명성을 고공의 위에 올려 자신이 권력을 휘두르고자 하였으니 두 사람은 이해가 일치하여 관계가 갈수록 가까워졌다. 풍보는 재물 욕심이 강했고, 장거정은 그 아들 장간수張簡修를 통해 풍보에게 예물을 보냈다. 여기에는 명금 7장, 야명주 9과, 진주로 만든 발 5부, 황금 3만 냥, 백은 10만 냥 및 기타 귀중한 보물이 포함됐다. 이렇게 하여 장거정은 풍보의 환심을 살 수 있었다.

1572년에 융경제가 세상을 떠나고, 그 자리를 이은 것은 당시 열 살이었던 주익균朱翊鈞이었다. 풍보는 거리낌 없이 행동했다. 주익균의 생모 이귀비 앞에서 고공을 마구 공격하고 장거정을 크게 칭찬하였다. 이 귀비는 풍보의 말을 신임하였고, 풍보를 사례감 장인태감으로 승진시켰다.

같은 시기 고공도 대대적인 활동을 벌이면서 풍보가 장악한 권력을 빼앗고자 하였다. 그는 장거정에게 풍보가 쫓겨나 출궁할 것이라 하면서 장거정의 지지를 구하였다. 사실대로 얘기하자면, 고공이 조정에 관여하는 환관을 막는 것은 당연한 일이었다. 하지만 장거정은 고공을 따돌리기 위해 그의 활동을 풍보에게 알렸다.

풍보는 즉각 양궁 태후 앞에서 고공이 반란의 마음을 품고 있다고 무고하였다. 즉 '10살밖에 안 된 아이가 어찌 군주가 되겠느냐'고 했다는 것이다. 이런 공격은 양궁의 분노를 샀고, 고공을 제거하기로 결정되었다.

이튿날, 양궁에서 명을 내려 중신들을 불러 조서를 발표하였다. 고공은 풍보를 제거할 것이라 생각하고, 자신만만하게 입궐했다. 하지만 조서가 발표되자, 고공은 바로 자신이 제거됐음을 알게 됐고, 이 청천벽력 같은 상황에 그는 바닥에 쓰러져 일어나지 못했다. 당시 장거정은 관심이 있는 듯이 그를 부축해 궐 밖으로 데려갔다. 여기서 장거정은 내각 수보가 됐다.

權道의 지혜

장거정이 걸출한 정치가이긴 하나, 여기서 그가 보여준 처신은 받아들이기 힘들다. 그렇다고 지나치게 그를 비난하는 것도 적절치 못하다. 그는 나라를 다스리고 천하를 평안하게 할 만한 이상과 방법이 있더라도 권력이 없이는 좋은 이상도, 뛰어난 재능도 펼치기 어렵다는 것을 알았다. 고공을 배제하지 못했다면 장거정은 과감하고 신속히 단행했던 10년간의 개혁을 역사에 남기지 못했다. '목적이 전부요, 수단은 생각지 말라'고 한다면, 이 이야기는 성립된다.

이백李白의 시에 "큰 길은 푸른 하늘처럼 넓기만 한데, 나만 홀로 길을 찾을 수 없구나!"라 하였다. 권력으로 통하는 길은 적지 않다. 어떤 사람은 이 길을 따라 문을 부수고도 들어가고, 심지어는 마루를 통해 방으로 들어가기도 하며, 어떤 사람은 평생토록 권력 밖에서 배회하기도 한다. 이런저런 원인을 제쳐두고 권력으로 통하는 길을 찾는 관건은 성공적으로 통하는가 하는 데 있다. 이는 정말로 중요하다.

가장 중요한 부분은 최고권력을 잡고 있는 사람이다. 이 중요한 부분을 통한다면 자연스레 다 통하게 된다. 춘추전국시대에 유세하던 사람들은 직접적으로 이 핵심에 접근했다. 예를 들면, 공자·맹자·상앙商鞅·소진蘇秦 등이 그러했다. 황제지배체제가 확립되면서 이런 기회는 줄어들었다. 당시에 권력을 구하는 사람은 기다릴 뿐이었다. 핵심세력의 주변, 심지어는 주변의 주변에서 돌파구와 접근방법을 찾아야 했다.

과거에는 내부와 통하는 것이 손쉬운 일이 아니었다. 진정한 능력이 없으면 안 되었다. 오직 진정한 능력만으로 길을 찾지 않으면 안 되었다. 두보의 시재詩才는 당시 많은 사람들이 인정하였으니 '시로써 벼슬하던' 시대에 그의 관운은 당연히 좋아야 했다. 그러나 그는 장안에서 10여 년간 계속 길을 찾아 핵심과 통하려 했지만, "아침에는 부잣집 문을 두드리고, 저녁에는 살찐 말의 먼지를 좇았다"하니 매우 힘들었고 굴욕적인 나날이었다. 시종 요령을 알지 못해 그 문에 들어설 수 없었다. 어떤 사람은 시재가 그보다 모자랐지만 보통 걸음으로 하늘에 올랐다. 핵심과 통하는 데에는 역시 이런 기교가 필요한 것이다.

그 외에 역대 군주 중에는 진정으로 열심히 일하고 백성의 소리를 들으려는 군주가 많지 않았다. 대부분이 잡기—가무, 여자, 개 기르기, 말 타기 등—에 빠져 보좌의 안전이 위협받지만 않는다면 기꺼이 권력을 자신이 믿는 대신들에게 넘겨주었다. 나라를 잘 다스리려 했던 군주들은 한 몸으로 천하를 감당하려 했으나 직접 하기란 쉽지 않았다. 결국 많은 권력을 신하들에게 넘겨야 했다. 작은 권력도 분산하지 않을 수 없었고 큰 권력도 독차지할 수 없었다. 또 일부 군주들은 자신의 병약함이나 권력의 고독함으로 권력을 공손히 내주기도 했다.

그렇기에 역대 왕조마다 항상 권신權臣이 있었다. 그들은 군주와 신하들 간의 교량이었으며, 또 그들 사이를 가로막는 높은 담일 수도 있었다. 심지어는 천자를 등에 업고 제후를 호령하면서 실질적인 집정자가 되기도 하였다. 이에 공명이록功名利祿에 급급하지만 권력 핵심에 접근할 수 없는 자들은 그들을 아첨의 대상으로 삼아 때로는 그들에게 은덕을 구하고, 때로는 그들의 접견을 간청했다.

최고의 권력 중심에게는 이른바 '좌우左右'가 있었으며, 범위를 확대해 보면 그보다 못할지라도 크고 작은 권력의 장에는 모두 신분이 다른 '좌우'가 있게 마련이다. 층차가 다르고 지위가 다르지만 아첨으로 그 좌우를 섬기는 사람도 있다. 과거 관직의 길에서는 이렇게 아첨이 넘치는 표정을 도처에서 볼 수 있었다.

권력을 부여하는 도

授權之道

합리적으로 권력을 부여하게 되면, 이를 부여받은 자들은 자신이 중시되고 있거나 신임 받고 있다고 느낄 뿐 아니라, 나아가 책임감을 갖고 자신의 장점을 발휘하려고 한다. 그러나 단지 '이 일을 너에게 맡길게'라는 말만 한다고 해서 권력 부여가 끝나는 것은 아니다.

권력을 부여하는 데에는 권력을 부여하는 자와 부여받은 자 사이에 밀접한 협력이 이루어지고, 상호 간에 성실해야 하며, 서로를 잘 이해하고 있어야 한다. 권력을 부여할 때, 부여하는 자는 반드시 부여받은 자가 자신의 방식대로 일을 처리하도록 맡길 뿐만 아니라, 수시로 지원하고 협조할 마음의 준비를 해야 한다. 그와 동시에 권력을 부여받은 자가 도저히 용서할 수 없는 잘못을 저질렀을 때에는 언제든지 그의 자격을 박탈할 권력을 가지고 있어야 한다.

한 무제 _ 인재 활용이 곧 권력이다

한나라 무제武帝의 경우, 인재는 바로 권력이었다. 그는 권력이 없었을 때 인재를 모아 자신의 실력을 쌓으면서 남다른 형태의 권력 사용방식을 열었다. 후에 조조 역시 그의 방법을 거울삼았으니 무력이나 재력 없이도 인재만 있으면 무엇이든 점차 얻을 수 있었다.

한 무제가 어렸을 때, 실권은 두 태후 수중에 있었기에 그는 인재의 발굴에 힘을 쏟았다. 그는 각지에서 인재를 추천하도록 명을 내렸고, 이에 공손홍이나 장조 등, 많은 저명한 유생들이 추천받았으며, 수도 장안에 모여든 자들이 1백여 명이나 되었다.

한 무제는 그들의 글을 자세히 살피다가 동중서董仲舒의 문장을 보니 천인감응天人感應의 도리를 논하고 있었고, 그 근원을 자세히 설명하고 있었다. 대략 수천 자 정도였는데, 무제는 뛰어난 문장에 걸맞은 감탄과 칭찬을 아끼지 않았다.

동중서는 천하의 기재로, 어렸을 적에 《춘추春秋》를 읽고 이해하였고, 한 경제景帝 때는 이미 박사가 되어 학생을 위한 강의가 흐르는 물처럼 끝이 없고 나오는 말이 모두 글이 되니 배우는 자들은 모두 그를 받들어 선생님으로 모셨다.

한 무제가 치국양책治國良策을 물으니 동중서는 자신의 학식을 다 풀어

사마천

놓았고, 과연 모든 유생들을 압도하여 무제의 총애를 한 몸에 받게 되었다. 무제가 연거푸 물어도 동중서는 상세히 해석을 덧붙였고, 아울러 배운 바를 천인삼책天人三策으로 귀결하였다. '천인삼책'이란 바로 '대일통大一統' 및 '백가百家를 몰아내고 오직 유술儒術만을 존중하자'는 주장이다.

무제가 계속 인재를 찾아내어 파격적으로 등용하였는데, 한장유韓長孺·급암汲黯·공손홍 등을 기용하였고, 이들은 후에 명신이 되었다. 사마상여司馬相如·동방삭東方朔 등은 당시 유명한 문장가였고, 당몽唐蒙·장조莊助 등은 동남과 서남지역에서 전쟁의 공로를 세운 걸출한 전략가였다.

사마천司馬遷이 "전략에 뛰어나고, 재능은 세속에 영합하기를 잘하였다"고 평가했던 한안국韓安國에게 한 무제는 북지도위를 맡겼다가 후에 대사농으로, 두 태후가 죽자, 부승상으로 승진시켰다. 한안국은 지방에서의 업적이 뛰어나 태수로 노년기를 보냈다. '동해를 크게 다스렸다'는 급암은 주관열후주작도위로 임명되었다.

사마상여는 유명한 문학가로, 한 무제는 그의 장점을 알고 있었기에 건원 연간에 사천에서 수도로 불러들여 낭관으로 삼아 중요 문서의 심의와 윤색을 맡겼다. 기원전 135년에 그는 천자 사신의 명분으로 서남이西南夷 지역으로 출사하여 그곳의 오랑캐들을 위로하였다. 당몽과 장조는 외교와 모략이 남보다 뛰어났다. 한 무제는 그들을 야랑과 동구로 출정토록 했는데, 그들이 왕명을 저버리지 않고 결국 건원 연간에 야랑과 동구를 복속시켰다.

기원전 135년에 두 태후가 병사하자, 한 무제는 속박에서 벗어났고, 큰 일에서 손을 뗄 수 있었다. 그는 즉각 두 태후가 심어놓은 사람들을 제거하고, 자신에게 협조하던 혁신적인 외숙부인 전분田蚡을 승상으로 삼고, 한안국을 발탁하여 어사대부로 삼았다.

한 무제는 기원전 140년의 전국적인 추천에 이어 각각 기원전 134년과 106년에 각지에서 효렴·현량·방정·무재 등의 인재를 추천토록 하였다. 그는 조서를 내려 매우 큰 공이 있는 비범한 사람을 파격적으로 '장상將相' 또는 '사절단'에 임용했다.

오나라 출신인 주매신朱買臣은 자가 옹자翁子로, 책 읽기를 좋아하였으나 직업이 없었다. 40여 세에도 곤궁한 유생이었으며, 집안도 빈궁하여 처자식을 봉양할 수 없게 되자, 산에 들어가 땔나무를 주워 시장에서 팔았다. 주매신은 땔나무를 팔러 시장에 가면서도 입 속으로 고서를 암송했는데, 처자가 읽지 못하게 하면 더 큰소리로 읽으니 시장까지 들려 행인들의 구경거리가 되었다. 처자는 가난을 참지 못해 그를 버리고 떠났다.

주매신은 늘 하던 대로 책을 읽는 한편, 땔나무를 팔았다. 순식간에 수년이 흐르면서 50여 세가 되었다. 마침 회계의 한 관리가 수도로 가게 됐는데, 물건의 양이 만만치 않자, 주매신이 그 운반을 자청하였다. 일행이 경성인 장안에 도착했고, 주매신은 상서하여 자신을 추천했고, 동향 사람인 장조를 통해 무제를 알현케 되었다. 무제가 소견하고 그의 학술을 물었다. 주매신은 《춘추》를 말하고 《초사楚辭》를 논했는데, 무제의 뜻에 맞아떨어져 마침내 중대부를 제수 받고 장조와 함께 궁중에 있게 됐다. 이렇게 해서 주매신이 일개 평민에서 일약 관료가 되었다.

후에 주매신은 월지越地에 대한 평정책을 헌책했다. 그는 "동월왕 여선余善은 천산에 사는데, 험준한 지형으로 한 사람이 지켜도 천 사람을 막아낼 수 있는 곳입니다. 듣기에 그가 대진으로 남천하려 하는데, 천산에서 거리가 5백 리입니다. 위험한 곳이 없으니 지금 군사를 보내 바다 건너 직접 천산을 향하게 되면 남추를 석권할 수 있으며, 동월을 치는 것도 어렵지 않습니다"라 했다.

무제는 매우 흡족했다. 그를 회계태수로 삼고 그에게 "부자가 고향에 돌아가지 않으면, 비단옷을 입고 밤에 다니는 것과 같다. 이제 너는 비단옷을 입고 고향에 갈 수 있다"고 했다. 주매신은 동월을 격파했고, 무제는 그를 주작도위로 승진시켜 구경九卿의 우두머리로 삼았다.

한 무제의 재능은 인재의 등용에 있었다. 그의 재위기간 중에 한안국·주부언主父偃·주매신·위청衛青·곽거병霍去病·곽광霍光·이광李廣·정불식程不識·금일金日·복식卜式·상홍양桑弘羊·공손홍·동중서·정당시鄭當時·장건張騫·소무蘇武·사마천·사마상여 등이 기용되었는데, 그들은 모두 후에 재상이나 명신, 장령 등이 되었다.

그래서 《한서漢書》에서 '한나라의 인재는 여기서 극을 이루었다'고 하였던 것이다.

權道의 지혜

요즈음 '상대방 의견을 잘 들어주는' 상사가 갈수록 늘고 있다. 부하의 의견을 경청하는 것은 매우 중요하지만, 불필요한 일에 대해 관리자가 두루뭉술하게 넘어간다면 이 역시 좋지 않다.

윗사람은 반드시 업무의 전략과 전술 등의 기획에 대해 명확한 결론을 내야 한다. 예컨대, 어느 회사의 최고 경영자가 앞으로의 회사 발전전략에 대해 두 임원의 의견을 구했다. 한 사람은 회사의 규모를 적극적으로 확대해야 한다고 주장했고, 다른 한 사람은 내실 경영을 해야 한다고 했다. CEO는 점잖은 사람으로, 화목을 중시하는 상사였다.

신상품 마케팅에 대해서도 한 임원의 적극성과 다른 임원의 신중성이 서로 대립하였다. CEO는 어떤 선택을 해야 할지 난감해 그들의 건의에 대해 모두 '오! 아주 좋아'라고 했다.

두 임원은 모두 CEO가 자신의 생각을 지지한다고 여겼다. 성격이 다른 두 정책이 각지의 지점, 영업소, 대리점 등에서 실행되었다. 그 결과, 마케팅 담당 직원들은 전열이 흩어졌고 행동이 일치하지 않아 고객의 불만을 사게 되었다.

CEO는 두 임원의 능력에 별 차이가 없으며 각기 나름대로 타당성을 갖고 있다고 생각했다. 한 임원의 적극적 책략에 따르면 다른 임원이 불만을 가지고, 반대로 다른 임원의 의견을 받아들이면 반대편이 상처를 입는다. 그래서 승부를 결정하는 식으로 누구도 상처를 받아서는 안 된다고 생각했다. 선택이 어려운 상황에서 어쨌든 결정해야 한다면 선택받지 못한 사람에게 자신의 생각을 자세히 설명해야 한다. 이런 CEO처럼 우유부단한 태도는 회사 경영에 심각한 결과를 초래할 수 있다.

상사는 어려운 문제를 좌우할 수 있어야 한다. 더욱이 쌍방이 각기 장점과 단점이 있을 때에는 더욱 어려우며, 사실상 이는 늘 있는 일이다. CEO는 반드시 중립적인 위치에서 판단하고, 개인적인 관계나 동정심을 버리고 냉철하고 명확한 결론을 내려야 한다. 결정 후에 어떤 문제가 발생하더라도 우유부단하게 망설인다면 상황이 더욱 악화되기 때문이다.

송 태종 조광의 _ 위에서 행하면 아래에서 본받는다

976년 10월, 송나라 태조가 갑자기 세상을 떠나면서 조광의趙匡義(이후 조경趙炅으로 개명)가 제위에 오르니 그가 바로 태종太宗이다. 당시는 북송이 건국된 지 17년밖에 안 되었기에 모든 면에서 시작이나 다름없었다. 오대五代 때에 형성된 할거체제도 아직 끝나지 않았다. 북송의 동남지역은 전초

錢俶가 오월에서 칭제하고 있었고, 진홍陳洪은 장천을 점거하였으며, 서북 지역은 북한北漢이 태원을 차지하고 있었다. 북송이 단지 후주後周의 뒤를 이어 여섯 번째 단명 왕조가 될 것인가 여부가 북송 통치자 앞에 놓여 있었다. 송 태종은 '국가 창업에 노력하고, 정치에 열중하여 천하의 정무에 게으름 없이 몸소 임했던' 태조의 업적을 본받아 송나라의 무궁함을 실현하고자 하였다.

송 태종 즉위 후 얼마 뒤에 절박한 심정으로 신하들에게 정사를 논하라는 특별 조령을 내리고, 상주하려는 자를 직접 소견하였다. 이후 여러 차례 군신들에게 직언토록 하였다. 문무의 직위 고하를 막론하고 '백성의 이로움과 병폐 및 시정의 득실을 들으면 상서하여 직언하되, 숨김이 없도록 하라'고 하였다. 991년에 백관이 순서대로 황제의 하문에 응대하는 제도를 회복하고, 기거일起居日마다 항상 두 명의 상참관이 응대하고 벌문사가 그 장주를 접수하도록 하였다. 군신들의 상주문을 송 태종이 직접 일일이 살피니 "말한 바가 받아들여지면 반드시 상을 내리고, 받아들여지지 않아도 죄를 더하지 않았다."

송 태종 조광의

또한 태조가 거인들을 직접 시험했던 방법을 본받아 시제를 내고 진사와 제과諸科를 복시하였다. 977년, 1과에서 500명이 합격했으니 전에 없이 많은 합격자라 할 수 있었다. 당시 송 태종은 시종들에게 "짐은 박식하고 우수한 인재를 시험에서 선발하되, 열에 다섯이 뽑히기를 바라는 것은 아니다. 한둘에 그쳐도 정치 도구로 삼을 수 있다"고 했다.

송나라 초에 상참관의 제수는 모두 중서성에서 결정했다. 981년에 차견원을 설치하여 상참관으로서 외지에서 임직하다 돌아온 자를 모두 차견원에서 "시험 성적과 인품 도량에 따라 중서성에서 빠진 인원을 분류 결정하여 임용하였다." 이후로 송 태종은 관원의 시험과 제수에 관여했다.

991년, 태종은 대리시나 형부 관리들이 법을 마음대로 운용하여 판결할까 우려한 나머지 특별히 심형원을 설치하였다. 각지에서 상주한 소송 사건을 모두 심형원으로 넘겨 기록·날인한 후, 대리시나 형부로 넘겨 검토하도록 하고, 검토가 끝나 황제에게 상주하면 다시 심형원에 넘겨 상세히 심의토록 했으며, 다시 황제의 재결을 거친 뒤에야 중서성으로 넘어갔다. 판결이 부당하면 재상이 상주토록 하고, 따로 논의 결정토록 했다. 이에 재상의 직무가 하나둘씩 황제에게 넘어갔다.

형옥의 남발을 막기 위해 백성들이 신문고를 두드리면 태종이 직접 듣고 판단하였다. 동시에 경성에 압송된 죄수를 직접 심문하였다. 993년, 경기지역의 백성 모휘牟暉가 신문고를 울렸다. 태종이 물으니 모휘가 돼지 한 마리를 잃었다 하였고, 돈을 주어 물어줬다. 송 태종이 재상에게 이 일을 말하며 "이처럼 사소한 일을 짐이 듣고 결정했소. 웃을 일이지만 이 마음으로 천하에 임하면 원망하는 백성은 없을 것이오"라 하였다. 기록에 따르면, 송 태종이 경성에 압송된 죄수를 심문하는데 날이 저물었다. 시봉하던 신하가 노고가 많다고 여기니 태종은 "그렇지 않소. 무고함을 살펴 소송이 공평해지고 억울함이 없다면 짐의 뜻에 깊이 부합되는 것인데, 어찌 힘이 들겠소!"라 하였다 한다.

태종은 재위 22년간 해 뜰 무렵 어전에서 아침을 맞아 정사를 살피다가 해가 져야 끝냈다. 또한 숭정전에서 일하다 점심에 이르러 식사하지 못할 때가 있었다. 부지런히 정치에 힘써 시종 나태함이 없었다. 그는 당나라 말기의 제왕들이 신하들에게 정사를 맡겨 천하 분열을 초래했던 교훈을 말하면서 "짐은 비록 덕이 전왕에 미치지 못하지만, 정사에는 감히 나태하지 않았다. 천하 일이 마차처럼 급할지라도 하루하루 듣고 판단하여 미치지 않는 곳이 있을까를 걱정했다. 당나라 말기의 제왕들은 구중궁궐에 살며 민간의 고통을 어찌 알았겠는가! 매일 그것을 한번씩 생각하면서 경계를 삼았다"고 하였다. 따라서 그는 자신이 직접 천하의 모든 일을 결정하였고, 신하들은 교지를 따랐을 뿐이다.

그는 정사를 돌보는 틈틈이 전대의 사서를 찾아 안위치란安危治亂·흥폐의 이유興廢之由 등을 총결하여 거울로 삼았다. 유신儒臣들에게 서적을 종류별로 분류케 하여 《태평어람太平御覽》 1천 권을 편하였다. 빠진 부분은 여가를 이용해 보충토록 했다. 대신 송기증宋琪曾은 "폐하는 옛것을 섬기는데 게을리 하지 않았고, 책 보기를 즐겼으며, 매일 세 권을 읽으시니 피로하실까 두렵습니다"고 하였다. 태종이 답하기를 "짐은 책읽기를 좋아한다. 책을 읽으면 유익하고, 매번 전대의 흥폐를 알 수 있으며, 경계가 되면 됐지 피로하지는 않다"고 하였다. 태종은 정사에 힘쓰는 한편, 사냥이나 주색을 경계하였다. 매를 잡는 개를 다 풀어주고 사냥하지 않았으며, 심야에도 책을 보면서 안으로 6궁(가족이 거주하는 동서 6궁)의 유혹을 피했다.

997년에 송 태종이 세상을 떠났다. 당시 한림학사 승지 송백宋白이 바친 《제익의帝謚議》에서 송 태종의 인재 등용, 형벌 관리, 과거제 등의 업적을 높이 평가하고, '그 전대나 후대를 모두 빛나게 하였다'고 했다.

태종 20여 년의 재위를 통해 송나라는 단명 왕조의 액운을 피할 수 있었을 뿐 아니라, 북송과 남송 3백여 년의 기반을 세웠다. 송 태종 자신은 직접 천하의 일을 살폈을 뿐 아니라, 모든 일에 노고를 아끼지 않았으며, 인재를 논하고 백성의 아픔을 긍휼히 여기며 형법을 살폈던 업적으로써 역사에 빛나는 현군이 되었다.

權道의 지혜

매우 복잡한 문제에 대해 리더들은 문제 해결을 위한 서로 다른 최상의

카드를 가지고 있을 수 있다. 하지만 결과적으로 몇 가지 따라야 할 점들이 있다.

1. 리더의 책임에 집중해야 한다.

권한을 갖고 있는 리더의 책임은 분명해야 하고, 각기 그 책임을 다하는 것이 조직의 목표를 실현할 수 있는 중요한 보증이다.

2. 총체적 목표 확보를 목적으로 한다.

권한의 목적은 부하들을 격려하여 총체적 목표를 실현하고, 더 많은 책임을 분담하는 것이다. 오늘날의 조직은 유기적인 통일체이다. 서로가 맞물려 있어 한 부분이 무너지면 전체 목표에 영향을 미친다. 분열과 통합을 거쳐 전체가 형성된다. 지도자는 권한을 부여한 후, 조속히 일부 직무상의 과실을 포착해 전체 목표의 성공을 확보해야 한다.

3. 권한을 나누되 방임하지 말라.

권한 부여 후, 리더는 감독을 소홀히 해서는 안 된다. 권력을 분배하고 만사 오케이라고 여기거나 부하들이 성과 보고하기를 앉아서 기다려서는 안 된다. 권력 분배 후, 리더는 종합하는 능력을 발휘하여 분산된 성과를 하나의 전체로 구성해야 한다.

4. 효과적인 통제 방법을 장악하라.

권한 부여 후, 리더는 항상 전체 계획의 진척을 종합적으로 관찰하고, 목표에 어긋난 일부에 대해 협조토록 하며, 권한을 부여받은 자에 대해 필요한 감독과 통제를 해야 한다. 하지만 이때의 감독과 통제는 어긋난 목표나 어긋날 수 있는 목표에 대한 감독과 통제일 뿐이다. 결코 사사건건 간섭해서는 안 된다.

통제는 연속적인 과정이다. 객관적 상황이 다변하면 통제는 한두 번으로 그쳐서는 안 된다. 리더는 부하가 심각하게 목표에서 벗어났을 경우 적시에 과감하게 그만두도록 해야 한다. 필요하다면 다른 사람을 파견해서라도 인수 관리토록 하고 결코 차일피일 미루다가 목표 실현에 악영향을 끼쳐서는 안 된다.

● ● ●

명 태조 주원장 _ 중앙집권을 완비하고 제위를 넘기다

주원장은 재략이 뛰어난 황제였다. 그의 능력은 군웅들을 평정하고 중국을 통일했으며, 중앙집권적인 통치를 세우는 과정에서 자연스레 드러났다.

주원장은 황위에 오르자, 당나라 때 사람 이산보李山甫의 《상원회고시上元懷古詩》를 병풍에 적어 시간 나는 대로 읽었다. "남조南朝의 천자는 풍류를 즐겼으나, 강산을 지킴은 끝을 다하지 못했구나. 전쟁으로 몸부림쳤건만 오히려 가무로 모든 걸 잃었네. 요 임금의 높은 덕은 적이 없었고, 진시황의 철옹성도 어느 결에 무너졌네. 묻건대 과거의 영광이 지금 어디에 있나. 비 내린 안개 속에 피어난 고성의 가을빛들." 명나라 통치를 꽃피우기 위해 주원장은 중앙과 지방에서 강력한 중앙집권적 조치를 취했다.

주원장은 출신이 보잘것없었으나, 천하에 군림할 제왕의 권력을 얻을 수 있었던 것은 그가 천부적으로 고도의 중앙집권적인 독재 의식을 가지고 주씨 왕조의 만세일계萬世一系를 늘 염두에 두었기 때문이었다. 그는 자신의 의지에 반하는 사람들의 언행을 일률적으로 자신의 독재에 대한 도전으로 받아들였기에 그들을 제거해야 만족했다. 주원장은 권력욕이 매우 강한 군주로, 두 가지 큰일을 통해 지방 권력을 중앙으로 집중시키는 행보를 가속화하였다.

첫째, 주원장 스스로가 지방할거정권 출신이었기에 지방의 잠재적 위험세력에 대해 깊이 통찰했다. 집권 초기에 지방정권은 기본적으로 원나라 때의 제도를 답습하고 있었다. 행중서성을 두어 1개 성의 군정·민정·재정 등의 대권을 통합 관리토록 하였으니 그 지위와 권력이 컸다. 하나의 행중서성은 하나의 독립왕국인 셈이었다. 주원장 자신도 소명왕의 행중서성 승상 출신으로, 한 지방의 정권을 보유했을 때, 근본적으로 소명왕을 안중에 두지 않았기 때문에 행중서성의 폐단에 대해 깊이 체험하고 있었다.

두 번째는 명조 통치가 점차 안정됨에 따라 군권君權과 상권相權, 황권皇權과 신권臣權, 중앙집권과 지방분권 간에 갈등과 모순이 발생하였다. 특히 1373년에 호유용胡惟庸이 중서성 승상이 되자, 상권과 황권 간의 갈등이 격화되었다. 1376년, 주원장이 행중서성을 포정사사로 바꾸고, 지방 통치권을 모두 중서성으로 집중시켰다. 호유용이 중서성을 통제하면서 권력을 마음대로 휘둘러 회적淮籍 군사와 장군들을 그 문하에 모아 회인淮人 관료집단을 형성했다. 주원장은 허를 찔린 아픔과 동시에 대권을 빼앗기는 듯한 기분을 느꼈다. 1380년, 주원장은 호유용이 반란을 도모했다는 죄명으로 조금도 주저 없이 그와 그 가족을 모두 멸족시켰다.

이어서 주원장은 지방정권 약화와 황권 강화를 위한 조치를 채택하였다. 포정사사를 설치하고, 좌·우 포정사 각 1인을 두어 민정과 재정을 담당케 하였다. 동시에 제형안찰사를 설치하고, 안찰사 1인을 두어 형법을 담당케 했으며, 도지휘사사를 설치하여 군사를 담당케 하니 포정사, 안찰사와 더불어 3사三司라 칭하였다. 3사는 서로 연계되지 않고 직접 중앙에 예속되었다. 중요한 정사는 3사가 공동으로 논의하여 중앙에 보고하였다. 포정사 밑의 지방정부로는 부와 현이 있었다. 동시에 성과 부 사이를 약간의 도道로 나누어 성의 파견기구를 두었다. 도는 지방정권이 아니라, 감찰구였다. 이러한 행정구획은 지방정권을 약화시키고, 중앙집권을 더욱 강화하였다.

다음으로는 중서성과 승상제의 폐지였다. 주원장은 중앙집권을 위해 중앙정부 부문의 권력을 강화하지 않고, 황제 개인의 권력을 강화하였다. 1380년 정월, 주원장은 호유용 사건을 계기로 중서성을 없애고 승상을 폐지하였다. 그리고 문무백관들에게 교묘한 강연을 했다. "내가 황제가 된 지 이미 13년이 되었다. 그간 대신들에게 위임하여 나를 보좌케 함으로써 천하를 통합하고자 했다. 그리하여 중서성을 두어 천하의 문치文治를 총괄하고자 했다.……생각지 않게 권신이 정권을 도둑질하고, 법을 어기고 현자들을 속이며, 크게 은폐하고 기만하니 도처에서 도당이 만들어져 불법을 저지르고 정치를 해하여 사직을 위태롭게 하였다. 제방이 터지듯, 불꽃이 타오르듯, 하늘과 평원을 위협하니……나는 중서성을 폐하고 6부의 직책을 높이고자 한다. 이렇게 하면 권력을 한 부문이 농단할 수 없게 된다. 그대들의 생각은 어떠한가?" 하니 문무백관들은 '이미 황제께서 결정하셨으니 실로 귀감이 될 뿐입니다'라고 대답할 수밖에 없었다. 주원장은 누가 뭐라 하든 간에 즉각 신속하고 민첩하게 중서성과 승상제를 폐지하고, 중서성에 속했던 6부의 지위를 높였으며, 6부가 정사를 나누어 담당하되 각 부의 상서는 직접적으로 황제에게 책임을 지고 황제의 뜻을 봉행토록 하였다. 6부로 나뉘어져 총람의 권한이 없었고, 정무는 황제가 직접 결재하였다. 주원장은 실제로 황권과 상권을 한 몸에 집중시켰고, 국무와 정무를 한 손에 장악하여 중앙과 지방의 사무가 하나가 되었다.

세 번째는 법률 제정으로, 중앙 및 지방 관리에 대한 임용·감찰을 강화하여 황권의 엄격한 감시 하에 두었다. "근 20년간 노심초사하며 작은 우환이라도 방지하려 고민한" 이후에 주원장은 '무릇 일곱 차례나 본 원고'를 고치기를 거듭하며 《대명률》을 제정하였다. 《명률明律》은 총 30권 460조로, 여기에서는 지방기구의 권한을 엄격히 규정하고 있다. 《명률》 조문의 형식을 빌려 황제가 각급 관원을 임용하는 권력을 고정시켜 놓았다.

《명률》 외에도 주원장은 다른 방식으로 중앙집권 강화를 위한 법률을 제정하였다. 한 예로, 부·주·현 관리들에 대한 관리를 강화하기 위해 1384년에 주원장은 《부주현조례府州縣條例》 8사를 제정하여 각급 지방관이 행정 관리를 강화하고, 급에 따라 감독해야 함을 강조했다. 동시에 현관의 《도임수지到任須知》 31조를 간행하여 현관의 직책을 분명히 했다. 이 모두는 중앙집권에 불만을 품은 지방세력이 싹트는 것을 방비한 것이었다.

주원장이 행했던 일련의 정치 변혁을 통해 모든 군정대권을 수중에 장악하였지만, 그는 이에 만족하지 않고 누군가 황위를 엿본다고 느끼고 있었다. 주씨 왕조의 영원한 계승을 위해 그는 자식들을 분봉하여 왕으로 삼았는데, 역사에서는 이를 봉번제封藩制라고 한다. 주원장은 거창하게 "천하는 커서 반드시 번병藩屛(울타리)을 세워 위로는 국가를 보위하고 아래로 백성을 편안히 해야 한다. 지금 모든 자식들이 성장했으니 각기 봉작하고 영역을 나누었으니 짐은 그 가까움에 사사로이 한 것이 아니라, 선조의 제도를 따랐을 뿐이니 오랫동안 편안하고 익숙한 계책이 될 것이다"라 하였다.

주원장은 즉위 후 얼마 안 되어 개국공신인 풍보馮保·부우덕傅友德·요영충廖永忠·주양조朱亮祖 등을 주살하였다. 이어서 호유용 사건과 남옥藍玉 사건을 만들어 한 무리의 무신들을 도륙하였다. 이런 난폭한 주살을 태자인 주표朱標마저도 보다 못해 아비에게 "폐하, 살인이 너무 많아 화목한 기운이 상할까 걱정됩니다"라 하니 주원장이 당시에는 아무 말 하지 않았다. 이튿날, 태자를 타이르면서 그는 일부러 땅에 가시지팡이를 꽂아 놓고 주표에게 가져오라고 하였다. 주표가 난색을 보이자, 주원장은 "네가 찔릴까봐 못 가져오는구나. 내가 대신 이 가시를 뽑아버리고 너에게 주면 어찌 편하지 않겠느냐"라고 의미심장하게 말하였다. 주원장은 무武의 가시를 뽑았을 뿐 아니라, 문자옥文字獄을 일으켜 문신들의 입을 막고 그들의 글을 멀리함으로써 문文의 가시도 뽑았다.

주원장은 문신들을 믿지 않았으며, 무장들도 신임하지 않았다. 그는 자신의 혈통만을 신뢰했으니 봉번제는 필연적일 수밖에 없었다. 하지만 이 봉번제는 일종의 정치폭탄이었다. 이 폭탄은 수백 년 후에 몇 차례 반복적으로 터져 결국 왕조가 바뀌었다.

權道의 지혜

권한 부여는 상급자가 부하들에게 주는 일정한 권력과 책임이다. 권한 부여의 범위는 매우 넓다. 임용권, 재정권, 행정권 등, 각기 다른 특징은 있지만, 어떤 권한이든 공통적인 준수 사항이 있다.

1. 일에 따라 사람을 뽑고, 덕과 재능을 보고 권한을 부여한다.

이는 권한 부여의 가장 기본적인 법칙이다. 권한 부여는 이익 분배가 아니며 명예를 고려하는 것도 아니다. 상황을 유리하게 하려 할 뿐이다. 따라서 긍정적인 생각과 책임감, 그리고 상응하는 재능과 정력이 충만한 사람에게 권한을 부여해야 한다.

2. 중요한 권력을 가볍게 부여하지 마라.

조직과 관련된 발전방향, 인사권 등의 중요 권력은 일반적으로 부하에게 가볍게 넘겨서는 안 된다.

3. 권한을 부여한 자에게 관심과 지지를 보이고, 적절한 때에 지도하라.

리더는 권한을 부여받은 자의 든든한 후원자이므로 항상 필요한 지지와 지도를 통해 추진과정 중에 일어날 수 있는 실수를 방지하고 어려운 점을 해결할 수 있도록 도와야 한다.

4. 단계를 무시한 권한 부여나 권한 외의 권한을 넘기지 마라.

현대의 지도체제는 서열에 따른 책임제이다. 분명한 서열이 존재한다. 권한 부여는 임의로 서열을 무시해서는 안 되며 서열에 따라 추진해야 한다. 그렇지 않으면 조직이 문란해진다. 동시에 권한 부여는 자신의 직권 안의 권한으로만 가능하며, 다른 사람의 권력을 자신의 부하에게 줄 수는 없다. 이는 큰 혼란을 가져온다.

5. 권한 부여를 쉽게 해서는 안 된다.

관련 조직에 영향을 미치는 중요 문제, 즉 조직의 목표, 발전방향, 인사권, 중대 정책문제 등에 대한 권한을 넘겨서는 안 된다. 일반적으로 전문적인 정책 연구기구 또는 자문기구를 통해 정책 결정 분석방안을 제출 받아 마지막으로 리더 그룹이 직접 결정해야 한다.

6. 권한과 책임을 함께 부여한다.

권한을 부여할 때, 지도자는 반드시 권한을 받는 자에게 관련 사항의 책임 범위, 완성 기준, 권한 범위 등을 분명히 알려 그가 확실하게 자신이 어떤 권한과 어느 정도의 권력을 가졌는가를 알게 함과 동시에 일정 정도의 책임을 갖도록 해야 한다.

● ● ●

원 세조 쿠빌라이 _ 인재를 알아보는 혜안을 갖다

원나라 세조 쿠빌라이忽必烈는 몽골국 대칸大汗에서 일약 천하의 군주가 되었고, 원나라를 점차 안정시켰다. 그의 통치 비결은 재능 있는 자들에게 충분한 권한 부여와 함께 책임을 분담시켜 각자의 장점을 발휘하게 한 데 있었다.

원나라가 중국을 통일하기 전에는 어떤 소수민족도 몽골족처럼 전 지역을 통치한 민족이 없었다. 따라서 몽골족의 통일대업을 완수한 원 세조 쿠빌라이는 중국 역사상 걸출한 정치가의 한 사람이었다. 쿠빌라이는 몽

원 세조 쿠빌라이

골국 대칸에서 천하의 황제가 되었으며, 원나라 세력을 안정시켜 탁월한 통치능력을 보여주었다.

그러면 쿠빌라이는 근본적으로 갈등이 많고 충돌이 끊이지 않던 원나라 통치를 어떻게 잘 마무리할 수 있었을까? 가장 중요한 비결은 권한 부여에 있었다. 여러 인재를 임용하여 그들에게 책임을 분담시켜 통치권을 자신의 수중에 장악하였다.

쿠빌라이의 권한 부여는 맹목적으로 이루어지지 않았다. 권한을 부여하기 전에 권한을 부여할 만한 자들을 속속들이 관찰하였고, 확실히 재능 있다고 판단된 자들 중에서 충성심이 강한 사람들만 마음 놓고 임용하였다.

그중 하나가 창업공신이라 할 수 있는 유병충劉秉忠이다. 그는 처음으로 쿠빌라이가 매우 중시한 해운법사海雲法師의 추천을 받아 쿠빌라이와 몇 차례 이야기를 나눈 후, 비로소 신임을 받았다. 유병충은 쿠빌라이의 모사謀士가 되면서 충심으로 노력하고 성실하게 보좌하여 쿠빌라이의 중신이 되었으며, 원나라에 탁월한 공을 세웠다. 그중 하나가 대도大都를 건립한 것이다.

몽골족은 유목민족으로, 일정한 정주定住 습관이 없이 초원을 따라 이동한다. 일찍이 뭥케蒙哥가 대칸이 되었을 때, 쿠빌라이는 유병충을 천거해 개평부를 설계 건축하도록 하였고, 쿠빌라이 즉위 초기에 이곳을 통치의 중심으로 삼았다. 하지만 원나라가 강역을 꾸준히 남쪽으로 확대해가면서 통치 중심도 남쪽으로 이동해야 했다. 유병충의 건의로 쿠빌라이는 중도를 수도로 결정하고, 이름을 대도로 개칭했으니 오늘날 북경의 전신이다.

이 결정 후에 쿠빌라이는 다시 유병충에게 새로운 수도의 설계와 건축을 위임하였다. 유병충은 많은 전문가를 불러 고대 도성 구조의 전통에 따라 '앞에 조정을 두고 뒤쪽에 시장, 좌측에 종묘, 우측에 사직'의 방식으로 도성을 설계했다. 이 설계는 쿠빌라이의 인가를 받았다.

새로운 도성의 위세는 대단했다. 정연한 통일감으로 한나라와 당나라 이래의 방시봉우坊市封羽 형식을 깨고, 온 도시를 좀더 광활하고 생기 가득하게 하여 제왕의 권위를 나타내었다. 도성이 완성되면서 유병충을 비롯한 참여 인원이 모두 쿠빌라이의 상을 받았고, 유병충은 더욱더 쿠빌라이의 신임을 받게 되었다.

쿠빌라이는 유목민족의 지도자로 중원을 장악했지만, 그는 농업을 매우 중요시했다. 원대의 저명한 과학자 곽수경郭守敬이 바로 이때 쿠빌라이를 만났고, 권한 부여를 통해 업적을 세우게 되었다.

곽수경은 과학자의 집안에서 태어났다. 그의 조부 곽영郭榮은 산술算術과 수리水利에 정통하였고, 곽수경은 어려서부터 그의 가르침을 받아 성년이 되면서 천문·수학·의기 제조와 수리공정 등의 방면에서 뛰어난 성과를 낼 수 있었다. 한번은 조부를 따라 자금산에서 공부하였다. 여기서 곽수경은 조정의 중신이었던 유병충, 장문겸張文謙, 왕순王恂 등과 알게 되었다. 장문겸이 좌승상으로 승진하자, 쿠빌라이는 그에게 농전수리農田水利의 전문가를 추천하라 했고, 장문겸은 곽수경을 추천했다. 쿠빌라이는 크게 좋아했고 흔쾌히 곽수경을 만났다.

곽수경은 쿠빌라이를 만나면서 화동평원을 발전시킬 수 있는 6항의 수리공정 건의를 제출하였다. 각 건의마다 모두 구체적 실시방안이 있었고, 심지어 필요한 인원과 물자 등을 모두 계산해 놓았다. 쿠빌라이는 곽수경의 조리 있는 설명을 듣고 마음속으로 흡족해했다. 그가 필요했던 것은 곽수경 같은 인재였기 때문이다. 쿠빌라이는 좌우 대신들에게 매우 흥분된 목소리로 "곽 선생 같은 사람이 진정한 일꾼이오! 모든 사람이 곽 선생만 같다면 나라가 어찌 잘 다스려지지 않겠소!" 라 하였다. 곽수경은 부하거사를 제수 받고, 각지의 하도수리 사무를 총괄하였다.

수리사업뿐만 아니라, 곽수경은 허형許衡·왕순 등과 협력하여 1280년에 새로운 역법인 〈수시력授時曆〉을 만들었다. 이는 중국 고대 역법 중 가장 우수한 역법으로, 비교적 정확한 일련의 천문 수치를 이용해 1년의 길이가 365.2425일이며, 지구가 태양을 일주하는 실제 시간보다 6초의 차이가 남을 증명하였다. 서방에서 통용되던 그레고리력보다 300년 앞선 것이었다.

權道의 지혜

누구나 그렇듯이 모든 사람은 칭찬과 격려 받기를 좋아한다. 칭찬받는 사람은 스스로 과찬일 뿐 아니라, 내심 존중받고 있다고 느끼며, 얼굴에서 광채가 나고 마음속은 유쾌해진다. 더욱이 사람들이 필요한 노동과 열정을 분출한 후에는 상응하는 만족감을 기대한다. 공로는 아닐지라도 어려운 일에 대해 인정받기를 원한다.

부하직원들 입장에서 중요한 시기에 지도자들에게 하는 좋은 말이나 원만한 해결 등은 금상첨화와 같아 지도자의 칭찬이나 일깨움을 받을 수 있다.

장작림張作霖이 언젠가 일본인 친구에게 제사題詞를 써주며 '장작림 수묵手墨'의 '묵'자를 '흑黑'자로 잘못 쓴 적이 있었다. 누군가가 "원수님, 밑에 흙 토土가 빠졌습니다"라 하니 장작림은 몹시 겸연쩍은 얼굴이 되었다. 다른 사람이 오히려 큰소리로 "바보, 넌 뭘 생각하는 거야! '한 치의 땅도 양보할 수 없다'는 뜻이란 말이야! 원수님께서 경거망동하게 '토土'를 빼고 다른 사람에게 보내겠어?"라 하였다. 이 한마디로 장작림의 얼굴은 펴졌고, 적절한 때에 상사의 면전에서 한 수 거든 결과, 후에 장작림의 둘도 없는 조력자가 되었다.

● ● ●

위 문후 _ 의심하지 않다

기원전 403년에 이미 진晋나라의 한韓·조趙·위魏 세 집안은 주 천자의 책명을 받아 나뉘어져 각각 한·조·위 등, 세 나라가 되었다. 위나라에서 이런 역사적 변화를 주도한 군주는 문후文侯였다. 그해에 그는 이미 22년째 집정하고 있었다. 이후 16년을 재위하면서 계속적으로 개혁을 추진하여 위나라의 경제를 발전시켜 전국시대 초기에 강국 중 하나가 되었다. 위 문후가 현명한 자를 존중하고 능력 있는 자를 기용한 것이 위나라 번영에 커다란 역할을 하였다.

그의 스승 전자방田子方은 "제후들이 남에게 교만하면, 나라를 잃는다. 대부들이 교만하면 가문을 잃는다"고 가르쳤고, 위 문후는 이에 대해 조금도 의심치 않았다. 그는 당시 위나라의 현인 단간목段干木에 대해 더할 수 없이 지극한 예로 대하였다. 위 문후가 단간목을 찾을 때는 항상 수레에서 내렸다. 하인이 "군주께서 왜 수레에서 내리십니까?"고 물으니 "여기는 단간목의 집이 아닌가? 단간목은 현자일세. 어찌 내가 수레에서 내리지 않겠는가? 내가 듣건대, 단간목은 아직 나를 받아들이려 하지 않으니 어찌 내가 교만하겠는가? 단간목은 덕에 빛나고, 나는 땅에 빛나네, 단간목이 의義가 많다면, 나는 재산이 많을 뿐이네"라 하였다. 하인이 "그러면 군주께서는 왜 그를 재상으로 삼지 않으십니까?"하니 위 문후가 그를 재상으로 청하였으나, 단간목이 받아들이지 않았다고 했다. 하지만 군주는 지극한 예를 다하여 계속 그를 찾아갔다.

이것이 현인에 대한 존중이며, 재상을 거절해도 예를 다했다. 전해지는 바에 따르면, 위 문후는 단간목을 보러 와서 겸손히 가르침을 청하였고, '나태해질까 하여 서서 듣고 감히 쉬지 않았다'고 한다. 그의 이런 행동은 많은 사람들의 호평을 받았고, 더불어 칭송하기를 '우리 군주는 바름을 좋아하네, 단간목을 공경함이여. 우리 군주는 충직함을 좋아하네, 단간목을 엄숙히 대함이여!'라 하였다. 동시에 적국을 두렵게 하기도 했는데, 진나라가 위나라를 공격하고자 했으나, 사마당司馬唐이 진의 군주에게 "단간목은 현자로, 위나라가 그를 예로써 대우한다는 것을 천하가 다 압니다. 군사 동원은 불가하지 않겠습니까?"라 하자, 그렇게 여기고 병사를 거두어 공격하지 않았다. 후세 사람들은 위 문후가 단간목을 예로써 대한 일을 '용병에 능했다'고 보고, "그 형상은 볼 수 없어도 그 공은 이미 이루었다"고 평하였다.

위 문후의 존현은 겉치레가 아니라, 실제로 재능에 따른 등용이었다. 그는 사람의 장점을 보고 기용했고, 기용하면 의심하지 않는 것이 최대 특징이었다.

오기吳起는 당시에 유명한 장수였지만, 완벽한 사람은 아니었다. 그는 노나라 장군이었는데, 제나라가 노나라를 치자, 노나라에서는 그를 장군으로 임명하여 제나라에 맞서고자 했다. 하지만 오기의 처가 제나라 사람이었으므로 논의 끝에 결단을 내리지 못하고 있었다. 오기는 처를 죽이고 '제나라와 함께하지 않을 것'임을 분명히 했고, "노나라 사졸로 장군이 되어 장차 제나라를 공격하여 크게 이기겠다"고 하였다. 노나라가 승리했지만, 그를 헐뜯는 말들이 그칠 줄 몰랐다. 오기는 노나라 군주의 의심을 받아들일 수 없어 위나라로 투항했다.

문후가 이극李克에게 물었다. "오기는 어떤 사람인가?" 이에 "탐욕스럽고 호색하지만, 용병에는 사마양저司馬穰苴도 따를 수 없습니다"라고 답하였다. 이극도 오기에 관한 험담을 대략 듣고 있었기에 '탐욕스럽고 호색하다'고 말했던 것이다. 그렇다고 해서 그의 군사적 재능을 깎아내리지는 않았다. 위 문후 역시 오기의 결점을 따지지 않고, 장군으로 삼아 "진을 공격해 다섯 개의 성을 빼앗았다."

후에 오기의 기용은 그에 대한 잘못된 시각을 바로잡았다. 그는 장군이 되어 "최하급 병사들과 함께 입고 먹었으며, 누우려고 자리를 준비하지 않았고, 행군 중에도 말을 타지 않았으며, 몸소 식량을 등에 메고 사졸들과 더불어 노고를 나누었다." 결국 위 문후는 그가 '뛰어난 용병술'뿐 아니라 '청렴하고 공평하여 사졸들의 마음을 얻었다'는 것을 알게 되었고, 그를 서하수로 임명하여 "진나라와 한나라에 대항케 했다."

위 문후의 인재 기용은 성실했으며 의심이 없었다. 악양樂羊은 위나라의 능력 있는 장수였다. 위 문후가 악양에게 중산국 토벌을 명하였지만, 2년이 지나도 공략하지 못하자, 조정 관료들 간에 논의가 분분해지기 시작했다. 누군가는 악양의 아들 악서樂舒가 중산국의 총신이므로 중산국을 격파해 자식을 망치게 할 수 없을 것이라 했다. 어떤 이는 심지어 악양과 중산국이 몰래 결탁했을 것이며, 그렇지 않고서는 악양의 능력으로 그 작디작은 중산국을 공략 못할 이유가 없다고 하였다. 그럼에도 악양에 대한 문후의 신뢰는 조금도 흔들리지 않았다. 오래지 않아 아들의 구원 요청도 아랑곳하지 않고 악양이 중산국을 무너뜨렸다. 악양이 오랫동안 포위하고 공격치 않은 것은 고립무원의 중산국 군주 희굴姬窟이 성안 백성들의 고통을 참아낼 수 없게 하기 위한 것이었다. 악양이 개선하자, 문후는 그를 비방한 문서 한 상자를 보여주었다. 악양은 위 문후가 자신을 의심치 않은 진심에 감동받아 두 번 절하고 머리를 조아리며, '이는 신의 공이 아니라, 주군의 힘이십니다'라 하였다.

위 문후의 현명한자에 대한 존중과 능력 있는 자의 기용, 그리고 기용하면 의심치 않는 행동은 당시에 높은 평판을 얻어 많은 인재들이 모두 위나라로 몰려왔다. 자하子夏, 전자방, 단간목, 오기, 이회李悝, 서문표西門豹 등, 정치·군사 인재들의 도움으로 위나라는 빛나는 시대를 열 수 있었다.

權道의 지혜

권한 부여의 결정을 그 대상과 회사의 관련 부서나 직원들에게 어떻게 정식으로 발표할 것인가에 대해 일반적으로 상급자들은 그다지 꼼꼼히 생각하지 않는 경향이 있다. 그들에게 중요한 것은 권한을 부여받는 대상들일뿐, 그 나머지는 중요하게 여기지 않는다. 하지만 권한 부여 과정에는 발표부터 많은 어려움이 내재되어 있다.

자신이 상당히 리버럴하다고 생각하는 상사가 있다. 부하들에게 일을 맡길 때마다 "이번 일은 완전히 자네에게 일임하는 거야. 모든 걸 자네가 처리하고, 나에게 물어볼 필요도 없네. 월말 전에 나에게 한마디 얘기해주게"라 하였다.

언뜻 보기에 그는 자신의 부하를 매우 신임하고 있고 부하에게 많은 권한을 주며 그들의 행동을 구속하기보다는 뜻대로 할 수 있게 해준 것처럼 보인다. 이러한 경우, 실제로 부하들은 '내가 어떻게 처리하든 상사는 참견하지 않으니 그다지 중요한 일이 아닐 거야. 마지막에 잘하면 별일 없을 거야. 상사가 나에게 이런 임무를 준 것은 분명 나를 우습게 본거야!'라고 생각하게 된다. 이때 문제의 핵심은 권한을 부여하는 자가 이를 발표할 때에 취하는 태도나 말이 권한을 부여받는 자에게는 권한 내용만큼이나 중요하다는 점을 의식하지 못한 것이다.

효율적인 상급자는 권한을 부여할 때 자신의 주관적 입장뿐만 아니라 부하의 입장에서 그의 마음가짐을 느껴보고, 이러한 행동이 그에게 어떤 의미를 갖는가 하는 점도 생각해보아야 한다. 효과적인 권한 부여방식은 바로 여기에 있다. 부하들이 그 의미를 파악하도록 해야 한다.

당신이 부하에게 무슨 말을 하든 간에 권한 부여가 이뤄지지만, 당신은 반드시 그들에게 이런 점을 느끼게 해야 한다.

(1) 나는 이 일을 매우 중요하게 생각한다. 이번 일은 회사 전체의 운명

을 좌우할 만한 일이다. (2) 나는 네가 이번 일을 훌륭하게 완수할 만한 능력을 갖고 있다고 믿는다. (3) 이번 일은 쉽사리 할 수 있는 일이 아니므로 너는 많은 노력과 지혜를 쏟아야 한다. (4) 이 일은 네가 맡아야만 가장 적합하다. 나는 생각에 생각을 거듭한 끝에 너에게 맡기기로 결정한 것이다. (5) 나는 너의 든든한 후견인으로, 네 일을 지원할 것이고, 어려운 문제에 부딪치면 앞장서 장애를 제거해줄 것이다. (6) 나는 네가 즉각 계획에 착수할 수 있도록 언제든지 손을 놓을 준비가 되어 있다.

당신이 이러한 몇 가지를 적절히 실행한다면 업무를 부여받은 부하들이 당신 사무실을 나서면서 매우 만족스러워 할 것이다.

● ● ●

유비 _ 바람 따라 돛을 달다

중국의 고대 제왕 중 유비劉備는 특출한 인물이었다. 그는 실력이 그리 강하지는 않았지만, 수하들을 통제하는 면은 실로 독보적이었다. 유비가 권력을 제갈량諸葛亮에게 넘기자, 그의 기품은 마치 황제가 된 듯하였다. 그는 조정을 주도했지만, 지극한 충성심으로 혼신을 다하다 죽었을 뿐이었다. 이는 권력의 운용이란 면에서 볼 때, 상당히 기적적인 일이다.

적벽赤壁의 전쟁 이후, 유비는 법을 바로하고, 제갈량의 보좌로 익주와 한중을 빼앗아 조조曹操·손권孫權과 맞설 만한 세력을 형성하였다. 하지만 형주 때문에 손권과 유비 사이에 갈등이 일어났다. 유비가 익주를 차지하면서 그들 간에는 틈이 더 벌어졌다.

장강 상류를 점거한 유비가 이미 오나라에 잠재적인 위협세력이 되자, 오나라 군주와 신하들은 늘 마음에 걸렸다. 215년, 손권이 유비에게 형주를 되돌려달라고 요구했으나, 유비가 거절하였다. 결국 손권은 장사·영릉·계양 등, 3군을 기습 점령했다. 유비가 황망히 군사를 이끌고 공안으로 가 관우關羽에게 3군을 되찾도록 명하니 일촉즉발의 상황이 벌어졌다. 당시 유비는 조조가 한중으로 진공한다는 소리를 듣고 익주를 잃을까 하여 오나라와 강화를 맺고 형주를 나누어 상수를 경계로 삼았다. 강하·장사·계양 등지는 오나라에 속했고, 남군·영릉·무릉 등지는 촉나라에 속하였다. 오와 촉 간의 형주 쟁패는 잠시 중단됐지만, 오나라는 형주를 완전히 회복하지 못해 불안해했다. 219년에 관우가 북쪽의 양번을 공격할 때, 안을 비워둔 탓에 손권이 강릉 등의 요지를 빼앗았고, 관우가 죽으면서 형주 전체를 상실하였다. 유비는 이로부터 좌절을 겪게 되었다.

형주를 잃게 된 원인은 관우 외에 유비도 책임이 컸다. 그는 형주 방어를 소홀히 했으며, 특히 관우에게 형주를 방어하지 못하게 하였다. 관우는 강하고 자긍심을 가졌지만 정치적 안목은 부족하였고, 부하들을 단속치 못해 형주 방어가 소홀해질 수밖에 없었다. 유비의 또 다른 중대한 착오는 형주 방어 실패 후에 그가 오를 토벌하지 않은 점이었다. 대군을 기다리던 오나라 장군 육손陸遜에게 대패하고는 "내가 육손에게 굴욕을 당했으니 어찌 하늘에 어긋난 것이 아니겠는가!"라 했으니 육손이 동오에 이르렀을 때에 그를 업신여기고 있었음을 알 수 있다. 익주와 한중 등을 취한 승리에 도취되어 유비는 교만하게 적을 가벼이 여기게 됐고, 군신들의 만류를 뿌리치고 자기 생각만을 고집했으니 오에 대한 토벌이 실패의 원인이었다.

이 전쟁에서 촉나라 세력이 크게 약화됐고, 심각한 후유증을 가져왔다. 오래지 않아 유비는 중병이 들었고, 사후의 문제를 고려할 수밖에 없었다.

《삼국지三國志》 기록에 따르면, 223년 봄 선주(유비)가 영안에서 병이 깊어지자, 제갈량을 성도로 불러 뒷일을 당부하였다. 제갈량에게 이르기를, "그대의 재능은 조비曹丕의 열 배이니 반드시 나라를 안정시키고 대사를 정할 수 있을 것이오. 만약 아들을 보좌할 수 있다면 도와주시오. 재주가 미치지 못하면 그대가 취해도 좋소" 하였다. 제갈량이 울면서 "신은 모든 힘을 다해 충정으로 받들어 죽음으로 그를 따르겠습니다!"라 하니 선주는 또 후주(유선)에게 "너는 승상을 따르고, 부모처럼 섬기라"고 조서를 내렸다.

'탁고托孤(자식을 부탁함)'와 관련된 기록은 제갈량에 대한 유비의 신뢰와 정성을 빠짐없이 생생하게 서술하고 있다. 보라! 세상의 쓴맛 단맛 다 본, 의롭고 관대했던 군주가 실로 자신의 부족한 후계자를 두고, 무슨 수를 쓰더라도 황위를 유지하려 하기보다는 한마음 한뜻으로 늙은 승상의 지도를 따르도록 함으로써 충성과 불충을 분별 못해 위기가 일어나지 않게 했던 것이다. 자식이 계승할 수 없다면, 국사를 그르치고 사직을 잃기보다는 차라리 황위를 '공덕이 뛰어난' 승상에게 주는 것이 낫다! 이 역시 유비의 진실한 말이었다.

이로써 유비는 사실상 국가의 모든 권력을 제갈량에게 넘겨준 셈이었고, 제갈량은 모든 능력을 다하여 내부의 안정을 유지하고, 서남지역을 평정했으며, 손권과 강화를 맺고 위나라 토벌을 위해 북상하는 등, 촉나라의 강산을 수십 년 연장시켰다.

權道의 지혜

파견 때는 관리자가 반드시 부하 직원에게 업무 이행에 필요한 권한을 부여해야 한다. 이것이 '권한 부여'의 유래이다. '권한 부여'와 '파견 업무' 사이에 어떤 관계가 있으며, 권한 부여의 합리적 영역이 어느 정도인지 등은 권한을 부여하는 담당자에게는 가장 큰 관심사이다. 권한 부여를 주관하는 자는 반드시 파견 업무를 충분히 완수할 수 있는 한도 내에서 권한을 부여해야 한다. 이것이 원칙이며 업무 완수의 최종 목적이기도 하다.

객관적으로 업무 집행에 필요한 권력—이런 권한은 업무 완성에 필요한 인원, 재정, 물자, 정보 등의 조직 자원을 동원하는 데 사용한다—은 권한 부여의 합리적 한도를 구성한다.

권한 부여에서 가장 중요한 문제는 그 적절성 문제이다. 부여된 권한이 업무 완수에 부족하다면 파견 업무는 완성할 수 없으며 권한 부여는 의미를 잃게 된다. 그러나 권한 부여가 과도해서 실질적 필요를 초과한다면 부하 직원들의 권력 남용을 초래하게 되고, 이로써 권한 부여의 부정적인 효과가 너무 커져 실패할 수 있다.

권한 부여의 또 다른 요건은 책임 소재이다. 관리자가 파견 업무와 권한 부여를 추진하는 한, 부하 직원들이 수행한 업무 성과를 전부 책임져야 한다는 것이다. 즉, 관리 측면에서 '권한 부여에 책임은 부여되지 않는다'는 원칙이다. 부하 직원들이 정말로 파견 업무를 잘 마무리할 방법이 없었다면 관리자는 그 결과를 책임져야 한다. 부하의 결함은 상사의 결함이기도 하기 때문이다.

수많은 관리자들은 부하 직원들이 어쩔 수 없이 잘못했음을 알았을 때, 대부분 책임을 부하 직원들에게 전가한다. 그들은 권한을 부여함에 따라 책임 또한 부여했다고 생각한다. 사실은 정반대다. 권한은 아래로 분산되는 경향이 있지만 책임은 오히려 위로 집중되는 경향이 있다.

책임 소재의 첫 번째는 관리자에 대한 것이고, 두 번째는 부하 직원을 겨냥한 것이다. 파견 업무가 순조롭게 완수되기 위해 관리자는 권한 부여와 아울러 부하 직원들에게 업무 완수의 책임을 감당하게 하여 관리자와 부하 사이에 일종의 연대책임관계를 세워야 한다. 부하가 원만하게 업무를 수행치 못하면 관리자는 그에게 책임을 물을 수 있다. 당연히 관리자가 업무의 최종 책임자임을 피할 수는 없다. 게다가 이 업무가 회사나 조직 밖으로 영향을 미친다면 더욱 그렇다.

●●●

제나라 경공 _ 견제하면서 조종하다

춘추시대, 제齊나라 경공景公은 국가의 통치방법을 고심하면서 항상 진晉나라를 대신해 제후들의 패자霸者가 되고자 하였다. 그는 안영晏嬰을 각국에 파견하여 형세를 살피도록 하였다. 안영이 돌아와 제 경공에게 보고하면서 "성실하게 내정을 다스리려면 백성을 아끼고, 현명하고 능력 있는 자를 선발하며, 아첨하는 소인을 멀리해야 합니다"라 하니 제 경공이 깊이 받아들여 세금을 줄이고 구휼하면서 내정을 잘 살폈다. 아울러 널리 인재를 모으고, 오래지 않아 부근의 작은 국가들을 정복하니 국세가 날로 번창하여 패주인 진나라를 압박하였다.

진나라는 자신의 패주 지위가 위협받자, 연나라와 연합하여 제나라를 공격했다. 곤경에 빠지자, 제 경공은 일그러진 표정으로 황급히 문무 대신들을 모아 대책을 논의하였다. 안영은 제나라의 패배가 통솔력과 작전능력이 있는 장군이 없기 때문이라 여기고, 제 경공에게 "제가 제나라의 한 사람을 알고 있는데, 이름은 전양저田穰苴라고 합니다. 그는 전씨 처첩의 소생으로, 출신은 미천하나, 문으로는 능히 사람들을 화합할 수 있고, 무로는 적에게 위세를 떨칠 수 있습니다. 우리가 진과 연을 물리치고, 선군이신 환공桓公의 패업을 이루려면 이런 인재를 놓쳐서는 안 됩니다. 대왕께서 시험해보십시오"라 하였다.

제 경공이 이 말을 듣고 전양저를 불러들였다. 두 사람이 만나서 군사와 전쟁을 논하며 크게 의기 투합하였다. 제 경공은 당장 전양저를 제나라 총사령관으로 삼아 전차 5백 대를 내어 출병하여 진과 연나라 군사를 저지토록 했다.

전양저는 제나라 군사의 기율이 해이해져 있음을 알았기에 명을 받고 망설이기도 하였다. 경공은 그에게 말 못할 사정이 있음을 눈치 채고 무슨 연유냐고 물었다. 전양저는 "제가 출신이 미천한데도 대왕께서 평민인 저를 뽑아 병권을 맡기고 지위는 대부의 위를 주셨으니 장군과 군사들이 불복하여 명령이 행해지지 않을까 걱정됩니다. 이는 용병에서 가장 피해야 할 일입니다. 청컨대, 대왕 주변의 가장 능력 있는 대신에게 감군監軍을 맡기십시오"라 하였다. 경공은 전양저의 용의주도함에 탄복하고 자신의 측근인 대부 장고莊賈를 감군으로 파견하였다. 전양저는 경공에게 인사를 올리고, 이튿날 정오에 군영 앞에서 장고와 만날 것을 약속하였다.

이튿날 전양저가 군영에 서둘러 도착하여 병사들에게 측량대를 세워 해 그림자를 측정하고 물시계를 설치하여 시간을 기록케 하면서 장고가 오기를 기다렸다. 장고는 제 경공의 총신으로, 이때 감군이 되어 대권을 잡았으므로 전양저를 안중에 두지 않았다. 그래서 전혀 개의치 않고 그를 환송하는 친구들과 끝없이 술을 마셔댔다. 전양저가 사람을 보내 몇 차례 재촉했으나, 그는 여전히 몸을 움직이려 하지 않았다.

정오가 되었는데 장고의 그림자도 보이지 않자, 전양저는 병사들에게 물시계를 치우게 하고, 부대 배치를 명령하였다. 해가 기울자, 장고가 비로소 수레를 타고 느긋하게 병영에 도착했다.

전양저는 이를 보고 정면으로 힐책하면서 "감군인 자가 어찌 이리 꾸물꾸물 늦게 오는가?"라 하니 장고는 두 손을 모아 수그리면서 "오늘의 출병으로 친구들이 송별하느라 한발 늦었소"라고 답하였다. 전양저는 이 말을 듣고 정색하면서 "명을 받은 장군은 응당 집안일도 제쳐놓아야 하고, 군진에 임해 적을 대하면서는 자신을 돌볼 수 없소. 지금 적이 국경을 압박하여 온 나라가 불안하고 사병들은 피땀을 흘리며, 군주는 침식을 제대로 잇지 못하고, 백성의 생명을 보살피기도 어려운데 당신은 술 마시고 즐기고 있었구려!"라 책하면서 곧바로 집행관에게 장고를 공개 참수하라고 명했다. 장고가 이를 듣고 혼비백산하니 그 부하가 황급히 제 경공에게 알렸다.

제 경공이 소식을 듣고 즉각 다른 총신인 양구거梁邱據를 보내 절장節杖(왕의 부절)으로 장고를 구하려 하였다. 양구거는 시위들의 만류를 무릅쓰고 군영으로 돌진하여 구원을 요청하였다. 뜻밖에도 전양저는 그를 떠나지 못하게 잡아두고 군영에 난입한 죄로 규율에 따라 참수하려 했으나, 군주의 영을 지닌 자라 참수할 수 없었다. 이에 전양저는 집행관에게 명하여 수레를 모는 시종을 참수하고, 수레 양쪽의 끌채를 잘라내고 말을 죽여 대신하게 하고, 삼군의 장령과 병사들에게 보여주었다.

이로부터 제나라 군사의 군기가 엄중해졌다. 행군 도중 막사와 부뚜막, 음식과 약품을 직접 검사하고 살폈으며, 병사들과 함께하였다. 이렇게 새롭게 정비하자, 병든 병사마저도 참전하겠다고 했다. 진나라와 연나라 군대는 이를 듣고 황망히 철수하였다. 전양저는 여세를 몰아 추격하였고, 순식간에 잃었던 땅을 전부 되찾았다.

제 경공이 이를 듣고 전양저가 용병에 뛰어남을 칭찬하였다. 전양저가 승리를 거두고 돌아올 때, 경공은 문무백관을 이끌고 성 밖까지 영접하러 나와 군사들을 위로했고, 전양저를 대사마—후인들은 그를 사마양저라 칭한다—로 봉하였다. 이때부터 제나라는 문에는 안영, 무에는 전양저가 있어 국세가 크게 흥하였고, 제후들이 두려워 복속하였다.

權道의 지혜

부하들이 월권하게 되면 그때마다 신중하게 각기 다른 방법으로 바로잡아야 한다.

1. 먼저 칭찬하고 나서 비평한다.

부하의 월권에 대해서는 구체적으로 분석해야지, 단순하게 비평하거나 질책해서는 안 된다. 하급자의 월권은 반드시 상급자나 리더가 결정해야 한다. 왜냐하면 이는 부하가 갖고 있는 강한 열정과 책임감, 업무에 대한 적극성, 주체성, 업무에 대한 사고, 시급한 업무에 대한 긴장감, 추진력, 책임질 용기 등의 장점과 관련되기 때문이다. 그리고 책임지지 않고, 시켜야 움직이며, 업무에 조금만 어려운 점이 있으면 지도자에게 떠넘기는, 즉 '아이가 울며 엄마를 찾는' 식과 비교해보면, 이러한 월권이 오히려 더 값지다고 할 수 있다. 대부분의 부하 직원들은 일을 벌이기보다는 줄이고, 할 수 있는 것은 하고, 할 수 없는 것은 떠넘기며, 질질 끌 수 있는 것은 끄는 식의 처세술에 능한데, 무슨 힘으로 월권할 수 있겠는가? 올바른 동기에서 나온 월권행위에 대해서는 반드시 표창한 후에 비판해야 한다. 이렇게 해야 부하들은 리더의 공정성, 자상함, 실사구시를 느끼게 되며, 무엇을 발휘하고 무엇을 극복해야 하는지를 깨닫게 된다.

2. 현상을 유지하면 다음에는 그만두라.

리더는 부하들의 월권이 초래한 결과와 그에 따른 효과를 구체적으로 분석해야 한다. 때로는 부하들이 월권하여 결정하고 처리한 것이 리더의 생각이나 결정과 맞아떨어져 성과가 탁월할 수도 있다. 이렇게 자연스레 유지되어야 한다.

3. 형세에 따라 유리하게 이끌고 착오는 시정하라.

하급자의 월권으로 문제의 결정과 처리에 착오가 발생했다면 이미 혹은 지금 역효과가 발생했을 것이다. 이 경우, 리더는 상황에 따라 '소 잃고 외양간 고치는' 식으로 보완하고 시정함으로써 손실을 최소화하도록 힘쓰고, 부하들이 교훈을 얻도록 교육하여 월권의 나쁜 점을 이해시켜야 한다.

제갈공명 _ 인재를 심복으로 만들다

고금에 이름을 날린 제갈량諸葛亮은 널리 인재를 모으고 중용하였을 뿐 아니라, 다양한 방법으로 인재를 보호하였다. 장완은 제갈량이 마음을 다해 보호하고 키워 점차적으로 촉한 정권의 비범한 인물이 되었다.

장완蔣琬은 삼국시대 영릉 상향 사람으로, 자는 공염公琰이다. 유비가 촉蜀으로 들어가기 전에 그는 한 주州 아문의 말단 관리였으며, 문서를 옮겨 쓰는 일을 하였다. 유비가 촉에 들어간 뒤, 그에게 광도의 현령을 제수했다. 그는 공정하고 근면하며 뛰어난 업무능력으로 동료들의 칭찬과 백성들의 지지를 받고 있었기에 제갈량이 예의주시하고 있었다. 그러나 유비가 광도현으로 왔을 때 장완이 술에 취해 영접하러 나오지 않았고, 이에 화를 참지 못한 유비는 그를 파직시킴과 아울러 죽을죄로 다스리려 했다. 제갈량이 이 소식을 듣고 화급히 달려와 유비에게 "장완은 평소 업무에 충실하고 근면하며 공정합니다. 게다가 박학다재하여 국가를 다스릴 만한 기량이 있습니다. 이는 우연한 실수일 뿐입니다. 특히 장완은 한결같이 백성의 안정을 근본으로 삼고 있으므로 영접과 송별을 잘하지 않았으니 이를 죽을죄로 판단하는 것은 적절치 않습니다"라고 권하였다. 유비는 제갈량의 말이라면 모두 받아들였으므로 결국 명령을 거둬들이고 장완의 죄를 사하였지만, 파면된 관직은 거두지 않았다.

오래지 않아 제갈량이 장완을 지원하기 시작하면서 큰 힘이 되어 주었다. 장완 역시 열심히 노력하여 충성을 다하였다. 후에 장완은 상서랑이 되었고, 승상의 직무를 대리하였다. 제갈량이 출정할 때는 장완에게 전권을 주어 군수 보급로의 보호를 맡겼으며, 장완 역시 충분한 식량을 잘 공급하여 후환을 남기지 않았다. 수년 후, 제갈량이 여섯 차례 기산으로 출

제갈량

병하다 병이 위급해지자, 특별히 후주인 유선劉禪에게 편지를 써서 장완의 인품과 능력을 칭찬하고, 자신이 죽으면 장완에게 그 직위를 대신하게 할 것을 제의하였다. 유선은 제갈량의 당부에 따라 먼저 장완을 상서령에 임명하여 국사를 총괄케 하고, 이듬해에 다시 대장군으로 삼고 상서사로 봉록하였다. 장완은 결국 제갈량의 뒤를 이어 촉한 조정의 중심 인물이 되었다.

權道의 지혜

인재가 가장 바라는 것은 자신의 재능을 인정받고, 재능을 펼칠 기회를 얻는 것이다. 사람이 갖는 가장 큰 바람은 자신이 진정으로 관심과 중시를 받는 것이다. 기업가는 부하에게 진심어린 관심을 보임과 아울러 중용할 수 있어야 부하들이 위험을 무릅쓸 수 있다.

미국 유명 방송사의 사장 아서 와일리Arthur Willy는 CCTV를 만들기 위해 능력 있는 청년 피에르를 채용했다. 피에르는 부임하면서 실험실에 틀어박혀 1주일을 보냈다. 가장 중요한 때에는 40여 시간 동안 실험실을 떠나지 않았으며, 먹는 것도 부탁하였다. 연구가 일단락되자, 탁자에서 온종일 자다가 깨어나니 10살은 더 나이를 먹은 것 같았다.

이런 모습이 와일리를 감동케 했으며, 피에르의 손을 만지며 "자네가 연구방식을 바꾸지 않으면 나는 신상품의 연구·제작을 멈추겠네"라고 하니 피에르는 "왜 그러십니까?" 하며 연구를 중지하겠다는 말에 긴장하였다. "자네처럼 이렇게 낮밤을 가리지 않고 일했다가는 신상품이 나오기도 전에 사람이 쓰러질 걸세. 나는 차라리 안 하면 안 했지, 자네를 잃고 싶지 않네"라고 하였다. 와일리의 말은 그야말로 사람의 폐부를 찔렀다.

피에르가 감격하여 "아닙니다. 이런 일을 하는 사람은 모두 이렇습니다. 바꾸기 어렵습니다"라 했다. 와일리는 마음을 상한 듯 "맞아. 연구하는 사람들은 장수하는 자가 드물지. 하지만 나는 자네가 좀 절제해주길 바라네. 우리가 가진 시간은 많지 않지만 자네가 전심전력으로 일하는 것은 알고 있네. 자네 뜻을 내가 받아들이겠네. 성공하지 못하더라도 자네 탓을 하지 않겠네."

피에르는 마음 깊은 곳으로부터 전율을 느꼈다.

이 말 한마디에 피에르의 마음이 크게 변했다. 그는 더 이상 월급을 위해, 먹고 살기 위해 일하지는 않았다. 하지만 신상품 연구를 자신과 와일리의 공동사업으로 여기고 자신을 알아주는 자를 위해 죽겠다는 심정으로 밤낮없이 연구했다. 6개월도 채 안 되어 CCTV 개발은 성공을 거뒀다. CCTV가 세상에 알려지면서 와일리의 회사는 무한한 성장의 세계를 향해 발을 내딛기 시작했다.

여기서 부하의 의욕을 자극하고 좋은 관계를 만드는 것은 특별히 돈을 많이 들이거나 큰 힘을 들일 필요가 없음을 알 수 있다. 진실한 관심은 부하들이 당신을 진정으로 따르게 할 수 있으며, 기꺼이 목숨 바쳐 일하게 할 수 있다.

"신사는 자신을 알아주는 자를 위해 죽고, 여자는 자신을 기쁘게 해주는 자에게 허락한다"고 했다. 지도자는 사람들의 이런 심리와 행동을 결코 소홀히 하지 않는다. 총명한 기업가는 직원에 대한 이해와 관심이 두드러지고, 그들을 진실하게 대함으로써 그들이 업무에 열과 성을 다하도록 한다.

권력을 신중히 하는 도

愼權之道

정치판에서의 암투는 특히 잔혹하다. 이기면 높은 관직에 후한 녹봉을 받을 수 있지만, 지면 죽어서 묻히지 못할 수도 있다. 따라서 정치판에 있는 사람들은 살얼음판 위를 걷는 마음가짐을 갖고 있어야 한다.

중국 병가의 권모술수 중에 '도회韜晦', 즉 재능을 감추고 숨어서 때를 기다리는 모략이 있다. 자신의 빛을 감추고 어두움 속에 머물러 다른 사람의 관심을 피해 자연스럽게 공격의 목표에서 벗어난다. 자신의 예리함을 칼집에 숨겼다가 다른 사람과의 충돌을 피해 상처를 받지 않는다. 자신의 실력을 보존하면서 기회를 이용하여 불시에 나타나 승리를 취한다. 결국 '도회'는 정치적 보신이요, 권력을 공고히 하는 중요한 의미를 갖고 있으며, 승리를 쟁취하는 좋은 방법이다.

송 태조 조광윤 _ 순조롭게 일의 순서를 정하다

송 태조 조광윤趙匡胤은 정권을 빼앗아 순조롭고 신속하게 내부의 반항 세력을 평정한 후, 새로운 왕조의 기반을 닦았다. 그리고 중국을 통일하기 위한 군사행동을 준비하기 시작했다. 당시 남방에는 남당·오월·남평·호남·남한·후촉·장천 등의 할거세력이 있었고, 북방에는 북한과 요나라가 있었다. 이렇게 사분오열된 상황으로 말미암아 경제·문화 등의 발전이 심각하게 지체되어 있었고, 북송 왕조의 안전을 위협받고 있었다.

당시 할거세력들이 대치하고 있던 중국 대륙에서는 요와 송, 두 나라가 가장 강하였고, 통일의 조건을 갖추고 있었다. 요와 송의 입장에서 볼 때, 요나라는 경제· 군사면에서 분명히 우세를 점하고 있었으며, 송은 건국한 지 얼마 안 되어 열세였다.

북송이 건국될 당시 요나라는 이미 건국한 지 40여 년이 지나 영토가 매우 광활하고, 해마다 풍작을 거두었으며, 인구의 증가 또한 매우 빨랐다. 경제력도 오대五代의 전란으로 원기를 회복치 못한 송나라보다 강하였다. 당시 요나라 군대는 50만이었고, 송은 19만에 불과했다.

이런 상황에서 어떻게 천하를 통일할 것인가? 이 때문에 송 태조는 항상 잠을 이루지 못했다. 960년 8월, 태조가 즉위한 지 얼마 안 되어 '밀방책략密訪策略'을 통해 대신들에게 의견을 구하기 시작했다. 대신 장영덕張永

德은 "북한의 병사는 적으나 용맹스러워 요나라가 원조하면 앞으로 나갈 수 없습니다. 생각건대, 곳곳에 군사를 두어 그곳의 농사를 방해하고, 간세를 요나라로 보내 북한 간의 관계를 이간시켜 지원을 단절시킨 후에 북한을 공격해도 늦지 않습니다"라 하였다. 큰 눈이 내리던 겨울밤에 태조는 용병의 방법과 계략을 고민하다가 잠을 이루지 못했다.

황제의 동생인 개봉부윤 조광의趙匡義가 늦은 밤에 재상 조보趙普 집 대문을 두드리고 있었다. 조보가 문을 열어보니 황제가 눈보라 속에 서 있었다. 매우 춥고 배고픈 듯하여 급히 재상부로 모셨다. 실내에는 두터운 양탄자가 깔려 있었고, 화로에 불을 붙이고 그 옆에 앉았다. 조보의 처 화씨가 직접 잔에 술을 따랐다. 술이 몇 순배 돌자, 조보가 태조에게 '폐하, 어찌 오셨습니까?'라 물으니 태조는 "내가 잠을 못 이루겠다. 한 발만 나서도 모두 남의 기반이기에 내가 그대를 찾아 의논코자 왔다"고 하였다. 이어서 떠보는 말투로 말하였다. "북한을 치고 나서 우리 송나라가 독자적으로 요나라를 대적하기보다는 우선 그들을 놔두려고 한다. 나의 보호막이 될 수 있을까! 송이 부유해지고 나서 공격해도 늦지는 않다."

963년, 송 태조가 양호지역으로 출병하여 단번에 남평과 호남, 두 소국을 멸하였고, 연이어 후촉과 남한, 그리고 남당을 멸하였다. 태조의 '선남후북先南後北'의 전략이 정확했음을 보여줬다.

權道의 지혜

중원에서 각축전을 벌여 천하를 평정하는 것이 어찌 쉬운 일이겠는가? 조광윤은 쉬운 것부터 먼저하고 어려운 것을 나중에 하였으니 먼저 남진하고 뒤에 북벌하는 전략을 썼다. 당시 천하 강약強弱의 형세에 근거하여 정한 것이다.

리더는 업무를 수행하는 중에 풀어야 할 것이 너무 많다. 범위도 넓고 사정 또한 매우 복잡하다. 이런 상황에서 시간을 절약하고 효율성을 제고하려면 반드시 복잡한 일을 단순화하는 데서 시작해야 한다. 이것이 지름길이요, 리더의 노하우다.

현실에는 두 가지 유형의 리더가 있다. 하나는 복잡한 일을 단순화시키는 데 뛰어난 사람으로, 일 처리가 빠르고 뛰어나다. 다른 하나는 간단한 일을 복잡하게 만드는 사람으로, 상황이 갈수록 꼬인다. 당연히 전자가 효율적이다.

복잡한 것을 단순화시키는 기술은 아래의 몇 가지 내용을 포함한다.

1. 주된 모순을 찾아라. 업무의 중요 부분을 찾아 '병목'을 소통시키는 데 힘써야 한다. 리더는 번거롭고 복잡한 일에서 주요 부분의 맥락을 찾아 '쾌도난마快刀亂麻' 식으로 문제를 쉽게 해결해야 한다. 바꿔 말하면, 업무의 주된 장애를 우선 제거하는 것이다. 주된 장애는 병목이 막히는 것과 같으므로 반드시 통하게 해야 한다. 그렇지 않으면 꽉 막혀 많은 시간과 정력을 낭비하게 된다.

2. 불합리한 업무 순서를 단순화시킨다. 즉 '업무 순서를 최적화하는' 것이다. 리더에게는 항상 크고 작은 문제나 업무가 줄지어 기다리고 있다. 만약 한 방향으로 순서를 정렬하면 무슨 일을 하고 나서 무슨 일을 하는 식으로 시간만 잡아 먹는다. '업무의 중요도에 상관없이 똑같이 일률적으로 처리하는' 방식은 객관적으로 '작은 일'을 많이 할 수 있지만 매우 중요한 '큰일'을 잃는 잘못을 초래한다. 리더는 가장 시급한 일을 우선 처리하는 습관을 가져야 한다. 그렇다고 해서 가장 시급한 일이 가장 중요한 것은 아니다. 이 역시 현재만을 중시하고 미래를 소홀히 하는 잘못을 초래할 수 있다. 어려움을 해결하는 것만을 중시했지, 창의적이고 기회를 찾는 것은 소홀히 하게 된다. 그러므로 균형점을 잘 찾아서 업무 처리순서를 최적화해야 한다.

번굉 _ 중용을 찾다

번굉樊宏은 남양의 거부로, 유수劉秀(후한 광무제)가 병사를 일으키기 전에 그 집안 여자를 처로 삼았다. 유수가 황제가 되자, 그는 광록대부의 직함을 받았고 장라후에 봉해졌다. 하지만 그는 높은 관직에 오르려 하지 않았으며, 자식들에게도 항상 "부귀가 지극한 집안은 말로가 별로 좋지 않았다. 내가 부귀영화를 싫어하지 않으나, 즐거움이 지나치면 인생이 비참하게 끝난다. 역대 황제의 인척들은 대부분 끝이 좋지 않았다. 이것을 교훈으로 삼아라. 목숨을 보전하려면 처음과 끝을 모두 잘해라. 이것이 가장 큰 복이니라"고 훈계하였다.

큰 아들 번조樊鯈는 부친의 훈계를 기억하여 권세를 멀리하고 세속에 물들지 않고 살아갔다. 그 동생 번유樊鮪는 반대로 황실과 관계를 맺고자 하였고, 한 명제明帝의 형인 초왕 유영劉英의 딸을 취해 며느리로 삼았다. 번조는 "일전에 우리 집안이 황제의 은총을 받아 일족에서 다섯 사람이 봉작을 받았다. 당시 아버지께서 남자가 공주와 혼인하고 여자가 황자와 짝하면 황제의 은총이 너무 지나쳐 화를 불러일으킨다고 하셨는데, 너는 자식이 하나인데 하필 초왕 같은 사람과 얽매여 화를 자초하느냐?"고 만류했다.

번유는 들으려 하지 않았다. 바로 그때, 초왕 유영의 모반사건이 밝혀졌다. 조정이 이 사건을 처리하면서 연루되어 죽은 자만도 수천이 넘었다. 번유 역시 모면하기 어려웠다. 이때 번조는 이미 죽었다. 한 명제는 그가 일찍이 번유를 만류했다는 사실을 알고, 그의 아들들을 사면시켜 주었다.

權道의 지혜

많은 리더들은 복잡한 인간관계 때문에 개탄하기도, 고뇌하기도 하며 심지어는 관계 때문에 손발이 묶이기도, 엎어지고 떨어지기도 한다. 그래서 사람들이 좀더 나은 인간관계를 바랄지도 모른다.

철학적으로 말하면, 좋은 인간관계란 불균형상태에서 균형을 갖춘 환경을 찾는 것이다. 누구나 마찰이 적은 사회생활을 바란다. 그러나 복잡한 관계에서 균형을 찾을수록 그 사람의 높은 수준이 드러난다. 드라마에서 첨예한 모순을 반영하지 않고 매우 불균형적인 사건을 다루지 않는다면 독자들을 끌어들일 수 없다. 곡예에서도 고난도 동작에서 균형을 잡았을 때 찬사를 받는다. 리더의 업무도 바로 이와 같다. 리더는 매우 불균형한 상태에서 충돌관계의 균형을 찾아야만 한다.

1. 균형은 상하·전후·좌우 등, 세 종류로 구분된다. 상하의 균형에서 각급 리더들은 모두 상급과 하급 간의 균형을 찾아야 한다. 어떤 조직이든 모두 앞선 사람과 뒤진 사람이 있으며 이들 간의 균형을 찾아야 조직이 바라는 목적을 달성할 수 있다. 조직에서는 서로 다른 이익을 요구하는 모임과 파벌이 존재한다. 리더는 그들이 좌우의 손발과 같으므로 균형적으로 그 적극성을 조화시켜야 한다.

2. 균형의 중요성은 균형점의 선택을 정확히 하는 것이다. 상하의 균형은 전체와 일부의 균형으로 전체에 치중하되 필요한 때는 일부에도 적용한다. 전후의 균형은 일반적으로 앞선 것에 치중하며 뒤진 것은 한계를 두되 필요한 때는 뒤진 부문에도 허용해야 한다. 좌우의 균형은 중점을 각 모임에서 우세한 한쪽에 두되 어떤 경우는 갑의 우세로, 어떤 경우는 을의 우세에 치중할 수 있어야 한다. 이 모든 것이 균형이며 중용이다.

엄숭과 하언 _ 강을 건너고 다리를 부수다

1548년 10월, 북경의 저잣거리에서 60여 세 된 노인이 당당하게 죽음을 맞고 있었다. 이 사람은 바로 명나라 가정 연간의 명신인 하언夏言으로, 그를 사지로 몰아넣은 사람은 바로 그 자신이 직접 발탁했던 엄숭嚴嵩이었다.

하언은 엄숭과 동향인 강서 출신으로, 나이는 엄숭보다 두 살이 적었으며, 진사 합격도 엄숭보다 12년이나 늦었고, 서열도 뒤떨어져 있었다. 하지만 승진은 엄숭보다 빨라 그가 재상을 제수 받을 때, 화갑의 나이였던 엄숭은 남경에서 실권 없는 한직을 맡고 있었다. 하언은 자신을 도울 사람이 필요했기에 연장자인 동향 출신 엄숭을 수도로 불러들여 예부상서로 발탁하였다.

자신을 발탁한 하언에게 엄숭은 노복 같이 유순했고, 말을 들으면 바로 좇았고, 교태가 넘쳐 하언의 호감을 얻었다. 그러나 엄숭은 정치적 야심이 큰 사람이었으니 어찌 예부상서에 만족했겠는가? 자신이 재상이 되려면 우선 하언을 제거해야 했다. 엄숭은 꿍꿍이속이 있었고, 수단도 상당히 교활한 사람이었다. 그는 겉으로는 하언에게 허리를 굽히고 알랑거리면서 암중으로 하언을 한 번에 넘어뜨릴 술수를 꾸미기 시작했다.

그가 학문이나 능력 면에서 하언보다 높지 않았는데, 권력의 각축에서는 어떻게 승리했을까? 그에게는 하언이 갖추지 못한 실력이 있었으니 바로 아첨이었다. 하언은 오만할 정도로 강직했다. 그는 동의하지 않는 것에는 굴종하지도 않았는데, 황제도 예외는 아니었다. 명 세종 가정제嘉靖帝는 도교를 신봉하여 도사들이 입는 것 같은 옷을 만들어 대신들에게 나누어 주었고, 이들에게 조복으로 입도록 하였지만 하언은 입지 않아 황제의 심기를 건드렸다. 하지만 정반대로 엄숭은 황제 앞에서 지극한 교태와 겸손, 충성을 보이며 황제가 부탁하는 일에 대해서는 숙식을 잊어가며 노력해 황제를 만족시켰다. 황제의 뜻이 하언의 지지를 받지 못하자, 엄숭은 전심전력으로 황제를 옹호했다. 황제가 점점 하언을 멀리하게 되면서 세 차례나 하언의 수보 직위를 파면시킨 반면, 엄숭에 대한 애정이 날로 커지면서 결국 그에게 대학사를 제수함으로써 하언과 같은 직위가 됐다.

1546년, 네 번째로 입각하여 수보가 된 하언은 몽골인들에게 점령당한 하투지역을 수복하는 문제를 가지고 우유부단한 태도를 취하던 가정제와 첨예하게 맞서게 됐다. 엄숭이 보기에는 하언을 쓰러뜨릴 시기가 온 것이다. 그는 황제에게 상서하여 하언이 공 세우기를 좋아하는 변방의 장군들과 결탁하여 패한 전쟁을 승리했다고 허위로 보고했으며, 군량을 몰래 사복으로 취했다고 하며 하언을 죽을죄로 몰아갔다. 이렇게 아첨이 강직을 이겼던 것이다.

하언의 억울한 죽음은 조정 안팎에 엄청난 충격을 가져왔다. 사람들은 여러 가지 방법으로 자신들의 분노를 드러냈다. 당시 이런 민요가 유행했다고 한다. "한스럽다, 엄숭아! 못된 마음으로 속임수를 꾸미고, 늘 싸늘한 눈으로 게를 보더니 네가 옆으로 기는 것은 언제 보겠느냐? 한스럽구나! 엄숭아! 못된 마음으로 속임수를 꾸미고, 선과 악은 결국 응보를 받으니 결판은 이르거나 늦을 뿐이다."

權道의 지혜

안수晏殊가 재상이 되었을 때에 송기宋祁는 한림학사였다. 안수는 송기의 재능을 높이 샀고 수시로 그를 보기 위해 특별히 재상부 옆에 방을 만들어 그에게 살도록 하였다. 매년 명절을 맞아 재상부에서 연회를 베풀면 반드시 송기를 초청하여 함께 즐겼다. 과연 안수와 송기는 친밀한 사이라

할 수 있었다.

중추절에 송기가 초청 받아 안수와 함께 술을 마시고 달을 감상하며 즐겁게 지내다 헤어졌다. 이튿날 아침에 입조한 뒤, 송기는 안수가 파직 당했음을 알았고 그 자신이 재상 파직의 문장을 쓰게 되었다. 송기는 안수를 크게 비방하는 글을 썼다. "산업을 크게 확충하는 데 힘쓰면서 사리사욕을 꾀했다"고 하였으며, 그 자신이 얻은 방마저도 안수의 악행으로 여겼다. 그가 붓을 휘두를 때, 그는 전날 저녁에 안수와 함께 마셨던 술기운이 아직 해소되지 않았던 것인가!

● ● ●

정위 _ 남몰래 계책을 꾸미다

정위丁謂는 북송 진종 때의 유명한 권신이다. 진종 때 삼사사로 승진하였고, 추밀직학사, 동중서문하평장사, 소문관대학사 등을 역임했으며, 진국공에 봉해졌다. 그는 다재다능하여 시, 그림, 바둑, 음률 등에 통달했고, 바로 이런 재주 때문에 재능을 중시했던 재상 구준寇准의 추천으로 참정정사가 되어 그의 조력자가 됐다. 그러나 정위는 성품이 교활하고 힘 있는 자를 따르는 간사한 소인이었다. 진종 초년에 권신 왕흠약王欽若이 득세하자, 그는 몸을 던져 왕흠약만을 좇았다. 왕흠약이 힘을 잃고 재상 직에서 파면 당하자, 그는 기만적인 방법으로 구준의 신임을 얻었다. 1008~1016년간에 그는 군신들에게 봉선의 제사를 권유하여 황당하고 바르지 않은 행위에 빠지게 하였다. 정위는 군주의 뜻에 영합하여 당시 조신들 모두가 언급치 않았던 궁전 건립을 극력으로 종용하였다. 그는 진종에게 "폐하의 부유한 천하에 궁 하나를 지어 상제를 봉양하는데, 무엇이 안 되겠습니까!" 송 진종은 즉시 그에게 궁전 건립을 총괄하도록 명하였다. 그 결과, 정위는 자신의 뜻대로 겉치레만 치중하고 백성들에 대한 폐해는 신경 쓰지 않았다. 건립된 옥청소응궁은 아름답고 뛰어났다. 건립 중에 조금이라도 맞지 않는 데가 있으면 즉각 부수고 다시 지었으며, 재정 부서에서도 제지할 수 없었다. 궁전을 짓기 위해 그는 남방에서 마음대로 벌목토록 하였고, 무수한 백성들이 노역하다 죽었으며, 많은 사람들이 무고되어 죄가 무서워 도망갔고 집안의 처자식들도 연루되어 옥에 갇혔다. 당시의 조관 장영張咏이 조정에 정위를 죽이고 천하에 사죄할 것을 요구하였다. "폐하, 별궁을 지어서는 안 됩니다. 천하의 재물이 다하고 천하의 백성들이 상처를 입습니다. 이 모두는 적신賊臣인 정위가 황상을 속인 것이니 정위의 목을 쳐 국문에 걸어두어 천하에 사죄해야 합니다. 아니면 저의 목을 쳐서 정씨의 문에 걸고 정위에게 사죄하십시오"라 하여 죽음을 무릅쓰고 간하여 백성과 재물을 손상하는 별궁의 건축을 반대하였지만, 진종의 뜻이 확고한데다가 재상 구준의 속임수로 정위는 무사하였다.

1015년 겨울, 정위가 조이용曹利用과 함께 추밀사로 임용되어 군기 대권을 장악했다. 조이용은 구준과 숙적관계로, 오래전부터 복수하려는 마음이 있었다. 정위는 구준의 추천으로 궁중에 들어왔지만, 어느 날 구준이 군신들 앞에서 자신이 발탁한 정위가 노예의 관상을 가졌다고 공개적으로 비웃으면서 한을 품게 됐고, 조이용과 연계하여 공동으로 구준에 대응하였다. 1020년에 송 진종이 병환으로 정무를 볼 수 없게 되자, 황후 유씨가 정사에 간여하기 시작했다. 구준이 공평무사하게 유 황후의 불법적인 친정을 징계하였고, 유 황후의 분노 역시 극에 다다랐다. 이때 그녀는 스스로 권력을 장악하여 기회를 보아 보복하겠다고 생각하였으니 조정에는 유 황후, 조이용, 정위 그리고 한림학사 전유연錢惟演 등을 핵심으로 하는 반구준세력이 형성되었다. 재상 구준은 유 황후 등의 기세가 하늘을 찌를 듯하다고 보았고, 송 진종이 누워 있는 궁으로 찾아가 국가의 사직이 중요하니 신망 받는 황태자에게 자리를 넘기고, 아울러 경험 있는 대신을 선택하여 조정을 보좌할 것을 건의하면서 "정위와 전유연은 간사한 소인입니다. 결코 어린 군주를 보좌하게 해서는 안 됩니다"라 하였다. 진종도 자신의 병이 중하여 태자에게 전위하려는 뜻이 있어 구준의 건의에 고개를 끄덕이고 준비를 부탁했다. 애석하게도 구준이 술자리에서 폭음하는 바람에 비밀이 누설되었다. 이 일이 정위에게 알려졌고, 그와 결탁한 유 황후는 진종 앞에서 구준이 태자를 등에 업고 권력을 빼앗아 황상을 꼭두각시로 만들려고 한다고 무고하였다. 진종은 정신이 흐려져 자신이 구준에게 한 부탁을 잊고 곧바로 그를 파직시켰다. 그해 7월, 정위가 재상 직에 올랐고, 바로 구준을 배척하여 한 달 동안 세 번 파면시켜 그를 멀리 도주사마로 좌천시켰다.

정위가 재상의 권력을 잡고, 궁내에서 유 황후에게 의지해 일시에 조정 안팎의 세력을 장악하게 되었다. 또 다른 재상이었던 이적李迪은 구준과 뜻이 같았으므로 정위는 유 황후와 결탁해 이적이 사사로이 당파를 만들어 운영하고 있다고 꾸며서 그를 형주로 좌천시켜 보냈다. 당시 누군가가 정위에게 "이적이 형주에서 죽는다면 정공께서는 세인의 여론을 어찌 받으시렵니까?" 하니 그는 뻔뻔스레 큰소리 치고 웃으면서 "후일 일 만들기 좋아하는 서생이 이 일을 기록할 때, '천하가 그를 애석히 여겼다'고 할 것이다"라 하였다. 과연 정위는 황후의 명을 전달하면서 의도적으로 전령을 전달하는 태감의 말 앞에 보검을 걸어놓고 황실의 뜻이 죽이려는 데에 있음을 보여 이적이 자살하도록 유도하였다. 다행히도 이적은 자식과 좌우의 권유로 억울한 죽음을 면하였다. 구준은 이적이 좌천되던 때에 뇌주로 전보되어 일개 사호참군이 되었다. 태감이 정위의 사주를 받고 명령을 전하면서 살기등등한 모양으로 꾸몄지만, 구준은 성지를 봐야 한다고 주장하면서 태감의 가면을 벗기고 사실을 고하게 하여 정위의 가짜 살인음모가 이루어지지 못하였다.

구준, 이적 등은 계속 정위에게 배척당했고, 정위는 북송의 조정에서 하늘을 가리는 인물이 되었다. 그는 제멋대로 하고자 하는 바를 하였고, 조신들은 흘끗흘끗 바라볼 뿐이었다. 당시 경성에서 유행하던 민요에는 "천하를 안녕케 하려면 눈 안의 못을 뽑아야 하네. 천하를 즐겁게 하고자 하면 구준을 부를 수밖에 없네"라 하여 정위가 권력을 농단하고 있으며, 정직한 신하 구준이 돌아와 집정하기를 풍자하고 있었다.

1022년 2월, 진종이 병사하고 인종 조정趙禎이 즉위하였다. 이때 왕증王曾이 재상이 되었다. 그는 정위의 권력 농단에 대해 불만이 많았기에 줄곧 그를 제거하려 했다. 그러나 눈치 빠른 정위는 자신이 못된 짓을 많이 저질러 대신들이 마음속으로 복종치 않음을 알고, 누군가가 자신을 탄핵할까봐 대신들이 황제에게 가까이 가는 것을 막으려 했다. 당시 조정에는 정위를 제거하려는 강직한 신하들이 있었으나, 정위가 정해놓은 제한 조치 때문에 어쩔 수 없이 그를 멀리하게 되어 움직이는 데에 어려움이 있었다. 왕증이 이를 보고 한 가지 계책을 짜냈다. 정사에서는 정위가 말한 것을 모두 따르고 강경히 반대하지 않았다. 이렇게 해서 정위는 점차 왕증에 대한 경계심을 풀었다. 어느 날, 왕증이 정위에게 "내게는 자식이 없어 형제의 자식으로 대를 이을 생각이오. 이 일을 황상께 허락받고자 하나, 대인께서 오해할까 두렵고, 또한 감히 단독으로 황상 옆에 남아 이 일을 주할 수 없습니다"라 하니 정위는 왕증의 일이 대수롭지 않다고 여겼고, 왕증이 계속 자신을 잘 따랐으므로 그에게 '당신은 남아도 괜찮소'라 하고 먼저 조정을 떠났다. 마침내 왕증이 단독으로 인종을 알현하여 상소를 올려 그간 정위가 저지른 갖가지 잘못을 열거하고, 정위와 한패인 내시 뇌윤공雷允恭이 제멋대로 선제의 능묘를 변경하려 한다고 하였다. 인종이 상소를 보고는 심히 놀라면서 며칠 후 조서를 내려 정위의 죄를 발표하고 재상의 직을 면직시켰다. 정위는 그 날 왕증을 혼자 남겨두고 떠난 것을 크게 후회하였다.

오래지 않아 정위가 여도사 유덕묘劉德妙와 결탁해 군주를 속였고, 그 말이 사악했음이 밝혀졌다. 수많은 죄가 더 드러나자, 인종은 그를 애주로 좌천시켜 사호참군이 되게 하였다. 정위가 좌천되어 가는 길에 구준이 살고 있던 뇌주를 거치게 되자, 구준은 정위를 죽이려던 가복을 가두어 외출을 금지시키고, 정위에게 특별히 삶은 양 한 마리를 보내 자신의 담백한 심정을 암시하였다. 정위는 이를 알고 서둘러 애주로 도망쳤고, 영종英宗 때에야 그곳을 떠날 수 있었다.

權道의 지혜

복잡다단한 정치투쟁에서 문제의 중심은 시종 계층 간의 정치 대립에 있다. 즉 기득권층은 통치를 유지하려 하고, 신흥계층은 통치권을 얻고자 한다.

중국 고대의 관료정치에서 해결해야 할 문제는 지배층과 피지배층 간의 충돌을 처리하는 것이었다. 동시에 지배계층 내에서는 각종 정치집단, 인물, 이익단체들 간의 충돌도 정치투쟁에 집약적으로 반영된다. 정치적 권모술수는 지배층 내부에 상응하는 균형과 투쟁의 도구를 제공한다. 암도진창暗渡陳倉, 즉 '남몰래 다른 일을 꾸미는' 계책은 36계 중 제8계이며, 적전계敵戰計 중 제2계로 매우 광범위하게 응용되고 있다.

우선 국가 간의 전쟁에 사용된다.

서로 대치하고 있는 국가 간에는 상대를 약하게 하고 자신을 강하게 하기 위해 서로 정벌을 벌인다. 그 세력의 흥망은 권모술수와 더불어 정치적으로 계속되는 전쟁에서 발휘되며 관계가 밀접하다.

삼국시대에 촉나라 장수 강유姜維가 위나라 대장 등애鄧艾를 맞아 싸웠다. 강유는 우선 요화廖化를 백수 남안에 주둔시켜 등애와 강을 두고 대치케 하였다. 등애는 자세한 탐색 끝에 강유가 직접 공격하지 않고 요화로써 자신을 견제할 것이며, 군대의 주력은 우회시켜 위나라 군대가 반드시 거쳐야 할 조성을 기습할 것이라 생각했다. 이에 서둘러 회군을 명령하고 조성을 구원하였다. 과연 강유는 조성에서 강을 건넜다. 강유는 암도진창의 계책을 사용했지만 아쉽게도 등애가 알아차리는 탓에 목적을 이루지 못했다.

중국의 통일왕조 정권이 붕괴되면 대체로 군웅들이 할거하여 제위를 얻기 위해 서로 각축한다. 할거세력들은 항상 스스로 왕을 칭하며 나라를 이룬다. 할거 형태의 항전에는 쌍방의 지혜와 권모술수가 백출하였다.

진이 망하자, 유방은 장량의 계책으로 잔도를 불태워 항우의 경계심을 없앴다. 한신은 재빨리 그 후에 잔도를 수리하는 척하면서 오히려 다른 곳으로 우회하여 진창을 기습하였고 장감을 패퇴시켜 관중을 평정했다.

그 다음으로는 지배계층 내에서 사용된다.

한비韓非는 '난이 일어나는 이유가 여섯 가지로, 입모立母·후희后姬·자성子姓·제형弟兄·대신大臣·현귀顯貴'라 하였다. 군주는 신하에게 권력을 위임하면서도 신하를 자신의 가장 위험한 적으로 여겼다. 이는 중국 고대 정치의 특색이다. 중국에서 신하에 대한 군주의 잔혹함, 군주에 대한 신하들의 전복과 찬탈, 그리고 궁중 내의 혈투 등, 잔혹한 사실들이 좋은 실례가 된다. 신하들 중에 군주에게 가장 위협이 되는 것은 중신重臣·권신權臣·공신功臣·능신能臣들이다. 이런 신하들을 제압할 방법은 정치제도의 형성과 그 변화 속에서 드러났다. 재상을 두되, 끊임없이 재상권을 억압하여 분권시켰다. 또한 군주가 상황에 따라 수시로 행하는 권모술수·농락·견제·배척·타격 등에서도 드러났다. 암도진창의 계책은 항상 군주가 운용하였다.

예를 들면, 청나라 강희제가 권신 오보이를 제거하고, 송 문제가 부량傅亮 등 3명의 고명대신을 죽인 것이 그 예이다. 또한 외척과 환관, 무리지어 나쁜 짓을 저지르는 당파세력, 번진 군벌, 후궁의 비빈 등, 이루 다 헤아릴 수 없다.

●●●

환관 이연영과 서태후 _ 통찰력을 키우다

'기技'로 말하자면 청나라 때의 환관 이연영李蓮英이 가히 독보적이다. 청나라 말의 태감太監이었던 이연영은 어려서 내시로 입궁하였다. 황궁 내의 태감은 그 수를 헤아릴 수 없다. 이연영이 어떻게 내시이면서 권귀權貴가 될 수 있었을까? 바로 머리 빗기는 기술이었다.

이연영은 출신이 빈한하였고 어려서 아비를 잃었다. 동향 출신 태감 심옥란沈玉蘭의 소개로 궁에 들어가 태감이 되었다. 이연영이 궁에 들어올 때 나이가 16세가 넘었다. 생김새는 거칠고 추하여 그가 당대의 실력자 서태후西太后의 측근이 됐다는 것이 선뜻 이해되지 않는다. 하지만 그는 뛰어난 통찰력이 있었다. 서태후는 당시 유행하는 헤어스타일을 따라 머리하기를 좋아했다. 그러나 빗질을 담당하는 태감은 태후를 만족시키지 못했다. 특히 서태후는 머리카락이 빠지는 것을 크게 걱정했다. 태감이 머리카락 한 올이라도 떨어뜨리면 바로 회초리로 때리니 빗질 담당 태감은 하루하루를 풀죽어 지내야 했다.

서태후

이연영이 이런 내용을 알고는 절호의 기회라고 생각

했다. 그는 쥐도 새도 모르게 황궁을 빠져나가 기생집으로 갔다. 물론 기녀와 즐기려 한 것이 아니라 기녀에게 빗질하는 기술을 배우려 한 것이었다. 기녀들은 모두가 빗질하는 데 고수였다. 이연영은 달콤한 말과 손재주, 그리고 돈을 주어가면서 한 달 만에 자신의 벼락출세와 관련된 손기술을 완성하였다.

궁에 돌아온 그는 스스로 서태후의 빗질을 자원하였다. 빗질태감은 그가 빗질에 고수라는 얘기를 듣고는 구세주를 찾았다고 생각했다. 이연영은 정말 범상치 않았다. 첫날 당번이 되어 그는 서태후에게 유행하던 헤어스타일로 빗겨주었고 그녀의 환심을 샀다. 그리고 얼마 되지 않아 서태후의 빗질 전문 태감이 되었다.

이연영은 서태후의 심리를 정확히 꿰뚫고 있었다. 머리를 빗기며 자주 우스갯소리로 그녀의 주의력을 흐트러뜨려 빗질하다 떨어뜨린 머리카락을 몰래 자신의 소매 속에 숨겼다. 그가 빗은 머리는 아름다웠고 머리카락도 떨어지지 않으니 서태후의 총애를 받을 수밖에 없었다.

이렇게 해서 이연영은 빗질 하나로 황궁 내무부의 대총관大總管이 되었다. 서태후의 총애 때문에 궁 안의 왕공귀족들이나 일품 대신들도 그와 사귀고자 하였다.

權道의 지혜

사람을 알기란 쉽지 않다.

한 광무제光武帝 유수劉秀는 말하는 것을 듣고 사람됨을 아는 데 능하였지만 방맹龐萌에게 미혹 당했다. 조조曹操는 장졸들을 파악하는 데 고수였지만 장막張邈에게 속았다. 왜 그럴까? 사물의 겉은 비슷하지만 실상은 다르기 때문에 쉽사리 사람을 속일 수 있다. 그래서 안하무인인 사람은 보기엔 총명한 것 같지만 사실은 총명치 못하다. 미련스러우면서도 귀여운 사람은 정인군자正人君子 같지만 사실은 군자가 아니다. 무모한 사람은 용감한 것 같지만 사실은 그렇지 않다. 망국의 군주는 대부분 사람들에게 지혜가 있는 듯한 인상을 주었다. 망국의 신하도 충심을 갖춘 듯이 보인다. 모판 안에 섞여 있는 피는 어린 싹 때에는 모와 구분이 되지 않는다. 검은 소에 황색의 꽃무늬를 입히면 호랑이 같다. 빛깔과 광택이 옥 같은 돌은 쉽게 옥과 섞인다. 이 모두가 비슷한 사물로 진짜를 가리고 있는 상황이다.

우리가 주의해서 관찰한다면 찾아낼 수 있다. 쉽게 승낙하는 사람은 사람들에게 편한 사람이란 인상을 주지만, 사실상 이런 사람은 신용이 없다. 무슨 일이든 끼어드는 사람은 다재다능한 것 같지만, 일단 능력을 보여줄 때 그 속이 드러난다. 단정하고 진취적인 사람은 정성이 한결같은 사람 같지만, 이런 사람의 열정은 오래 가지 못한다. 흠을 잘 찾아내는 사람은 야무진 것 같지만 실제로는 성가시다. 대답을 툭툭 잘하는 사람은 베풀기 좋아하는 것 같지만 말에 책임을 지지 않는다. 모든 일에 잘 따르는 사람은 충성스러운 것 같지만, 이런 사람은 대부분 겉으로 순종하면서 안으로는 딴 마음을 먹는 무리들이다. 이 모든 것이 사이비의 전형적인 모습이다.

큰 정치가는 사기꾼 같지만 큰 사업을 성취할 수 있다. 큰 지혜가 있는 사람은 어리석어 보이지만, 그 내심은 확 트이고 투명하여 총명이 가득하다. 널리 사랑하는 사람은 비현실적이지만 그 마음은 실제로 넓고 충실하다. 정직하고 사사롭지 않은 사람의 충언은 듣기에 좋지 않지만 정감은 지극한 정성에서 나온다. 인간 세상에 이런 진실과 거짓, 허상과 실제의 현상들은 총명한 사람이 아니라면 누가 분명하게 구분하겠는가?

선현께서 말씀하셨다. "인심은 산천보다 험악하다. 사람을 아는 것은 하늘을 알기보다 어렵다." 이 말은 좀 지나친 감이 있지만 인심의 감춰진 부분을 설명하고 있다. 겉으로 보면 모든 사람이 매우 일반적이지만 내심의 세계는 철저히 감춰져 드러나지 않으니 누가 그 밑바닥을 알 수 있겠는가? 사람마다 내심의 세계는 항상 복잡하다. 아니 모순 덩어리이기도 하다.

따라서 리더는 반드시 기민하고 예리한 통찰력을 가져야 한다. 거짓된 현상을 분명하게 판별한 후에야 사람 알기가 어렵지 않다고 말할 수 있다.

● ● ●

진평과 한신 _ 사각을 찾아내다

유방劉邦은 대적 항우項羽와 격전을 벌이는 동시에 계속 자신의 진영 내부에서 반대세력이 일어나는가에 대해 예의주시하였다. 특히 지혜와 용맹을 겸비한 대장 한신韓信을 여러 면에서 견제하였고, 여러 차례 교묘한 방법으로 그의 병권을 빼앗았다.

기원전 202년 12월, 유방이 항우를 멸하고 난 뒤, 바로 성이 다른 이성異姓 제후 왕들을 없애려는 계획을 세웠다. 그가 선택한 첫 번째 목표는 가장 소원하고 실력과 호소력을 갖춘 제왕齊王 한신으로, 그를 다시 초왕에 봉하여 군사력과 물자가 강한 제 땅에서 몰아냈다.

진평

기원전 202년 2월, 유방이 제위에 올라 한 고조라 칭하였다. 이듬해 겨울, 어떤 이가 홀연히 나타나 초왕 한신을 모반죄로 고발하는 상서를 올렸다. 유방이 장군들에게 적에 대응할 방략을 구하자, 경솔한 무사들이 너도나도 "속히 군사를 내어 이놈을 생매장시키자"고 하였다. 유방은 좋은 방안이 아니라 여기고 대답하지 않았다. 이때 장량은 병을 핑계로 물러나 있었으므로 유방은 중시했던 모신인 진평陳平에게 가르침을 청했다.

사상이 심오한 모략가들은 내부 정치투쟁에 대해서는 항상 살얼음판 걷듯이 대한다. 당초 진평은 사양하고 답하지 않다가 유방이 거듭 세 번 물은 후에야 비로소 반문하였다. "한신의 모반을 고발한 것을 외부 사람들이 압니까?" 유방은 고개를 저었다. 진평은 잠시 깊이 생각하고는 다시 물었다. "폐하의 군사는 초병楚兵보다 강합니까?" 하니 유방은 "그보다 낫다고 하기 어렵다"고 답하였다. "폐하의 장군들 중 누가 한신을 대적할 만합니까?"라고 다시 물으니 "그럴만한 사람이 없네"라 하였고, 이에 진평은 "군사가 초보다 강하지도 않고, 한신을 대적할 만한 장수도 없으니 거병하여 억지로 취하다가 오히려 전쟁의 발단이 가볍게 열리게 되니 저는 폐하가 걱정됩니다!"라 하였다.

유방은 한시도 참을 수 없어 다시 만전의 대책을 구하였다. 진평은 "옛날에 천자께서 사방을 순수巡狩하시면서 각 지역의 제후들을 만나셨습니다. 남방에 운몽택이 있는데 폐하께서 어찌 이곳으로 가 진에서 제후를 만나겠다고 하시지 않으십니까? 진은 초의 서쪽 경계이므로 한신은 반드시 이곳으로 영접하러 올 겁니다. 그때 폐하께서 한신을 사로잡고자 하시면 힘센 자 하나만으로도 족할 것입니다"라고 했다.

유방은 이 계책에 따라 단번에 한신을 사로잡았고, 그를 회음후로 낮추었다. 이것이 진평의 '육출기계六出奇計' 중 제5계이다. 이 일로 전쟁의 화를 면하였고, 재차 분열할 수 있는 화근을 제거하여 새로운 왕조의 안정을 유지하였다.

기원전 201년 12월, 유방이 진에서 낙양으로 돌아왔다. 모든 공신들에게 분봉과 행상을 하면서 진평을 호유후에 봉하였다. 진평은 완곡히 사양하면서 "이는 신 한 사람의 공이 아닙니다. 감히 작록을 받을 수 없습니다"라 하니 유방이 그 뜻을 몰라 "내가 선생의 계책을 이용하여 승리했는데, 선생의 공이 아니라니 누구의 공이오?"라고 물었다. 진평은 "(항우에게

서 도망한 진평을 유방에게 추천했던) 위무지魏無知가 아니었으면 신은 이곳에 없었을 것이고, 또한 어찌 공을 세웠겠습니까?"라고 답했다. 유방은 칭찬하며 "선생 같은 분이야말로 근본에 어긋나지 않는다고 할 수 있소!" 하고는 위무지에게 후한 상을 내리도록 하였다.

權道의 지혜

'별출신초別出新招'란 상대방과 다른 방법을 이용하여 변화에 대응하는 책략을 말한다. 이는 기정호변奇正互變과는 다르다. 기정호변이란 변칙 전술과 정공법을 상호 변환 및 보완하며 사용할 뿐이지만, 별출신초는 완전히 새로운 것이다. 심리적으로 볼 때, 이런 응변술은 뛰어난 구상을 하려는 심리와 독창적인 구상을 하려는 심리를 갖추고 있다.

중국 책략가의 시조인 여상呂尙, 즉 강자아姜子牙가 그 재능을 발휘하지 못하고 있을 때, 바로 이 별출신초의 방법으로 서백후西伯侯 희창姬昌, 즉 주나라 문왕의 관심을 끌었고 조력자가 되어 큰 뜻을 펼쳤으며, 무왕武王을 보좌하여 주왕紂王을 멸하고 주나라를 일으켰다. 여상의 선조는 귀족이었지만 사회 동란으로 가세가 기울었다. 어린 여상은 어려움 속에서 열심히 공부하여 천하를 논할 만한 재주를 갖게 되었다. 그는 상류사회에서 낙오되면서 세상의 고통을 맛보았으며 세상사를 불 보듯 하여 백성과 국가를 구하는 데 뜻을 두었다. 그러나 주왕은 무도하여 나라에 뜻을 두지 않아 반생을 허송세월하였다. 여상은 이미 나이가 많았지만 큰 뜻을 버리지 않았다. 그는 서백창에게 큰 뜻이 있음을 알고 그를 따라 평생 배운 바를 펼쳐보기로 하였다. 이에 주왕이 서백창을 풀어준 지 얼마 안 되어 여상도 조가를 도망쳐 주나라 도성 부근의 번계에 은거하였다. 어느 날, 여상이 위수 강가에서 낚시를 드리우고 있었다. 공교롭게도 서백창이 이 일대로 사냥을 왔다. 서백창은 당시 여상을 알지 못했지만 여상은 조가에서 서백창을 만났었다. 서백창의 관심을 끌기 위해 여상은 고의로 낚시 바늘을 수면 위로 3척 이상 올려놓았고 낚시 미끼도 없었다. 이것이 바로 '강태공의 낚시로 원하는 자가 걸려들었다'는 것이다. 과연 서백창이 괴이하게 여기고 가서 이유를 물었다. 여상이 많은 얘기를 하며 서백창을 납득시켰다. 서백창은 바로 여상에게 "나를 도와 천하를 바로잡고 백성을 구합시다"라고 청하였다. 궁으로 돌아온 후 여상을 태사에 제수했다. 그는 문왕을 보필하는 중신이 되었다.

주 문왕 희창

진희열, 우선객, 관파 _ 큰 권력에 맞서지 않다

이임보李林甫가 재상을 할 때, 그보다 능력이 뛰어나고 명성이 높았던 동료들인 장구령張九齡·이적지李適之 등은 모두 배척당해 모함에 빠지고, 죽음에까지 이르렀다. 그러나 한 사람만은 예외였다. 누구였을까?

그는 진희열陳希烈이었다. 그는 배짱도 없고 남의 비위를 잘 맞추는, 통제하기 쉬운 사람이었다. 그는 이임보의 명을 잘 따랐고, 정사를 처리하면서 이임보는 그와 의논하지 않고 독단적으로 결정했으며, 결정이 나면 비로소 관리를 시켜 진희열의 집에 문서를 넘겨주었다. 진희열은 문서 내용을 보는 둥 마는 둥 하면서 뭐라고 건의하지도 않았다. 진희열이 할 수 있었던 것은 그저 도장 찍는 일뿐이었다. 그래도 그는 느긋했으며 조금도 원망하지 않았다. 이런 장점 때문에 후에 양국충楊國忠이 이임보를 대신하여 재상이 되자, 그를 동료로 여겼다.

또 다른 한 사람은 우선객牛仙客이다. 무식한 무인으로, 이임보에게 발탁된 사람이다. 그는 재상이 되자, 이임보와 권력을 다투지 않았고, 정무가 어떻게 결정되든 간에 아무런 주장도 하지 않았다. 다만 "규정에 따라 처리하시오!"라고 할 뿐, 자연스레 이임보가 주관하도록 하였다.

대개 간사한 권력자는 동료를 이렇게 선택한다. 당나라 덕종德宗 연간의 간악한 재상 노기盧杞는 못생겼었는데, 그의 마음씀씀이는 그 생김새보다도 못했다. 누가 그를 반대하면 바로 사지로 몰아넣었고, 그에게 아부하면 순식간에 요직에 들어갔다. 그는 충직한 재상 장일張鎰을 배척하고, 자신과 대적할 만한 상대가 나올까봐 성실하고 너그럽다 못해 무능한 관파關播를 추천해 동료로 삼았다. 그는 관파에게 자신의 권력을 나누어줄 필요가 없었고, 관파도 온종일 함께 앉아 일없이 보내길 좋아했다. 한번은 덕종 황제가 몇몇 재상들과 논의하는데, 관파가 자신의 의견을 제시하려고 일어섰다가 노기의 무서운 눈빛을 보고 그만 주저앉은 적도 있었다. 관아로 돌아온 노기가 관파를 질책하면서 "그대는 말이 많지 않아 재상으로 추천했는데, 조금 전에 왜 말하려 했느냐?"라 하였다. 이후 관파는 입을 다물고 아무 말도 하지 않았다. 일국의 재상이 말할 권리마저 없었던 것이다.

權道의 지혜

지략에 뛰어난 일인자는 이인자나 삼인자 등의 동료를 선택할 때 많은 생각을 한다. 이 친구가 자신보다 강해서는 안 된다. 그렇지 않으면 손님이 주인을 압도하게 된다. 또한 자신과 대등해서도 안 된다. 속설에 좋은 말은 같은 마구간에 두지 않는다고 했다. 마구간이 같으면 서로 차고 문다. 자신이 대권을 마음대로 못할 뿐 아니라 대신하게 할 수도 없다. 동료는 반드시 자신에게 순종해야 한다. 이렇게 일인자는 실제로 유일한 일인자여야 하고, 세력 범위 내에서 독재자여야 한다.

유감스럽게도 이인자나 삼인자가 재주가 있고 뜻이 있어 이렇게 부림당하는 것을 달가워하지 않아 권력을 다투게 되면 결과는 끝없는 내분뿐이다. 유약하고 무능한 무리들은 오히려 현상에 만족하여 자신보다 좀 나은 일인자를 황공스럽게 여겨 명령대로 따른다. 그래서 동료는 막료가 되고 심지어 노예가 된다. 중국의 역대 정치판은 내분이 끊이지 않았고 아무도 말하지 못하는 암울한 국면이었다. 아마도 이것이 그 원인 중의 하나일 것이다.

정치 세계는 바로 극악한 환경이라 할 수 있다. 조금만 부주의하면 치명적인 화가 닥칠 수 있다. 이런 극렬한 환경에서 생존과 발전을 위해 서로 협조하고 배려하는 행동방식이 자연스럽게 나타났다. 여기서 말한 상호 협조와 상호 배려란 일종의 중성적 의미로, '정치세계에서 결당하여 사리사욕을 도모하는 것'이라 할 수 있다. 이는 인간에 대한 하나의 견해일 뿐이지, 이를 도저히 용서할 수 없을 만큼 저급한 행위라고 봐서는 안 된다. 확실한 예로, 명나라 말의 동림당東林黨은 청나라 초까지 계속 활동했다. 동림당은 대중들이 존경했던 당파이다. 그들이 무리지어 사리사욕을 도모했다고 할 수는 없다. 하지만 그들의 목적을 분석해보면, 우선 그들의 주장과 목표는 간신들의 정권을 반대하고 관리제도를 개혁하는 데에 있었다. 당연히 그들 중 일부는 개인적인 이유로 동림당에 참가했겠지만, 결과적으로 목표를 함께할 수밖에 없었다. 동림당 역시 정치세계의 당파이지만 부끄러운 행위는 아니었다. 권모술수는 일종의 수단이다. 그 자체에 옳고 그름의 구분이 없다. 문제는 그것을 사용하는 인간이 어떤 목적을 갖고 있는가를 봐야 한다.

사미원 _ 유언비어로 권력의 싹을 자르다

1222년 6월 초, 기국공 조현趙竑을 제국공으로 진봉하고, 기왕의 적자인 조귀성趙貴誠을 소주방어사로 삼았다. 조현은 황자皇子가 되었다.

조현이 비파 타는 것을 좋아한다는 말을 듣고 승상 사미원史彌遠이 많은 돈을 들여 탄금 잘하는 미녀를 그에게 보냈다. 그리고 미녀에게 많은 재물을 주고 몰래 조현의 동정을 살피도록 하였다. 미녀는 글을 알고 총명하여 조현의 총애를 받았고, 둘 사이에 나누지 못할 얘기가 없었다. 당시는 양 황후가 전권을 쥐고 있었으며 사미원도 오랫동안 조정을 장악하고 있었다. 조정 대신들과 지방 관료들은 모두 사미원이 추천한 사람들이었다. 따라서 조현은 사미원의 등등한 기세에 불만이 많았다. 일찍이 여러 차례 양 황후와 사미원의 조정 농단을 상주하는 글을 썼고, 아울러 "사미원은 8천 리 밖으로 유배해야 한다"고 했으며, 지도에 그려진 경애주를 가리키며 "반드시 사미원을 이곳으로 유배해야 한다"고도 했다. 조현이 총애하는 미인이 재빨리 이를 사미원에게 전했다. 조현은 사미원을 '신은新恩'이라 불렀는데, 자신이 즉위하면 그를 광동의 신주 아니면 은주로 유배 보내겠다는 의미였다. 사미원은 이를 듣고 7월 7일 칠석날 신기한 완구를 진헌하는 명절을 이용하여 조현의 태도를 시험해보기로 하였다. 조현은 술기운을 이용하여 사미원이 진헌한 신기한 완구를 전부 땅에 내동댕이쳤다.

사미원은 그의 내심을 알고 매우 두려워했다. 그날 밤 조현의 폐위 계책을 논의하였지만, 조현은 조금도 눈치 채지 못했다.

조신 진덕수眞德秀가 당시 궁중교수를 겸임하면서 조현에게 "황자가 어머니(양 황후)에게 효도 공경하고, 대신(사미원)을 존경하면 천명은 자신에게 돌아옵니다. 그렇지 않으면 깊은 우려가 있습니다"라고 간하였는데, 조현은 듣지 않았다.

어느 날, 사미원이 정자사에서 자신의 아비인 사호史浩와의 약속을 핑계로 국자학록 정청지鄭清之와 더불어 혜일각에 올라 시종들을 물리고 밀담을 나눴다. "지금의 황자는 그 임무를 감당하지 못하오. 듣자니 기왕부의 귀성이 매우 현덕하다고 하니 그에게 선생을 선택하도록 하시오. 당신이 그를 잘 가르쳐 키워주시면 장래 일이 성사된 후에 내 직위는 당신의 것이 될 것이오. 그러나 이 일이 누설되면 당신과 나 모두 멸족을 면치 못할 것이오"라 하였다. 정청지는 황망히 "감히 누설치 않겠습니다"라 하였다. 이에 정청지는 위혜헌왕부의 교수를 겸임하였다. 정청지는 매일 조귀성에게 글을 가르치고, 송 고종 때의 어서를 강해했으며, 귀성에게 밤새도록 연습케 하였다. 정청지가 사미원을 볼 때마다 귀성의 시문을 내보이니 사미원은 칭찬으로 입을 다물지 못했다. 사미원 또한 항상 정청지에게 귀성의 상황을 물었다. "듣기에 황질께서 이미 현덕하시고 성숙하셨는데 어쩔 셈인가?"하니 정청지는 "귀성의 현덕은 이루 다 헤아릴 수 없습니다만, 한마디로 말해서 출중하십니다"라 하였다. 사미원이 재삼 숙고하고는 조현을 폐출하기로 결정했다. 이에 송 영종의 면전에서 조현의 과실을 밝혀 영종이 그를 폐출시키고 귀성을 세우기를 바랐다. 그러나 송 영종은 아무런 대답도 하지 않았다. 진덕수가 이 일을 듣고 궁중교수의 직무를 사퇴하겠다고 강하게 요구하고 떠나면서 다시 앞서 간언했던 말을 조현에게 해주었다. 조현은 역시 듣지 않았다.

1224년 8월 21일, 송 영종이 병이 나자, 사미원은 정청지에게 귀성이 황자가 될 것이라고 얘기하도록 했다. 귀성은 아무런 반응이 없었다. 이에 정청지는 "승상께서 저에게 당신과 오랫동안 교류케 하셨습니다. 저는 그가 안배한 당신의 심복입니다. 당신이 말씀을 안 하시니 제가 어찌 승상에게 회답하겠습니까?" 하였다. 귀성이 손을 모아 예를 차리고 천천히 "제게는 소흥에 노모가 계십니다"라 하니 정청지가 이를 사미원에게 전하였고, 사미원은 또다시 귀성의 효성이 비범함을 칭찬하였다.

8월 27일, 영종의 병이 중하자, 사미원은 거짓 조서를 내려 귀성을 황자로 하고, 이름을 윤昀으로 고치게 하여 무진군절도사로 위임하고 성국공에 봉했다. 윤8월 초3일, 영종이 복녕전에서 병사하였으니 향년 57세였다.

사미원은 양 황후의 두 조카 양곡과 양석을 보내 조현의 폐위와 조윤의 개립改立을 황후에게 알렸다. 양 황후는 안 된다고 여기고 "황자 조현은 선제께서 정하셨는데, 어찌 마음대로 바꾸느냐"고 하였다. 양곡 등이 밤새 일곱 차례나 오갔음에도 양 황후는 끝내 허락지 않았다. 후에 양곡 형제가 바닥에 꿇어앉아 읍소하였다. "내외의 군민들이 모두 조윤에게 돌아섰습니다. 그를 세우지 않으면 화가 닥칠 것이고, 양씨 가족은 목숨을 유지하기 어렵습니다"라 하였다. 이런 상황에서도 양 황후는 가만히 있을 뿐이었다. 조금 지나자, 비로소 "조윤은 지금 어디에 있는가?"라 물었다. 사미원은 곧바로 사람을 보내 조윤에게 입궁토록 당부하였다. "지금 선포되어야 할 사람은 기정혜왕부의 황자인 조윤이지, 만세항의 황자 조현이 아닙니다. 만약 잘못된다면 당신들은 죽게 됩니다." 조현은 송 영종이 붕어했음을 알고, 입궁하여 계위하라는 조서를 목 빠지게 기다리고 있었다. 그러나 아무리 기다려도 조서를 가지고 오는 자가 없었다. 그는 참지 못하고 담장 사이로 밖을 살피다 조서를 전달하는 사자가 자신의 집을 지나치자, 비로소 의심하기 시작했다. 오래지 않아 다시 궁중 사자 한 사람이 또 그 집을 지나치는 것을 보았다. 날이 저물어 누군지 분간하지 못했고, 조현은 더욱 의심이 깊어졌다. 조윤은 조서에 따라 입궁하여 황후를 알현했다. 양 황후는 그의 등을 어루만지며 "오늘부터 네가 나의 황자이니라"고 말했다.

사미원은 조윤을 이끌고 송 영종의 영구 앞으로 가 애도가 끝나면 조현을 부르겠다고 하였다. 조현이 명을 받고 궁에 들어가자, 그의 수행원들은 금위군에 의해 궁 밖에 남게 됐다. 조현이 송 영종의 영구 앞에 가 애도를 마치자, 사미원이 그를 다시 장막 밖으로 이끌어 도지휘사 하진夏震에게 감시하도록 하였다. 이어 사미원이 백관들을 조당에 불러 세우고, 송 영종의 유조를 읽었다. 조현은 여전히 그 자리에 서있었다. 조현이 놀라서 "오늘의 일에 내가 어찌 이 자리에 서있단 말이오?"라 하니 하진이 "유조가 선포되기 전이니 여기에 계셔야 합니다. 유조를 선포한 후에 즉위할 수 있습니다"라 속였고, 조현은 그 말을 곧이곧대로 믿었다. 하지만 곧이어 저 멀리 누군가가 어좌에 단정하게 앉아 있는 것을 보고 말았다. 조윤이 이미 즉위했던 것이다. 사미원이 유조를 다 읽자, 백관들의 감축이 이어졌다. 조현은 절하고 싶지 않았다. 하진이 그의 머리를 잡아 당겨 절하게 했다. 영종의 거짓 유조로 조현은 개부의동삼사가 되었고, 제양군왕 및 영국부판에 봉해졌다.

權道의 지혜

유언비어의 시작은 기본적으로 두 가지로 나뉜다. 하나는 무의식적으로 와전되는 것이고, 다른 하나는 의도적으로 날조하는 것이다.

각 개인의 지력은 객관적으로 차이가 있으며, 감수능력, 분석 종합능력, 판단력 등도 모두가 다르다. 그래서 어떤 상황을 전달할 때 항상 누락, 전도, 실수 등이 따른다. 심지어 마음대로 그럴 듯하게 꾸미기까지 한다. 이렇듯 허구적 연상기능에서 발생하는 부정확한 전파가 유언비어 발생의 기본적인 원인이다.

유언비어는 사실상 근거가 부족함에도 곧이곧대로 전파된다. 왜 그럴까? 왜 대다수 사람들이 유언비어를 듣고 전달하면서 그렇게 되는 것일까? 결국 유언비어의 형성은 실제적 심리·사회 요소에 있으며, 그 주요 원인은 다음과 같다.

1. 사람이 유언비어를 전하려는 까닭은 그것이 어떤 욕구를 만족시켜 주기 때문이다. 어떤 의혹이나 증오를 뒷받침하거나 두려움을 실증해주거나 희망을 표현하는 유언비어는 모두 사람들이 전하는 바가 된다. 전달자의 정서를 빌려 유언비어 본래의 정서 또한 똑같이 증대된다. 따라서 유언비어가 신속히 전파되는 것은 그 제조자와 전달자 간에 공통의 증오나 두려움 또는 희망이 가득하다는 점을 보여준다.

2. 유언비어는 심지어 그것을 믿지 않는 사람들조차 전달한다. 이는 전달하는 순간에 정서를 표현할 기회를 주기 때문이다. 예를 들어, 어떤 회사원이 상급자를 매우 증오했으나 평소에 그에게 대응할 기회가 없었다. 더군다나 그의 승진과 장래에 직접적 영향을 줄 수 있기 때문에 공개적으로 다른 사람들 앞에서 상급자를 헐뜯을 수 없었다. 그래서 회사 상급자에 관한 유언비어를 들었을 때, 그는 이 유언비어를 전파하며 심리적 보상을 느끼는 반면, 어떤 부도덕이나 죄책감을 느끼지 않는다. 왜냐하면 이는 유언비어이며, 그 자신이 이에 대해 책임질 필요가 없기 때문이다. 유언비어를 듣고 전달하는 과정에서 평소 억압받던 정서가 분출한 것이다.

3. 때로 유언비어의 전파는 사람들의 초조감에서 유발되기도 한다. 그들은 모두 똑같은 두려움을 갖고 있으므로 비슷한 사실을 믿기 쉽다. 또한 긴장되고 초조한 사람은 모두 자신에게 유리한 것을 잡으려고 한다. 그는 자신의 상상에 도취되어 정서적 만족을 얻는다. 그는 당신이 사실이기를 바라는 것을 믿고 전달하며 즐거워한다. 사회심리학에서는 이렇듯 욕망에 근거해 만들어진 유언비어를 '꿈속의 피리소리' 또는 공상의 유언비어라 부른다. 이것은 유전되면서 사람들의 걱정을 없애고 즐겁게 해준다.

4. 때로 유언비어는 반은폐상태에서 전파되기도 한다. 이는 항상 사람들의 환상에 비례해 발전한다. 유언비어를 전달하고 전파하는 사람은 책임을 지지 않고도 전파된 사실을 마음대로 전파할 수 있다.

●●●

이필 _ 윗사람을 돋보이게 하다

이필李泌은 당나라 중·후기 정계에서 명망을 얻은 인물로, 현종·숙종·대종·덕종 등, 4대에 걸쳐 관직을 지냈으며, 조야에 상당한 영향력을 가지고 있었다. 당 덕종 때 그는 재상이었으며, 서북의 소수민족인 회흘족回紇族이 그를 신임한 덕에 당나라와 강화를 체결하고, 혼인관계를 맺을 것을 요구하였다. 이는 이필에게는 어려운 문제였다. 국가 안정이라는 측면에서 이필은 회흘과의 우호관계 건립을 주장하였지만, 덕종은 어려서 회흘인들에게 수모를 당한지라 복수심이 남아 완강히 거절하여 교착상태에 빠졌다. 마침 서북 변방에 주둔하던 장령들이 조정에 상서를 올려 군마의 보충을 요구하였지만, 당시 조정에서는 어떤 힘도 없었고, 덕종도 어쩔 도리가 없었다.

이필은 이를 기회라 여기고 덕종에게 "폐하, 제 의견을 들어주시면 수년 뒤에 말 값이 지금보다 10배는 떨어질 것입니다!"라 하였다. 덕종은 무슨 의견이냐고 되물었고, 이필은 바로 대답하지 않고 잠시 뜸을 들이고는 "폐하가 공평무사한 마음으로 사직을 위해 자신을 굽히시고 따라주신다면 제가 감히 말씀드리겠습니다"라 하였다. 덕종은 "그대는 나를 믿지 않는가! 무슨 주장인지 빨리 말하라!"라 하였다. 이에 이필이 비로소 "폐하께서 회흘과 강화하기를 청하옵니다"라 하였다. 덕종이 거절하면서 "다른 주장은 모두 받아들일 수 있지만 회흘에 관한 일만은 다시는 꺼내지 말라. 나는 결코 그들과 강화하지 않겠다. 내가 죽은 뒤, 자식 손자들이 어떻게 하든 내가 상관할 바는 아니다!"라고 하였다.

이필은 원한을 품은 황제를 쉽게 설득할 수 없음을 알았다. 조급하게 굴거나 말이 지나치면 일을 이루지 못할 뿐 아니라, 황제의 반감을 사서 오히려 자신에게 해가 된다. 이에 그는 조금씩 젖어들게 하는 방법을 썼다. 1년 남짓 열다섯 차례에 걸쳐 장단점을 설명하면서 황제를 설득할 수 있었다.

이필은 다시 회흘족 군주를 꼬드겨 그들이 당나라의 다섯 가지 요구를 받아들이고, 당나라 황제에게 칭신하도록 만들었다. 이렇게 해서 당 덕종은 곤경에서 벗어났고, 체면을 만회하여 매우 기분이 좋았다. 당나라와 회흘이 마침내 화해하였으며, 이는 이필의 노력을 통해 이루어진 것이었다. 덕종이 의아해하며 물었다. "회흘인들이 어떻게 그대의 말을 따랐는가?"

경박한 사람이라면 반드시 어떻게 자신의 명망이 알려졌는가를 크게 자랑한다. 이족들이 모두 굴복하였고, 자신이 황제보다 훌륭했다고 드러내보였을 것이다. 이는 필연적으로 황제의 시기와 불만을 사게 된다. 이필은 정치적 경륜이 풍부한 사람이었다. 그는 자신을 한마디도 언급하지 않고, 다만 공경스럽게 "이는 모두 폐하의 위엄에 의지한 것입니다. 제게 무슨 힘이 있겠습니까!"라고 대답하였다. 이 말을 들은 덕종은 어찌 기쁘지 않았을까? 이필에 대해 더욱 신뢰를 보내게 되었다.

權道의 지혜

스스로 귀인을 찾아 의지하려면 기회를 잡는 것 외에 진정한 능력을 갖춰야 한다. 진정한 실력과 학습이 있어야 성실하게 자신의 본분을 잘할 수 있고, 귀인의 힘을 효과적으로 발휘할 수 있다. 그렇지 않으면 무수한 귀인이 당신을 지원한다 하더라도 결국 일어나지 못한 아두阿斗(삼국시기 촉나라 후주 유선의 아명)가 될 뿐이다.

피리를 불지 못하는 사람이 피리 부는 대열에 들어가 머릿수를 채운다는 '남우충수濫竽充數' 이야기는 누구나 알 것이다. 남곽南郭은 배운 것도, 기술도 없었지만 궁정에 들어가고 싶었다. 요행히 귀인의 추천으로 궁정

악사가 되었다. 하지만 현장 경험을 이겨내지 못하고 결국 풀이 죽어 도망쳐 버렸다. 즉 능력 없는 자가 능력이 있는 것처럼 가장함을 뜻하며, 실력 없는 자가 높은 자리를 차지함을 비유하는 말이다.

역사적으로 제왕의 신임과 중용을 받는 사람은 한결같이 재능이 남다르고 능력이 뛰어난 사람들이다.

소진蘇秦은 자가 계자季子이고, 전국시대 낙양 사람으로, 평생 종횡가縱橫家 학파에 몸을 던진 대표적 인물이다. 전국시대에 합종合縱·연횡連橫의 외교 각축에서 그는 재능을 드러내어 연·제·조·한·위 및 초 등, 각국을 유세하며 연합하여 진秦나라에 대응하도록 했다. 동방 각국이 합종하여 강대한 세력이 되자, 진나라는 빼앗았던 한나라와 위나라 땅을 돌려주고, 제호帝號도 취소하였다. 역사에서는 "6국이 합종하여 힘을 합쳤다. 소진이 합종의 장이 되어 6국을 도왔다"라고 하였으며, 사마천은 소진의 사적을 완성한 후에 "무릇 소진은 평민으로 태어났으나 6국을 합쳤으니 이는 지혜가 남보다 뛰어난 사람이다"라고 찬하였다.

사실 소진은 걸출한 외교가요, 학자였다. 젊은 시절 그는 어렵고 곤궁한 환경에서 자랐다. 소진은 귀곡자鬼谷子에게 배웠다. 수년간 집을 나가 돌아다니다가 무일푼으로 돌아왔다. 가족 모두가 그를 비웃으며 "주나라의 풍속은 산업을 다스리고 상공업에 힘써 10분의 2의 이윤을 남기는데, 지금 너는 본업을 그만두고 유세만 일삼으니 가난한 게 당연하지 않은가!"라고 말하였다. 소진이 배운 종횡학은 아직 정교하지 못했고 유세도 이뤄지지 않아 군주들이 이용하지 않았다. 집에 돌아오자, 곤궁하고 의욕을 잃어 집안사람들의 조롱을 받았다. 하지만 소진은 좌절하지 않았다. 역사에는 "소진은 그 말을 듣고 부끄럽고 마음을 상해 문을 닫고 나오지 않으며 오로지 책만 봤다"고 쓰여 있다. 결국 소진은 종횡가의 대학자가 되어 거침없는 말솜씨와 뛰어난 능력으로 각국 군주에게 유세하면서 "합종의 장이 되어 6국을 돕는" 사업에 기초를 세웠다.

《음부陰符》는 강상姜尙, 즉 강태공姜太公의 저서이다. 그 책은 모략류에 속한다. 《전국책戰國策》에서는, 소진이 《음부》의 권모술수를 연구하기 위해 '엎드려서도 읽고' '여러 방면으로 탐구하며' 아울러 '책을 읽다 졸리면 송곳을 가져다 넓적다리를 찌르니 피가 발꿈치에 흘렀다'고 하니 그 학문의 노력이 잘 드러나 있다. 이것이 소진이 책을 읽으며 '송곳으로 넓적다리를 찔렀다'는 이야기의 유래다.

이렇게 보면, 책을 정독하고 고독苦讀한 이후에 일가를 이루며, 이어 배운 바를 자신이 기댈 밑천으로 만들고, 귀인의 인정을 받아 자신의 가치를 실현할 수 있었다.

초나라 장왕莊王 때의 손숙오孫叔敖도 자신의 박학다재에 의지해 귀인의 인정과 중용을 받았다. 손숙오는 원래 초나라 충신 사마가司馬賈의 아들이다. 부친 사마가가 간사한 무리에 의해 죽임을 당하자, 화를 피해 어머니를 모시고 고향으로 도망가 밭을 일구며 세월을 보냈다.

그는 어려서부터 담력과 학식이 있었고, 나이가 들면서는 독서에 열중하고 문도무략文韜武略, 즉 용병술을 연구하여 사람들의 칭찬을 받았다. 마침 초나라 대신 우구虞邱가 장왕의 명을 받들어 사방을 돌아다니며 인재를 뽑으면서 손숙오를 장왕에게 추천했다. 장왕이 손숙오의 재능을 시험하기 위해 그에게 치국의 도리를 청하니 손숙오가 조용히 답하였다. 군주와 신하가 종일 이야기를 나누니 얘기할수록 신이 났다. 장왕은 흥분되어 "견식과 육도삼략은 조정 대신 중에 그에 필적할 만한 사람이 없다"고 하면서 바로 손숙오를 영윤에 임명하였다. 손숙오는 사양하면서 "저는 시골에서 농

초 장왕

사를 지었는데, 갑자기 영윤의 대권을 맡으라면 사람들이 어찌 복종하겠습니까? 대왕께서 저를 등용코자 한다면 저를 중신들의 끝에 있게 해주십시오"라 하였다. 장왕은 자신의 안목을 확신하며 "나는 이미 그대의 능력을 알고 있으니 거절치 말라!"고 하였다. 손숙오는 장왕의 신뢰에 감동하여 뜨거운 눈물을 흘렸다. 영윤의 중책을 받을 수밖에 없었다. 손숙오는 임직하자마자, 과감하게 제도 개혁에 착수하고 황무지를 개간하며 물길을 내는 등, 생산을 발전시켰다. 가뭄과 홍수로 인한 재해를 근본적으로 없애기 위해 수십만 명을 동원하여 초나라 최대의 수리사업을 완수하여 백만 무의 농지에 물을 대게 하였다. 그는 장왕을 도와 군대를 훈련시키고 무비를 정돈하여 마침내 기원전 597년에 진晋나라에 승리하여 중원의 패자가 되었다.

당초 초나라 대부들은 출신이 미천한 손숙오에게 영윤을 맡긴 것을 매우 걱정했다. 후에 그가 일을 조리 있게 처리하고, 겸허하고 성실하게 사람을 대함에 감복치 않은 사람이 없었으니 그를 일컬어 '자문—자문子文은 초 성왕成王 때의 영윤으로, 능력이 뛰어났다—이 다시 태어났다'고 칭하였다.

손숙오는 자신의 재능과 학식에 의지해 귀인에게 접근할 기회를 얻었다. 또 귀인의 중용으로 자신을 위한 튼실한 의지의 대상을 찾은 셈이었다.

이렇듯 '배우되, 뛰어나면 벼슬하라'는 말처럼 재능과 능력은 의지의 대상에 다가가는 명함이다. 진정한 실력과 재능이 있어야만 자신이 의지할 만한 귀인을 찾을 수 있으며 자신의 포부를 펼칠 수 있다.

권도 - 역사에 권력을 묻는다

지은이 | 펑신彭鑫
옮긴이 | 김문·승병철

1판 1쇄 인쇄일 2011년 1월 15일
1판 1쇄 발행일 2011년 1월 20일

발행인 | 유제구
발행처 | 파워북
등록번호 제 300-1997-13
주소 | 서울시 마포구 염리동 161-5 대동빌딩 4층
전화 | 02·730·1412 팩스 | 02·730·1410

ISBN 978-89-8160-109-6 (03900)